中华现代学术名著丛书

财政学总论

陈启修 著

2015年·北京

图书在版编目(CIP)数据

财政学总论/陈启修著. —北京:商务印书馆,2015
(中华现代学术名著丛书)
ISBN 978-7-100-11764-7

Ⅰ. ①财… Ⅱ. ①陈… Ⅲ. ①财政学-研究
Ⅳ. ①F810

中国版本图书馆 CIP 数据核字(2015)第 274996 号

所有权利保留。
未经许可,不得以任何方式使用。

本书据商务印书馆 1931 年版排印

中华现代学术名著丛书

财政学总论

陈启修 著

商 务 印 书 馆 出 版
(北京王府井大街36号 邮政编码 100710)
商 务 印 书 馆 发 行
北京冠中印刷厂印刷
ISBN 978-7-100-11764-7

2015 年 12 月第 1 版　　开本 880×1240　1/32
2015 年 12 月北京第 1 次印刷　印张 20¾　插页 1

定价:62.00 元

陈启修

(1886—1960)

PUBLIC FINANCE

BY

PROF. CH'ÊN CH'I SIU

THE COMMERCIAL PRESS, LIMITED, SHANGHAI, CHINA

北京大學教授陳啓修著

財政學總論

商務印書館發行

《财政学总论》1931年版封面

出版说明

百年前,张之洞尝劝学曰:"世运之明晦,人才之盛衰,其表在政,其里在学。"是时,国势颓危,列强环伺,传统频遭质疑,西学新知亟亟而入。一时间,中西学并立,文史哲分家,经济、政治、社会等新学科勃兴,令国人乱花迷眼。然而,淆乱之中,自有元气淋漓之象。中华现代学术之转型正是完成于这一混沌时期,于切磋琢磨、交锋碰撞中不断前行,涌现了一大批学术名家与经典之作。而学术与思想之新变,亦带动了社会各领域的全面转型,为中华复兴奠定了坚实基础。

时至今日,中华现代学术已走过百余年,其间百家林立、论辩蜂起,沉浮消长瞬息万变,情势之复杂自不待言。温故而知新,述往事而思来者。"中华现代学术名著丛书"之编纂,其意正在于此,冀辨章学术,考镜源流,收纳各学科学派名家名作,以展现中华传统文化之新变,探求中华现代学术之根基。

"中华现代学术名著丛书"收录上自晚清下至20世纪80年代末中国大陆及港澳台地区、海外华人学者的原创学术名著(包括外文著作),以人文社会科学为主体兼及其他,涵盖文学、历史、哲学、政治、经济、法律和社会学等众多学科。

出版说明

出版"中华现代学术名著丛书",为本馆一大夙愿。自1897年始创起,本馆以"昌明教育,开启民智"为己任,有幸首刊了中华现代学术史上诸多开山之著、扛鼎之作;于中华现代学术之建立与变迁而言,既为参与者,也是见证者。作为对前人出版成绩与文化理念的承续,本馆倾力谋划,经学界通人擘画,并得国家出版基金支持,终以此丛书呈现于读者面前。唯望无论多少年,皆能傲立于书架,并希冀其能与"汉译世界学术名著丛书"共相辉映。如此宏愿,难免汲深绠短之忧,诚盼专家学者和广大读者共襄助之。

商务印书馆编辑部

2010 年 12 月

凡　　例

一、"中华现代学术名著丛书"收录晚清以迄20世纪80年代末,为中华学人所著,成就斐然、泽被学林之学术著作。入选著作以名著为主,酌量选录名篇合集。

二、入选著作内容、编次一仍其旧,唯各书卷首冠以作者照片、手迹等。卷末附作者学术年表和题解文章,诚邀专家学者撰写而成,意在介绍作者学术成就,著作成书背景、学术价值及版本流变等情况。

三、入选著作率以原刊或作者修订、校阅本为底本,参校他本,正其讹误。前人引书,时有省略更改,倘不失原意,则不以原书文字改动引文;如确需校改,则出脚注说明版本依据,以"编者注"或"校者注"形式说明。

四、作者自有其文字风格,各时代均有其语言习惯,故不按现行用法、写法及表现手法改动原文;原书专名(人名、地名、术语)及译名与今不统一者,亦不作改动。如确系作者笔误、排印舛误、数据计算与外文拼写错误等,则予径改。

五、原书为直(横)排繁体者,除个别特殊情况,均改作横排简体。其中原书无标点或仅有简单断句者,一律改为新式标点,专名号从略。

六、除特殊情况外,原书篇后注移作脚注,双行夹注改为单行夹注。文献著录则从其原貌,稍加统一。

七、原书因年代久远而字迹模糊或纸页残缺者,据所缺字数用"□"表示;字数难以确定者,则用"(下缺)"表示。

目录

自序 …………………………………………………………… 1

绪　论

第一章　财政 ………………………………………………… 5
　　第一款　财政之意义 ……………………………………… 5
　　第二款　财政与各种经济之一般的关系 ………………… 12
　　第三款　财政与个人经济及企业经济 …………………… 14
　　第四款　财政与国民经济及世界经济 …………………… 21
　　第五款　财政之内容 ……………………………………… 24
　　第六款　现代财政之原则 ………………………………… 26
第二章　财政学 ……………………………………………… 30
第三章　财政思想发达史略 ………………………………… 36
　　第一款　概说 ……………………………………………… 36
　　第二款　古代及中世之财政论 …………………………… 38
　　第三款　近世之财政论 …………………………………… 39
　　第四款　最近世之财政学（一） ………………………… 43
　　第五款　最近世之财政学（二） ………………………… 46
　　第六款　最近世之财政学（三） ………………………… 49

第七款　现代之财政学界 ………………………………… 51

第一编　财务行政秩序论

绪说 …………………………………………………………… 55
第一章　会计通论 …………………………………………… 59
第二章　预算论 ……………………………………………… 70
　第一款　预算概说 ………………………………………… 70
　第二款　预算之种类 ……………………………………… 72
　第三款　预算之编制及其形式 …………………………… 77
　第四款　预算之议定及其不成立 ………………………… 84
第三章　现计论 ……………………………………………… 91
　第一款　概说 ……………………………………………… 91
　第二款　收支机关及金库 ………………………………… 92
　第三款　出纳官吏 ………………………………………… 95
　第四款　收支之方法及原则 ……………………………… 97
　第五款　预算定额不足及有余时之处置 ………………… 101
　第六款　收支之终结 ……………………………………… 105
　第七款　财政收支之簿记 ………………………………… 106
第四章　决算论 ……………………………………………… 114
第五章　财务法论 …………………………………………… 119

第二编　公共经费论

第一章　概论 ………………………………………………… 123
第二章　公共经费之性质 …………………………………… 127

第一款　概说 …………………………………………… 127
　　第二款　公共经费之经济的性质 ……………………… 130
　　第三款　公共经费之政治的性质 ……………………… 135
第三章　公共经费之原则 …………………………………… 139
第四章　公共经费之种类 …………………………………… 143
　　第一款　概说 …………………………………………… 143
　　第二款　公共经费之财政的分类 ……………………… 144
　　第三款　公共经费之政治的分类 ……………………… 151
第五章　公共经济之现状趋势及膨胀之法则 ……………… 157

第三编　公共收入论

第一章　公共收入概论 ……………………………………… 169
第二章　私经济收入概论 …………………………………… 176
第三章　公共财产利用收入 ………………………………… 184
第四章　公营事业之收入 …………………………………… 189
第五章　规费、使用料及特别捐款 ………………………… 201
第六章　租税通论 …………………………………………… 207
　　第一款　租税之意义 …………………………………… 207
　　第二款　租税之沿革 …………………………………… 212
　　第三款　租税之术语及种类 …………………………… 213
　　第四款　租税之原则 …………………………………… 217
　　第五款　租税原则之适用顺序及适用上之一般理论 … 237
第七章　收入课税论 ………………………………………… 256
第八章　利得课税论 ………………………………………… 269

第九章　支出课税论 ·················· 278
第十章　公共补助及让税 ·············· 295
第十一章　公共杂收入 ················ 297

第四编　收支适合论

第一章　概论 ························ 301
第二章　公债之意义 ·················· 302
第三章　公债之种类 ·················· 304
第四章　公债之募集及发行 ············ 313
第五章　公债之借换及偿还 ············ 319

第五编　地方财政论

第一章　概论 ························ 329
　第一款　地方财政学之地位及范围 ······ 329
　第二款　地方团体之意义及种类 ········ 331
　第三款　一般地方自治团体之职分组织及各国之地方制度 ······ 339
　第四款　地方财政与国家财政之关系 ···· 343
　第五款　地方财务行政制度 ············ 348
第二章　地方经费论 ·················· 352
　第一款　国费与地方费 ················ 352
　第二款　各国之地方费 ················ 354
　第三款　中国之地方费 ················ 361
　第四款　地方费之一般的趋势 ·········· 367

第三章　地方收入论 ………………………… 369
　　第一款　概论 ……………………………… 369
　　第二款　各国地方财产利用之收入 ……… 376
　　第三款　各国地方公营事业之收入 ……… 378
　　第四款　各国之地方规费、使用料及特别捐款 …… 380
　　第五款　各国地方税收入 ………………… 381
　　第六款　赠资及补助金 …………………… 392
　　第七款　各国之地方杂收入及各国地方收入之非常
　　　　　　补充 ……………………………… 398
　　第八款　各国地方收入之总览 …………… 400
　　第九款　各国地方收入之趋势 …………… 403
　　第十款　中国之地方收入 ………………… 404

第四章　地方公债论 ………………………… 410
　　第一款　概论 ……………………………… 410

附录一　中华民国现行会计法 ………………… 416
附录二　审计法 ………………………………… 423
附录三　审计法施行规则 ……………………… 426
附表一　各国国防费统计 ……………………… 429
附表二　重要各国历年公债统计 ……………… 442
附表三　重要各国历年岁出统计 ……………… 454
附表四　重要各国历年纯岁出中各费比例表 … 501
附表五　重要各国历年财政趋势统计 ………… 503
附表六　各国最近财政统计 …………………… 518

附表七　各国收入历年统计 …………………………… 537
附表八　最近各国租税收入表 ………………………… 574
附表九　各国民租税负担统计 ………………………… 579
附表十　中国财政统计 ………………………………… 585

附识　此目录系郑年君为我纂成者谨此志谢

陈启修先生学术年表 …………………………… 杨志勇 603
为什么要阅读这部近百年前撰写的财政学教材？
　　——陈启修《财政学总论》：介绍与评价 ………… 杨志勇 607

自序

此书本为我在北京大学所授之讲义录,故芜杂而欠精炼之弊,在所不免。然犹不惜付印者,盖自以为有三种理由:

一、近年法政经济之统系的著作,新刊者绝少,不足以应时代之变化,供学界之要求。推其原因,似非在专门学者之日少,而在专门学者之有自重心者之渐多。我则以为一般著作之进步,必为渐次的,故著作过于草率粗疏固不可,然过于矜持而必求其名世,亦实足迟延一般著作界之进步,诚以登高必自卑,名世的著作必以无数通常的著作为背景或基础,始能发生而益见其大也。故我之此书,为一般著作界之进步计,愿附于通常著作界之列。

二、以我所知,现今英德文财政学著书中,能兼顾理论及事实两方面之材料,妥为排列,使适于为教本之用者,盖不多见。若中国文之财政学著述中则即谓尚属绝无亦可,故数年以来,同事中恒有苦无财政学良教本之叹。我之此书,在财政学史上,固属未成品,然在教本一类书中,则不欲妄自菲薄,故敢付印以自荐于全国之讲授财政学者。

三、近年各校所发讲义,往往被趋利的书店,窃行印售。即以我一人之经验言之,数年前在北京内务部地方自治讲习所所授之地方财政学,为某书店私自印行,且不标讲授人姓名,假使其所印者能不失编者真意,则为学问之传播计,即牺牲姓名及版权,亦未为不可。无如其中鲁鱼亥豕,错落过甚,实有误人不浅之虑。我之此书,恐仍蹈覆辙,故欲速以自己之名义印行,虽为己,亦为人也。

本书正文原稿之校对,全由同事白鹏飞先生任之,附表之抄写及校对则出于我妻陈惟俶夫人之助力者居多。谨志此以谢。

陈启修

十二年十月七日

绪 论

第一章　财　政

第一款　财政之意义

一　财政者公共团体之经济或经济经理（Wirtschafts führung）也；易词言之，即国家及其他强制团体当其欲满足其共同需要时，关于所需经济的财货之取得管理及使用等各种行为之总称也。如此的定义式的说明，由学术的见地观之，虽属必要，然究不能谓为充足。故欲明悉财政之本质及其在各种经济中之地位，当依下述方法，以经济及团体二者之本义，为说明之起点，从根本上解释财政之意义。

参考：Eheberg, *Finanzwissenschaft*, 11 Aufl., §2.

二　人类生而有衣食之欲，寒思衣，饥思食，乐取外物以自给，得之则生，不得则死。故物质的生活，在人类生活区域中，虽似与精神的生活相对峙，然从科学上察之，实为人类生活之第一重要的部分。人类又生而有意识，有思想，恒较量得失，计算利害，弃劳取逸，避苦就乐；而外界财货数之增加率，迟于人口数之增加率，依统计学所证明，二者之关系，大抵等于算术级数与几何级数之关系，故人类社会进展达一定时点之后，人类必因外界财货供不应求之故，而不能不汲汲谋衣食，孜孜计利害。此种较量利害以满所欲之行为,在经济学上称为经济的行为(Wirtschaftliche Thatigkeit; economic activities)。详言之,经济的行为者,获得价值的物件之有意识的行为也。空气日光虽足以满我人生存之欲,然其量无限,可以不劳而获,无计较取舍之要,对于我人,不生价值,故呼吸空气、晒取日光等行为,不得为经济的行为。我人偶散步于通衢而忽拾得黄金,其物虽能满我人生存之欲,而又有价值,然因我人之拾得,原出于无意识,非预有计划而拾得之者,故此种偶然拾得之行为,亦不得为经济的行为。实行经济的行为之生活,谓之经济的生活,以与物质的生活中之非经济的生活相对峙。

经济行为,既为计较利害或牺牲与获得,以满所欲之行为,故当然有一抱欲及行为之主体。此种主体在经济学上,谓之经济主体,或经济单位(Wirtschaftseinheiten od; Wirtschaftsubjekte)。经济主体之欲望不仅一种,不止一物,故经济主体之行为,亦不仅限于一类、拘于一事。经济主体之行为既甚多而且杂,则何者当先,何者当后,何者当缓,何者当急,不能不由经济主体熟计而审定之,使各种行为成一有组织有统系之一体而不至互相冲突。此种有组织有统系之一体,在经济学上谓之经济。经济行为与经济之关系,颇类于人民与国家之关系。国家虽为多数人民所集合,然非仅为多数人民之群集,必其间有组织有统系而成一体,始得称为国家,犹多数经济行为之集合不能称为经济,必其间有组织有统系而成一体,始得称为经济也。

参考:

(1) Philippovich, *Grundriss der Politischen Oekonomie*, 9 Aufl., s1 ff, s22. 或气贺勘重日译本,一——五页;

(2) 津村秀松,《国民经济学原论》再版,四七—六〇页。

三　人类生于斯世,不能孤立,必结为团体而行社会的生活。盖人类生而有种种天性,虽欲不结团体而不能也。其重要者有三:①社交性:人类者孤立于世若小说家所想象之鲁滨逊(Robinson)独居绝岛,虽或亦能在物质上自全其生。然精神上必不能畅满。证以吾人平日索居则寡欢之恒态,当知其然。故吾人当太古之时则聚群而居,及文化稍进则聚家族而处,自文化更进则成部落成国家。此皆各国历史上之事实所证明而不容或疑者也。②竞争性:骤观之似竞争性与人类之团体的性质相背驰,然慎思之则知二者实相表里。惟其有竞争性,斯其所以不得不团结。盖个人之体力智力,皆有一定之限量,且各人之间,亦不大相悬远,故当其与他人竞争之时,不能操必胜之数。于是乃结合其相亲相善者为一团体,以扩大其竞争力而行团体或阶级竞争。与争者欲谋抵抗,而亦相率而结团体。团体既多,则此团体,或彼团体又本其竞争之天性而行竞争。当此之时,欲操胜算必不可不扩大其团体。于是人类始联合其相亲善之团体而成较大之团体。依此遁进,遂发生现今各种之团体,此亦历史学及社会学之所明示而无容或疑者也。③多欲性:人类之欲望无限,人类之所以异乎一般动物者皆在此,文明之源泉亦在此。人类之初生,欲望甚为简单,殆与小儿无异,唯有充饥求暖等生理的欲望而已。年齿渐增,则嗜好日多,文明渐进,则欲望亦日增。于是始发生所谓地位的欲望及侈奢的欲望。地位的欲望者维持个人之地位,即体面之欲望也。侈奢的欲望者,与个人之生理及体面皆不相关之欲望也。惟名利与权势实为地位的欲望及侈奢的欲望二者集中之所。然欲满足此等欲望,断非一个人之微力所能企及,故不能不通工易事,分力合作,以期各个人欲望之能互相满足。于是群居之要生,而互助之实举,而现今各种团体乃不得不逐渐发生焉。此又历史学及经济学之所证明而不容稍疑者也。以上三种天性之外，尚有他种天性，兹不详述，要之团体之产生盖由于人性之自然。

团体者多数人类所结合之单一体，所以还多数人之一定的共通目的者也。团体虽为多数人之结合，然结合之后却自成一单一体，与团体分子之各个人之无组织的集合不同，犹人类在生理学上本为各个单独细胞之所结合，然其结合之后固自独成一体，与各个单独细胞之无组织的集合不同也。组织团体之人类，必有一定之共通目的，否则不成其为团体，例如戏园中之群集，因无一定之共通目的故不得为团体，而戏班因有营业上之共通目的，故得称为团体是也，团体既有一定之目的，当然不能不有团体之机关，以发表其意思。此种机关通常对外则代表团体，以行种种之活动，对内则对于组织团体之各员施行命令惩戒之权，故团体者由多数个人组成之单一体，有一定之共通目的，依其机关而行对内对外种种之活动者也。是故团体虽非自然人，然其具有人格而为自主自存之目的之主体，则固与自然人之具有人格而为自立自存之目的之主体，无以异也。

团体依其组织之强弱，可分三种：①公共团体，②共同团体，③综合团体。公共团体（Gemeinweson）者团体之组织最为强大，不但其团体意思对于团体员意思，行使强制的权力，且对于团体员之加入及脱离，亦施以强制者也。例如国家、地方团体及其他具有绝对的强制权之团体是也。共同团体（Gemeinschaft）者对于团体员仅有相对的命令惩戒权而无绝对的强制权，自由地任其加入或脱离之团体也。如营利团体、学术团体及宗教团体等即其适例。综合团体（Gesamtkörperschaft）者，仅有团体之意思及目的，而无一定的团体机关,亦无一定的团体活动,其组织散漫微弱,不易发现者之谓也。例如所谓国际团体、人类社会及国民等是也。

参考:

(1) Elwood, *Introduction to Social Psychology*, Chap. Ⅲ;

(2) Hayes, *Introduction to the Study of Sociology*, p. 213 ff;

(3) Jellinek, *Staatslehre*, 3 Aufl., S. 136-162;

(4) 陈启修,《宪法学原理讲义》第二编第三章第六节。

四 自然人类之个体,得为经济主体,不待论矣。即一切团体,苟欲维持其存在,亦皆不得不行经济的行为,以满足其集合欲望(Collectivbedürfnis),故亦皆得为经济主体。因经济主体之不同可分经济为五大种类:①个人经济,②企业经济,③公共经济,④国民经济,⑤世界经济。个人经济者,自然人类个体之经济行为之有组织有统系之一体也。其目的在计较利害以满个人之欲望。企业经济者,各自然人类个体所组织之任意的共同团体之经济,以增进其团体之利益,满足其团体之欲望为目的者也。例如家庭经济、公司经济等是也。公共经济者,强制的公共团体之经济,以维持公共团体之生活、满足公共团体之需求为目的者也。如国家经济及地方团体经济是。国民经济者,个体、共同团体及公共团体三者综合而成之经济主体之经济,以维持个体、共同团体及公共团体三者相互之生活,满足三者共通之需求,增进三者共通之利益为目的者也。世界经济者,综合各国民经济而成之经济主体之经济,以增进各国民经济之利益,满足人类全体之欲望为目的者也。国民经济之主体从前不甚明了,今日世界交通,国民间之利害冲突较前昭著,于是此种经济主体乃著经济界之重要位置。个人经济企业经济及公共经济之各主体于其自己固有之经济之外,发生国民经济之意识。此三种经济主体,一面满其自己之需求,谋自己之生存,一面复不得不顾及国民经济之需求,维持国民经济之存在,盖现在之世界为国民竞争之时代,无论为个人为共同团体为公共团体,若不行国民的生活,则将处于劣败之列而失其存在也。国民之观念与人民之观念及国家之观念皆不相同。人民系指组织国家之各分子而言,国家系指由人民组织而成之单一体而言,而国民则指一有共通感情且处于共同法律下之社会全体而言。易词言之,即人民为与国家对待之观念,而国民则为与他国民对待之观念,前二者为对内支配之观念,后二者则为对外竞争之观念也。世界经济之观念,发达较国民经济尤迟,今尚在萌芽时代。

参考:

(1) Vitte, *Vorlesungen über Volks-und staatswirtschaft*, übersetzt von melnik, S.1-28;

(2) 津村秀松,《国民经济学原论》再版,六一——七〇页。

五　经济(Economy)一词之本义为家计管理,故从语源观之,经济与经济经理似无区别。惟近世经济学异常发达,各派学者对于经济之定义,各依相当的理由,为不同的主张;有谓经济为行为或生活者,有谓为事实或现象者,更有为折衷之说者。故经济与经济经理二者是否全然同义,乃生疑问。我于前段虽主张经济为各种经济行为之有组织有统系的一体,然我以为一体之本身,与其一体之计划及经营,在学理上,应各为一事:前者为经济,而后者则为经济经理;前者为全体,而后者则仅为其一部分也。

由此言之,则以上各种经济主体在学理上皆应有其经济之经理,自不待论。惟国民经济发达日浅,仅有国民经济之观念,尚未达于独立经理特别经济之域。他日各国经济事业更进一步,必发生一种经济联合委员会,合个人经济、企业经济及公共经济之代表者而组织之。欧洲大战时各国所设之特种经济委员会,如食粮管理委员会、燃料管理委员会、劳动协议会等,即其萌芽。将来此种委员会苟能有充分之发达,则国民经济之独立经理必能实现也。世界经济之经理亦尚未实现,然各种国际的经济会议,如国际劳动协会、国际邮政同盟等,殆其萌芽也。通常各国除英美外皆特谓公共团体之经济经理为财政(Finanz),而对于其他经济经理,则无特别名称。

参考:

(1) 小林丑三郎,《经济学评论》七版,一七一页及以下;

(2) 小林丑三郎,《财政学提要》五版,一—三页。

六　Finanz 一语,源出于拉丁语之 finis,原为"支付期限之意"。后转而为 Finare,有"支款"及"裁判上确定的款项之支付或罚金之支付"二意。其后传于法语而变为 Finances,始兼有公共收入之意。至十七世纪后更通用以指国家之一般的理财。至十九世纪,则通用以指一切公共团体之经济经理,但必用于复数,作 Finances。其为单数时,则有一般的货币出入事项之意。当近世之初,法国为各国之文化中心,故此语之最新用法,亦传于各国通常用以指国家及其他公共团体之经济。惟在英语国中,此语之私经济的用法,依然未废,故通常用以指公共团体之财政时,必冠以形容词 Public 以示与其他 Corporation Finance、Trust Finance、Private Finance 等有别。

参考:

(1) Bastable, *Public Finance*, 3 ed., pp. 1-2;

(2) Plehm, *Introduction* to *P. F.*, 3 ed., pp. 1-2;

(3) 宇都宫鼎,《财政学》卷一,一二—一五页。

第二款　财政与各种经济之一般的关系

一　财政为公共团体之经济经理，而公共经济，下则有个人经济及企业经济，上则有国民经济及世界经济，互相依辅，息息相关，故欲考财政与各种经济之一般的关系，必当先明各种经济相互之关系。

二　个人经济现今皆处于国权之下，赖国权之保障以达其目的，且通常大抵力量过微，不能举行规模远大之事业，而必待于各个人经济之结合，故个人经济不能不依赖公共经济及企业经济。企业经济为个人经济所结合，几与个人经济同其利害，且亦赖国权之保障，故企业经济与个人经济及公共经济之关系甚为密切。公共经济之财源，惟个人经济及企业经济是赖；未有民贫而国能久富者，亦未有国富而民终于贫者；所谓百姓不足君孰与足，百姓足君孰与不足，语虽陈旧，然移诸今日亦尚含有至理，故公共经济与个人经济及企业经济亦实有莫大之关系。国民经济为合个人经济、企业经济及公共经济三者，以行对外竞争之经济，对外竞争胜则三者当皆受其利，对外竞争败则三者亦当皆蒙其祸；故当此经济战争，剧于武力战争之日，个人经济及企业经济及公共经济三者之经理，皆当以在国民经济上有利与否为前提。而国民经济之目标，据最近经济学之原理，则在使国民经济内之各经济单位即各种经济主体，各尽量发挥其最大之能力，各减少其因利害冲突而来之损失至最少程度，以谋增进国民经济全体之福利。故国民经济不但其成立有赖于个人企业及公共三种经济且其与三者之关系之深在今日商战剧烈之时实最显著。世界经济为各国民经济之结合体,国民经济必以世界经济为归宿,然后能解决人类之经济的恐慌,世界经济亦必以国民经济之充分发达为前提,然后能满足全体人类之欲望,故国民经济与世界经济关系甚深,而世界经济与为国民经济组成分子之个人、企业及公共经济三者之关系更不待言矣。

以上五种经济之关系,以图形表之,最易明了。假令个人经济为几何学上之点,则企业经济为由点而成之线,公共经济为包含点与线之面积,而国民经济则为包含点线面之体积,以个人及企业经济之厚薄为高度,乘面积而得者也;或有谓面积为国民经济,体积为国家经济者,衡诸理论似有不妥;世界经济为各国民之经济之结合,故可用包含各种体积之球形体表之,如左图:

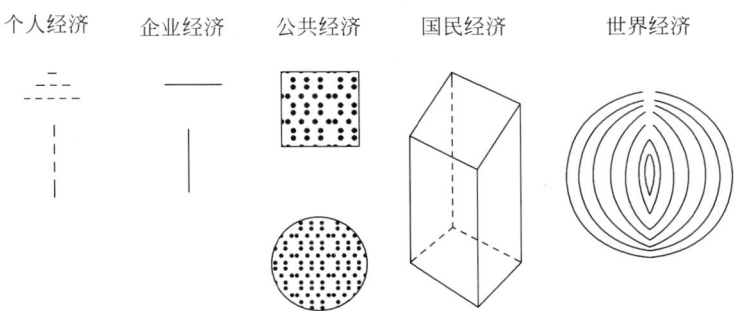

三　依上述观之,可知各种经济息息相关,一经济之盈绌、顺逆及虚实等,被动地既不能不受其他经济之影响,主动地又足以影响其他经济也。而就中公共经济对于其他经济之主动的影响,尤为强大,盖公共团体为有绝对的强制权的团体,其意思之发动,非常坚强,足以压迫其他经济主体之意思而置经济系统上之正当的相倚关系于不顾之列也。故财政一事,善为之,因足直接地致公共团体之繁荣,间接地增国内及国际之福利。而不善为之,则足以直接地压抑国内经济之发达,增加国际经济之危险,间接地使公共团体,陷于财政的绝望之境,无法救济,以至于灭亡。财政对于其他经济之影响既如是重大,故我人应力求致其善者而避其恶者。欲达此目的,应先持财政与其他经济经理对照,而行比较的研究,以明其性质之异同而识财政之特色;次乃就所识之特色,而研究其对于其他经济之可能的影响,别其善恶,以定去取;最后更就研究所得之结果,斟酌一切可以左右财政之事实,加以考虑,以期发见一般财政应用上之原则。凡此种种,将于以下各款,逐次讨论之。

参考:

(1) Vitte, ibid., 2 B., S. 137-148;

(2) 松崎藏之助,《最新财政学》,第一编第一章第八节;

(3) 大内兵卫,《财政学讲义》,二一三页。

第三款　财政与个人经济及企业经济

一　个人经济与企业经济二者,在本质上虽有单一经济(Individual wirtschaf)与共同经济(Gemein wirtschaft)之分,然其对于财政,则同立于私经济(Private W.)与公经济(Öffentliche W.)之关系,且其目的、手段、生存期间及规模大小等皆于"私的"之点,有同一的性质,故欲明二者之经理、与财政之异同及关系,可合二者而观察之,而总称之曰私经济。

参考：津村秀松，同书，六三—六四页。

二　财政与私经济之性质，有相同者，有相异者。

语其同，则财政与私经济皆为出于单一意思之行为，皆为达其主体之生存的欲望之统一的行为，皆为其主体之生存关系上必要而不可缺者，皆为计较得失之行为，即务求以最少之劳费得最大之效果者。

语其异，财政与私经济相异之要点有六：

（一）财政自身无目的，而仅为达公共团体之其他目的之手段，与私经济之自身即为目的者有异。由广义言之，虽可谓一切经济皆为其主体之生活目的之手段，然由狭义言之，则因公共团体为强制的团体，得随时强行其团体意思于团员之上，以获其所需之货财，故仅视财政为达种种目的如维持安宁秩序、增进福利及发展文化等事之手段，不视为第一位的重要，而置诸第二位。至于私经济，则因其所需之财货，必须其主体自致相当的勤劳而始能获得之，故视其经济经理自身为目的，置于第一位，而置其他行为于第二位，视为达第一目的之手段。财政与私经济因有此不同之点，故其经理之原则上，更发生二种结果：

（1）财政以出入平均为原则，不以蓄积财货为目的，与个人及企业经济之以收入超过支出为原则、重在增殖资产者有异。个人及企业经济系由经济主体自致勤劳，以收获利益而营经济的生活，一日不能勤劳，则一日不能生活，而人之勤劳期间，有一定限度，故经济主体有蓄积资财之要，且以能蓄积即入超于出为最安全之生活方法。财政则不然，凡所收入，大抵皆由强制的方法而来，不必自致生产之勤劳，故财政仅以出入平均收支适合为已足，而不必有蓄积之要。盖①既随时皆可行强制的收入，则人民之富即国家之富，何必由公共团体更事蓄积，且与其死藏于国库，或即不死藏而自为运转，究不如藏诸外府，使人民运转之而于必要时坐收其成之为得也。②可免因收入多而频速滥费之病。但因特种目的之蓄积，例如开战金之平时准备、岁入剩余金及公债偿还资金等，其用意不专在增殖资产者，不在此限。

（2）财政以公共心及道义心之发动为原则，以利己心之发动为例外，与个人及企业经济之以利己心之发动为原则者有异。财政为达种种目的之手段，而近代公共团体之目的，不能出乎维持安宁与秩序、增进福利及发展文化三者之范围，故财政的行为，必不能不以公共的需要及社会的正义为标准；有时虽不免有利己的行为如纯财政的财产之经营等，然究不过属于例外而已。个人及企业经济之经理，则诚如最新派经济学所主张，虽非全出于利己心，然究不能不以利己心之发动为原则；此事在经济学上，殆已成自明之理矣。

（二）财政以量出为入为原则与个人及企业经济之量入为出者有异。个人及企业经济之支出，皆出于自己所收入者之中，即令有时能向他人借款，然其可能之程度，亦当在其收入之范围以内，故可谓量入为出，换言之即以收入之额，限制支出之额。财政则反是，其支出之理由本在施行必要之政务，其收入之性质又为强制的，故在理论上其支出不能因无收入而中止，其收入亦不患无从筹措。因此之故，吾人常谓财政之收入系以支出为限制，易词言之，即财政系量出以为入也。惟量出为入之原则亦以在一国人民能负担之范围内为然，若轶出此范围，则人民不聊生而公共财政亦必无独幸之理，故应用此原则时当注意三事：①当因某种支出而增加收入时，须斟酌因支出而得之利与因收入而生之不利，察其收入对于个人或企业经济上之负担力生何影响,凡大有害于个人或企业经济者,例如征收苛重之厘金或统税使国内贸易几无存立余地之类,应弃置之而更察此种支出是否必不可缺,以定取舍。②须察此种支出与他种支出之间,是否能维持适当的调和,其不能调和者常停止之。例如一面支出巨额之救贫经费,一面复支出巨额之商工业保护金以保护资产家,易词言之,即不啻一面赈济贫民一面制造贫民,徒耗金钱于无用之地,盖甚不可也。③不但须应用此原则于支出增加之时,且须应用之于支出减少之时,盖世恒有在支出增加之时适用此原则,而于支出减少之时则否,其结果往往移所减少之经费于其他不急的用途,徒使支出有加无已,以陷于滥费之弊也。

(三)财政上支出之效果多属无形不能附以价格与个人及企业经济之支出以举有形的利益为主要的目的者不同。个人、企业及公共经济虽皆以满足欲望为目的,然前二者支出之效果,大都在产出有形的物件,可以货币价值表示之者。例如常人之生计,恒以货币价值为计算之标准,资产日增者谓之处顺境,资产日减者谓之处逆境,即其明征。公共经济则反是,其支出之效果大抵为政治上之物件,即无形的物件,不可以货币价值测定或表示之者。例如对外之平和维持费、对内之法律拥护费等,效果虽极伟大,然皆属无形物,不可定其值金钱若干也。关于支出之效果,财政与私经济之间有此差异,故其经理原则上更发生二种结果:

(1)私人及企业经济之支出效果为有形的物件,故其收支计算上,在理当生净利,以净利之多寡有无,判其支出行为之当否。公共经济之支出效果本属无形的,无净利之可言,故经费支出之当否,不能以净利之多寡有无为断。

（2）公共经济经费支出之当否，既不以金钱上之利益或损失为断，故财政行为之利弊较诸私经济难于判断。财政为经济之一种，当然应守以最少劳费，获最大效果之原则，然其支出效果，属于无形的，故动多失算，或则过度膨胀，流于滥费，或则过事缩减，致生政务涩滞之弊也。

（四）财政上之收入系依所谓一般的报偿之原则（Das Prinzip der generelle Entgeltlichkeit），以强制的获得为主，与私经济收入之依所谓殊别的报偿之原则（Das Prinzip der spezielle Entgeltlichkeit）、以任意的获得为主者有异。大凡收入之获得，共有三种形式：①恩惠的主义即给付人任意以某种货财交付收受人，而收受人不行何等的反对给付之谓也，例如捐助、贡献、赠与之类是也。②强制的主义，即收受人强制给付人交付某种财货，不给若何的代偿，或虽给代偿，而有代偿之条件，纯由收受人定之之谓也，例如国家依公共需要之名义强制个人征取其货财或收用其土地之类是也。③报偿的主义，即收受人与给付人双方认定双方所有之货财有相等的价值而各有授受之谓，例如普通的买卖及交换是也。在现今交换经济时代，私经济上收入之获得，通常皆依报偿的主义，即偶有例外，亦不过依恩惠的主义而已，不能依强制的主义也。而财政则不然，一则因公共团体对于团员本有强制的权力，二则因财政之支出效果，大抵为无形的，不能计其价格，而行反对给付，故财政上之收入，通常皆不得不依强制的主义，虽恩惠的及报偿的主义仍未全废，然在通常的公共团体中，究不过一种补助法而已，有谓公共团体虽行强制的收入。然对于被征收人亦未尝不给以种种一般的无形的给付，如安宁、和平等，故宜称为一般的报偿主义。而对于通常私经济上之个个的报偿，则宜称为特别的报偿主义者，理亦可通。然须知财政收入之强制的性质,并不因其称为一般的报偿而减失也。财政收入之强制权,在法律上谓之财政权。

(五)财政之主体,生命悠久,故其规模亦甚远大,与个人及企业经济有异。公共团体之生命在理论上无有期限,本与个人及企业团体之仅有有限的生存期间者异其性质,故公共团体之财政,关于此点亦不能不与个人经济及企业经济发生四种差异:

(1)个人及企业团体之命数可以预测,故不妨准据其命数,消费财产之全部,或消灭其所得(income)之资源。例如私人,不妨举其财产之全部,购买政府发行之终身年金证书,坐食其利以终其身。公共团体则不然,因其生命本无期限,故不能因一年半载之临时需要,或横征暴敛,或出售产业,使收入之源泉一竭不复。彼卖矿鬻路以借入外债之举,即单从财政上观之,亦最宜禁忌者也。

(2)个人及企业团体,因命数有限,故其经济经理,必以其利益能在其生存期间内实现为目的,其一切资本之投放,皆以即时或为期不远之利益为根据。公共团体则不然,其财政上经费之支出不妨出于百年之大计,而不计目前之利益,盖其生命之存续本属久远,故理论上决无不能享受利益之虞也。

(3)私人及企业经济之经营及消费,皆以当事人现有之经济能力为限度,有时虽不免稍有逾越此种限度之行为,然终不能不以在最短之期间,能填补其不足之经济能力为前提;因人命无常,信用难久,不如此则瞬息间必将有破产之虞也。若公共团体,则因其生命本无期限,假令有时丧失其生命,然依现行国际法或国内法之惯例,其财政关系亦大抵由事实上之继承者继续负担,故其信用在理论上可垂久远。以故公共团体之财政,不但可利用其现存之经济的能力,且可利用其未来之永远的经济的能力,例如国家现在发行公债,收纳现金,以兴办事业,而以公债付息偿本之负担,使后来之经济能力任之,是也。

(4)公共团体之生命在理应垂于久远,故公共团体财政上对于私人,可以缔结无期限之契约,例如无期限年金契约及永久公债等是也。个人及企业经济当然不能行此种大规模的事业。

(六)财政上之事务,皆由与事务之成绩无直接利害关系之吏员担任之,与个人及企业经济上之事务担任有异。个人及企业经济之事务,大都由与其经济有直接的利害之人担任,故不但其费用中较少无益的或不正当的支出,而且其事务之进行,恒敏捷灵活,合于事业经营之原理。财政则不然,其事务担任人,既与其事务之成绩无直接的利害关系,故不但其支出动属于无益的,或不常的,而且其事务之进行,恒呈迟滞之现象,有悖事业经营之原理,故财政上私经济的事业,即不利用公共权力之事业,恒不能获相当的净利,无良美的成绩。此事与财政收入论甚有关系;普通理论上、公共营业收入优于租税,而实际上结果往往相反者,盖由于此。

三 以上六点为财政之特色。我人次当考察此六种特色对于个人及企业经济,应有若何影响。六种特色中,除第一种特色为有利的特色,在理论上,应使财政行为带有社会的及道义的色彩外,其余各种特色,对于个人及企业经济似皆偏于有害的方面。盖第二特色往往致支出之膨胀,使私经济无力负担;第三特色,往往使支出陷于滥费之弊,而其结果亦不外乎使私经济受累;第四特色,更足生无厌之诛求,忘私经济之痛苦;第五特色,则往往使将来的私经济上受现在的不良财政之害而莫可如何;第六特色对于私经济之弊害,则更明显,不待多言矣。故仅从财政自身之性质观之,其对于私经济,实可谓害多而利少也。

参考：

（1）Bastable, ib., pp. 42-47；

（2）崛江归一，《最新财政学》七版，一一——一七页；

（3）小川乡太郎，《财政学总论》，五—九页；

（4）Eheberg, ib., §3.

第四款　财政与国民经济及世界经济

一　公共经济与国民经济相关甚深，二者之盛衰互相倚伴；国民经济繁荣，则财政上之收入必见增加，财政上之收支得宜，亦必促国民经济之发达，此一定之理也。然因公共经济为强制经济，而国民经济为综合经济（Gesamtwirtschaft），前者有一定的机关以强行其意思，后者则既无一定的表意及执行之机关，又处于国家权力之下，故事实上唯前者得直接地左右后者，而后者则不能直接地左右前者。依前段所述，国民经济之盛衰，在今日实为个人企业及公共经济三者存亡之所系，而财政则能左右国民经济之盛衰，故财政对于国民经济之关系较对于私经济之关系尤为重要。

二　财政与国民经济之关系可依国民经济上之重要类别，分为四点而考察之：

（一）财政与国民经济上之生产之关系。生产者，发生经济的财货或变更其形体以增加其效用之行为也。财政上之财源大半由个人强制征收而来，仅享他人生产之结果，而不自行生产，故骤观之，似颇妨害个人之生产事业。然细察国家及国民经济发达之史迹，则知国家与个人对于国民经济，同为生产的分子，特其分业各有不同而已。盖国家发生及存立之重要的理由不外二种：①消弭竞争；②增加生产力。初民时代，个人一面从事生产，一面尚须御侮，故其生产之结果恒苦不足；及至国家发生时代，国内外维持平和秩序之责任，完全由少数强者即所谓国家负担之，而个人则专从事于生产。一般个人虽无御侮之劳，而有不得不纳租税之苦，国家虽不从事生产，而可征收租税以为生产之保障，故国家与个人不啻行生产上之分业，而租税则不啻为生产费之一部也。由是言之，财政之支配果得其当，实足以助国民经济上生产之发展，何况现代之国家及地方团体，恒有经营大规模的生产事业，如采矿冶金业、交通业、银行业等者，其足以增进国民经济之生产，更不待言。然若支配不得其当，则财政亦未始不为生产事业之累，且公营事业或反足以妨害国民经济上之一般的生产，亦未可知也。

（二）财政与分配之关系。分配者，生产参加人如地主、资本家、企业人及劳工等对于生产之纯益之分配之谓也。从理论上言之，此四种人对于生产皆曾尽相当之力，应各受相当之分配，然在实际上则纯益之分配，殊不公平，致发生种种弊害，故今日国民经济学上之重要问题，实为如何始能将社会上之财货，分配平均之问题。而财政的方法，则为解决此问题之要诀。例如重课所得税、田赋、屋税、营业税、承继税等，皆所以使富者多所负担，免致富者愈富；轻课消费税及间接税等，皆所以使贫者负担减轻，免致贫者益贫；官办交通运输等独占性质之事务，所以防工商阶级之垄断；凡此种种财政的手段，皆所以平均分配、改良社会者也。然若财政上运用失当，则其足以增加分配不均之病者亦大，不可不注意也。

（三）财政与消费之关系。消费者，享用经济的物件以消灭其效用之行为也。消费之原理在多消费，抑在少消费，易词言之，即在奢抑在俭之问题，至今未决，吾人尚不知何从。兹单就财政言之，公共团体之消费，为额最巨，且大抵皆不发生有形的效果，故或有谓公共团体为最大浪费人者。然由他方面观之，欲谋国民经济之发达，不可不谋购买能力，即消费力之增加，否则农工商业皆难为充分之发展。而公共团体之消费最为巨大，故公共团体之经济，亦可谓最足致国民经济之进步。例如，德国战前之造船业及其他工业，骤然进步，凌驾法美而比肩英国，推其原因，皆由扩张海陆军备，支出巨额之国防经费所致是也。然若其消费之额，超出国内之生产力及负担力，或所消费之地在国外，则又当然足为国民经济之累，是亦不可不知者也。

（四）财政与金融及物价之关系。金融者，货币融通即流通之状况之谓也。货币多而融通易者，谓之缓慢，货币少而融通难者，谓之紧急。金融缓急之状况，最足以影响国民经济之全体，使经济事业或趋于日盛，或濒于危亡。而财政上之行为，又最足以左右金融之状况，使缓者急，急者缓，故财政与国民经济之盛衰，由此点言之，亦最有关系。例如公债之募集、偿还及国库资金之收放等事，行之得宜，则可以使枯窘之金融市场变为润泽，而使国民经济上之事业日益发达；行之不得其当，亦足以使润泽之金融市场，变为枯窘，以至于破产频仍，而国民经济遂入于恐慌之域。物价与金融有不可离之关系，金融枯窘则物价贱，金融润泽则物价贵，而物价之贵贱，又与国民经济之盛衰有密接的关系，故财政与物价亦有密接的关系。例如，国家发行不兑换纸币过多，则物价奇贵，民不聊生，其国民经济在国际经济上，立于非常不利之地位，其极必底于衰灭是也。金融及物价，足以代表国民经济上之交换状况，故财政对于国民经济上之交换，可谓具有操纵之力也。

参考：

（1）宇都宫鼎，同书，四八—五九页；

（2）小川乡太郎，同书，九——二页。

三 世界经济，虽与国民经济同为一种综合经济，然因其不属于一定的国权之下，故特定的财政不能直接地对之发生影响。然如战时财政之困难及平时财政之不当的政策，实皆足以间接地引起世界经济之恐慌，故亦不能不谓财政与世界经济有甚大的关系也。

第五款　财政之内容

一 依上二款，已知财政对于私经济，则害多而利少，对于国民经济，则利害参半，对于世界经济，则利害尚不彰著。乍观之，我人似可据以弃害趋利而定财政运用上之原则矣。然慎思之，则更知财政为公共团体之状况之反映，其内容常随公共团体所处状况之变迁而有变动，不可一概而论，故欲决定财政运用之原则，应先明财政之内容及其变动之原因及史迹。

二 财政为公共团体之经济经理，既属于经济统系之内，而又为行政之一，故财政之内容有二：①实质的，即经济的，②形式的，即行政的。

实质的内容者，财政支出及应此支出之有计划的收入之谓也。公共团体欲维持其存在，达其本来之目的，必不可不用人力及货财。其取得人力之方法有三：①自由使用法，即任由供给劳力人依自由意思，贡献劳力而使用之之法。②强迫取得法，即强迫劳力人供给劳力而使用之之法。③契约取得法，即依供给人及使用人双方合意之契约，以一定的报酬，取得劳力而使用之之法。在现今经济社会上，此三法中，第三法需用货财甚多，不待论矣。即依第一法如利用名誉职员等，亦必需川资等实费之补给，依第二法如利用兵役及牢役等，亦必需用衣食住必需品之给与。故公共团体不但需用土地、房舍等以为施政之基础，而且欲获团体活动要素之劳力，亦不可不需用种种经济的货财。此种需要，谓之支出或岁出，今通常依货币数额表示之，则谓之经费。此种货财之取得，通常亦有①自由取得法、②报偿取得法及③强制取得法三者，前款已详言之。公共团体无论用何一法取得货财。必皆出于预定计划，此种有计划的取得，谓之收入或岁入。岁入所由来之基本，如公课权、公共财产、公营事业及公共信用等谓之财源。

形式的内容者施行实质的内容之程序即收支方法之谓，其目的在使财政上实质的内容之计划及实施，有条不紊而便于整理，例如关于会计预算、金库簿记及决算之各种法制是也。

三　财政之内容，虽常具实质的及形式的两方面，然其属性及范围，则恒随公共团体之组织及目的之变迁而有差异。同是收入，而古之所重者在特权收入，今之所重者在租税；同是支出，而社会的施设之经费，独为现代之特色；乃至同是预算，而专制君主国之预算与立宪国家之预算，在性质上实大相悬远也。

财政内容变动之原因甚多，其重要者有五：

（一）文化状况　依文化史所示，人类之欲望，不但其数随历史之进展而见增加，且其性质，亦逐渐地社会化，由个人的欲望，变而为共同的欲望，势非依政治团体，不能满足。此事对于财政之内容，关系甚深，近世财政之所以逐渐较古时见重者，盖以此也。

（二）社会状况　依社会史及政治史所示，人类政治生活之进展,有渐次灭除特权阶级之权力以保障多数人之权利及自由之倾向。此种倾向,亦反映于财政内容之上。盖古时之财政其支出概为特权阶级而施行,而今日之财政,则已逐渐地以共同利益为标准;古时财政之收入亦概为被压阶级所负担,而今日则渐次以一般人之共同负担为原则也。

（三）政治组织　财政本为一种行政。故所受政治组织之影响,尤为直接而重大。例如专制制与立宪制、集权制与分权制、行政区划制与地方自治制及单一制与联邦制等,皆足以使财政之实质的或形式的内容,受极大之变动者也。

（四）经济状况　财政为经济经理之一种,故其应受经济状况之影响,更不待言,例如货币经济代实物经济兴,而租税收入乃特见注重,及工业规模日大,而公营事业又将渐转为财政上之焦点,是也。

（五）外的条件　公共团体之外的条件如地形、人口及气候等,亦与财政内容有极大之关系,足使其收支发生或增或减之要。例如 Eheberg 所谓德意志东西境皆无天险可守,故不得不依较多的陆军费以自固,英法俄瑞典等则享天然的特权者,信不诬也。

参考：

（1）Eheberg, id., §4；

（2）大内兵卫,《财政学讲义》,四—五页。

第六款　现代财政之原则

一　财政之种种特色既如彼,其内容之变动不居又如此,则可知财政运用上不能有绝对的原则之存在,普通所谓运用上之原则,特相对的而已。

二 现代国家之实状及关于政治之思想，颇具特点，我人宜据以立现代财政运用上之原则，故举其重要者如左：①

（一）社会的正义之要求 即对于生活资料之合理的分配之要求，盖因现代贫富悬隔过甚而发生者也。

（二）国际经济竞争剧烈之事实 现代为各国民经济竞争时代，已见前段。

（三）国政范围扩大之事实 现代国家行政之广及于教化事业及社会事业，实为从前所罕见。

（四）经费膨胀之趋势 此与国政范围扩大固有关系，然不尽由于是，后当详述之。

（五）庶民思想之坚强 例如普通选举、妇女参政、公民票决等之要求，即其明证。

（六）公营事业之盛行 现代公业无论其为行政的营业或财政的营业，其规模及数目，俱大异往昔，详见后。

三 由现代思想及事实与前述财政之种种特色之关系考察之，当发现现代财政之运用，应守左列六种原则：

（一）运用财政时不可忘其与社会的道义之关系 盖财政本为手段而非目的，若于运用之时，视为第一位之目的，则不但有悖财政之本质，且亦恐不足以满足现代社会的正义之要求也。

（二）财政之运用应与国民经济之原理调和 财政不但深有赖于国民经济而且足以左右之，更加以现代国际经济竞争之烈，则

---

① 本书中"如左""如右"为原竖排版本的用词，现不予修改，以下不一一注释。——编者注

二者之宜调和，不待多言。至于如何始得谓之调和，则当视其时其地之情形而决。

（三）财政之运用当守经济主义　经济主义与节约主义不同：后者以缩小财政之范围为主，而前者则以经济的原则为主。分析言之，则第一当务求收入费之减省，第二当慎防不急或不当的经费之支出，第三当务求收支之适合，使不生意外的损失，如是始得谓为经济主义。经济主义之要，在私经济经理上亦然，固不仅限于财政，然因对政之支出效果为无形的，其收入方法又为强制的；无比较生产费与生产结果之便利，而有独占压迫之事实，故尤不得不守经济主义。

（四）财政之运用当立一定的计划　财政计划有二种：其一为一般的长期计划或根本计划，其效用之期甚长，所以决定长期之支出及充此支出之收入使其适能相合，世所称为财政十年计划或二十年计划者，即此是也。其二为对于各会计年度之部分的短期计划，盖执行第一种计划时之特别计划也，亦称为预算。财政计划，论长期或短期，在财政运用上，皆极重要，盖财政之规模本已宏大久远，而经费需要之增加，又为必不可避之趋势，则欲免临渴掘井、饮鸩止渴及竭泽而渔等弊，自不可不有一定的计划也。

（五）财政之运用应采公开的手段　从庶民思想之发达及财政之特色言之，欲使负担经费人不生负担不均或苦于负担之感，舍公开财政外，殆无他法也。

（六）财政当使特别的机关依特别的法规监督之　财政之计划人及实行人，皆与其效果如何，无直接的利害关系，且财政之施行程序，非常烦琐，易使弊端丛集，加以公营事业渐多，尤非平常机关所能监督，故不能不以使特别的机关依特别方法，实行监督为原则也。

参考：

（1）高野岩三郎，《财政原论》再版，一一——一八页；

（2）大内兵卫，同书，五—六页；

（3）Adams, *The Science of Finance*, pp. 3-14；

（4）小林丑三郎，同书，二一——二二页。

第二章　财政学

一　上章所述财政之特性、内容及其运用之原则等不过略举其大体而已,究竟其特性如何发挥、其内容如何构成、其运用原则如何实施,种种问题尚非待细密的研究不可。财政学者研究财政之科学,易词言之,即关于此种问题,施行细密的研究之科学也。财政学为一种科学,抑为一种策术?此在昔时,亦为学者争论之点,然居今日,则财政学之为科学已成定论。盖所谓科学者,以广义言之,本指有统系的精密智识而言。而就现今财政的学问观之:①则有一定有限的研究范围,②则有特殊的有系统的事实,原则及一般进展之法则,③则可得适用科学研究法,④则于说明特定的现象之外,兼可预断其将来,故财政的学问当然得为一种科学也。

财政学为关公共经济经理之学,故财政学在科学系统上,乃行为之学。凡行为之学皆得兼为实是的(Sein)学及当为的(Sollen)学,故财政学亦有实是的及当为的二方面,财政学于实是的方面,当就各时各地之财政的现象,详加观察,比较研究之,以发见存于其间之共通的元素、一般的原理及普遍的法则。故在此一方面,财政学为理论的科学,当求其研究材料于历史及统计。财政学于当为的方面,当参照公共团体之一般公认的理想,建设关于财政施设方针上之特殊的原则。故在此一方面,财政学为应用的科学,当求其研究对象于现在之财政,以期为解决现时的财政问题之指导,而应实际的需要。财政学之理论的性质及应用的性质,能否相容而并立于同一科学之中,亦为学者议论所集之点;仅就纯理言之,虽以二者分立为合理,然从现今学问界之实际言之,凡一切社会科学,皆往往合理论及应用而论之,欲为明白的划分,实属至难,固不独于财政学为然也。

参考:

(1) Plehn, ib. , 3ed. pp. 2-4;

(2) 大内兵卫,同书,六—七页。

二　财政学在科学统系上之地位若何?易词言之,即财政学为一种独立的科学,抑为其他科学之一部分?

财政为公共团体之行为,故由形式上言之,应作为国法学或行政法学之一部而研究之,盖财政之实行,不能不依据各种财务法规,而此种法规之研究,应属于宪法行政法之中也。

然由实质上言之,则财政一方面可作为政治学或行政学之一部,一方面又可作为经济学之一部而研究之。财政为公共团体之经济经理,当然为一种政务,其运用完全与其他政务如内务、外务等相同,为政治学上之重要问题,故财政应属于政治学。然因财政为经济经理之一种,不但其经理之原则,大部分与一般经济经理之原则同趣,且如前所述,财政运用之良否亦大足影响其他经济之盛衰,则其运用时不得不有赖于一般经济学之原理,乃属当然之事,故由此点观之,财政学亦可谓为经济学之一部也。

认财政学为国法学或政治学一部者,现今学者之中殆已绝迹,而认财政学为经济学之一部者,则自 Adam Smith 以后,以迄于今,殊不乏人。或以财政学与纯正经济学及应用经济学对峙,或以财政学置于应用经济学之中,乃至或以置于纯正经济学之中,种种见解,极不一致。然其根本思想,则皆以财政学今日之发达,实以经济学之功为多,且其研究方法及研究对象,皆与经济学无大差异,故主张以财政学为经济学之一部。此种见解之发生,一由于历史的因袭,即狃于"经济学先财政学而成立,财政学由经济学而派生"之事实,一由于关于经济学之见解之特异,即"视经济学为关于人类一切物质的生活之科学"的特殊见解。以我观之,此种见解皆有所偏。盖科学之发达,本由简而繁,且一切科学皆有互相关系之处,一学科之能否独立,应依其有无独特的研究范围及独立的需要以为断,而不当囿于习见也。今就财政学观之,依前所述,财政学本有其特殊的问题,且有特殊的研究,而因财政对于公共团体以外之经济的生活关系甚重之故,又有特别注重之要,故财政之应为独立的科学,乃属当然,初不因其与某种科学关系特深或互相类似而失其存立之理由也。

财政学虽为一种独立的科学,然其与他种科学之关系,并不因此而减。例如欲论岁出,则不能不准据经济学上之消费论,欲论租税之转嫁,则不能不利用经济学上之分配论,欲批判租税制度之是非,则不能不利用国民经济学原理,欲论公债,则不能不依一般信用之原理,欲论公有事业之利弊,则不能不深通经济政策学;又如欲明中央财政与地方财政之关系,则不能不明宪法及行政法之原理,欲达财政运用之目的,则不得不通会计法,欲明租税公平之原则及公共经费之当否,则不得不引用政治学及国家学。此外如统计学、社会学、社会政策学、历史学等,皆与财政学有密切的关系,通常学者统而称之曰财政学之补助学科。

参考：

（1）Eheberg, ib., §7-9；

（2）小川乡太郎，同书，一八—二一页；

（3）宇都宫鼎，同书，六〇—六二页。

三　财政学有理论的及应用的两方面，故其研究方法，亦不得不并用演绎及归纳二法。

欲建设财政学上之原理，通常不可不用归纳法，盖原理之为物，原即存于各种财政现象之中，而非别有单独明白的存在，若不用归纳法，则几无从发见之也。在财政学上为此种归纳之材料者，有二：①财政史，②财政统计。财政史所以叙财政事实之变迁，即所以知财政之发展倾向，亦即所以推测财政之将来。鉴往，观今，知来，而财政学上之原理，于是乎显矣。财政统计对于财政学之关系，完全与财政史相同，特财政史为文字的材料，而财政统计为数字的材料，其本质上微有差别而已。最近财政学界喜用统计比较法，此于原理发见上，利益固属不少；然须知统计之引用，最当严格；不严格的统计，易使人发生轻信之念，其为害或较不用统计时为大也。凡欲免轻用统计比较之弊，其所引用之统计，须具备以下三根本条件：①所用统计之单位须有同一的性质。反于此条件者，如包含殖民地财政之预算统计与不包含者之比较，或包含公共营业之收入统计与不包含者之比较是也。②所用统计，须为依同一的方法或标准而得者。反于此条件者，如取预算上之岁出入统计与决算上之岁出入统计相较是也。③所用统计务须周备而求能尽其范围。反于此条件者例如比较国防费而仅用陆军费统计、比较教育费而仅用国家负担之教育费统计是也。

欲建设财政学上之原则，通常须用演绎法，盖财政本为公共团体之行为,故其运用上,除财政学之原理外,尚不得不采用其他凡以公共的行为为研究对象之科学,如经济学、政治学及社会学等研究所得之原理,以资应用;而其应用之时,自必为演绎法也。

参考:

(1) 小川乡太郎,同书,一四——一六页;

(2) Plehn, ib., 3 ed., pp. 8-9.

四 财政有实质的及形式的二种内容,故财政学之研究范围,亦当有实质的及形式的二方面。

财政学研究范围之实质的方面,依财政之实质的内容,分为经费论、收入论及收支适合论三者。经费论所以研究公共经济之支出,收入论所以研究其收入,而收支适合论则所以研究收支上有一时的或长期的不足时之弥补或均衡之道。惟因近代财政上,所用以适合其收支者,恒为公债,故收支适合论,亦称为公债论。

财政学研究范围之形式的方面,依财政之形式的内容,为财务行政论,所以研究财政上收支及保管之形式;但因其中最要者为预算及决算,故亦称为预算决算论。

以上经费论、收入论、收支适合论及财务行政论四者,不但在理论上为财政学之当然的研究范围,而且亦为现代多数财政学者所公认,已似无可拟议。然亦有二种异说:①以财政学为收入或租税,或租税及公债之学者,Kaizl 及从前英美派财政学者之多数主张之。此其过偏,不待多言。②以经费论为在财政学研究范围之外者,Leroy-Beaulieu 主张之,其理由盖因在理论上,公共经费之额,须依国家之职分为转移,难于确定。然以纯理言之,财政理论,万不能脱离经费论,因支出实为收入及公债之最后目的,苦无经费论则收入论及公债论皆将失其根据而不能明也。且果无经费论,则财政学上所谓社会的原则,将于支出方面,失其作用,其结果必将误认军事费等无益的经费与文教费、社会费等极有意义的经费,同其价值而均其数额,或更过之,其不当孰甚焉。

参考:

(1) Bastable, ib., pp. 3-7;

(2) 小川乡太郎,同书,一七——一八页。

　　五　经费论、收入论、收支适合论及财务行政论四者之区分,虽为现代财政学者之通说,然其立论之顺序及对于四者之轻重,则各有不同。有首论支出者,亦有首论收入者;重视民权之法国学者,大抵注重财务行政之程序,而深通经济学之英德学者,则无不注重收入论。要之,各依其性之所近,习之所安而自为取舍,固无一定的理论也。

　　我因中国财政之困竭,由于其形式的内容之不良者,或反较由于其实质的不良者为多,又因财政监督之制度,本非中国人所习惯,故以为从输入财政思想及救治不良财政两方面言之,俱应先述形式的财政学。故以财务行政论冠首,而次之以经费论、收入论及收支适合论,最后则附述联邦财政及地方财政论。惟我人所研究者,本为财政学总论而非各论,故对于各部分,俱仅能述其大略而已,不能及其详也。

第三章　财政思想发达史略

第一款　概说

一　以上二章系就今日之财政及今日之财政学立论,对于论题,虽已略尽其大旨;然欲求充分的了解,尚非略究财政思想发达之历史不可。

人类之思想一面为人类文化发达之结果,一面又为其原因,思想与事实,互为因果,故二者能日益发达而不知其所止。此乃学术进化之一般的原理,凡百学术皆莫能违,而于社会科学尤见其然。财政学为社会科学之一种,亦当循此原理,故今日之财政学必有一特定的事实,以为发生之基础,而此种事实,亦必更有特定的思想,以为产出之源泉,从今日之财政言之,其理亦同。例如经济进步民权发达之事实,发生君主财产与国家财产分离之思想;此种思想复产生租税制度之事实;而此种事实之不能公平,又已发生以公业收入代租税收入之思想;其结果或将由此思想,更产生集产主义(collecetivism)的公共团体之事实,即其明证。如此的例证,在财政学史上,为数尚多。故知欲明识今日财政之由来及意义,非同时研究财政思想发达史不可。

凡百学术一面虽不能不随事实之变迁而日益发展,然一面又不能全然脱离其前时代的思想之范围。盖思想之为物，带有累积的性质，一定时代之思想，必为其前时代的思想之继续物，故思想之构成，必以前时代之思想为基础，亦犹房屋之构成必从下而起也。财政学为一种科学，故其构成，亦不能不依此原理。故今日的财政学虽非与过去的财政学，有同一的内容，然亦不能脱离过去的财政学之关系而有独立的存在。例如现代财政学之社会政策的性质，虽为今日之特色，而其基础，实为从前财政学之平等自由的特性，且此种平等自由的特性，若其前更无国家财政与君主经济二者分离之思想以为前驱，则亦未必遂能存在，是也。故欲明今日的财政学之理论的系统，亦非同时研究财政思想发达史不可。

二　财政思想发达史之研究，在财政学上，虽极重要，然因研究极其困难之故，往往难获良好结果。大凡学史之研究，一面要精深，一面又要淹博，不精深则苦不能贯通妙理，不淹博则恐不能网罗群说，故在各种科学中，最为困难。而财政学史之研究，则尤为难中之难，盖一则财政学与政治学经济学及行政法学等关系极密，欲研究财政思想发达史，必不能不对于此等科学，先有深淹的研究；二则财政本为政治之反映，故财政之思想，随时随地皆有变迁，欲求搜材之详尽无遗及叙述之简明得要，实极困难也。故现代专科学者，关于财政学史之著述，为数甚少，且因见解及取材之不同，往往得相差甚远之结果，使我人迷于取舍。

财政思想发达史之研究结果，在财政学及一般学术俱甚发达之欧洲，尚且如是，则在一般科学大抵尚未脱离翻译时代之中国，又何待论。至如浅涉财政学门径之我者，更不必言研究矣。

三　然依上段所述，财政思想发达史之研究，在财政学研究上，实属至要，我人不能以其烦难而遂弃置之。且财政学总论上所要求者，亦不过财政思想史之概略，我人何妨择要抄录各学者所说，以资参考。兹依此理由，聊辑述如次列各款。

各款中之材料，十分之九，系采自小川乡太郎著《财政学总论》中绪论第三章。但据小川博士自注，此章系据 Max v, Heckel, *Lehrbuch der Finanzwissens-chaft* 及 Otto gerlach, Ges-chichte der Finanzwissens-chaft, in *Die Entwicklung der deuts-chen Volkswirtschaftlehre im 19 ten Jahrhundert 2. Teil*。故所述虽往往与他书有异，然既出于名家之大著，或不致大谬也。此外十分之一，则采自 Eheberg, *Finanzwissenschaft*，§10—21 及宇都宫鼎著《财政学》第一卷六五—六六页，而间参以一己之意见。宇都宫著书中，关于此段所收之材料非常丰富，惟惜其叙述过于散漫，不便初学耳。罗鼎先生所编《中外财政史讲义》第一章，即系抄译宇都宫所著者，可取而参考之。

第二款　古代及中世之财政论

一　财政为公共团体之经济经理，故有国家，即不能不有财政，既有财政，则关于财政之思想及议论，亦不能不自然地发生。故财政思想史之研究，在理论上，应从古代起。惟古代及中世之财政思想，大抵漫无统系。且对于近世财政学之关系及影响，亦甚微少，故无详细研究之要，我人志其一二特色可矣。

二　古代财政虽简陋，然其运用之善否，仍足以影响国家之盛衰，故古来不但名君贤相，往往有关于财政之相当的见识，而当时之学者亦尝有关于财政之议论，例如 Plato、Aristoteles 及 Xenophon 等皆尝讨论财政，建献方策。惟当时政治家所论，多以神学的或伦理的见地为基础,学者之议论,亦不能脱离政治哲学之范围;斯固当时的财政论之特色,然我人因此,乃益觉无研究之必要矣。

三 中世之财政论,大抵与古代同揆,仍不免有附带的及断片的性质,不足称述。盖当时之财政,不外乎所谓王室财产经济(Domanialwirtschaft, manorial economy)或庄园经济,以权力人自己所有之土地收入,应付其所需之费用,公私之别不明,制用之术不多,故专门的财政论,无从发生也。

然至中世纪末,所谓特权收入已渐次发达,规费(或办理费)制度亦复成立,而租税制度,亦发生于中世纪的都市之中而为多数国家所仿行。财政之实况既见变迁,收入之种类,既见增加,故财政的研究亦渐为世重。而最初为财政问题之研究者,则为当时意大利之各市。当时之著名的财政论者为 Thomas Von Aguin(1227—1274), Carafa(—1487), Fr. Gwicciardini(1483—1540)及 Palmieri(1405—1475)。

第三款 近世之财政论

一 兹所谓近世,系指自十六世纪起至十八世纪初之时代而言。此时期,以欧罗巴洲言之,实为政治上经济上及财政上发生极大变动之时期。由政治上言之,则家产国(Patrimonial staat)渐次消灭,而君主专制国(Fürstlicher Absolutismus)代兴君主之势力,足以压迫民会,改变军备之组织,确立集权的制度。由经济上言之,已由实物经济时代,进而为货币经济时代,又加以美洲银矿之发见,货币价值大减,致使经济界发生极大的变动,国家之经济的需要亦日益加增。故国家在财政上或则没收寺有之财产而继承寺营之救贫事业，或则奖励国内之商工业，希冀货币输入之增加，或则扩张国家行动之范围，实行干涉人民之经济的及社会的生活，以期达福利国（Wohlfahrtsstaat）或警察国（Polizeistaat）之理想也。

当是时公私经济之区别既分，财政之特色渐著，而国家之费用亦大增。其赖以应付此种新需要者，全在卖官、铸币、采矿、渔猎等特权收入之增加，故此时之财政亦谓为特权收入经济（Regalienwirtschaft）之财政。然新增之收入仍难供大变动时代新增之支出，故新的财政思想，乃不得不应时而生，而租税及公债亦遂渐成财政研究上之对象。

二 最初认财政理论为政治学之一部分者，为 Jean Bodin（1530—1596）。其所著 Lex six livres dela République 中，于第六章，论及财政，主张财政为国家之神经（Les finances sont les nerves dela République），不可滥费滥收以损害之。谓：

> 由财政上言之，国家之职分，在为应付公费而求适当的收入，并为国家之名誉及利益而消费之，而以其剩余充非常的准备。国家之收入，分为七种，中以官有地收入、输出入税及直接税为主，其他收入，则不见重。但租税应考量国中情状及经济力而定之，其征收应限于国家有非常的事变之时。国家之战费及其他非常费用之筹办，以兴举公债为得策，惟公债之应募与否，应任人民之自由，且附利的公债，足致国家之破灭，故不可用之。显有时君主毫无金钱上之信用，不能举债，故不能不依赖租税收入。此际虽征租税，亦不反于正义，盖公共安全及身体财产之保护，必如此始可得而期也。

又特权阶级恒欲设法转嫁其所负担之租税于下级人民,故租税当为"物的",而不当为"人的"。

三　其次研究财政理论者为重商主义家。重商主义(mercantile system or mercantilism or Colbertism)者,指十六至十八世纪间欧洲政治家及政论家之经济的意见而言。其根本思想在强国,国富则兵强,故欲强国则不能不增富;而富之表现当时认为在贵金属,故欲增富,则不能不讲求输入贵金属之道。因是,重商主义最重对外贸易,欢迎输出之超过输入,而对于国内工商业,亦采用干涉保护之政策。

重商主义之根本精神,既在图国家之富强,故重商主义家自不能不讨论财政的理论,研究征课租税之方法。当时货币经济盛行,资本之蓄积亦渐著,故消费税及财产税亦逐渐发达,而渐招学者之注意。重商主义家之租税观念,属于所谓租税交换说,以为人民之负担租税,应以所享受利益之大小为标准,故关于消费税及财产税所得税(Accise et Contribution)之选择,发生争论。赞成消费税者如 Hobbes 及 Jean Delacourt 等,皆谓人民由国家享受之便利,当依其所消费者而观察之,故课税于个人所消费之物体,最合公正之观念,若课财产税所得税,则不但有禁止贮蓄之嫌,且亦恐徒惹起伪誓或家宅搜索等不良的现象也。而赞成直接税者如 Locke 及 Petty,则谓各人由国家享受之便利,当以其人在社会上所享之利益为测定之标准,故租税应赋课于其所有之财产,始能公平。若消费税,则使人民负担于不知不觉之间,殆类欺骗,殊属不可。直接税论,在英国颇得舆论之赞许,至一六九二年,竟依地税(land tax)条例之制定而见诸实行。

四　继重商主义而研究财政理论者为德国之旧官房学。派官房学或内帑学(Kameralistik Cameralistics)者,由今日学术之分科观之,盖包含私经济经营学、(农林矿业等)产业行政学、国民经济学及财政学四者之学科而以增加国库之富为目的者也。Kamera、chamber 本有房意,在中世时,用以指国王之会计室,中世以后则用以指国库。当是时,君主专制制逐渐确立,各国君主竞讲富强之策,故德国各大学,特设官房学一科,以养成所需之行政官吏。其专门研究此科者遂称为官房学者(Kameralist),又因其与各国之重商主义家,宗旨相同,亦称为德国的重商主义家。

官房学之内容,虽与今日之财政学不同,然今日之财政学,在形式上实由官房学脱胎而来,故官房学关于财政之议论,有不可不知者。官房学家复分旧新两派。

旧官房学派之财政论,概以增加国库收入为主旨,其中间有主张增加国富者,亦不过因国富则君富,以国富之增加为手段而已,非以国民之富有为目的也。

旧官房学派最初之学者为 Obrecht(1547—1617),著有 *Secreta politica* 一书,提倡财政改革。次为 Bornits,著书主张以土地收入为财政之基础,谓租税不可过重,而公债及特权收入日益增加之趋势尤属不佳。次为 Christoph Besold(1577—1638)著 *Discursus de Aerario Publico* 一书,反对特权收入之扩张,而以租税为可置重,并谓间接税优于直接税,输出税优于输入税。

次为 Klock(1583—1655),对于租税之本质、课税权及征税主义等,研究甚精。其后之德国学者中如 Stein 等,甚至谓租税论之创立者,应为 Klock 而不应为 Adam Smith。

次为 Von Seckendorf(1626—1692),著 *Teutsche Fürstenstaat* 一书,大受世人之欢迎。其特色在对于财政之经营,行有系统的研究,且于收入之外,更观察岁出,分之为六种,亦为从来所未著眼者。

此外政治学者如 Hermann Conring(1606—1681)及 Samuel Von

Pufendorff(1631—1694)亦尝著书讨论财政,可算入此派之中。

五　继旧官房学派而起者,为新官房学派。新官房学派,从大体言之,虽仍以国库收入增加(Plusmacherei)为财政论之主旨,然对于国富之增加比之旧派,较为重视,以为财政与国民经济有不可离之关系,故主张财政学与国民经济学为官房学之两翼,不当有所偏重。新官房学派不专注意国库增收之点,与旧官房学派相异,而其不偏重国民经济之点,又与重农学派及正统学派相异,故新官房学派之思想,可谓由王家经济的财政论到国民经济的财政论之过渡的思想也。

新官房学派之代表的学者为 Justi 及 Sonnenfels 二人。

Justi(1702—1971)著书有三,俱注重官有财产及特权收入,然对于租税,亦认为在财政上有存在之要,但主张租税应以公平、平等、简便为原则,故以关税、地税及营业税为良税。

Sonnenfels(1733—1817)著有 *Grundsätze der Polizei, Handlung, und Finanz* 一书,甚为当时所推重,在奥国各大学用作教科书者,几及百年。其中主张谓财政政策之中心在租税问题,而租税又当有国民经济上之基础,故租税应普及,而合乎正义,且当培养税源,对于租税以外之其他收入则主张不宜视为重要的财源。故 Sonnenfels 之所说,殆几乎脱离特权收入经济的思想之范围矣。

第四款　最近世之财政学(一)

一　由十八世纪后半起,至本世纪初止,姑称之曰最近世。此期中间,财政现象始受科学的考察,故关于财政之思想在此时以前者名为财政论,而在其后者则名曰财政学,以示区别。最近世之财政学史复可依其内容若何,分为三期:(一)财政学草创时代,(二)财政学确立时代,(三)财政学大成时代。

二 财政学草创时代之最重要的财政思想为重农学派及正统学派之财政思想。经济学上之重农学派及正统学派,对于财政,皆重视租税及其对于国民经济之关系,故此时代又称为租税经济(Steur-Wirtshcaft)确立时代,此时代亦为政治上、思想上及经济上发生变动之时代;政治上,则所谓民主主义渐得胜利,思想上则自由主义一时勃兴,经济上则产业革命,方且盛行。故财政的思想,亦不能不随种种变动而生变化。而最足以促新的财政思想之发生者,则为重商主义之流弊;盖重商主义实行之结果虽或足以发扬国威,然租税日增,徒使人民苦于负担,而财政亦日益困难,故对于现存的财政制度之批评及关于理想的财政制度之主张,乃不能不应时而起也。

三 重农学派(La Physiocratie)本为经济学上之派别,故欲了解其对于财政之主张,须先识其关于经济哲学之见解。

重农学派,在经济哲学上,本以自然法之思想为背景,谓凡物皆有自然的秩序,社会上各个人之行动皆应以此秩序为基础。故第一对于个人之经济的生活,主张应任由各个人循自然的秩序择其所自以为利者而为自由的活动(laissez faire laissez passer);国家对于个人,仅有保护其生命财产及自由之职分而已,不得干涉之也。

重农学派,本系对于重商主义之一种反动,故第二对于经济学上之生产,主张所谓纯生产论,谓真能生产而增加国富者,唯有农业,盖惟农业品为能依赖天惠在由总生产额中除去一切生产费用如工资及利息等之后，获有剩余即纯生产（Produit net），而工商业则仅能使农产品增长价格，而不能依天惠以发生剩余，故不得为生产的事业也。

重农学派，在经济思想上，既主张经济自由主义及纯生产说，故其对于当时之经济救济策，主张撤废一切经济上之干涉，使人民自由地且自然地投其资本及劳力于土地。其结果，对于财政，亦发生二种革命的主张：①经费之减缩，盖既取自由放任主义则国家行动范围必当缩小，其所需经费，亦必当减少也。②单一税（impôt unique）之主张，盖既认农业为唯一的富源，则专课税于土地，不但合于正义，且即勉强课税于其他物品，其结果，依其所主张之经济的原理，亦必转嫁于土地也。

重农学派发源于法国，亦以在法国为最盛。为此派之先驱者有三人：①Vauban（1633—1707）著 *Dixme Royale* 一书，主张单一税。②Boisguillebert 著 *Détail de la France* 一书，主张统一的简单的税制。③Montesquieu（1689—1755），在《法意》（*Esptit des lois*）中主张累进税。

重农学派之建设人为 François Quesnay（1694—1774），著 *Tablean économique* 及 *Maximes générales* 二书，主张单一地税论，谓唯此为直接税，其他皆为间接税。关于租税征收法，则极力反对当时盛行之招商承办制度。

Quesnay 以后，重农学派之著名学者在法则有 Mirabeaul（1715—1787）、Letrosne（1728—1782），在德则有 Harl、Krug 及 Schmaly 等。

四　继重农学派而起者为正统学派（Orthodox school）。正统学派在经济之根本主义上，虽继承重农学派，而适用之于财政理论之时，则能排除重农主义之谬误，而为独创的学说，故财政学草创之功,通常学者皆谓不应属于重农学派,而应属于正统学派。

正统学派之创始者为 Adam Smith(1723—1790)。其所著 *An Inquiry into the Nature and Causes of Wealth of Nations* 之第五卷收入论,为专论财政之部分。此卷中对于经费,主张分为个人权利保护经费及国家组织经费二者。对于租税制度,反对单一税制,而主张由直接税及间接税相合而成之租税系统,且建设关于租税之四大原则即所谓平等、确定、便宜及最小费用之四原则。对于公债,则以为危险而不赞成。对于官有财产,则依国家不能经营得宜之理由主张减少之。Smith 所说多属创见,著书行百余年,其大体犹为财政学者所宗,故不但称为经济学之创设人,抑且称为财政学之草创人。

正统学派之继承者有 Ricardo(1778—1823),于所著 *Principles of Political Economy and Taxation* 中详细研究租税对于经济上之影响,即租税转嫁论,最为著名。次为 J. S. Mill(1806—1873)于所著 *Principles of Political Economy* 中,主张租税牺牲说,对于公债,亦不极端否认。

此外尚有英之 Macculloch(1789—1864)及法之 Jean Baptiste Say(1767—1832)亦为正统学派之著名的继承者。

第五款　最近世之财政学(二)

一　十九世纪中叶,经济自由主义的财政学即上述正统学派之财政学渐已输入德国,始与德国原有之官房学相配合,以前者之内容,充实后者之形式,于是财政学始离经济学之范围,而确然独立,成一科之学,故此时代亦称为财政学确立时代。正统学派对于财政学,虽有草创之功,而犹有未能深造之嫌,其原因固由于此派视财政学为经济学之一部,致财政学之形式的方面之研究,无从发展,亦由于此派关于国家之思想,根本上属于消极的,致财政之国民经济的方面及社会政策的方面之研究不能有积极的性质。故财政学确立之功,不属于英国之正统学派,而属于德国之学者。当是时,从学界言之,正统学派之经济学已浸入德国,对于从来之官房学,加以研究上之刺激,而政治的自由思想之盛行,亦足使官房学中之非财政的部分由财政的部分分离而去,故财政学已有独立之机。更从政治实况言之,各国受拿破仑战争之影响,租税及公债逐年增加,经费逐渐膨胀亦不能不谋学理的解决,又加以实行立宪政治之结果,财政问题,公开于世,更足以促进财政学之研究。有此种种原因,故当时之大学教授与行政官吏协力合作而研究财政,使财政学于实质及形式两方面,俱渐达于确立之域。然当时之财政学因是之故,乃不能不带有官吏的色彩,故此时之财政学,又称为官吏的国家之财政学(Die Finanzwissenchaft les deutschen Beamtenstaats),亦称为旧财政学。

二 为旧财政学之先驱者,尚有二派:①为视财政学为经济学之一部者,②为视财政学为独立的学科者。二派所持见解虽有不同,然其为经济自由主义的财政学与旧财政学之过渡的学派则一也。

属于第一派者,有 Graf Soden(1754—1831)、J. F. E. Lotz、Pölitz 等。

属于第二派者,有 Neuform Behr、L. v. Jacob(1759—1827)、Von Fulda(1777—1847)、Freiherr von Malchus(1770—1840)、Barth、Johanes Schön 等。

三　为旧财政学之中坚者首推 Karl Heinrich Rau(1792—1870)。其所著 *Lehrbuch d. p. ö.* 第三卷为财政学原理：于绪论中论财政学之本质及职分，财政学与他种学问之关系，并财政学史，于第一篇论经费，于第二篇论收入，于第三篇论收入支出之关系，于第四篇论财务官厅、预算及财务行政等。财政学之独立，自此书出而大定矣。

Rau 关于财政学之范围，主张除去关于技术及私经济之部分而专论国家收支之方法。

关于财政学之一般原则，则分为三，①一般经济的原则，②国法的政治的原则，③国民经济的原则。

关于经费，则分为必要费与有益费，谓对于前者当于不碍及其欲达之目的之范围内，谋支出之减缩，对于后者，则当比较可因支出而获之利益及因谋充此种支出而发生之收入上之困难。

关于收入，则谓世无适于财政原则之完全无缺的绝对的收入制度，即就特定的收入而言，其利害得失，亦当依经济情形、续继期间及组织形式等之如何而异，故财政家不但应研究收入之一般的原则，亦且应参考一时一地之特殊的事情。

收入之称类，则分为营利收入与公课收入。前者复分为纯私经济的营利收入及特权收入；后者复分为办理料及租税。

关于租税之根据，则兼采交换说与牺牲说。谓国家之课税，固由于人民之享受利益，亦由于国家之保障所有权，本附以于必要时得由国家征收其一部分之条件。故关于租税原则，主张普遍与平等。又谓税源不当求于资本及享乐财货，而当求于财产之收益及所得，故主张租税制度之组织，应以收益税为中心，所得税及消费税为补助，而财产税则在不当之列。

四　旧财政学家中，继起者尚有 Bergius (1804—1871)、

Umpfenbach（1832—1907）、Roscher（1817—1894）等，而 Roscher 因最初应用历史的研究法于财政学之故，尤为著名。

第六款　最近世之财政学（三）

一　自十九世纪末年至现今，为财政学大成时代。十九世纪中叶之德国学者，虽有确立财政学之功，然关于财政之性质、财政运用之原则及其对于其他社会现象之关系等，尚未能尽量发挥，故财政学之大成，不能不有待于十九世纪末年之学者。

当十九世纪末年，欧洲各国资本主义渐已成熟，不能不向外发展，故对外则所谓帝国政策或世界政策，益露锋芒，而国民经济之竞争乃益激烈；在国内则第三阶级与第四阶级对峙之事实，日益显著，而所谓政治的庶民主义徒使有产者专政之流弊，亦已为多数人所共认；故此时之国家财政政策无论对外对内，俱有随上述事实而加变动之要。加以此时代之国家学及经济学，亦已因事实之转移，而发生根本的变迁，故与此二者关系甚深之财政学上，亦不得不生变动。此时之国家学，已由个人的自由主义，变而为国家社会的福利主义，由法治的主义，变而为化育的主义。国家之目的，既不仅在保护个人之生命财产及自由，则国家财政收支上之理论，自亦不得不生变化，而尤以租税论及公债论为甚。此时经济学界，亦发生历史学派及社会主义派，对于经济问题，于个人的观察之外，参以社会的及伦理的观察，证明极端的自由放任主义之非，而主张以公共的权力，调制国民经济，故财政学之地位及其内容，亦不得不变迁。

二　因有上述事实的及学理的原因,故此时代之财政学,具有六种特色:

(一)此时之财政学,认财政与社会一般现象有不离之关系,故以财政学为一般社会学之一分科,财政上之根本的原理原则之决定,亦以其他社会科学所得之学理为标准。此与官房学派之重国库增收者固不相同,即与正统学派及旧财政学之仅兼顾国民经济的原理者,亦大相异。

(二)注重社会政策的方面。

(三)偏重历史的及比较的研究法。

(四)兼论地方团体之财政。

(五)注重非营利的公营事业。

(六)重视财务行政方法之研究。

此时代之财政学有种种特色,故称为新财政学。又因其最大的特色,在注重社会政策的观察,故亦称此时代为财政学史上之国家学的社会政策的时代(Die Staatswissenschafthich-Sozialpolitische Epoche)。

三　此时代之重要的财政学者有二人:

(一)Lorenz von Stein(1815—1890)著 *Lehrbuch der Finanzwissenchaft* 一书,极力主张财政学为国家学之主要的分科,故恒以法律的眼光,观察财政。

(二)Adolf Wagner(1835—1917)著书甚多,而以 *Lehr und Handbuch der P. O. 4*, *Hauptabteilung*, *Finanzwissenschaft. 4 Bd.* 为最大名著。其所说注重财政与国民经济之关系,以国家财政与联合国及地方财政相提并论,而一以社会政策的思想,为议论之中心,故世称之为此时代财政学之代表者。

此外如 Albeit Schäfle（1831—1903）、Vocke（1820—1906）及 Neumann 等,亦为有名的学者,关于一部分之著书甚多。

第七款　现在之财政学界

一　以上各款,已略尽财政思想发展之径路。今日之财政学,仍处于所谓新财政学时代我人在前二章所述。盖亦根据新财政学而立论者也。惟如前所述,财政之思想,本当随种种事实及思想而时时变迁,故今日之财政学上公认之原理原则,决非长远不变者。且欧战以来,世界政治及经济已发生极大的变化,其结果必影响于财政学理无疑,例如租税收入制度是否尚能继续存在而不为公共营业收入所代及公债之理论是否不因信用经济制度之变迁而生动摇等,皆足令学者注意者。或世界学者中,已有新说,亦未可知也。我人对于现在的财政学界,苦难深悉,今但据所能考知者,略举人名及著作于左。

二　德国之财政学界

1. Eheberg, *Finanzwissenschaft*, 17, Aufl., Leipzig, 1921.

2. M. v. Heckel, *Lehrbuch der F. W.*, Leipzig, I Bd. 1907, II Bd, 1911.

3. Cohn, *System der Finanzwissenschaft*, Stuttgart, 1889.

4. Conrad, *Grundriss Zum Studium der F. W.*, 6 aufl., Jena, 1913.

三　意国之财政学界

1. Gossa, *Primi elementi di scienza delle Finanze*, Milano, 8 ed., 1901.

2. Flora, *Manuale della scienza delle finanze*, 4 ed., Livorno, 1912.

3. Nitti, *Scienza delle finanze*, 4 ed., Napoli, 1912.

四　法国之财政学界

1. Leroy-Beaulieu, *Traité de la Science des Finances*, 2 Vol., 7ed., Paris, 1901.

2. Stourm, *Cours des finances*, Paris, 1890.

3. Boucard et Jêze, *Elements de la science des finances*, Paris, 2 éd., 1901.

五　英美之财政学界

1. Bastable, *Public Finance*, London, 3. ed., 1917.

2. Adams, *The Science of Finance*, N.Y., 1898.

3. Seligman, *Essays in Taxation*, N.Y., 9 ed., 1922.

4. Plehn, *Introduction to Public* Finance, N.Y., 4 ed., 1921.

六　日本之财政学界尚未脱翻译时代

1　田尻稻次郎,《财政卜金融》。

2　宇都宫鼎,《财政学》,同人著《最新财政学纲要》。

3　小川乡太郎,《财政学》、《公债论》、《报税论》。

4　堀江归一,《最新财政学》。

5　小林丑三郎,《财政学提要》。

6　大内兵卫,《财政学讲义》。

第一编 财务行政秩序论

绪说

一 财务行政秩序论者,关于财政上收支及保管之形式及程序之研究也。依前所述,财政内容本有实质的及形式的之分,而所谓形式的内容,要不外乎施行实质的内容之方法及程序,故可统而称之曰财务行政秩序论。

二 财务行政秩序之研究,实始于德国之官房学者。官房学之目的,重在国家财产之收支及管理方法,故其关于财务行政秩序之研究,颇属进步,虽因当时尚无立宪政治之故,其所说与今日财政学之注重财政监督及公开者有异,然从大体言之,固今日财政学者之所取法也。财务行政秩序论,发达虽早,而最初认其为近世财政学之一部分者,实始于 Stein,盖依前章所述,Stein 以前之财政研究家,大抵仅注目于财政之经济的方面,而忽视其法律的方面,而 Stein 则反其道而行之,注重法律的方面,而忽视经济的方面,故其结果,不能不认财务行政秩序论为财政学之一部也。Stein 以后之学者,大抵虽皆承认财务行政秩序论,应在财政学之范围内,然往往不过以仅少的篇幅,述其大概或一部分于著书之末,故犹未免有歧视之嫌。其能将财政学之此部分与彼部分平视者,则为 Wagner、Roscher、Leroy-Beaulion 及 Adams 诸人,而尤以 Adams 为最著,盖其所著 *The Science of Finance* 一书中,Budgets and Budgetary Legislaiton 一篇,实占全书五分之一以上之篇幅也。

三　财务行政秩序论在财政学上之位置虽为现今一般财政学者所同认,然其所用名称则种种不同:

（一）有称为财务行政论（Finanzverwaltung；financial administration）或财务行政及管理论（Financial administration and control）者,然非之者则谓有二弊:①财务行政与财政容易相混,②行政二字,不能包含现今预算之立法的性质。

（二）有称为预算论或预算决算论者。然非之者则谓用语太狭,不足包含预算以外之金库、现计、审计等。

（三）有称为国计论（Staatshaushalt）者,然亦病其易与财政相混。

（四）有称为公共会计论（Comptabalite publique）者,然犹嫌其不能包含财务行政之法律论的方面。

（五）有称为财政秩序或财务行政秩序论（Ordnung der Finanzwirtschaft）者,似较有包涵力而无与其他名词相混之弊。

四　财务行政秩序论可分为事实的秩序论及法律的秩序论二者:

（一）事实的秩序论所以研究财务行政之事实的程序、形式及方法,例如预算收支及决算之程序、预算之形式及分科、现金之保管及出纳方法等皆属之。亦称为会计论（Comptabilité）。

（二）法律的秩序论所以研究财务行政秩序在法律上之意义及效力,例如预算之法律的效力、违反预算时之法律的责任、会计检查之法律的效果、违法的收支之责任等属之。亦称为财务法论。

财务法论不但在性质上应属于行政法学之研究,而且欲求彻底的了解亦非从行政法学之一般的原理出发不可,故通常财政学者,皆以之归于行政法学中。而但研究会计论,会计论中复可依会计之时期之先后,分为预算论、现计论及决算论三者。

Wagner 于所著《财政学》中将财务行政秩序论,分为实质的秩序论及形式的秩序论二者;前者研究经费不足时之补充方法及次序,后者所以讨论预算、金库、出纳审计及决算等。此种分类虽不无相当的理由,然我以为其所谓实质的财政秩序论者,其一部分实与收支适合论相掩映,其他一部分又与形式的财政秩序论如追加预算论、预备金论等相冲突,故不宜采用。

五　财务行政秩序论与实质的财政论,实立于相因相辅之关系,其状恰与法律学上实体法与诉讼法之关系相似,其宜平视而并重,可不待论。然现今学者中,轻视之者尚复不少。

（一）有因其为形式的研究而轻视之者,此盖未明实质与形式相依为用之理有以致之,其不当也明甚。观现今租税论往往抛弃专论租税实质之方法而以租税征收法为中心,依征法之良否而定租税之良否,亦可知此种见解之误及其不能持久也。

（二）有因其行政法学相关,谓宜属于行政法学,而于财政学上,轻视之者。然依前所述,财务行政秩序之研究虽与行政法有关,而可为行政法学之研究对象,然法律的研究不过财政行政秩序之较不重要的部分而已,其重要者实为事实的研究,盖前者不过法规解释之研究,而后者则为推索效果或立法理由之研究。以纯理言之,后者实为前者之根本也。

（三）有因其为俗吏之智识而轻视之者,此盖未识财务行政秩序之真性质,而误以为刀笔的末技耳。实则欲实行前述财政运用上之种种原则,断非依据明切的行政秩序不为功,亦犹欲达实体法上种种规定之目的,非依赖整备的诉讼法不可也。故财务行政秩序论断非一种小术,实为一种学识。

参考：

（1）Wagner, *Lehr-und Handbuch der p. o. 4, Hauptabteilung, Finanzwissenschaft*, 1 Bd., K. 3-4；

（2）Bastable, ibid., 3 ed., pp. 725-726；

（3）工藤重义，《会计论》绪论，第一章。

第一章 会计通论

一 概说 事实的财务行政秩序论即会计论,可分为预算论、现计论及决算论三部分,已如前述。然会计论中尚有一部分现象,为预算论。现计论及决算论之共通的对象者,例如会计法规、会计年度及会计机关等,是也。此种现象既为三者之共通的对象,则为论旨明了计,自以离开三者而另述之为宜,故于三者之外,另设会计通论一章。

二 会计年度 公共团体之财政,川流不息,浑然成为一团,若不定一适当的范围以为时间上之区划,则收支计算永无结束之期,愈积愈多,将无法整理;故不得不假定若干时日为一期间以供会计上之用,此种期间是谓会计年度(fiscal year)。会计年度,对于预算论、现计论及决算论皆有不可离的关系。盖此三者,若无会计年度之存在,则皆将失其意义也。

会计年度本为会计上假定的便宜期间。故不但其时期不必与历年相同,且其期间亦不必与历年之期间相等。考各国会计年度之制度,关于会计年度之期间,约可分为二种:①一年制度,即以一年为一会计年度者,例如英美法日各大国是也。②为二年以上制度,例如德意志联邦中各小国及美国各州中之多数是也。此两种制度各有长处。一年制之长处有四:

(一)会计年度以一年为限,期间既短,情形略同,则预算与实际收支之间必无大差。假令政治上、经济上发生变动,以常理言之,亦未必甚剧,断不致有极端意外的事变,使收支不得其平,而失却预算之本来目的也。

(二)会计年度以一年为限,执行机关每年皆须提出预算案于议会,则财政之内容,易于使人民周知,故财政监督之实易举,而财政上种种积弊亦易于廓清。

(三)世界文明之进步,一日千里,公共团体之财政制度,亦有随时改良之要。会计年度以一年为限,即不啻使公共团体之财政多得改革之机会,而不至于与时势相左也。

(四)一年制度,合于四季循环之天理及人类社会一般以一年为周期之习惯。

二年以上制度之长处亦有三:

(一)若采用二年以上之制度,则政府与议会得免为预算决算等事、岁费编制讨论之劳,议会亦可因此节省费用及时间,以从事于他种立法事业,而符立法机关之实,盖现代的议会每因议定预算之故,费去其开会期间之大半也。

(二)若采用二年以上制度,使行政费用之定额经过稍长期间后,始得一行变更,则国家经费增加之速度自不得不纾徐展缓,即人民负担增加之速度亦不至过于急激,故国民经济上甚属有利。

(三)会计年度恒及数年,则政府对于同一事业之经费之分配,行政上较得伸缩自如,不至动受议会之干涉束缚,故种种事业易告成功。

以上二制各有长处。此之所长,即彼之所短,故亦各有短处。从各国大势上观之,大抵皆采一年制,其采用二年以上制者,殆属例外。然一年制之弊窦亦不少,如事业成绩之难于判断,议会之忙于预算之议定,易于惹起执行机关与决意机关之冲突等,是也。故愚以为一年制亦尚有改善之余地。中国会计法第一条规定政府会计年度以每年七月一日开始次年六月三十日终止,其间恰有一年,故中国亦系采用一年制。

在采用一年制之国,其会计年度应于何时开始,亦为一重要问题。盖如前节所述,会计年度本为一种会计便宜上之区划,当然不必随历年为终始,而不得不别谋适当之时期也。凡会计年度开始时期适当与否,当以下列二条件观之。①预算议决之期能否与实施之期紧相联接,然预算之议定权在议会,故易词言之,即年度开始之期,须在每年议会开会后二三月内。盖政治上社会上之事变,极为迅速,若预算实行之期与其议决之期相距太远,则议决之预算,动与事实不相应合,此其结果,必因不测之需要发生,频频提出追加预算,或支出预备金,使财政上生种种弊端,害及财政之秩序;若预算实行之期,与其议决之期相距太近,必因预算未及议决,而年度已经开始,致不得不适用临时预算制或前预算延长制,而使正式预算归于有名无实也。②年度开始时期能否在国库收入多而支出少之时。盖收入多而支出少,则开始之时不致即刻发生拮据之现象,使一年中之财政咸受影响。反是,若年度开始之时,支出多而收入少,则政府为应付计,势不得不发行短期国库证券,或临时借入款项,然二者皆需支付利息,且往往因此之故,使一年中之财政不能清顺也。

考各国会计年度之开始期,约可分为三种。①以历年之正月为开始期者,如法国比国是也。②以四月为开始期者,如英国日本是也。③以七月一日为开始期者,如美国西班牙意国是也。此三种制度之良否,各视其国议会通常开会时期及租税收纳或支出繁简之时期如何而定,不能为概括之论断。我国于民国元年颁行会计条例,以国会开会之期在四月,而六七月之交适值丁粮开始,其时之支出在一年中亦较减少,故定为以每年七月一日为年度开始之期。民国三年颁行会计法,亦采用七月一日开始制。施行以后,各官署狃于历年旧习,多未能如法奉行,办法纷歧,渐生窒碍。民国三年四月,财政部呈请将会计法所定会计年度改为历年制,其略云:

> 窃维会计年度为预算所由以起讫,即为制用所恃为范围,斯必规定得宜,方能施行无碍。查现行会计年度以每年七月一日开始,至次年六月三十日终止,其制盖仿乎外邦,行之颇碍于实际。吾国会计年度,自古以岁律为准循(戴记岁杪制国用),今制相悬若是,吏未习而民滋疑;此其窒碍一也。现制因与旧习相悬之故,实际分配经费,均以年分计算,致实行预算与编制预算,办法参差,治丝益棼;此其窒碍二也。大凡预算案必经国会议决,故其施行期与国会议决期,宜相接近。现吾国立法院组织法规定立法院之开会日期,自每年九月一日起至十二月末日止,而会计年度尚以七月一日为开始期,则每届预算案,势必于上年九月间编成交院议决,待至次年七月方可施行,是制定与实施相距半年之久,时迁势变,致难适于事情;此其窒碍三也。有此三碍,窃以为现行会计法关于年度各条,宜即分别修正,改以一月一日为会计年度开始期,而以十二月三十一日为终止期。一则不背数千年来之旧例,二则实符现今实际之办法,三则可与立法院议决预算期相衔接。年杪议决之预算,改岁即可施行,使财政计划,尽适于时宜,岂非甚

便。且以年分为年度,并世各国多行之者,如法、比、奥、匈、俄、荷、瑞典、瑞士、希腊等国皆是,谓之历年制。美、意等国虽仍以七月一日至翌年六月三十日为年度,而英、日等国又以每年四月一日至翌年三月三十一日为年度,盖会计年度各国本不一致也。昔西班牙国亦用七月一日制,至一九〇〇年,乃改用历年制,此又足为改定年度之一征焉。

议上奉令照准,故四年杪财政部所编订之五年度之预算,即依历年为起讫。至民国五年八月恢复旧国会,国会中有人提议谓前项会计年度之变更,与近今各国年度之大势不符,应仍恢复旧制。后经议决于九月九日将应改为七月制之建议,咨请政府查照办理,盖以宪法草案所定国会常会之期系在三月也。民国八年新国会编制八年度预算,即系依照七月制办理。

如上所述,会计年度本所以限定收支上一定之范围以行种种计算,故预算现计及决算等当然应与会计年度之期间相终始,此理论上之原则也。然征诸实际,出纳事务往往有不能与会计年度同终始之事。欲明此理,不可不先知各国一般决定岁出入所属年度之方法。

（一）决定岁入所属年度之法有三：

（1）纳期一定之收入以其纳期之末日定之,例如依中国会计年度言之,若纳期之末日为六月三十日,则属于本年度,若纳期之末日为七月一日,则属于次年度。

（2）须发纳税通知书之随时收入以发通知书之日定之,例如依据中国会计年度言之,若纳税通知书于六月三十日发出,则虽其税至七月始缴纳,亦算为本年度之收入,不算为次年度之收入也。

（3）无须发纳税通知书之随时收入，以收领之日定之，例如依据中国会计年度言之，若于六月三十日收领，则算为本年度之收入，若于七月一日收领，则算为次年度之收入也。

（二）决定岁出所属年度之法有五：

（1）有定期之岁出以其应支出之日定之，例如公债本利赏勋年金恩给等依中国会计年度言之，若其应支给之日为六月三十日，则属于本年度若为七月一日，则属于次年度。

（2）官俸旅费工资等，以其支给所依为根据之事实发生之日定之，例如依中国会计年度言之，官俸当以就职之日定之，若于六月就职，则六月份之官俸虽迟至七月始行发给，亦算本年度之岁出，不算为次年度之岁出也。旅费以出发之日定之，工资以就工之日定之，可依官俸之例类推之。

（3）发还及填补之费，以决定发还填补之日定之，例如征税误收，理应发还，则视其决定发还之日属何年度，即视为该年度之岁出也。又如国库罹水火盗难，应填补其损失，则视决定填补之日属何年度，即视为该年度之岁出也。

（4）官厅杂费土木建筑及购置物品等费，以其契约缔结之日定之，其契约告成之日属何年度，即视为该年度之岁出。但土木建筑费等契约有亘及数年者，当依契约所定以支付之时日区分之。

（5）不属上四项之岁出，以其支付饬书之日定之，例如依中国会计年度，若支付饬书于六月三十日发出，则纵令领受者于七月以后始实行颁受，亦算为本年度之岁出也。

普通岁出入决定属何年度之法，既如右述，可知出纳事务，不能皆与会计年度同终始。如甲之（2）及乙之（1）中六月三十日之收入及支出之事务，皆未必能于本年度中办理完结，即其最显著之例,其他可依此类推。于此之时若不顾事实之如何,一到年度终了之日,即行截止出纳,则不但事实诸多窒碍,且收支之间亦决难均衡。若纯然放任之,不划定其相当之完结期间,则现金之出纳于国库,或常延至数年以后,始见实行,殊与财政之整理有碍。故各国大抵皆行出整理期间之制度,以救其弊。出纳整理期间者(fiscal period)即于年度终结后划出相当之期间,继续出纳,以供整理或完结未了事务之用者也。但亦有合年度期间及此期间而谓为出纳整理期间者,惟所谓整理完结者,并非谓在此期间必得完结,盖果能完结与否,属于事实问题,与法律无干。兹特谓某年度内政府所应有之权利义务,在出纳整理期间内,务期其全然履行,万一在此期间内,有不能履行之事,亦必移入次年度,而本年度之出纳,则以出纳整理期间之终了日为截止日而已。

会计年度与出纳整理期间最当分别清楚。现今各国,大抵皆设出纳整理期间,然亦有不特设此期间,而但定所谓管理期间(administrative period)以明出纳官吏之责任者,如英国制及意国制是也。二制各有短长兹不赘论。

出纳整理期间之长短,各国不同。法国之出纳整理期间为八个月,其中整理出纳复分为三期,关于物品事务,以翌年二月一日为限;偿还债额及其支付饬书之清算,以翌年七月三十一日为限;征收岁入及付出经费,以八月三十一日为限。比利时之整理期间为十个月。日本之出纳整理期间为七个月,中亦分三期:支付饬书之发布以五月三十一日为限;金库出纳期间以六月三十日为限;账簿结算期间以十月三十一日为限。中国出纳整理期间,在民国以前各省及中央甚不统一,有长至二年以上者。民国三年之会计法第二条规定"每年度岁入,岁出之出纳事务其整理完结之期,不得逾次年十二月三十一日",是中国现行制度上出纳整理期间为六个月也。出纳整理期间之长短,当视国情如何而定。

参考:

(1) Stourm, *The Budget*, 1st ed., p.115-143;

(2) 工藤重义,《会计论》,绪论第三章,现计论第五章;

(3) 吴贯因,《中国预算制度刍议》,一三—二二页,又九三—九七页。

三 会计机关 次与会计论一般有关系者为会计机关问题。会计机关,以广义言之,虽可包含会计立法机关、会计实行机关及会计司法机关,即议会、财务行政机关及审计院三者,然由狭义言之,似应专指财务行政机关。兹为说明上之便利计,姑从广义会计机关之种类,依政治组织之不同而有差异。故欲行一般的记述,颇非易事。兹就现今立宪国之通例言之,则:

(一)会计立法机关,或决定机关通常皆为议会。其职务大抵有二:一为制定关于会计之形式的法规,一为关于实质的财政之事前的及事后的决定。但此种机关之法律的权责常依各国宪法之精神而生差异,当于后段言之。

(二)会计实行机关通常为财政总长及其所管属之普通机关如财政厅长及特别机关如金库长、税关长等。其职务在依据会计法规及预算,实行出纳保管。此种机关中最重要者,为财政总长,盖依 Wagner 所述,现代的财政总长,虽因受议会监督之故,不能如专制时代之财政总长之能握内阁之全权,然犹有①编制预算,②执行预算,③编制财政法规,④施行财政法规,⑤监督财务行政种种权限,其势力往往足以左右政府全体也。然如意国于财政总长外,设国库总长则又当别论矣。

(三)会计司法机关通常为审计院,其职权在监视会计之形式及内容是否合法，但各国中亦有不设审计院而特置审计员或检查员以充之者，且其职责，亦往往有小异。

以上所述，不过会计机关之种类而已。至于各机关相互之关系若何，易词言之，即会计实施之程序如何，则就各国现制观之，似有三式：

（一）英国式　财政总长（Chancellor of Exchequer）编制预算，提至国会，国会加以审议，得行经费之减削，而议定之。议定之后，收入则由征收机关依法征收而纳入英兰银行。支出则由财政总长根据预算发一经费要求书与审计及检查长（Comptroller and Auditor-General），经其核准之后，再由财政总长发一支款命令与会计长（Paymaster-General）方得支取现金以充公用；支用之后，更将其簿记送交审计及检查长审查，然后由其制成报告，送交议会，为最后之决定。

（二）美国式　由财政总长（Secretary of the Treasury）造具预算报告（Book of Estimates）送交国会，由国会编制预算而议定之。议定之后，收入则由征收官吏根据会计法规及预算，实行征收，而缴入国库（treasure）。支出则由财政总长发一支付饬书（warrant）与一定的审计员（auditor），六人中之一人，经其审查后，更送与会计检查长（Comptroller of the Treasury），检查合法签名后，然后始得向金库长（Treasurer）支取款项以充公用。

（三）欧洲大陆诸国式　由财政总长根据各部之经费要求书及收入现计书合编预算，提出于国会，国会得加以添削而议定之。议定之后，收入则由征收官吏实行征收而缴入国库，支出则由财政总长根据预算，对照各部之支付预算书，发出支付饬书，并将各支付预算书，送交审计院查核。国库将支付饬书与预算对照查明不误后,始得支付现款。支出之后,更由财政部及国库造成总决算报告审计院,由审计院造成审计报告书连同总决算,经行政首长审核。提出国会议决之。

以上为会计机关相互关系之大略,其详将于以下各章述之。

参考:

(1) Adams, ibid., p. 192 ff;

(2) Plehn, ibid, 4 ed., pp. 376-386;

(3) Stourm, ibid.;

(4) 工藤重义,同书,绪论第四章;

(5) 同人,《预算制度论》,三九—七七页。

四 会计法规 次于会计机关问题而应在会计通论上略述之者,为会计法规问题。近代政治上一切行为皆以法律为准则,故各国关于会计亦各有特定的法规。财政之公开与责任,为立宪政治之最大的特色,而立宪政治之发达以英国为最早,故会计法规之存在亦以英国为最早。英国在一二一五年之大宪章中,即有关于会计之条款,一二九七之权利证明,亦有明文,至一六八九年之权利法典,则直为现行的会计法规之基础。英国会计法之源流可谓远矣。但英国夙以不文法著称,故关于会计法,亦无成文的严密规定。成文的会计法,实始于法国大革命时代之各宪法,其后屡经变更,至一八六二,始由 d'Audiffret 起草,制定现行的会计法(*Décret imperial portant Réglement général sur la Comptabilité publique*)。厥后意国于一八八四年制定会计法,普鲁士于一八九八年制定会计法,日本则于一八八九年制定会计法,大体皆准据法国会计法,中国在民国三年制定之会计法则又几乎全部抄袭日本会计法而成者也。

各国虽大抵有单行的会计法,然在有成文的宪法之国,无不以会计之大纲,规定于宪法中者,故研究会计论之时,除会计法外,尚须顾及宪法上之规定。此外往往更有称种特别法规、金库规则、国税征收法、审计法、公业会计法等,亦宜参考。

参考:

(1) 工藤重义,《会计论》,绪论第二章;

(2) Bastable, ibid., pp. 725-733。

第二章 预算论

第一款 预算概说

一 预算一语在欧洲各国,有二种语源:一为 budget,源出于拉丁语之 bulga,转为法语,则为 bouge、bougette,budget 本有革囊之意;辗转传至英国,因当时之财政总裁常将关于岁入岁出之说明书类,置于特定革囊携赴国会,以求国会之承诺,遂以 budget 专指此种革囊;沿用久之,更进而指革囊中之书类,最后始变而指书类中所含之计划。其他一语源则为法语之 etat,源出于拉丁语之 regius,本有详明计算书之意,在十七世纪中,恒用以指法国国王之收入支出之概算(estimates of receipts and expenditures);此语,在旧王朝(Ancient Régime)之下,因其为横征暴敛之别名,为人民所痛恨,故大革命后,于一八〇三年,始取英国所用之 budget 以代之,沿用遂至今日。然 etat 一语,在德语中,虽在今日犹与 budget 并用,不似法语之以 etat 指专制时代之概算,以 budget 指宪政时代之预算也。

二 民权及宪政与财政权有不可离之关系,财政权之所在亦即政治权力之所在,故作民权之竞争及宪政之运动者,必以控制财务为问题之焦点,而预算等财务制度之发达,亦必在民权发达、立宪政治确立之后。英国为近世宪政之发源地,故现代的预算制度之发生及成熟，亦不能不在英国。故欲明现代预算之意义，莫如研究 budget 一语在英国之意义。

Budget 一语，除语源的研究外，在通常用例上，盖含三种意义：

（一）指关于财政之报告书类，此复分为二种，一为前会计年度实况之说明书即通常所谓现计预算（executed budget）或现计书，一为本年度预测之说明书即通常所谓预测预算（estimated budget）或岁出入预计书。皆所以供立法机关之参考者也。

（二）指一种关于岁出入之法律计划（a project of law），即通常所谓预算案，易词言之，即一种议案，所以供议会之讨论议决者也。

（三）指一种关于岁出岁入之政治的手段（political machinery）而经议会议决者，盖所以供监督行政机关之实际收支之用者也。

以上三种意义，本不相同，且由历史上观之，最初时代之 budget 本仅有第一义，其后因民权日益扩张之结果，始兼有第二第三义，故混而用之。在纯理上，实属不当，然袭用已久，莫能更改，以迄于今日，不但在英语中如是，即在其他国语中，亦莫不皆然。我人于读书问学之际，要当寻释上下文以区别之而已。

三　综合上述三种意义言之，则现代所谓预算，应有四种特殊的性质：

（一）详尽的性质　谓必包含会计年度内之一切岁出岁入。

（二）公开的性质　谓必公布之使国人悉知。

（三）标准的性质　谓行政机关，必以预算为收入支出之标准。

（四）定期的性质　谓必依会计年度定期编制。

四　公共团体所以必须施行上述意义之预算之理由，除满足有民权的自觉之国民之参政的要求外，通常谓有四种如左：①公共团体组织复杂，规模远大，苟不预定经费及收入之计划，则经费之缓急先后及收入之多寡盈绌，必不能适如公共团体之所求，故施行预算以立财政上之秩序，谋收支之适合，使无过不及之弊。②财政之目的，在为人民施行必要之政务，与为自己谋利益之个人经济有异。个人经济上偶有过误或不正行为，其影响仅及于其个人，而财政上之过误或不正行为，则足以影响于第三者之多数人民，故财政不得不施行预算，以期不发生过误或不正行为。③依前章所述，财政之结果仅发生无形之福利，难于测定其分量，财政之得失当否，既不能从结果上判断，故不得不从原因上预先统筹全局，通盘合算，庶几经费之支出分配得当，而收入之多寡赋课得宜。④依前所述，施行财政者皆为与财政效果无直接利害关系之人，往往因奉行不力或行为不正，以至于支出则失之过多，收入则失之过少。故欲除却此弊不得不施行预算，以明办理收支者之责任，而限制其行为。

参考：

（1）Adams, ibid., pp. 103-123；

（2）Stourm, ibid., pp. 1-17；

（3）田中穗积，《预算论》，一——五页。

第二款　预算之种类

一　现代预算，虽具有上述种种共通的性质，然因政治上之理由，往往可依种种不同的标准，分为多种。此种类别，在纯理上虽多有与设立近代的预算制度之精神相背者，然在实际上则往往为事实所不能免,故有详细论究之必要。

二 以预算上岁入之性质为标准,则可分为总额预算与纯额预算(brutto-und netto-budget)。总额预算者记载一切岁入总额之预算也。纯额预算者由岁入总额中扣除管理费收入行政费及征收费诸费用,仅记载纯收入额之预算也。古时交通不便,财政不能统一,地方收得之收入,大抵即以供其地方之用,且人民纳税多用实在之物件,而鲜用货币,故国家之财政,类多施行纯额预算,盖事实上不便行实物的总额预算也。降及今日,交通便利,财政统一,各国之租税大抵折为货币,故文明各国,除极少数国家外,大抵皆施行总额预算矣。此其理由盖在于纯额预算有三大缺点:

(一)纯额顶算只计纯收入而扣除管理行政等费,故国家收入之总额,无从得知,而人民负担之总额,亦无由察核。其结果往往使各种税目之取于人民者,不能公平,而租税之统系因之大乱。

(二)用纯额预算,则预算上不能明识一切租税征收费之多寡,及一切私经济的事业运行之当否。例如某种租税,其征收费甚多,本应改良税法,或代以他种财源,而纯额预算上则本无征收费,故往往不能发见此种事实是也。又如私经济的收入之善否,大抵以收支之能否适合为判断之标准,若用纯额预算,不明记行政管理费之多寡,以资参照,则政府营运之当否,不可得而知矣。

(三)纯额预算不明记征收及管理费,故财政上之监督难于实施,盖征收官吏或管理官吏往往得于不知不觉之中利用征收及管理之事实,多方侵蚀中饱,致预算之监督的作用不能发挥也。

纯额预算有上述三弊,而总额预算则恰足以矫此三弊,故各国现今大抵皆用总额预算制。中国会计第三条"国家之租税及其他收入为岁入,一切经费为岁出,岁入岁出均应编入总预算",第十四条云"各官署所管一切岁入统由国库收入之",第十六条第二项"各官署所管一切岁入不得于未交国库以前先行使用",第二十三条"各官署所管一切岁出统由国库支付之",种种规定皆所以表明采用总额预算之意谓在预算上,岁入不得以征收之费相抵而后列入,岁出亦不得以收入之款相销而后列入也。

三 以时期先后为标准,则可分为临时预算、本预算及追加预算三者。临时预算者(Provisional Budget),当本预算尚未议定,而年度已经开始之时,略划定一极短期际临时编制之预算,专行于本预算未施行之前者也。本预算者(Hauptfinanzetat),一年度,本来应行之预算,即会计法第六条所谕岁入岁出之总预算也。追加预算者(Nachtragsetat),当本预算已经提出国会之后为补本预算所不足,或为应付新发生事实,所追加之预算,即会计法第六条所谓追加预算也。从预算本来之目的言之,自以仅用本预算为最佳,盖临时预算及追加预算,在理论上皆足以破坏预算之统一,使预算本来之作用,不能发挥也。临时预算制与前预算延长制,皆为一种预算未定时临时救济之方法,各国有行之者,有不行之者。追加预算则各国大抵皆不能免,盖未来之事,非事前所能逆料,苟于总预算编成之后,发生新需要,自不能不提出追加预算以应之也。然追加预算亦可发生大弊,盖追加预算可以隐蔽财政之真相,凡遇岁出非常膨胀之时,政府虑不得议会之承诺,往往不悉揭其额于本预算,而留一部分以编成追加预算,藉以行其朝三暮四之术,以欺决意机关也。故各国对于追加预算,往往加以限制。我国会计法第六条规定"除因必不可免之经费及本于法律或契约所必需之经费,致生不足外,不得提出追加预算",是我国对于追加预算之限制亦甚严也。

四 以预算范围之广狭言之,则有总预算及特别预算之别。总预算(Hauptetat)者,包含除特别预算外之一切岁入岁出全体之预算也。特别预算(Nebenetat)者,关于特别之会计之岁出岁入之预算也。预算之目的本在明识公共团体财政之关系,故预算贵统一,而特别会计之特别预算则往往足以破坏统一。又预算之目的,在监督政府,预算不能通过议会,则政府当局理应辞职,而特别预算则对于此原则成一例外。且总预算与特别预算之间,常不免有过拨科目,一款而互见于两种预算,使人莫明全体预算之真相,尤属不当。然而各国皆设特别预算者,盖以有种特殊事业,不能不用特别会计耳。特别会计约有四种:①为一时之目的而设之特别会计,例如战事特别会计是也。此种会计当然应随战事之期间而告终结,若以加入一般会计之中,必致二者混淆不清,不足以明二者之真相,故以分之为宜。②为特定目的而设之特别会计,例如公债偿还基金及币制整理基金之类是也。此种会计本有其固有的目的,不宜随一般会计境况之顺逆而有变动,故以由一般会计分立为宜。③为特定营业而设之特别会计,例如公营铁路特别会计及邮政特别会计等是也。此种会计本以有无损益为重,若合入一般会计之中,则不但损益不明,而财政上之监督,亦将无从施行,故以别行会计为宜。④为特定事业而设之特别会计,例如学校特别会计及图书馆特别会计是也。此种会计本系为兴办一种有永远的及自由的性质之事业而设,若以之混入一般会计之中,则往往不免受政治上之影响,而使此等事业中途顿挫,故以施行特别会计为宜。

总而言之,特别会计及特别预算,虽有其存在之理由,然其设立宜出之以谨慎,否则徒足朦蔽财政之真相,破坏预算之统一,甚不利也。各国现制皆有特别预算,多者乃至四五十种。我国会计法第三十四条规定,凡特别事项不能依据本法者,得设立特别会计,特别会计,以法律定之。由是观之,可知我国限制特别会计之严矣。中国现在仅有邮电路航四特别会计。

五 因预算上收支所属年度之不同,可分为上年度事后承诺预算、本年度预算及后年度预算。上年度事后承诺预算者,上年度预算上之预备金实行支出之后,于本年度之预算上,载其用途,求事后承诺之预算也。严格言之,此种预备金支出之事后承诺,或不得谓为预算,然预备金,虽曾列入上年度预算,而实未明定其用途及额数,不得谓为确定之预算。苟已确定,则何必更求事后之承诺,可知此种承诺,实不啻为事后预算也。我国会计法第八条及第九条之规定即指此。预备金本以备不时之需,然亦有弊端,因执行机关往往利用预备金,以得于事前难求议会承诺之经费也。我国会计法对于此点之规定甚属详密,既分为第一第二,以免执行机关滥用经费不足之名义,动支预备不虞之要款,复规定须于次年度议会开会时,求其承诺,一以觇其支出是否能如法定,一以确实议定其用途也。本年度预算者,即真属本年度应有之收支预算也。后年度预算者,本年度预算上所载之数年度以后所需经费之预算也。预算之施行效力,虽以在其年度内为原则,然有时为便利计,不能不变通办理。例如大建筑大经营等,须在十数年后,始能告成者,若不于开始之年,预定每年支出之经费,要求决意机关在一开会期中为数年后之预先承诺,万一至次年度,事业已经开始之后,决意机关减削其预算,则其事业将不能不受顿挫,而使国帑虚掷矣。因是之故,各国皆设继续费之制度,以救其弊。然继续费亦有种种弊端,最著者为政府利用继续费以朦蔽议会,或对于最初年度之要求,故少其额,以免议会之反对,而对于其后年度之要求,则故延长其继续之年度，以图无形中之增加；或利用递次展用之规定，故意延长继续之期间，藉图平均继续费之总额，以为掩饰；凡此皆各国常见之弊端也。故继续费之设定，最当注意。我国会计法第二十二条仅规定工程制造及其他事业必须数年竣工，定有继续费之总额者，每年度支出剩余之数，得递次展用至完工年度为止。对于继续费，别无严重之规定。

六　因预算内容烦简之不同，可分为总预算及详明预算（Gesetzliche-und verwaltungsbudget）（立法预算及行政预算）。总预算者，与前述之总预算名同而实异，盖记载大体之预算也。为区别计，亦可称为总预算案。详明预算亦可称为各部预算，或类别预算，或各官署所管岁出入预计书，或说明书，即详记细目之预算也，前者分为款项，所以供议会之决议，后者分为款项目，所以供议会之参考，以便审查。前者贵在简单明了，后者贵能详细周到，盖前者过详，则行政机关动为预算所拘束，毫无自由活动之余地，将不免发生行政上之窒碍，而后者过简，将不足以供议会议决之资料，等于赘瘤也。我国会计法第七条之岁入岁出预计书即属后者。

参考：

（1）Justi, *Wörterbuch der Volkswirtschaft*, 3 Haufl Bd. , S. 595 ff；

（2）Wagner, ibid. , 4 Kap.

第三款　预算之编制及其形式

一　预算应由何种机关编制（prepare），关于此点，考各国现制，大别可分二式：

（一）英国式　每岁由财政部移文各部，使各部总长编制经费要求书（"Estimates"），送与财政部，财政总长乃根据各种经费要求书，酌加核削，并参酌全国收入状况，编成总预算案。

（二）美国式　每岁由各部总长预计其次年度所需之经费以公文送交财政部，财政部不加削改，但照各部所要求之原案，编成财政文书（financial statement），送之国会。国会之中设有各种常设专门委员会，如外交预算委员会、陆海军预算委员会、邮政预算委员会等，各依其职司，编成经费配置法案（appropriation bill），然后由收入立案委员会（committee on ways and means），比较财政文书中之收入总额与经费配置法案中之经费总额，审查其过与不及，而定减收或增收之法，制成收入法案，以与经费配制法案相对峙，而成总预算案。

以上二制中，以英国式为佳。盖第一，预算贵能实行，执行机关多富有行政上之经验，非决意机关之偏于理想者可比，其所编成之预算必较适用。第二，若决意机关分任预算编制之责，则决意机关之监督作用，变而为执行之作用，不但与普通决意机关存立之本旨相背，且议员往往为局部的利害所左右，其积极增加之经费，必较多而且难期公平也。美国式虽有主权在民之精神，然行之多年，弊端百出，彼国财政学家，方议改正之法，亦足见二式之不足重也。

若预算由执行机关编制，则发生应由各官厅分立编制，抑应由特定机关统一编制之问题。法国采前一法；其会计法第三十一条有"各部总长每岁宜编制该部预算，财政总长汇集之，而附以收入预算，是为总预算案"之规定，可知法之财政总长，不过汇集各部之预算而成总预算，固无修改更正之权也。反是，英日等国，则采后一法；财政总长对于各部所呈之经费要求书，有整理变更之责，目之区分,虽由各部总长与财政总长协定之,而款项之区分,则由财政总长专定之。二法之中以第二法为佳,盖分立编制各为其私,每有使全体经费过于膨胀之弊也。

中国会计法仅于第三条及第七条规定,国家应编制总预算提交国会,似亦采用英式,然除修正财政部官制第五条关于会计司之规定,涉及总预算之编制及国务院官制第九条规定议决预算案外,别无明文。是亦一缺点,恐实行上不免发生窒碍也。

二　预算应于何时编制,编制时期与提出时期,议决时期及实行时期之关系若何？此种问题完全为行政上之便宜问题。盖会计年度之开始期,业经法律规定,则此种问题,不过为施行法律上之枝叶问题也。惟从预算之实行观之,凡预算编制终结期与预算提出期之间,及预算议定期与预算实施期之间,皆不宜失之过长,盖过长则时移事异,将失却预算之本来目的也。

考各国现行制度,关于此等问题,多无一定之法规。英国于每年十月著手编制预算,定于翌年二月提出议会付议,四月施行。日本于每年五月着手编制预算,十一月编成,正月提出议会,大抵于三月中议决,四月施行。法国议会开会之期在十二月,而会计年度开始期,则在一月一日,其租税又多系用配赋之方法,计算需时,故法国每年预算之编制,在预算施行期十四五个月以前,易词言之,即例如一九二〇年之预算须经一九一九年度之国会议定,于一九一八年十二月以前编成之也。英日法三国制度,各与其国之国情有密切的关系,不能遽从理论上论其臧否,要当斟酌各方面之事情而定之而已。中国会计法第六条,规定岁入岁出总预算应于上年度提交国会,虽不明定预算编制提交及议决之时期,然国会开会之期在三月,而年度开始之期在七月,则预算编制提出议定及施行之期,固不难推而定之也。

三　预算之目的在使实际上之收支能如预期,而欲预算适如所期,则不可不研究其算出之方法。预算有岁出及岁入两方面,性质不同,故其算定方法亦宜分而论之。

（一）算定岁出之法　岁出之中,本可分两种:一为固定岁出,例如依确定法律而来之元首经费或官俸及依已经议会同意之确定契约而来之公债本利,是也。二为不定之岁出,例如物件费、财务费、新建筑之建设费及新事业之经营费等。其支出额之多寡,本无前例可稽,又恒因经济社会之情形,如物价涨落等,而有伸缩者,是也。第一种岁出之算定,甚为简易,仅依据法律契约揭其实额足矣,不必有所斟酌于其间也。第二种岁出之算定,颇难得当,偶不经意,往往有实计岁出与预定岁出,大相悬隔之弊,其结果,必使财政之运行不能圆满健全。考各国现制,对于此种岁出,大抵用三种标准定之:第一,以前数年度之岁出现计之平均额为基础。第二,斟酌加之以本年度所需之新事业费。第三,观察经济界物价及工资之大势,预想本年度之涨落,而对于各项目之经费,加以相当之增减。如是行之,固未必能求预期及实计之必可适合,然虽不中不远矣。

（二）算定岁入之法　岁入之算定较岁出尤难:盖第一,岁出尚有一部分可以确定者,故预算较易大体适合,而岁入则几乎全部皆有流动的性质,例如公有财产收入、公共营业收入及租税收入等,其额皆能依经济界之盛衰,而大有变动者也,故极难求其预算与实计之大体适合。第二,在岁出方面,政府居于主动的地位,操支配之全权,万一因物价等经济界之变动,而使预定之经费发生不足,亦可由政府减缩其政务或事业,而力求撙节以资弥补。而在岁入方面,则不然,政府立于被动的地位,收入多寡之权,大抵操之自然界,万一经济界发生变动,使收入减额,政府对之固无法使其增加也。故遇此等现象发生之时,政府无从补救,往往使预计与实计大相悬职隔。

考各国预算上岁入算出之法有三:

(1)以上年度之实收额为标准之方法(Automatische methode),此法对于每年无大增减之收入,例如人头税田赋及所得税等,可以施行无碍,因此种收入非因租税法规改正及政治上经济上之异常奇变,大抵无可注目的大增减也。然对于常随经济之情状而有变动之收入,例如公共营业收入及间接税消费税之收入等,则不可行;若勉强行之,必往往使预算与实收大相径庭。盖变转不居之经济界,一年之间,不能无异,彼公共营业收入之不得不有增减,亦犹吾人私人营业之不得不有顺逆也。

(2)以上年度之实收额为标准,少加增减之方法(System de majorations),此法虽可救第一法之弊,然所谓增减,全凭臆想,无一定之科学的标准,殆未足以救弊,法国昔尝行之,亦未能收预期的良效也。

(3)以前数年度之平均实收额为标准,少加增减之方法(Genetische methode),各国采用前三年度者居多,而亦有采用前二年平均制及前五年平均制者。采用平均数为标准之理由,在使各期间之偶然的变动,相杀相消,而达于真相毕露之域,盖用平均法,则依统计学之原理,因数理之作用,偶然之增减现象,可以屏除也,平均制不宜过长,长则使为时已久之事实,掩蔽近时之事实;亦不宜过短,短则不足以消除偶然的变动,而发露其真相。故平均法似以三年制为最相宜。惟此亦系就现时之经济社会之状况立言,他日经济社会之变迁,更烈于今日,则或当用更短之平均制也。至于所加增减之程度,则应以各收入历年增减之关系比例定之,例如由民国元年起,盐税之增收,每年平均约有百分之二,则增加百分之二可也。又如由民国元年起契税每年平均减收百分之五,则减去百分之五可也。如是行之,则预算对于实收,虽不适合,亦不远矣。

四 预算形式上应研究者有四问题。

(一)总预算上之岁入岁出应否分类 凡公共团体之经费,从性质上言之,可有二种:其需要年年皆有,几于一定不移,而无终止之期者,可称为经常岁出,例如普通官厅费及官俸等是也,反是,其经费仅以供一时或数年之需而有终结之时者,可称为临时岁出,例如战事费是也。公共团体之收入亦然,有仅为一时的收入者,如财产处分之收入及公债等是也。有每年可以收取,若有循环性者,例如普通租税是也。前者谓之临时岁入,后者谓之经常岁入。以恒理言之,经常岁出必以经常岁入充之,临时岁出亦必以临时岁入充之,方能使财政立于稳固之地位,而免供求不能适合之弊。故各国预算上恒将岁出及岁入两项,明白分为经常及临时两类。我国会计法第七条虽未明言经常岁出必以经常岁入支给,然其用意,亦必不能不如是也。

(二)预算上岁出与岁入之排列应以何者为先 主张先列岁出者,谓近世财政,以量出制入为原则,故应以岁出列前而岁入列后。主张先列岁入者,则谓岁入之项少,而岁出之项多,故应先列项少者于前,以便检阅财政之内容。以各国实例考之,亦不一致,例如德法采前一式,而英意等则采后一式,是也。此为便宜上之问题,似无深究之要。我国现制从后一式。

（三）经常临时之分与岁出岁入之分其排列应当何先　此亦为一种便宜上之问题，各国现制，亦不一致。例如法国以经常临时冠于岁出岁入之上，而英日则以岁入岁出冠于经常临时之上，是也。通说谓英式较为有益，因其便于检查财政之内容，而经常临时之界限亦较分明也。中国现亦采用之。

（四）预算之科目（filiation）应如何区分　此问题更可细分为三：

（1）预算科目之纵断的多寡疏密如何　此问题亦为一种便宜问题，当因时因地而异其答解。考欧洲各国古来预算皆甚疏略，其后因立宪政治发达，议会权力扩张，遂渐由粗疏而趋于精密。以现状言之，其在英国，约百数十，普国约三百，法日二国约至七八百，意大利则竟至九百以上，其参差不同，可谓甚矣？平心论之，预算分科过于亲略，固无由知财政之真相然，过于繁密，亦不免劳费而无大利益，要当视其时其地之情状，而斟酌定之也。

（2）预算科目之横断的等级多寡如何　关于此事，各国各有不同，有分为款项目者，有分为款项者。大抵分科之等级过多则病劳费，而分级太少，则又难于洞知财政之内容，要当斟酌财政上之情形而定之。我国会计法第七条规定总额预算，须分款分项，详明预算则分款项目，同第十六条又规定各项定额，除特别准许者外不准彼此流用，可知我国现制实取二级制。盖惟款项始为立法科目，而详明预算之科目，系所谓行政科目，仅供议会参考之用，并不足以限制行政机关也（参照附录预算式样）

（3）预算分科之方法如何　此问题通常皆就预算上岁出分科而言，然实不限于岁出之分科，特岁入种类本来极少，故实际上几无用此之要耳。通说谓岁出分科之法有三：①为纵分法，就各部所管之经费而分之。②为横分法，就各种经费之目的而分之。③为混合法,则系合纵分法及横合法而成,即款用纵分法,而项以不则用横分法也。各国现制大抵用混合法。

关于丁点,中国现制如何,不甚明切,因中国尚未有正式的立法预算之经验,亦尚未感正式的立法预算之需要,故各编制预算之行政机关,往往随意为之,不合法理,试取八年度预算案观之,当随处发见其与会计法之冲突点也。

五　预算除本文之外通常附以三种附属书类。

（一）前置说明书　所以说明总预算及其他之大体计划。

（二）各官署岁出入预计书　所以说明各官署岁出入之详细的理由。

（三）前会计年度之岁入岁出现计书　即最近过去年度之现计划,所以证明预算之所本,以供议会议定时之参考。

以上各种附属书类之内容,参看附录五、六、七之举例可明,兹不赘说。

参考：

（1）田中穗积,《预算论》,第二章;

（2）吴贯因,同书,二三一三六页;

（3）Stourm, ibid., Chap. Ⅳ.

第四款　预算之议定及其不成立

一　预算之议定(voting)机关,现今立宪国中,皆为议会;此由预算制度发生之历史观之,盖属当然,更无讨论之余地。惟在实行两院制之国家中,两院是否有同等的预算议定之权,则不但在理论上不易解决,且实际上各国亦常因此问题,而发生政治上之纷扰,故有研究之要。然此问题实为宪法学及政治学上之问题,故兹不赘论。

二　预算之议定,应就岁出入全部行之,抑应就其一部分行之?此实一甚难解决之问题,兹就岁入及岁出两部分分而论之。

(一)岁入之议定　岁入之议定,有仅就一部行之者,有就全体行之者,前者为永久法律(ordinarism)制,后者为预算法律(lois budgetaires)制。若依永久法律制则岁入中曾经用法律规定之款项议会不得议定,政府所提出之预算案,虽列其科目,然实不过使其与岁出对照,而非以求议会之承诺,故增加之预算虽不成立,而政府仍可依旧日之制度以求得财源。现今美英日德诸国,即采此制者也。若依预算法律制,则关于全年度一切收入款项悉须编入预算法律,以求议会之议定,苟预算一旦不能成立,则一切租税,暨其他收入,皆不能征收,而政府之财源立见枯涸。现今法比二国即采用此制者也。此制之长处,在足以牵掣政府,制其死命,使其所需者皆有待于议会之议定,然此制之短处,则在混预算与税法而为一。盖预算与税法,本属两事,政府关于岁入所编之预算,不过预计其收入之多少而已,究其收入之基础,实根据于税法,既有税法之存在,即不容更有束缚之者,否则将不成其法律矣。故法比之制,衡以理论,实不可通;此盖民权思潮反抗专制政治之遗物,不可为训。

现今英美德日诸国之预算上,其岁入中皆有所谓永久性质的收入者,不必岁岁经议会之议定。其内容大略如左:①英国一般之收入皆不必逐岁议定,苟非至变更税法,则其施行之效力,无有穷期。惟茶税及砂糖税所得税,与会计年度同期限,岁岁必经议会之议决。②日本一切之收入,皆不必岁岁经议会议定,苟非至变更税法,则其施行之效力,无有穷期。③美国一切之收入皆有永久的性质,亦与日本同,其效力之继续,以至变更税法日为限。④德国之收入中惟邮政之收入,有永久性质,不必岁岁求议会之议定。以上诸国之种种岁入,所以多具永久之性质者,通常谓有四种理由:①租税制度宜成法律而岁岁变更之要,政府每岁提出预算时固必须列入各项收入以供议会之参考,然若使议会得尽加以变更停止则徒自扰而已,殊无谓也。此外如官业及他种收入亦然,故有种岁入宜使有永久性。②租税制度与国民经济有密切的关系。苟岁岁变更税法,则经济界必常受其打击,其结果必将阻碍一国产业之进步,故有种岁入宜从永久制。③上述种种岁入,其初皆尝经议会之议决,今纵继续其效力,使不必与会计年度同期限,其于议会之权利,初无所损,而可以省无益之劳费,故不妨为永久制。④上述种种,岁入既无岁岁讨论之要,则苟能节省此有用之时间,使为议员者得移之以用于立法事业,其利益必较大,故利于行永久制。

（二）岁出之议定　此可分为议定一部经费制及议定全部经费制二者。议定一部经费制者,谓政府所提出之岁出预算,议会所得削减废除者,仅限于一部分,若其有特殊性质之经费,则议会不得议而更动之。英美德日诸国,即采此制度者也。议定全部经费制者,谓一切岁出款项议会皆得任意取舍,而削减废除之。法比二国即采用此制度者也。法比之制,足以牵掣政府,使其必得议会之信任,而后一切岁出预算,始得通过,而行种种开支,故此种制度可以制政府之死命。从一方面言之,可谓有益。然从他方面言之,国家生存必要之经费,多有根据从前之法律,而与现内阁之政策无关者,若并此而否决之,是不啻因一时之手段,而反对国家之生存矣。

现今英美日德诸国,皆采议定一部经费制。

(1)英国有所谓固定资金(consolidated fund)者,用以充永久性的经费。此种经费,虽亦每年度提出于议会,然不能被讨论或修改也。此等岁出约有六种。①公债本利,②王室经费,③年金及恩给,④若干独立官厅之经费及俸给,⑤裁判所经费,⑥外交官俸给及年金。(2)美国之永久经费(permanent appropriations)约有五种:①行政官以外之官俸如裁判官之类,②选举监督官及关税官吏之俸给酬金,③政府补助金,④误收返还金,⑤由法律之结果而定之经费如公债之本利、河川港湾灯台要塞等之修缮、海军军人之俸给劳金等。(3)德国此等岁出约有四种:①公债本利,②由永久性质的法律所设之官厅营造物经费,③有永久地位的官吏之俸给,④陆军经费预算之效力继续至七年。(4)日本此等岁出称为既定费、法律费及义务费,共有二十八种,兹不备述。此等经费皆带有恒久的性质,若岁岁必经议会议定,则将贻国家以种种之不利,依常例列举如左:①此等岁出有与国家之信用相关者,例如偿还公债之费若使会计年度一告终,而岁出失其效力,债务可不履行,则国家之信用必将坠地。②此等岁出有与国家之法律有关者,例如法律上之赔偿费,若不支出,则国家法律将成具文。③此等岁出有与国家之生存有关者,例如官厅费用,若不支出,则一切行政必将因之而停止。④此等岁出有与国家之外交有关者,例如由条约支出之经费,若不支出,则将惹起外国之抗议,而国家对外之信用,亦将扫地以尽。⑤此等岁出有与官吏之服务有关者。例如官吏俸禄若不支出,则为官吏者,不知来岁之俸禄能否如前,虽在位而日抱不安之念,则职务必将因之而废弛。⑥此等岁出有与事业之成败有关者,例如事业继续费,若不支出,则事业必将废于半途,而使前功尽弃。⑦此等岁出有与国家之文化有关者,例如学校之维持费补助费,若不支出,则学校必归倒闭,而人才无由养成,文化难以增进矣。执是以观,可知此等效力超乎会计年度之岁出,实为事实上之所不可少者也。

中国会计法及其他法规,关于预算议定之范围,别无明文,应有从新规定之要。

三　预算之议定,应用总额议定法,抑用分科议定法？此在昔日初行预算制度之时,亦尝有争论,然至今日,则预算必有分科。不分科者,不能称为预算之理,已为一般所公认,故已不成问题矣。

四　预算之议定权是否包含提议增加岁出之权？亦为预算论上之重要问题。以纯理言之,凡在行立宪政治之国,通常关于普通之议案,议会与政府皆有提案之权,故似应以积极的解释为合理。然从实际上言之,则提议增加岁出之权,各国现行制度,各有不同,有专属于执行机关者,有分属于决意机关者。学者中主张议会应有此权者,谓议会既为决意机关,为最后之决定者,则不但理论上应有提议之权,且事实上其他法律案既可提出,而独预算案则否,亦未得其平。然主张议会应无此权者则谓,①政府一岁之财务行政,必有一定计划,如事件先后之排置、经费多寡之分配等,皆须统筹全局而为之,其纲领次序,有丝毫不容或紊者,若使议会得提出增加岁出案,以与政府案并行,则政府所定之财政计划,必为所破坏而不能统一。②关于扩张经费之案,提议之权与议决之权,必分而为二,始可杜滥费之弊,故预算由政府提出,而议会议决监督之,则浮滥之处,议会可以削减;若使议会得提出增加岁出案,则因无人为之削减,其浮滥之岁出,必且甚多。③政府之编制预算,必须保持出入之均衡,逆计收入若干,乃定支出若干;若使议会得随便提出增加岁出案,则国家之经费必大膨胀,而收入与支出难期适合。④为议员者多私于其党派或地方,若予以提议增加岁出之权,必将假此以济其私,其结果在议会内,必因此激动党派竞争之潮流,助长部落思想之发达,而使国家受其弊。二种主张各有理由,要当视各个之情形而定之,不能一概论也。

五　预算议定之后,即当实行,然事实上各国之预算,往往因政治上之变动,而有未议定或不成立之事。预算未议定与预算不成立大不相同。不成立者,谓或由议会不成立,或由议会不一致,或由政府与议会关于预算之全部或一部生根本上之冲突,或由预算之议定,违背法规,致预算断无议定或确定之希望也。未议定者,谓或由新内阁初成立,其预算迟于提出,或由议会之议事,发生意外之停滞,致年度开始之时,预算尚未议决,必少假以时日,始可议决也。预算之理想,在能议定于事前,显未议定及不成立,既为事实上所不可免,则不能不有一种便法以救济之。通常关于未议定时之处置法,各国现制上各不相同,约有三种:①法律上无办法者,如美国是也。②前预算延长制,如西班牙、撒逊、巴敦、巴威伦是也。③临时预算制,如英法意比是也。第一制虽有自由处置之益,然同时又有破坏预算精神之害。第二制与第三制比较之,以第三制为优。盖第一,社会万般情事,逐岁变迁,若袭用前年度之预算,事实上必多窒碍。例如前年度之预算中,有营建衙署或其他建筑物一项,其经费三百万,然其事已于前岁竣工,若施行前年度之预算,则此等经费之支出,宁非无意义。又如今岁发生丧乱、灾变之事,急需巨款以谋善后,若施行前年度之预算,则此等经费将何由筹措。反是,若采用临时预算制,其编制之大体,虽必以前年度之预算为基础,然可参酌本年度之情形而有所出入,则可期与事实相应,施行上不生障碍也。第二,预算之内容为政府全年度政策之所寄,而世态万变,必须每年有所策划,始能与日进不已之大势相应,若沿用前年度之预算,则行政必蹈常袭旧,而违反时势之所趋。反是,若采用临时预算制,则可持进步的主义,以定行政之纲领,而不至牵拘于成法,而不能应时势之要求也。临时预算复分两种:①依一年十二月计算,以提出预算上经费之总额为被除数,以十二除之,其所得之数,即为一月之费额,故名之曰临时十二分预算(Dousiene provisoirs),但一次施行之期限得至两个月以上,不必仅限于一月,此法法国行之。②临时预算(Voteon accounts),在实际上以数月之收支为标准而论制之,但其施行之期,无明文之限制,此制英国行之。西法似以第二法为优,因其能察临时之需要,以为增减,不似第一法之固定也。

各国现制关于不成立时之处置,有毫无规定者,有规定施行上年度之预算者。后一法较前一法为佳,缘前一法,虽有临机应变之妙,然亦往往有惹起政治上纷扰之虞也。

中国法律关于以上两点,毫无规定。

参考:

(1) 工藤重义,《预算制度论》,第三篇;

(2) 田中穗积,同书,第三章;

(3) 吴贯因,同书,四七—七五页;

(4) Stourm, ibid., Chap. XII-XVIII.

第三章 现计论

第一款 概说

一 现计（actual account）者，包含出纳及金库（receipts, disbursements and treasury）等而言，与预算对待言之，则亦可称为预算之实行（execution of budget）。预算经议会议定之后，一到会计年度开始之期，即当发生效力，由出纳机关施行支出及收入。在理论上直至年度告终之日为止，在实际上亦不能延长至出纳整理期间以外，此出纳之时间的原则也。又出纳之项目数量，应以预算上所明记者为准，而不能任意流用（diverse），此出纳之实质的原则也。出纳机关分为两种，出纳之命令，与出纳现金之实行，各由不同的机关任之，以免因事权集中于一人而生种种流弊，此出纳之分权的原则也。国家之金库，限于一个，一切出纳，皆须经过唯一的国库，以谋财政的统一，此国库之统一的原则也。所谓现计者，盖不外乎根据此等原则，而行出纳及保管而已。

二 顾对于此等原则，往往有特殊的例外，且出纳之性质非常烦琐，其程度远过于预算，故欲识财务行政秩序之真相，亦有切实研究之要。兹分为数款，略述其大略于后，其详则让诸财政学各论。

第二款　收支机关及金库

一　收入机关在会计论上，复可分为两种：①命令机关，②收受机关。命令机关者，发征收命令之机关也。各国普通租税，大抵由经征官吏下命令于纳税人，令其照章完纳；田赋及所得税则因各国往往系由国家委托地方团体代征，自亦由其代发命令；至于租税外之收入，则或由各官厅下令行之，或以贩卖法行之，其命令机关甚不一致。收受机关者，实行征收或收纳款项之机关也。今世文明各国皆采用独立金库制度，关于国家一切收入，皆使金库收受之，故收受机关大抵为金库。命令机关与收受机关宜分为二，若合而为一，则不特易酿中饱之弊害，亦足妨碍金融之流通。中国从来皆合命令机关与收受机关为一，民国以来，始制定金库出纳暂行章程、交通银行代理国库章程及金库条例草案，欲使命令机关与收受机关分立，然因二行之分行及代理处，尚未遍设于各行省，故各处一切租税之征收，尚未能一律照章实行。

二　支出机关　支出机关亦可分为两种：①命令机关，②支付机关。命令机关者，发支付命令之机关也，各国充当命令机关者，大抵为各部长官及受其委任之官吏。支付机关者，实行支付款项之机关也。今世文明各国，皆以金库任之，而不寄之于一般之官厅。此两机关既属分离，故今世国家一切经费，必至需用之时，当局长官始发支付饬书(payment voucher)，受者持此饬书至金库，金库验明之后，始给与现金，此原则也。我国会计法第十七、十八、十九三条所规定，虽将命令机关限于财政总长，然大体亦守此原则也。惟对于此原则，有一例外，即预付现款制是也。预付现款制者，谓得先以现金与之，不必待需用之时，始求发支付饬书也。此制之生，或因其需用之地，距金库之地甚远，或因其款数少而名目多，若必一一待临时请求支付饬书，转病烦琐，故不如使其得预支现金，较为便利，今世文明各国皆有此制。我国会计法第二十条下列各款经费，由财政部委任主务官署及政府指定之银行发给现款时，得发预付之支付饬书，①国债之本利，②军队军舰或官有船舶经费，③在外各公署之经费，④前项以外凡在外国支付之经费，⑤交通不便地方及未设立国库地方所支之经费，⑥各官署常用杂款等，年不满五千元之经费，⑦无确定地点之办公处所需之经费，⑧各官署直接自办工程上之经费，但一主务官以付一万元为限，云云，即所以明定预付支付饬书之范围，而为第十九条之例外也。盖非对于正当之债权人或其代理人，则财政部及其所委任之官署，不得发给支付饬书，固为正当办法。然有时债权为何人所有，一时未能确定，若俟确定后，始行发给支付饬书，则不免迟缓，有误事机，故不得不另定变通之法也。

三　金库制度　依上所述，收入支出两机关，一恃金库以保管之，一恃金库以支付之，可知金库之为物，实占财政上之重要地位，不可不一研究其制度。金库二字有用以指统一的国库者，有用以指国库之机关者，一为全体为法人，一为部分为机关，本不相同，然通常皆合而用之，兹从众。考各国金库制度大约可分为三种：①合一金库（Einheitliche staatskassen）制者，即国家一切之出纳，皆掌于同一金库，不许诸官厅之各自为政之制也。②行政局部金库或复合金库（Verwaltungsweisekassen）制者，即于合一金库之外，专为处理关于特种行政事项之收支，而设一独立金库之制也。③官厅金库或复杂金库(Behördlichekassen)制者,即使各官厅皆得自置金库以保管其出纳款项之制也。此三种制度,唯合一金库为最佳,而官厅金库制则有四大弊:①金库纷歧,各官厅皆得自为出纳势必难于监督,而滥费之弊必缘之而生。②因难于监督之故,各官厅得以滥用其权,于是不正当之行为,必层见叠出。③官厅皆有金库,彼此各自为政,而经费不能融通,则岁计必缘之而膨胀。④现款分散于各库,则损失之危险及保管之费用必较多,具此四弊故官厅金库制在昔虽因经济界情状幼稚之关系,为各国所采用,然今世文明各国则已皆废止官厅金库制,而采用合一金库制。我国现制,盖介乎合一制与复杂制之间者也。(参照交通银行代理国库章程及金库条例草案会计法第五条、第十四条、第十六条二项、第二十三条)行政金库制本与官厅金库制,同为历史上之遗物,然为处理特种事务计,此制实不能全废,故并世各国多于合一金库之外,别有此种金库,如邮电、路矿、森林等事业之金库,即其明例。

  以上之分类系就金库之形式而言,若从其作用言之,又可另分为三制:①国家金库制(independent treasury system),即国家自设金库以保管公款,不使银行代理其事之制也。②委托保管金库制(custody system),即委托中央银行,使其代理国库之制也。但国库之公款与银行之资金,截然分离,不许银行随意挪用。③银行存款制(deposit system),即一切收入以存款之名义,交于中央银行,运用生息。俟政府须支出款项时,再发支票,向银行支取存款之制也。古昔无论何国皆采用国家金库制,然通常谓此制有缺点三:①国家自设金库,司其事者必属官吏,然官吏辨别货币之真伪,拙于银行,易招意外之损失。②国家自设金库,则保管上必需一种之费用,即财政上亦必多一项之岁出。③国家自设金库以保管现金,则收支之间,常因通货增减之影响,而乱金融市场之常调。有此三缺点,故今日多数文明国,皆采用委托保管金库制。然以纯理言之,委托保管制似又不及银行存款制,盖用存款之法,则一面国家可得相当之利息,一面银行可作运用之资金,财政与经济,双方皆受利益也。我国金库条例草案第九条内,有金库款项与营业资本,分别存储,但经财政总长核准,得以金库款项之一部分,移作存款等语,财政部委托交通银行代理金库暂行章程,虽未定有明文,而实际亦照此办理,故我国金库制度,系以保管为原则存款为例外也。

参考:

(1) Wagner, ibid., Kiap, Ⅳ, §3;

(2) Stourm, Chap. 22-24;

(3) 堀江归一,同书,九五五——九六六页;

(4) 吴贯因,同书,九八——一〇八页;

(5) 贾士毅,《民国财政史》,第五编第五章;

(6) Adams, ibid., pp. 211-218.

第三款　出纳官吏

前款所述收支之机关及金库制度,系收支之物的条件,其是否能推行如所预期,尚须视收支之人的条件如何而后能定,故关于出纳官史之研究亦甚重要。出纳官吏者,掌管政府之现金或物品,而负保管出纳责任之官吏也。出纳官吏之能否尽职负责,实与国家之岁出入预算之能否遵行,大有关系,故各国大抵特设条文以规定之。我国会计法第十一条及第八章各条之规定,亦与各国大同小异。分述之如左。

一　收入官吏之资格　会计法第十一条第二项"无法令上确定之该管官吏资格者,不得征收国家之租税,或收纳其他之收入",对于征收官吏之资格,特加限制,盖一以防他人之冒滥,一以明缴纳者之义务也。其所谓法令上确定之该管官吏资格者,盖谓不限于法令上确定之该管官吏,凡有此等官吏之资格者,亦得收纳之也。例如委托自治团体代征验契税、委托商会代销印花税票等类,是也。

二　出纳官吏责任之范围　会计法第三十条规定出纳官吏对于所掌现款及物品,应负一切责任。一切二字涵义甚广,凡现款物品之遗失损坏及收支上之违法及错误,俱当负完全责任,即民法上刑法上及官吏法上之责任,且受审计院之审查也。

三　出纳官吏责任解除之范围　会计法第三十条规定出纳官吏遇有意外事故,致所管款物有所损坏,应负责任与否之范围,盖对于上条之例外也。出纳官吏虽应负一切责任,然若其事变之原因为不可抗力,则自当别论,故规定设因意外事故,如水难火灾暴徒掠夺等类,致所管之现款物品遗失损坏时,出纳官吏须以其事实,证明于审计院,审计院若认其毁损原因,系属不可抗免,则当免除其责任,若认其毁损原因,出于该管官吏之过失怠慢则当令其负责也。

四　出纳官吏职务之限制　会计法第三十二条明定出纳官吏不得兼任支付饬书之职务,盖所以明收支机关之人员,不能兼命令机关乏职务,以符二机关分离制度之本意也。

五　出纳官吏营业之限制　会计法第三十三条明定出纳官吏于所掌事务有关系之工作物品，不得包办，盖出纳吏之重要职务，在对于国库之现款物品，负保管出纳之责，若使其得兼营有关系之工程物品，恐不免发生假公济私之弊也。

参考：贾士毅，同书，第五编第四章。

第四款　收支之方法及原则

一　关于收入方面，租税之收入与租税以外之收入，征收方法大异。考各国现制，前者大抵由收税官吏，发征收命令，使人民以其应纳之款，缴诸金库，或其他代征机关。我国现制亦然，不过因金库机关，尚未整备，人民所纳之税，尚多保存于收税官吏之手，而未能如期缴诸金库耳。后者在财政发达之国，种类甚多，其取得之方法甚歧，不能一概而论。我国现在属于此类之收入，仅有数种，例如罚金收入、印纸售出收入、官有品卖出收入等皆是，其收入方法亦不一定。

二　关于支出方面，各国现行之方法共有三式，前已言之。单就大陆诸国式言之，大抵先由各署长官依预算定额，制成支付预算书，送达财政部及审计院，经财政部审定之后，转送金库。及各署欲实行支付时，则由有发支付饬书权之官吏，一面对于债权人，发给支付饬书，一面对于金库送致支付饬书之副本。最后债权人至金库领取款项时，金库依据议会议定之预算书，财政部送来之支付预算书及有发支付饬书权之官吏送来之支付饬书副本，合校无讹，始交付现款与债权人。我国会计法及审计法所规定，亦大略同一旨趣。

三　除上述原则外,政府对于私人之工程及买卖贷借等契约行为之当否,亦与财政上收支之盈绌大有关系,故各国会计法,大抵皆规定其施行之方法。我国会计法第二十八条之规定,则分为三事。

（一）投标竞争缔约之原则　会计法规定凡政府之工程及财产物品之买卖,贷借均应公告,招人投标,盖不行公告投标,取其价廉而工坚物美,最有利于政府者而用之,则恐当事官吏暗与私人相结托,营私舞弊,而致财政上之不利也。

（二）施行随意契约之范围　政府之工程及财产物品之买卖贷借,虽以公告投标为原则,然有时经法令特别规定不须投标或法令虽无规定,而其性质不能投标者,则属例外。我国会计法第二十八条规定,左列两种不必投标:

（1）法令别有规定者。

（2）性质上不能投标者,即一至十一所列各项。

（三）价金支付之方法　会计法二十九条规定凡政府之工程制造及购买财产物品,不得预付价金,盖政府信用攸关,断无不付价金之事,而预付价金反不免有官吏与商人结托营私之虞也。但具有特别情形者自属例外。

四　在财务行政秩序论上会计年度及预算制度之设,本所以划分收支之期间而便出纳之清算,使财政计划井然有序,而不致紊乱。然欲达此本来之目的,则不可不设立规定,使本年度之岁出,以本年度之收入充之,凡本年度之岁出定额,不得移作他年度之经费,盖必如是而后预定之收支计划始得实行也。各国现制大抵如是,我国会计法第四条及第十五条所规定亦同斯旨。

惟对于此种原则有时不能不有例外,今分岁入及岁出两方面言之。

五　岁入之例外　依上所述,原则上不能以一年度之收入充他年度之收入,然以左四项,则为会计之便利计,不得不融通办理。

（一）剩余金　即我国会计法第十二条所规定者,是也。说见后。

（二）出纳完结年度之收入　一名过去年度收入,即本属上年度之收入,至出纳完结后,始行纳入国库者也。此等收入本属过去年度,然过去年度之出纳既告完结,则为便利计,只好编入现年度收入之内也。（会计法第十二条）

（三）预算外之一切收入　即超过预算定额之收入及预算科目以外之收入是也。是等收入既未列入前年度预算,故严格言之,不能谓为上年度之收入,为便利计,亦只得编入本年度收入内也。（会计法第十二条）

（四）因误付透付及依法令预付估付垫付在出纳期完结以后所缴还之收入　误付二字有二义,或指科目错误而言,或指违背本法第十九条之规定,对于非正当之债权人或代理人,误发支付饬书而言,盖因科目错误而付款,固属误付,即不应付而付,亦属误付也。透付云者,即对于正当之债主因失于检查,超过其应付之额之谓。误付及透付虽系异常的行为,然掌金库者,稍一不慎,即不免有误付透付之弊也。预付系以一定金额,支付于未来不定的用途之谓,如本法第二十条第二项所列各款是也。估付系用途虽定,而额数尚难确定,因而估数支付之谓,如旅费、游历费等类是也。垫付系以一定范围之经费,暂供他处之用之谓,如中国盐款本系另储偿还外债,然在未到期之前,暂行移挪以供他用,是也。凡属误付透付之款,一经查明,其误付透支之数,自当缴还。预付估付二者,于支付时未知实数,故其事竣时,如有剩余,自亦当如数缴还。垫付既系一时挪用,久后亦必当如期缴还国库。以上各款,在理均应各归原列之额以便结束,然若其缴还在出纳完结以后,则无从归还,故不得不编入现年度岁入之内也。(会计法第十三条)

六 各年度岁出定额不得移充他年度之用(第四条),然亦有两种例外。

(一)经费递用 亦称为定额移拨,即凡预算定额,未能照数支用之款,于年度成告终时,不待缴还国库;即移拨于翌年度,以充同一事件之经费之谓也。此种移拨,全为便利起见,因若不如此,则一面须以上年度之余款,缴还国库,而一面因事业尚未告成,又须再列此项经费于本年度预算,以求议会之议定,恐徒多转折,无补实事也。定额移拨制度,各国皆有之,我国会计法第二十一、二十二两条,规定左列三项为经费透用之范围,即①凡经费定额为预算内明许其展至次年度使用者,②一年度内应完竣之工程制造经费,因变故迟延,在该年度内不能开支或支讫者。③工程制造及其他事业必须数年竣工,定有继续费之总额者。三种经费皆可展至次年度使用,而为第四条之例外。

(二)过去年度之支出 政府在过去年度中所负债务,在免除期间未到以前,即在五年以内,遇债权者请求时,仍应偿还,故年度虽经过去,然过去年度所备之款,仍应递移于现年度,以待债权者之请求。此种款项,从其性质言之实为过去年度之经费,而从其形式言之,又为本年度之支出,故亦可谓为会计法第四条及第十五条规定之例外。各国关于此种支出多有明文,我国会计法虽无明文,然从第二十七条之规定推之,当然有此精神也。

参考:

(1) 贾士毅,同书,第五编第四章;

(2) 吴贯因,同书,一〇三——〇七页。

第五款　预算定额不足及有余时之处置

一　依前述预算算出法,当知预算本为一种事前之计算,故施行后不必定与实际相合,其时或不足,时或有余,乃势所不免,以故预算不足时或有余时之处置,亦有研究之价值。但此种研究往往侵入收支适合论之范围,兹故仅言其略。

二　预算之不足可分两种:一为年度期间内之暂时的不足,一为全年度之实际的不足。前者之起因大抵由于会计年度开始后,一时应行支出之额甚多,而其时收入方面,为额甚少,一时不足以应之。当此之时,为维持预算计,除短期借款外,大抵用发行短期国库证券(excheque bond)之法以救济之。此种证券为国库对于政府或公众所负债务之信用券,略具有公债之性质,特其期限甚短,其偿还期间,大抵以一年为最长之限度。盖依预算所计划,至会计年度终结之时,收入与支出必可适合,固不必恃长期之借债也。此种证券虽系一种临时救济之方法,然在各国财政上此法之利用实屡见不鲜,故关于其发行事项,亦有不能不研究者数事。

(一) 国库证券之发行是否应受立法机关之限制问题　从理论上言之,国库证券既为执行机关临时救济之手段,似应由执行机关负责,自由处置,不必受立法机关之限制。然考各国现制对于此项证券,亦大抵使议会监督之。其方法有以法律限制其发行之最高额者,有由议会逐岁议定之者;前者如德意志与奥地利是,后者若英国与日本是;是皆因行政机关往往滥用此法,故不能不加以限制也。中国会计法第十条仅规定短期国库证券发行之程序,以教令定之,此外别无规定,故发生种种弊病。

(二)此项证券负债之期限,是否可听政府自定之问题 此项证券虽以一年为最长之限度,然在一年之范围内应以若干月为佳,则因时而有不同,盖发行之时,与国库丰收之时期相近,则以一二月为期间,亦无不可,若二者相距尚远,则不能不加长也。各国对于此事有取限制主义,由立法机关制定国库证券发行期间之种类者,有取放任主义,由政府自定之者,似以前法为佳。

(三)此项证券偿还之期间,是否必限于会计年度内之问题

关于此问题,约有两说:有谓必以会计年度为界限者,例如中国会计年度以七月一日为开始期,而以翌年六月末日为终了期。则此项证券,虽在五月或六月发行,其偿还期亦不得在六月三十日以后,是也。有谓偿还之期间,苟在一年之内,则虽超过会计年度亦可者,例如中国以六月三十日为会计年度终结期,纵令于五六月发行一年偿还之国库证券,亦无不可,是也。两说以前说为合理,盖国库证券本所以济临时不敷周转之穷,若于年度将终之时,尚有不足之患,则其非暂时之不足,可知。当此之时,果准其发行在年度期间外偿还之国库证券,是不啻等于滥用国库券之名义,殊与国库证券本来之目的不合,且亦易酿前后年度会计不清之弊也。

国库证券而外,尚有短期借款一法,亦为救济暂时不足之一手

段，各国多利用之。我国会计法对此毫无规定，或有谓可适用临时约法第十九条第四项者，然国库有负担之契约，与年度内临时短期借款实不相同，似宜分别观之也。短期借款之法，较国库证券法为劣，盖因其不能吸收市面上之资金也。

三 全年度之实际的不足之起因，或由于预算之不精确，或由于临时之事变，致收支之间顿生悬隔。凡遇此种不足之时，可有种种救济之法，且其施行亦依不足之大小缓急，而有先后之分。兹先由其对于小而缓之不足者，顺序述之。

（一）科目之流用 依上款所述，预算之形式，分为款项目三级，项以上之经费虽不许流用，而目之经费则许流用。所以然者因一则目之经费，为额不多，若许其流用，于财政上无大害，于行政上则有大利；二则目之类别极其繁琐，并此而不许流用，则政府编制预算之际，必预留地步，增加其额；其结果必致经费之大膨胀也。预算之不足，果为额无多，则可拨甲目之有余，以补乙目之不足，若尚不足时，则可根据会计法第十六条之规定，特别施行款项之流用也。

（二）预备金之动用 若上述两种科目流用，不足以济其穷，则可动用预备金，预备金之说明已见前。

（三）长期之临时借款 科目流用及预备金动用，犹不足以资弥补之时，则可利用长期之临时借款。长期者对前述在一年内偿还之短期借款而言，即不必在本年度内偿还之借款也。此种借款系归国库负担，故当然应先得议会之同意；若事属紧急，不能召集议会，亦必求其事后之承诺。此项借款必政府信用久著，或有确实之担保品，始克成功，故此项借款之总额往往不多。

（四）长期公债之发行 长期借款为额不能甚多，且其偿还之期终有相当之限度，不能延至数十年以后，故当财政窘迫之时不能不依赖收入较多而偿期较远之公债。公债在财政学上为一重要部分，后当设专篇论之。公债之债权人，为无定的多数人，与长期借款之以少数的有定人为债权人者有异，故公债之收入较易达于巨额，且其利息可溥及于众人；故并世公共财政多利用之。

（五）租税之增加　此指广义之租税增加，即旧有租税之增率及新税之征收，皆含在内。长期借款及公债之收入，虽或足以收受巨额之金钱以资公用，然究系一种假借，终不能不有以偿还之，故全年度之实际的不足，所依以为填补者，实在租税之增加，易词言之，即不足之经费，仍不外乎取之于人民而已。然租税之增加，显而易见，近而切身，故人民多反对之；借款及公债之负担，幽而难睹，远而不切于己，故人民多忽视之。此所以并世财政上租税之增加罕见，而借款及公债，则层出不穷，其额且叠千累万也。

（六）公物及公业之处分　此为最后的办法，其不宜滥用，前已言之。

四　预算定额有余时如何处置，预算各项定额不得使用于所定用途外，亦不准彼此流用，且原则上本年度之经费，不得移充次年度之经费，故预算定额万一有剩余时，其剩余将无所归宿，故各国会计法上不得不特设一种条文以规定之。此种款项之处置有两法：一为转入次年度岁入法，我国会计法第十二条有各年度岁计有剩余时应将剩余之款转入次年度岁入之规定，即采用此法者也。一为移充本年度非常支出法，日德等国行之。此二法各有利弊，当视各国国情如何而断定之。

参考：

（1）Adams, ib., pp. 185-191；

（2）吴贯因，同书，一〇九——一二六页。

第六款　收支之终结

　　财政上之收支,以会计年度为限,年度一告终了,则收支即当截止。此理论上之原则也。然实际上财政上之收支往往不能必在会计年度之内告竣,故不能不于年度终了后,更划定一相当期间以资整理出纳,已见前段。此种出纳整理期间告终,则财政上之收支,在形式上可谓已经终结。

　　然出纳之终结与否与权利义务之存否,本系二事,故财务秩序上之出纳虽已终结,而当事人间之权利义务关系在法理上,依然存在,断不能因之遂告消灭也。顾若使此种关系,与一般民事关系,适用同一的消灭时效之规定,则消灭时效期间,或延至十年二十年,未免过于久远,使公共财政之清算趋于繁难,有悖设立预算之本旨;然若使此种关系随出纳整理期间之终结而告消灭,则亦过于严厉,使公行为与私行为间之消灭时效,未免太不平衡,盖私法上之消灭时效期间,至少亦在五年以上也。职是之故,各国会计法上,率有关于公共财政上权利义务期满免除期限之规定;其期限大率为五年;其适用大抵广及于一般财政上之权利义务关系;而亦特设例外者,例如法国会计法,即规定①凡对于在欧洲外之债权人,②在行政机关方面曾有过失之事件,③在参事院(Consel d'Etat)提起行政诉讼之事件,不适用五年免除之原则(the rule of quinquenial forfoitures),是也。中国会计法第二十六条规定:凡应纳于政府之款经过本年度后五年以内不经政府通知令其完纳者,得免完纳之义务。同第二十七条规定政府应发之款,经过本年度后五年以内未经债权人请颁支付饬书或颁支付饬书未经请发现款者,免除给发之义务。二条之规定,皆所以明定权利义务消灭之期间,其用意与民法之时效相同。二条规定皆抄袭日本会计法第十八条、十九条,将五年之期由本年度经过后起算;然母法之法国会计法,则系由本年度开始之期起算例,如一九一〇年度之财政的权利义务,应于一九一五年一月一号消灭,其间大有差异,不可不知也。

参考:Stourm, ibid., pp. 517-534.

第七款　财政收支之簿记

一　以上各段所述,皆为关于出纳保管之制度及理论。此外尚有一如何使出纳保管之数不生错误,而便于检查之问题,是为簿记方法问题。普通习财政学者皆于财政学之外另习簿记学一科,故普通财政学上皆略去簿记方法一段。实则依纯理言之,公共簿记制度亦为财务行政制度之一种。且财政之内容能否整顿,与其形式的记载,颇有重要之关系,故簿记方法应与会计法同时研究之,方能应实际的应用。惟簿记学蔚为专科,其理论甚为烦琐,非一二章所能尽,且若不演习,亦难了解,故兹不能述及。好在习财政学者,大抵兼习簿记学原理,其不习簿记原理者,必其目的仅在略通财政原理而不在实际地经营财政,故虽不述及,亦无大碍。

二　关于簿记本身之理论,依上所述,吾人虽不暇论及,然关于财政收支簿记方法之根本概念,则此处应稍有说明,盖此事与前述大陆国及英美之种种财务行政制度有关系也。关于财政簿记制度,从大体言之,可有两种:一法国制,一英美制。

法国式财政簿记,系以所增之资产(accrued assets)及所增之负债(accrued liabilities)为记账之基础,视每一会计年度为一种人格者(personality)而行登记。故所记者不仅实际的收支,而实为在现行法上所生之一切收入及支出,不问其收入实际上在该年度内是否已入国库,或其支出实际上在该年度内,是否已被支付也。若用此式,则一定年度内之出纳,当然不能在该会计年度内终结。故依前述,不能不有出纳整理期间。

英美式财政簿记系以现金收入及现金支出(cash receipts and cash expenditures)为记账之基础,仅记一定会计年度内之实际的收支,而不问其收支在现行法上之关系。记账者但于一定会计年度之末计算现金,决定所收者及所支者之总额而合计之。若本年所收者加上本年度开始时由上年度转来之余款,更减去本年度内之实际的支付后,等于现有之现金,则即足证明其记账之正确。至于所收者是否在法律上亦属于本年度,或所支者是否不属于上年度,则在所不问也。若用此式,则其无须更设所谓出纳整理期间之制,甚为明显。令每一年度中由上年度转来之贷借(credits and obligations),约等于本年度转至来年度之贷借,则此种记账方法,亦可谓能略示一国财政之状况。然惜乎此种假定,未必常能见诸事实,且即令常见诸事实,而于设立会计年度之本意则未免有悖矣。

以上二式中,法国式①能明确地表明各年度之真实的收支,②能明晰地指示财政生活之损益的状况,在学理上实较胜于英美式。然因一定年度收支之结果,不能在短时间之内决定,而且内容稍形繁复,不易使一般国民了解,则在使人民周知财政实况一点观之,似又不及英美式也。

三　中国会计法,系由法国会计法转译而来,则中国财政簿记方法之应采法国式，似为理之当然。然以我所知，则不但现行普通官厅簿记组织上既未有采用法国式之明文，而实际上则仍依前清以来之旧制，以现金之出入为基础，颇有类乎英美制。此在理论上，已觉滑稽而不可通，然假使财政监督机关，能如英美之周备，则亦或能使财政生活稍有秩序。无如实际上财政盈督机关，亦等于无，故年复一年，累积至今，财政实情乃如一团乱丝，虽欲明识其有若干头绪，亦不可得。遑言整理？更遑言更新？

四　中国法制之不备及现状之可悲观，虽如上述，然从研究财政者言之，现行普通官厅簿记组织（民国三年国务院颁行）之概要及其登记方法及顺序，究应略知，故记其要于左，以备参考。至于各种簿记格式及账单等，因其过于烦琐，故一概从略。此种样式，财政部印刷局印有专本，商务印书馆日用百科全书亦有转载，请参照二书。

（一）簿记之组织　普通官厅关于岁出之簿记组织如左：

（1）主要簿

现金出纳簿；支出分类簿；编制决算底簿。

（2）补助簿。

　　甲　整理各种货币用

各币收付明细簿、各币兑换赢亏簿、货币换算簿。以上补助账簿专为划一货币单位稽核各币换算情形而设，得酌量事实适用之。

　　乙　整理物品会计用

消耗物品购入簿、消耗物品支给簿、存储物品编发簿、存储物品供用簿。

　　丙　整理金钱会计用

（甲）官俸簿、薪律簿、工饷簿、杂支簿、单据黏存簿。以上账簿,不拘何种官署,均须设置。

(乙)邮电簿、修缮簿、旅费精算簿、银行往来簿、预付金记入簿。以上账簿,各官署斟酌会计情形择用之,但此外如有特别支出,可酌量增设补助簿。

(3)报告表

收支对照表、物品分类收支表、消耗物品现计表、存储物品现计表。以上四表各官吏办交代时,不拘任期长短,均须各作一份,以为解除责任之用。

(4)凭单

请款凭单、总收据、支票、领款单、薪俸收据、工饷清单、领物凭单、供用物品清查单。

(5)行政顶算

支付预算书。

(6)计算证明

每月支出计算书。

普通官厅关于岁入簿记之组织如左:

(1)主要簿

现金出纳簿;收入分类簿。

(2)补助簿

　　甲　整理各种货币用

各币收付明细簿、各币兑换赢亏簿、货币换算簿。此外各种收入补助簿之多寡,视各署收入种类之繁简以为衡。

(3)报告表

收支对照表。

(4)计算证明

每日收入计算书。

（二）登记方法及顺序

（1）每日支出款项。其由庶务员经手者，先由庶务员根据支出单据登记于物品会计簿，将单据送交主任会计员查核后，转记于主要簿，其由会计员发出者，须先分别登记于各该补助簿，后再转记于主要簿。

（2）出纳簿以整理现金为主旨。凡经由本机关出纳之现金，不拘其为重收重支与否，均应依次登记于出纳簿，以明会计官吏之责任。但重复收支之款项，仅于摘要栏内登记其事由，不列预算科目。其详细用法，阅登记实例自明。

（3）出纳簿须逐日小计一次，每月合计一次。

（4）分类簿以整理预算科目为主旨，为编造每月支出计算书之根据。账簿出纳簿内如有重收重支之登记，则不能转记于分类簿，俾免各机关重复决算之弊，其理由详阅登记实例自明。

五　每月支付预算书之科目，以目为限。故现金出纳簿内之科目下不必登记节之号次。支出计算书之科目，至节为止。每月结算支出分类簿时，将各节之名称号次分配确定后，再于分类簿之摘要栏内各盖第几节戳记，则分类簿结算之结果，自然成为支出计算书，无庸另行决算矣。

六　每月各目之支出，其数目有透过该月支付预算数者，须将透支之数红记于分类簿之支付预算数栏内，以便随时注意。

七　编制决算底簿专供编制全年度决算报告之用。法以每月支出计算合计数按月记入各月份支出计算数栏内，俾随时与全年度预算数比较得出预算余数或各目流用数，其用法阅甲例之登记实例自明。

八　查照会计法第十六条内载有各官署长官不得将预算内各项定额彼此流用,但经大总统准其流用者,不在此限等语。据此则编制决算底簿内应有各项流用之登记,其方法阅乙例之登记实例自明。

九　分类簿每月各立一册,遇有乙月实支之款应编入甲月份支出计算书内者,则该款仍登记于甲月支出分类簿内。惟出纳簿必照实支月日登记,而于该科目之旁,盖一甲月份小红戳,以为转记于甲月份分类簿之符号。

十　凡收支货币种类极复杂之机关,为划一货币计算单位计,须特备左列整理货币补助簿:

（一）各币收付明细簿。

（二）各币兑换赢亏簿。

（三）货币换算簿。

十一　各币收付明细簿得就各种货币各设一位置。所有各币实际收支并兑换之数目须分别记入,以便稽核各币之现存数目。

十二　凡收支银两或其他货币,如当日向银行兑换银元,即照银元数记账,但须于摘要栏内注明兑换率,以便稽核。

十三　凡收支银元以外之各种货币不即兑换银元者,须先假定一标准价,记入货币换算簿内,折合银元数后,再行转记于出纳簿。

十四　前项收入之各种货币实际兑换银元时,应记其兑换情形于各币兑换赢亏簿算出时价与标准价之计算赢亏数目,以其赢数转记于现金出纳簿之收入数栏内,以其亏数转记于支出数栏内。

十五　各机关有因款未领到或未领足临时向银行借用者,其贷借关系应设一银行往来簿整理之。凡存入数暨付过银行之本利均记入存入数栏,凡取出存款或利息暨向银行借用数并结付银行利息均记入支出数栏。存数多于支数,其差数为存。支数多于存数,其差数为欠。均分别注明存或欠字样,而记其数于差数栏内。

十六　各机关常有预付估付之款,非俟精算报告书送到后,不能列于支出计算书内者,应设预付金记入簿整理之。惟此种登记有复式簿记之关系存焉。阅登记实例自明。

十七　会计员每月经过后,集合上月份分类簿之结算金额,参考出纳簿或其他补助簿,作简明收支对照表三份,除自留一份存查外,以一份送财政部或财政厅备核,以一份随同支出计算书,送审计院备核。

十八　凡编制支出计算书,先将证凭单据,按照预算科目顺序编号,以其号数分别记入分类簿之单据号数栏内,再依次黏贴于单据,黏存簿随同支出计算书,送审计院备核。

十九　支出单据号数应有两种:一为分类号数平时收到各种单据,分类编号保存以便清查。(例如凡属文具类之单据以文字编号、官俸之单据以俸字编号等类是也。)一为总号数,即分类簿上单据号数栏内之号数,须与单据黏存簿上之号数一致。

二十　每月经过后整理上月出纳事务完结时,应根据分类簿编造上月支出计算书,并参考各补助簿,而详细说明之。

二十一　主要簿登记之详略,视补助簿之有无以为衡,凡支出款项,业经详记于补助簿者,则主要簿宜简括登记以避重复,其有未立补助簿者,则主要簿宜明细登记,其用法阅各实例自明。

二十二　账簿之格式有定,登记之事实无穷,如欲举会计上万有不齐之事实,以一种登记实例,融贯之殊为事实所难能,故左列之登记实例,仍恐有挂漏之处,运用之妙存乎其人适用者,于规矩范围以内,随时斟酌变通可也。

二十三　簿记格式之尺寸以民国三年三月三十一日公布,权度条例所定,乙种万国权度通制之公尺,伪标准分为三种如左。

第一种　现金出纳簿、收入分类簿、支出分类簿、银行往来簿、预付金记入簿、各币兑换赢亏簿、各币收付明细簿、货币换算簿、收支对照表。

上列各簿表,纸长四十公分,格长三十二公分,上余六公分,下余二公分,横纸宽二十六公分,横格宽二十三公分,边留三公分。

第二种　其他各种补助簿记。

纸长二十八公分,格长二十公分,上余六公分,下余二公分,横纸宽二十公分,横格宽十七公分,边留三公分。

第三种　各种单据。单据之尺寸斟酌事实适用之。

参考:

(1) Adams, ib., pp. 201-211;

(2) 杨汝梅,《官厅簿记讲义》;

(3) Stourm, pp. 544-545.

第四章　决算论

一　预算本为一种预测，其算定之收支不必定与实际之状况相符，故必从客观的事实上，决定实际的收支额之多寡，而后设立预算之目的，始能尽达。若仅有预算而不讲求监督其实行之方法，则难免财务官吏施行违背或超过预算之收支而使预算等于具文。故既有预算制，则自然地必发生决算（settling of account）制，预算制与决算制之必须相伴，不但在理论上为财政公开之必然的结果，且亦为各国财政史上之明白的事实，学者中有谓各国十八、十九世纪革命之原因，在无决算制者，盖深有所见之言也。

决算对于预算上收支之预定，含有使其确定之意，故决算亦称为预算之监督（control of budget）。预算之监督可由上级官厅对于下级官厅行之，亦可由特定的财务司法机关对于财务行政官厅行之，更可由立法机关对于行政机关行之。故决算论之内容，在理论上应分为行政监督论、司法监督论及立法监督论三种。

二　行政监督者主管部总长或财政总长在实行出纳后一定期间内，核定所管辖机关之实际的收支之谓也。此种监督可谓之为核算。

司法监督者财政的司法机关，即审计院或与之相当之机关对于财政部所编造之国库出入计算书及总决算书，连同各官署之逐月计算书及岁出岁入决算报告书，加以审查之谓也。亦谓之为审计(audit)。

立法监督者,立法机关对于行政机关所提出之总决算,加以审查承认,而施行预算之最后的决定之谓也。亦谓为决算之议定。

三　决算之程序,依上所述,在理论上虽可分为三段,然各国现制,往往依历史上之沿革,各有小异,而尤以关于审计一段者为最甚。关于审计之方法有兼取事前监督制者,有仅用事后监督制者;关于审计之效果,有采判决制者,有采参考意见制者;关于审计事项之范围,有甚狭者,有颇广者,种种不一。然究之多出于特殊的便利,而鲜出于一般的学理,故无综合讨论之要。

参考:

(1) Stourm, ib., pp. 535-585;

(2) Leroy-Beaulier, *Tratié de la Science des Finaneces*, pp. 121-161.

四　中国决算法规因宪法未定,尚不完全,兹姑就会计法审计法及审计法施行规则各种法规之内容,撮其大要,分述于左。

(一)全年度国库出纳计算书及总决算之编制　财政部应于年度经过后八个月以内,编造全年度国库出纳计算书,送审计院审查(施行规则第五条)。应于年度经过后十个月以内,汇核各部及本部决算报告书,并国债计算书,编成总决算,连同附属书类,送审计院审查(施行规则第九条)。总决算须依照总预算,分为经常临时二门,其款项之次序亦须与总预算上款项之次序相同,盖必如是而后能供比较审查之用也(会计法第二十四条)。总决算除依照总预算之款式编制外,并须开具左列各事项之计算。

(1) 岁入部

甲　岁入预算额　即预算上所载之岁入额是也。

乙　审定岁入额　即根据预算上之岁入项目,实行审定之额是。盖预算上之定额,不过一种推测,究竟税源大小若何,非经查定,则不得明也。

丙　已收讫岁入额　即查定额中之已经收讫者是。盖审定之额,不必遂能实收也。

丁　岁入亏短额　即已收讫岁入额及未收讫额之和,比较岁入查定额所生之差额也。易词言之,即虽审定而确知其不能收得者也。

戊　未收讫岁入额　即查定额中之尚未收讫者是也。

（2）岁出部

甲　岁出预算额　即总预算上所载之岁出额。

乙　预算决定后增加岁出额　即总预算上所未明载之岁出额,例如顶备金之支出、非常支出等是也。

丙　支付饬书已发之岁出额　即支付饬书已发,而实款尚未发出之岁出额也。

丁　转入次年度岁出额　即依据第二十一、二十二及二十七条之规定,转入次年度使用之岁出额也。

戊　岁出剩余额　即预定岁出与实际岁出相差之额是。

（二）审计院对于总决算及他种计算之审查　审计院为财政的司法机关,必有独立之保障,始能行使其正当之职权,而不致受行政部之牵制,故各国审计官之保障,与普通司法官同。审计院依会计法第二十四条及审计法之规定,得行种种之审查。

（1）审查事项之范围　依审计法第一条所定,应被审查之者有六:①总决算,②各官署每月之收支计算,③特别会计之收支计算,④官有物之收支计算,⑤由政府发给补助费或特与保证之收支计算,⑥法令特定为应经审计院审定之收支计算。第五种计算虽与财政无直接关系,然既有国家之补助及保证,则欲达补助之目的及欲求保证之确实,自不得不审查其计算,否则恐或流于国帑空掷,或流于使国家负不测的损失之赔偿责任之弊也。

（2）审查之方法　依审计法第二条之规定,审查方法有三。

甲　计算上之审查　审查总决算及各主管官署决算报告之金额,与金库出纳之计算金额是否相符。现今各国金库皆与收支命令机关分离,故可行本条之规定。

乙　法令上之审查　审查岁入之征收,岁出之支用,官有物之买卖让与及利用,是否与法令之规定及预算相符。金额计算上无错误者,其收支之方法未必尽合乎法令及预算所定,故次当审查行政机关之行动是否合法。

丙　内容上之审查　审查岁出是否与预算所指定之用途相符,有无超过预算及预算外之支出。

（3）审查之程序分为三层。

甲　书类审查　复分为二:①行文查询(审计法第六条),②调阅证据或该主管长官之证明书(同法第七条)。

乙　实地审查　审计院编制法第十二条规定,当审查书类尚有疑窦时,审计院得遣派审计官或协审官于各地方,为实地审查(施行规则第十一条亦有规定)。

丙　委托审查　当书类审查不能充分,实地审查又有不便之时则可行委托审查(审计法第十六条)。

（4）审查之效果　审计院审查之结果,认为正当合法者,应解除出纳官吏之责任,若认为不正当者应通知该主管长官处分(同第九条)。并应对于认为应负赔偿之责者,通知该主管长官限期追缴(同第十条)。但审计院对于审查完竣事项,自议决之日起,五年内发见其中错误遗漏重复等情事者,得为再审查。若发见诈伪之证据,虽经五年后亦得为再审查(同第十五条)。审计院发见各官署长官有违法行为时,亦得呈请大总统核办(施行规则第十四条)。

(5)审查报告书之编制　审计院审查之后,应编制审计报告书呈报大总统(同第二条)。

(三)总决算之提出　总决算经审计院审定后,应提交立法机关为最后之审查(会计法第二十四条)。总决算提出议会时,应附送①审计院之审计报告书,②各官署主管岁入决算报告书,③各官署主管岁出决算报告书,④各官署主管特别会计决算报告书,⑤国债计算书等以资参考(同第二十五条)。

(四)议会对于总决算之审查议决　议会对于总决算,须从收支命令上及出纳计算上,行最后之审查,果无违法失当之处始可议决之而为收支之最后的决定。

(五)决算之公布　总决算经议会议决后,由行政官长公布之。

第五章 财务法论

一 财务法论即关于财务行政之法律的秩序论,盖所以研究财务行政秩序在法律上之意义及效力者也。事实的秩序论与法律的秩序论之间,在理论上实有明白的界限,通常学者往往混而论之,殊属不当。我以为不但二者之界限应当分别清楚,而且欲明财政行政秩序之真相,而深悉其运用方法之神髓,实亦非对于二者并重而兼通之不可。故我于事实的秩序论之后,特设财务法论一章,以示尊重之意。

顾如前所述,财务法论在性质上实属宪法学及行政法学之范围,且其理论颇为深奥,欲求彻底的了解,亦非从一般宪法及行政法上之原理出发不可。然此种原理的说明,断不能于财政学之中简单地发挥尽致,故我虽有上述特设一章之用意,却无以数页之讲义说明一般行政法理之自信。幸凡习财政学者,同时必习宪法及行政法,故我不妨仅示此章中应行研究之题目,而以其说明让诸行政法学。

二 财务法论上应行研究之题目,依性质分之,共有六种。

(一)财产管理法论,所以说明公共团体所有财产之管理及经营方法之法律的意义及效果。

(二)租税征收法论,所以说明公共团体所有财政权之行使方法之法律的意义及效果。

（三）公共债务法论，所以说明公债发行及借款之方法在法律上之意义及效果。

（四）预算法论，所以说明预算在法律上之意义及效果。

（五）审计法论，所以说明会计事务在法律上之意义及效果。

（六）决算法论，所以说明决算之法律的意义及效果。

第二编 公共经费论

第一章　概论

一　公共经费(Public Expenditure, Öffentliche Ausgaben)者,公共团体之经济的需要之依货币数额表示之者也。当公共团体欲行其职分之时,必需种种经济的财货如物件及劳役等,以资应用。其获得此种经济的财货之方法,则因时因地而有不同。古时或用强制征收之法,向人民征收,或由公共团体自己生产之。近世货币经济盛行,故用现品或劳役直接充用之事渐已绝迹;不但人民纳税或供役之义务,大抵换算为定额之货币,且即公共团体自己生产实物之时,亦大抵售出之而收入货币,即令全属自用,亦往往计其价格,换算为货币数额,以便整理。故现今公共团体之实物需要,大体可谓皆不能不支出通货,以购买之方法,供给之。劳役之需要亦然,现今大部分之劳役,皆依有给吏员制,采用官公吏以充之,有时虽不无依赖公共名誉制及强制服务制之事,然究非全然无给,例如名誉职有办公费,兵士有食粮及服装费,即其明证。顾现今俸给大率以货币额计算,而不用实物现品,故现今公共团体之劳役需要,亦在大体上可谓皆不能不依支出通货之方法以获得之也。由是言之,则谓公共经费为货币数额表示之公共需要(Öffcutliche Aufwande oder Bedarfe)固甚适当也。

二　公共经费论者财政学上关于公共经费之研究也。公共经费之发生的原因,在公共团体之有种种职分,而此种种职分之起因，又在公共团体之有种种统治的、文化的及社会的政策或目的，故欲对公共经费行彻底的研究，自非从此等政策或目的出发不可。顾关于此种政策或目的，已有政治学、经济学及社会学等，施行专科的研究，则财政学上之经费论，但取此等学科上研究所得之结果而利用之足矣，不必对于此等政策或目的，更作可否得失之讨论也。故财政学上之公共经费论之当然的职分，不在于此，而在分别一切财政的需要之种类，探知其各种各类间之关系及影响，并用历史法及统计法，研究关于经费之经验及事实，以期发见关于经费之一般的原理及原则。

三　具有上述内容的公共经费论，在财政学上之地位，恰与消费论在经济学上之地位相等，虽非最重要的部分，然终不失为重要的部分之一。盖财政学上其他部分之研究如收入论等，究竟系为公共经费之故而存在，亦犹经济学上各部分之研究，必以消费为起点兼终点也。由此言之，公共经费论之存在理由，似甚明显。然观从来财政学者之著述，则对于此部分，往往视之殊轻，甚至有全然置之于不论之列者。故兹应有申说公共经费论在财政学上甚为重要之理由之要。

公共经费论在财政学上，甚见重视之理由有六：

（一）经费用途之决定须依经费论上所发见之原则。依前所述，公共财政本系量出以制入，且其支出之效果又往往属于无形，故财政上经费之易流于浮滥之弊，殆为必然的倾向。欲救其弊，惟有采用政治的补救法，使一切经费，皆须受预算制度之限制。然欲使议会对于经费之限制，发生适当的效果，而不至徒事纷扰，必须先使一般立法家洞悉于经费之一般的原则，如经费务以振兴国民生产力及能平均分配于全体团员为目的等原则。顾此等原则之发见，舍研究公共经费论外，更无他法，故公共经费论断不可忽。

（二）公共团体职分方针之决定，须仰给于公共经费论所得之材料。依上段所述，公共团体之职分之可否是非，本应归入政治学、经济学及社会学等学科讨论。然公共职分之施行，无论在何时何地，皆不能不与公共经费相伴，且因此之故，在事实上往往有本系适当的职分，而因所伴经费过多之故，而变为不适当的职分者。故当决定公共职分时，断不能不兼顾所伴经费之经验的事实。顾此种事实非政治学、经济学及社会学等之研究所能知悉，而不能不有赖于公共经费之历史的及统计的材料，故公共经费论决不可忽。

（三）收入计划须视经费之种类如何而后能定。公共经费中有具有永久的性质者，有仅具有一时的性质者。在财政政策上对于前者须计划约略同额之永久的收入；对于彼者，亦须计划约略同类之一时的收入。盖依照前述，以经常岁入供经常岁出、以临时岁入供临时岁出之原则，固不得不如此也。故公共经费论必不可忽。

（四）收入之选择须视经费之性质而异。公共经费之性质，有使用之后更发生收入者，谓之等于生产的投资之经费，有使用之后并不更生收入者，谓之等于不生产的投资之经费。前者将来可与公共团体以特别的收益，故其来源当以公债等信用手段为适当，而不可依赖租税收入。盖支出之后，既可得特别的收益，尽可移作将来偿还之用，不必经增加收租税等烦重之程序，以自扰也。反是，若后者在支出之后既不发生收益，则除急遽不可避之时外，务须以普通租税等收入充之，而不可依赖公债收入，盖此种经费既一去不复，则与其高筑债台，徒重将来之负累，何如暂忍目前之小痛苦，以求长久之安逸也。依此，可知经费性质一异，则收入之选择亦不得不异，故公共经费论殊不可忽。

（五）负担之轻重，须依经费之效果而定。各种公共赋课负担之轻重,虽直接依赋课方法之良否及各纳税者所有税源之厚薄而异,然其最后之判断,实视支出经费之效果如何而决定。何以言之? 今譬如有一负担,当赋课之初,对于当时之民力,纵觉负担过重,而其后因此种经费支出之结果,一般经济及富力因之增进,则过重之负担,或变而为轻微之负担,亦未可知。此不但理论上如此,即事实上亦往往有之也。故财政学上欲求收入论之完全,必不可不深究公共经费论。

（六）财政之良否须视经费之能否节约或活用以为断。财政当局者本与公共团体之利益不相一致,故公共团体之财政,往往有膨胀,无减缩,而入于困难之境。当此之时,苟其所膨胀之经费,系出于不获已,则施行增税募债种种手段,固无不可。若系出于靡费,则不能不或谋节流之法以图补救或设法流用经费之细目,移甲就乙,以资弥缝。然通常经费之扩张,由于不获已者少,而由于靡费者多,故财政之臧否,恒视当局者能否运用节流或活用之法以为断,而经费之能否节约或活用,当然属于经费论之研究,故公共经费论万不可忽。

据此,可知公共经费论在财政学上实有充分的存在理由也。

四　公共财政系以量出制入为原则,故在理论上公共经费论之位置,应居于公共收入论之前;更观上述公共经费论所以见重之各种理由,尤足证明此种主张之不误也。

五　公共经费论上之材料,多半为关于经费之历史的及统计的事实,故其研究方法,多趋重于归纳法。

参考：

（1）Adams, ib., pp. 21-22；

（2）宇都宫鼎,同书,一六九——一七二页；

（3）小林丑三郎,同书,第八章。

第二章　公共经费之性质

第一款　概说

一　公共经费论之研究,当以公共经费性质论为起点。盖关于公共经费之性质,若无确切的见解,则公共经费之原则及分类,必将茫无依据,而上述种种关于公共经济论必须存在之理由,亦将失其大半的意义也。

二　近世各国之财政规模日益弘大,其经费总额之巨,远非私人经济所能及,其所需之物件及劳务,亦常为经济社会中一切消费者之冠。职是之故,公共经费之多寡、用途及其支销方法等,在近世国家中对于经济界,乃不得不恒生比较往古尤为重大的影响,而公共经费性质究竟如何之问题,因之遂亦为研究经济学及政治学者所重视。顾关于此点议论极为纷杂,迄于今日,犹无定说。若从大体观之,则有二说:

(一)经费有害说。此说从集合的见地(Individual Point of View),观察公共经费,谓一切公共经费之来源,不外乎个人之所得,故公共经费足以减少人民之收入,使私人经济上多一层负担,即不啻使私人减少一部分的经济活动力,其结果必更使一般产业发达上受一部分的损失。故一切公共经费,可谓皆属有害无益。

然以我观之，此说至少有二缺点：

（1）不明公共经济与个人经济相依相辅之关系。盖公共经费之主要原因，在施行公共的职务，而公共职务之所以必须施行，又在对内维持秩序以免私人之无益的冲突，对外维持生存以免敌人之侵凌，使个人得安心一意，从事于生产的事业。故公共经费之支销，不能谓为全属有害。

（2）不明近世财政上公共经费之社会政策的性质。财政上之社会政策，固多依收入的方法。对于社会上之强者而行之，然亦未尝不可依支出的方法对于社会上之弱者而行之。彼著名的救贫事业无论矣，即感化事业、公共保险事业、日用消费品公营事业等，何莫非社会政策之表现，而与社会有大利者。故公共经费之支销亦不能谓为全属无益。

（二）经费有益说。此说从集合的见地（Collective Point of View）观察公共经费，谓公共团体无存在之理由则已，苟承认公共团体有存在之理由，则同时不能不承认其应有公共的职分，即不能不承认其应支销公共经费。然公共经费之支销，要不外乎购置物品及劳务之二途，而此二者，皆与私人经济以莫大的利益。故公共经费虽取诸人民，而其使用之结果，恒以种种变形，复归于社会。故公共经费之性质常属有益，至少亦不能谓为有害。主张此说者，尤重公共营业，谓可增进工业上之技术，开拓一般人民之职业。然此说亦含有二大缺点：

（1）公共团体之经费，系由一般人民征收而来，而其支销所得之利益，则大抵限于人民中之特种阶级。例如物品之购买，仅利及商人或工业家，劳务之购买，仅利于特殊的官吏阶级，即其著例。

故谓公共经费对于一般社会恒为有益者,妄也。

（2）公共经费之支销,有时不限于物品及劳务之购买,而并有特殊的用途。此种经费,为额往往甚巨,且对于经济社会,发生大弊。例如国家因战争等事,出高利以借款或举债,其债务偿还金之来源,恒在于一般人民,而其去处则恒在于特殊资本阶级;其结果殆不啻损贫以利富,使一国贫富之悬隔日甚,有悖立国之本旨。故谓公共经费不能有害者亦妄也。

三　据上述观之,则可知关于公共经费之性质主张绝对的有害说者固属不可,主张绝对的有益说者,亦实不当也。我以为以上二说,皆过于粗疏,对于公共经费性质之各方面,尚未能研究周至,发挥无遗。盖依前章所述,公共经费之本质,原为公共团体之经济的需要,而其目的,则在充公共团体施行公共的职分之用。故公共经费之性质,在一方面为经济的,在他方面又为政治的。欲研究公共经费之真正的性质,殆非从经济的及政治的二方面比照观之不可。非然者,恐关于公共经费之性质,在经济的观察上,以为有益者,在政治的观察上或反为有害,而在政治的观察上认为有益者,在经费的观察上,亦难免不认为有害。前者之例,如过大的公营事业经费是;后者之例,如过重的国防经费是。其结果使我人对于此等经费之性质,实难免有利害相半不知何去何从之感也。兹本斯意,以下二款中从经济的及政治的两方面,试一详究公共经费之性质。

参考:

(1) Adams, ib., pp. 25-33;

(2) 堀江归一,同书,五九—六四页。

第二款　公共经费之经济的性质

一　公共经费之经济的性质如何？此实一甚难解决之问题。自十八世纪以来，此问题即为正统学派之经济学家所研究，迄至今日，犹无定说。最近的财政学者之中，甚至有因其难于解决而置诸不论之列者。然依前款所述对于此问题所持之见解如何，实与公共经费之性质的观察，大有关系，似不能因其难于解决而遂弃置不论也。

关于公共经费之经济的性质，从来学者之主张，虽极复杂，然合而观之，在大体上，可分为消费说及生产说二说。

二　消费说（Die Consumptionstheorie）谓公共团体之行动，在经济的观察上，皆为不生产的，故凡依国家及其他之行动而被消费之一切劳役及物品，皆为纯然的消费，而不发生任何生产的结果。

此说创始于 Adam Smith，谓国家之行动，不能增加财货之价值，故国家的劳动，应属于所谓不生产的劳动，故因国家之行动而生之财货之使用，完全为消费行为。厥后 J. B. Say 继承其说，而增益之谓，不但国家所消费有形的之财货为不生产的，即其所需之无形的财货即劳役（Services）之使用，亦为不生产的。公共消费之中，得为生产的消费者，仅关于道路、桥梁、运河等之消费而已。

消费说自十八世纪以来，支配财政学界者甚久，然在现今学者中，则采用此说者渐少，盖因其有左列三种可疑之点也。

（一）假使公共消费之性质，全然为消费的，则以公共财政上所消费财货之额之巨，及如后所述近代公共经费膨胀之趋势之激而且速，则依一般经济的原理，宜若一定地方之国富，当日益减，至少亦不常日益增矣。然依统计学家所研究，则重要诸国之富力，乃与日俱增，有如左表：

	一八九五	一九〇五	一九一七		一九二一	
	每人（日元）	每人（日元）	总数（百万日元）	每人（日元）	总数（百万日元）	每人（日元）
英	三、〇二〇	三、五〇〇	一四六、二五五	三、五六八	一八〇、〇〇〇	三、九〇五
法	二、五二〇	三、〇〇〇六年	一二九、七〇五	三、二五〇	一三〇、〇〇〇	三、二七四
德	一、五六〇	二、五六〇九年	一四五、三六九	二、二三九		
俄	六一〇	六六〇	一〇〇、〇二六	七五九		
美	二、三四〇	二、六二六四年	二八〇、四二三	三、二五〇	三七五、四七八	三、五七五
奥	一、〇四〇					
意	一、〇一〇	一、二〇〇	四三、〇八五	一、三二四	七〇、〇〇〇	一、九一五
日	二五〇	五〇〇			三九、〇〇〇	七〇〇

由是，可知消费说不能与统计的事实相符也。

（二）依进步的学理言之，所谓财货，不应限于有形物。财货之观念，应以效用（Utility）为中心，故无形物亦应得为财货。故上述 Adam Smith 之仅以有形物为财货，固属失当，即 Say 之仅承认无形物即劳役为公共消费之目的物，亦不彻底。盖消费前之无形物既得称为财货，则消费后所发生之无形的效果，自亦当然得称为财货也。故谓公共消费完全不发生生产的效果者，由此意言之，实不妥当，例如安宁、秩序、武力、威信等，若从效用之点观之，究竟不能不谓之为一种财货，似不宜谓公共经费全属消费的性质也。

（三）消费说在国家之行动仅限于拥护法律维持安宁之时代，或能勉强敷衍，自成一说。然在国家行动广及于经济及文化事业之今日，则无论如何，实无立脚之余地。盖此等经济及文化事业，明明可发生种种有形的效果，万不能一概抹杀之，而主张消费说也。

三　生产说（Die Produktionstheorie）谓公共团体之行动，可发生种种效果，故公共经费之性质，系生产的。惟主张生产说者关于公共经费有生产的性质之点，虽大抵抱持相同的意见，而对于公共团体行动之结果所发生者，究为何物之点，则不免小异。因是，更可细分生产说为四说：

（一）生产力说（Die Productivitäts theorie）　此为 Friedrich List 所主张，谓国家及其行动，对于个人可以发生一种无形的能力，使其创造财富，此种能力，谓之生产力。故国家之经费，不能谓为不生产的消费；纵不能直接地谓之为生产，亦当间接地谓之为生产的。

生产力说谓一切公共经费皆能发生生产力，似未免过于笼统，盖不但一切经费，往往因用途之差异而生不同的效果，而使生产力或增或减，或不增不减，且即用途相同，然环境一变亦未必遽生同一的效果，例如防御战之国防费与攻击战之国防费是也。

（二）资本家的生产说（Die Kapitalistische Produktionstheorie）　此为 Karl Lietzel 所倡导，谓凡生产的劳动，欲求进行无碍，必不可不有保护。保护为生产之必要条件，故在经济上应与生产有同一的效果。故保护系生产的。顾任国民经济生产之保护者，不外乎国家，故国家之行动及其所需经费亦系生产的。惟其所生产者，系以无形的财货为主，故外观上，恒觉但有消费而无生产，而其实则不然也。凡生产皆需劳力及资本，国家之无形的生产亦然，其劳力不外乎共同经济之指挥监督，其资本之最重要者则为国家自身，特普通资本为有形的，而国家自身则为无形的，稍有区别而已。国家利用此种无形的资本并其他有形的固定资本及流动资本，而从事于无形的财货如运输裁判等之生产，其状恰与普通企业经济之有形的生产无异,通常谓此种有形的生产为资本家的生产。故国家之无形的生产亦可谓为资本家的生产。

资本家的生产说谓国家为资本似未免偏于极端,盖一则既谓国家为无形的资本,则国家当然为所生产之无形的财货之生产费之一部分,应与有形的财货,居于同格的地位,方为允当。然事实上国家之行动毫不能离却有形的财货,二者殆类于从属的关系,故与理论不合。二则既谓为资本,则依经济学上之普通的界说,应为从前的劳动之结果。易词言之,即国家不能不为经济的生产品。然事实上,国家实为政治的生产品,而非经济的生产品也。

（三）再生产力说（Reproductivitäts theorie） 此为 L. V. Stein 所主张,谓国家之行动及其经费二者在个人经济之资本构成上之重要,殆与个人之饮食在财货生产上之重要无异。个人且饮且食以行生产的行为,既获生产品,更消费之,以维持其劳力,而更行生产的行为,故消费实为生产之原因。国家之行动及其经费对于个人资本之构成,固无以异是,故国家经费用去之后,必再以个人资本之形式,发现于国民经济之上,而重被生产。此种能力,谓之再生产力。此种再生产力所生之结果,或大于原财货之价值,或适与相等,或比较微少,虽视其时其地之情形而异,然从大体言之,再生产力所生之结果,苟足以充国家原来经费之本利,则国家之经费,虽构度地扩张,亦不能谓为过大。盖在此范围内,国家经费,复被生产为国民资本,此种资本之一部分,复变为国家之经费。此种财货之循环,乃国家经济之原则也。要之,国家经费,或为生产的,或为不生产的,胥当视其有无再生产的效果以为定。

此说在大体的理论上,较前二说为较有根据,然欲适用此说,具体地判断一定的公共经费之当否,则殊感困难。盖一则新生产之个人资本之构成,不尽由于国家经费之再生产力,颇难决其若干部分,由国家经费之再生产力而来;二则新生产的资本之价值大小如何,亦殊难决定;三则全国民经济上新构成之资本是否足以充国家原来经费之本利,更无从得知也。

（四）新生产说（Die neuere Produktionstheorie） 此为 S. Chäffle 及 Wagner 所主张,谓国家由其所辖臣民,取获财货,而消费之,而产生称种以无形的为主之财货,例如公共设备及国家之勤劳等。故国家之经费,非不生产的。又此种新生财货之享用者,仍不外乎个个人民,故从国民经济言之,国家之经费,不但为必要的,而且为有益的。

新生产说在理论构成上比前三说,自较稳当。然欲持以判断,一定经费之正当与否,则仍苦无从确知新生产的无形财货之价值。故主张此说者往往同时主张财政上当适用所谓正义之原则,以免公共经费发生有害的或不公平的效果。

四 以上消费说及生产说二者,在纯粹理论上,似后者优于前者。然欲据以树立公共经费之原则,则依上述,后者亦尚有种种欠缺,实不足谓有为充分的论据也。

从历史的观察言之,此二说在历史上皆尝占相当的势力。前者盛行于十八世纪后半至十九世纪前半之间,易词言之,即政治思想史上自由国说或法治国说盛行之时代;后者盛行于十九世纪之后半至现今之间,易词言之,即政治思想史上,所谓文化国说昌盛之时代。实行前说,则公共经费必被减缩,实行后说,则公共经费必见扩张。二者对于实际财政,虽有甚大的影响,然其减缩或扩张之效果如何,则实无从察知。故究竟二说之中,孰当于理而较有利？此即用归纳的方法,欲依历史上之成绩以为判断,亦苦无可凭信之材料也。

　　要之,公共经费之经济的性质,究竟为消费的抑为生产的,实难下一概括的论断。我以为欲研究公共经费之性质,似非详究各种经费之用途,即公共经费之政治的性质不可。盖经费在经济上有益与否之问题,结局不外乎其用途有理与否之问题。而此问题关系国家存在理由论及国家目的论,明明不属于经济论,而属于政治论也。

参考:

（1）小川乡太郎,同书,一〇三——一二四;

（2）F. Sax, *Grundlegung der theoretischen Staatswirtschaft*, Ⅳ Kap.

第三款　公共经费之政治的性质

　　一　公共经费之用途,在充公共团体施行公共的职分之用,公共职分之范围,又依公共团体之目的如何而决。故欲研究公共经费之政治的性质,必不可不研究公共团体之目的,而公共团体之中,以国家为最要,故关于公共团体之目的之研究,实不啻为关于国家目的之研究。

　　二　在国家目的论上,若能确定国家之目的若何,或国家某种目的当于理,某种目的不当于理,或关于某种目的之政务范围应广,关于某种目的之政务范围应狭,则公共经费之政治的性质,无论其为一般的或特殊的,自应随目的论之所决定,而同时解决,当无多大困难存于其间也。然依国家学及政治学之研究结果观之,则关于国家之目的,自希腊时代以来,迄今尚无定论,故关于公共经费之政治的性质论,亦不能不因之感受困难。

关于国家之目的若何一点,除不承认国家有目的之学者外,观从来学者之主张,大体可分为绝对目的说及相对目的说两大类。

(一)绝对目的说 谓无论在何时何地,一切国家皆有其所欲达到之共通目的,其中复依其所主张之共通目的之差异而细分为二:

(1)目的扩张说 谓国家之目的,在增进个人及国民全体之福利之范围内(警察国家说)或在实行国家之道义的使命之范围内(道德国家说)可无限制地扩张之。

(2)目的限制说 谓国家之目的,不能随意或随时扩张之,而应有一定不移的界限。此界限或为人民权利之保护(自由国家说),或为法律之实行(法治国家说),或为社会之安宁及文化之增进(文化国家说)不等。

(二)相对目的说 谓国家之目的,随时随地而有变迁,不能一定。然若于众异之中,求其大同,则一切国家所欲达到之目的,可分为消极的及积极的两种。

(1)消极的目的者,谓国家应当消极地遵守之目标也。此后分为二:

甲 凡关于个人精神内部作用之事项,不得干预。

乙 凡仅关于个人的利害之事项,不得干预。

(2)积极的目的者谓国家应当积极地进行之目标也。亦分为二:

甲 维持存在之目的。即对外维持武力,对内维持法律,以期得内外之和平秩序,而保其存在之目的也(Macht-zweck u. Rechtzweck)。

乙 增进文化之目的。即对于人民之物质的及精神的发展,加以相当的保护干涉,而期文化之增进之目的也(Wohlfahrtszweck u. Kulturzweck)。

以上绝对目的说及相对目的说二者,在国家学史上,各有相当的价值,未可随意轩轾。即就现今的政治学者言之,偏于理想者,多采前说,注重事实者多采后说,亦复无有定论。故欲利用政治学上关于国家目的之研究结果,以定公共经费之政治的性质,乃势所不可能者。

三　国家之目的,在纯粹的理论上,虽难确定,然若用历史的方法,归纳从古至今关于国家目的之事实而综合之,则亦未尝不可,考知国家目的之趋势及现状,以为公共经费性质论之助。

用历史的方法研究之,关于国家之目的,可发见左列三种事实:

(一)一切国家皆先有武力目的,次加法律目的,更次始加添福利目的及文化目的。易词言之,一切国家皆依军备、警察、裁判、农工商行政及艺术学问行政之顺序,渐次扩张其行动之范围,以迄今日,一般国家始兼有上述四种目的。

(二)一切国家,虽在一定的目的之范围内,其行动亦渐由事后制止主义,进而兼采事前预防主义,例如现代之军备、一般法律社会的立法、卫生设备等,莫不皆然。

(三)一切国家,因目的之种类日益加多及关于一定目的之行动日益加密之故,其行动之范围,乃不能不较往昔日益扩张。

以上三种事实,乃系一般国家之共通的事实,故足以表示国家目的发展上之必然的趋势。

四　国家具体的目的之日益增多,其行动之范围日益扩张,既系必然的趋势,则公共经费之不得不日益膨胀,乃事理之自然,不待赘论。顾事理之自然者,未必为事理之当然,故我人万不能因此遂谓公共经费为在政治上有扩张的性质,而一切经费当以扩张为正当也。

综而观之,可知关于公共经费之政治的性质,亦尚无定论,虽极进步的学者亦仅能从大体上断定凡充上述四种目的之用者为正当,而不能断定其正当之程度若何及其数额之巨细应当如何也。

参考:

（1）Jellinck, *Allgemeine Staatslehre*, 3 Aufl. S., pp. 230-265;

（2）小川乡太郎,同书,八三——一〇二页;

（3）小林丑三郎,同书,第八章;

（4）陈启修,《宪法学原理讲义》,第二编第二章。

第三章 公共经费之原则

一 依前章所述,公共经费之性质,在经济的观察上及政治的观察上虽可知其大体,然欲求依公共经济费之性质,而获一确定的标准,以资讨论。某种公共经费适当与否之应用,在现今的财政学上实属不可能之事。顾公共经费,本为财政之实质的内容之一方面,公共财政存在一日,则公共经费亦不能不存在一日。故研究财政学者,断不能因公共经费之性质,难于彻底了解,而遂盲目地支出公共经费。盖如此则恐将发生不良的结果,而有悖于前述公共经费论所以见重于财政学之种种理由也。财政学家因欲求稍稍避免盲目地支出经费之弊,特从与公共经费之效果有关之科学,如政治学及经济学等,采用其被现今通常多数学者所公认之学说,而构成所谓公共经费之一般原则(Allgermeine Grundsäzts im Augabewesen),以为决定公共经费之范围及程度时之目标。此种原则,既系根据其他相关科学之学说而来,则当时代变迁,其他相关科学上之公认的学理相随变动之时,此种原则,自亦不能不有变动。且此种原则既系根据其他各种相关科学而得,则其应用上亦难保无互相抵触之处,例如下述所谓财政的原则及经济的原则或社会的原则,在实行上即恐往往不能兼顾。故此种原则不但无永久的绝对价值,且亦难睹普遍的适用。此我人不能不特别注意者也。

二 公共经费所以充公共职分之用,而公共职分之范围及其程度如何之问题，属于政治现象，应属于政治学之研究。故公共经费之原则中，第一可根据政治学上之学理而定政治的原则。公共经费不但为财政之实质的内容之一方面，而且为财政之最初的兼最终的目的，其大小繁简及当否，实足以左右财政之其他部分。故公共经费之原则中，第二应有以财政的观察点为主之财政的原则。依现今财政实况观之，公共经费之来源在于国民，而其去路则不尽向于国民，故公共经费不但在来源上对于国民经济足以发生影响，即在去路上，亦复相同。故公共经费之原则中，第三当有以经济的观察为根据之经济的原则。公共经费之来源，依现今财政实况言之，大抵在一般国民，而其支出之结果之分配，则往往仅限于一地方或一阶级，使个人的营利及所得之关系发生变更，甚至影响于个人在社会上之地位。故公共经费之原则中，第四当有注重社会问题之社会的观察，而发生社会的原则。

三　依上段所述，则公共经费之原则中，至少应包含政治的、财政的、经济的及社会的原则四者。

（一）政治的原则　当顾念国家之存在理由，注意于国家之社会的效用，以定公共职分之范围，而斟酌公共经费之用途，而不可或失于广而阻碍国民身心之发展，或失于狭而不足以诱掖国民心身之发展。

通常谓此种原则之实行方法，在施行左列三种公共职分。易词言之，即支出关于左列三种公共职分之经费：

（1）性质上非私人（个人及共同团体）之力所能施行之职分，例如军备、外交、警察、司法等是也。

（2）若使私人施行之，则必因私人之无竞争、无资力或无信用之故。对于社会，发生弊端之职分，例如道路、铁路之经营、邮电事业、造币、度量衡制造等是也。

（3）其事对于社会甚属重要，设使公共团体，取放任度态，则私人必因无易睹的成效、无企业心、无资力及无经验之故，不欲施行之职分，例如学术机关之设置及其他种种新发生的社会政策上或经济政策上之施设是也。

（二）财政的原则　当努力于公共经费之经济的使用，而不可浪费。

实行此原则之方法，在厉行节约政策及公开政策。所谓节约，应指尽经费之经济的利用，务求以最少的劳费，获最大的效率而言，而非指经费数额之减少，盖价廉与物美，往往不能并立也。所谓公开，应包含前述经费之预算、现计及决算各种程序在内，盖依前述公共经费大抵不发生有形的效果，而办理财政者又与其效果无直接的利害关系，若不取全部公开的政策，则难免发生不经济的或不正当的现象也。

（三）国民经济的原则　当涵养及奖励国民经济力而不可阻碍其发达。

实行此种原则之方法有三：

（1）加多所谓生产的经费，而减少所谓不生产的经费。此法虽佳，但生产的与不生产的之区别，甚不容易。说已见前。

（2）使经费之分担对于国民所得全体，维持相当的比例。此盖因财政与国民经济有相依相辅的关系。说亦见前。

（3）务使公共经费之支出地点，在本国领土之内，盖经费之来源本在本国国民，若经费之支出地点，多在本国领土之外，则本国国民徒有经费之负担，而不获分配之权利，在其经济上，不啻受二重的损害，其结果对于国民经济，殊不利也。

（四）社会的原则　当注意经费支销后所归之处，使其结果能公平地分配于社会，而不可有所偏颇，使发生或增长各种社会问题。

实行此种原则之方法，在使经费之支销方向，不偏于一特殊地方或一特殊阶级，盖依现今财政状况言之，经费之来源，大抵出于一般国民，若终费支销后之归宿，偏于一定方面，则一般国民，亦将如上段所述，将受二重的损害也。

四　以上系述四种经费原则之意义及其实施方法。此外应注意者，尚有此四种原则何以能被承认之理由一点。惟此点关系其他科学如政治学及国民经济学者甚深，因无暇详述，兹拟置而不论。

参考：

（1）Eheberg, ib., §24-26；

（2）小川卿太郎，同书，一二五——一三三；

（3）Wagner, ib., Kap. I；

（4）宇都宫鼎，同书，一七三——一八四；

（5）掘江归一，同书，六三——七六。

第四章 公共经费之种类

第一款 概说

一 依上章所述,公共经费之各种原则,往往互相抵触,不能充分地供财政支出判断上之应用,故财政学上,不能不别求补救之法,而对于公共经费,施行详密的分类研究。盖关于公共经费之普遍的绝对原则,既不可得,则苟能将公共经费,详细剖解之,而察其各种经费之实况及其对于财政及政治上之影响,则其结果终较不分类时之茫无依据而率尔决定者为佳也。

不但如是,且即离却经费原则之见地,而仅从观察便利与否之点言之,对于公共经费,亦有施行分类的方法之要,盖现今各国公共经费之项目,异常地纷杂繁复,若不加以整理,使其成为有秩序的排列,则公共经费之实况若何,实难了解,且不便记忆,在学理研究上及财政实际上将发生种种障碍也。

二 因有上述二种理由,故公共经费种类论,乃亦不得不为公共经费论上之一重要部分。

公共经费种类论之存在理由,本有二种,故公共经费之分类,亦有财政的分类及政治的分类二种。

公共经费之财政的分类,系因第一种理由而生,其目的在依财政运用上之眼光,观察公共经费而划分之,以期发见关于公共经费支出上之部分的原理。其目的既在穷理,故其方法亦不得不依论理学上所谓简单分类或演绎的分类法,即二分法。

公共经费之政治的分类,本因第二种理由而生,其目的在对于公共经费施行事实的观察,以资政治上之利用。易词言之,即其目的不在穷理而在统计学上所谓叙事,故其方法亦不得不依论理学上所谓复杂分类,或归纳的分类法,即二分以上之划分法。

三 以上二种分类,各有其固有的意义、目的及方法,自应分而论之。通常财政学者注意不能及此,往往混二者为一而论之,故其所主张之分类理论及其所得之类分,往往无一贯的条理。我欲矫其弊,故分为二款而讨论之。

第二款　公共经费之财政的分类

一 公共经费之财政的分类,依其标准之不同,通常可分为七种,兹撮其要,述之于左。

二 以公共经费支出时所购买之物体为标准,则可分物件费与人件费或对物经费及对人经费(Real Bedarf u. Personal Bedarf; Real Expenditure and Personal Expenditure)。物件费者,用于购求物品之经费也,例如建筑费、文具费、兵器、粮食、被服费等是也。公共事业经营费及公债本利偿还基金费等,若以广义言之,亦可谓为物件费。然恒有因其少受物价及货币变动之影响,而谓为宜划出物件费之外者。人件费者,用于购求劳役之经费也,例如官俸旅费恩给等是也。以广义言之,雇员之薪水工资等,亦包含于人件费中,然亦恒有因薪水工资易受物价及货币变动之影响,而谓为宜置诸物件费中者。

物件费与人件费区分之理由,在于二者之经济的性质之不同。前者之多寡,常因物价及货币之变动而有自然的增减;后者则仅有人为的增减而无自然的增减。故欲保财政上之秩序,对于前者不可不深为注意,并不使二者互相流用,否则恐不免恒因经济界之偶然的变动,恒招致财政上之困难也。

物件费与人件费之比例,各国情形不同,不能一概而论,然从大体言之,大率为二与一之比。依此可知公共财政与物价及货币变动之关系之重大,人件费与物件费区分之要在此,国家必有中央银行及物价调节机关者亦在此。但人件费在近顷各国中颇有渐次增加之倾向。

三 以公共经费之经济的效果为标准,则可分为政务费及财务费或作业费(Rezierungs-und Betriehsausgaben),亦称不生产的经费与生产的经费。政务费者,公共团体施行固有的政务所需之经费,其性质系属一去不复,易词言之,即仅发生无形之效果者也。通常财务费以外之一切经费。属之财务费者,公共团体因施行财务行政时,所需之经费,其性质为回归的,易词言之,即一面为支出,一面复发生收入之经费也。财务费之内容通常包含收入费、管理费及公债费三者。收入费者,凡国家因欲获得收入之故,所支销之经费也,例如公共营业费、租税征收费等是也。管理费者,即因政务费之收支及管理而生之经费也。此种费用不积极地发生收入,故或有谓其非生产的经费者,然消极地可以维持收入,且事实上实为财务行政之经费,故仍以入于财务费中为宜。公债费者关于发行及偿还公债之经费也。公债究竟系一种债务,终须偿还,非普通收入可比,不能谓为收入,故公债费似不能加于收入费中。然就一定时间言之,公债确可积极地发生临时收入,故亦不能谓公债费为政务费或管理费,要以特别地置诸财务费中为佳。

政务费与财务费区分之要有二:①由支出方面言之,可以识生产的经费与不生产的经费之比例,盖依前所述,经费数额之多寡本不足以判财政之当否;用之得当者,虽多亦不得谓为滥费,用之失当者,虽少亦为靡滥,而生产的与不生产的之分,恰为判断其经费当否之最要标准,故不得不分政务费与财务费,②由收入方面言之,可以识别收入费甚多之收入与收入费甚少之收入,盖收入之中,有收入总额虽多而收入费亦多者,亦有收入总额多而收入费少者,更有收入总额过少与收入费不相称者,若不将财务费与政务费划分,则此等收入之价值,将无从判别矣。

政务费与财务费之比例,随各国收入之种类及经济发达之程度,而有不同,不能一定(看 Ehoberg, ib., p. 556 附表),然依各国收入渐由租税而趋于公营事业一点观之,财务费对于政务费之比例,殆有逐渐增加之势也。(看附表三)

四 以公共经费支销之时期为标准,则可分经常费与临时费(Ordentlicher und Ausserordentlicher Bedarf; Ordinary and Extraordinary Expense)二者。经常费者每年度反复发生若有常规之公共经费也;其性质为恒久的,与经济学上所谓流动资本的支出相当,盖公共团体用以购求流动资本如消耗品及劳力等之用者也,例如官俸、工资、修缮费及收入费等是也。临时费者,仅在一年度或数年度内所需之经费,而不必年年皆有常规者也。其性质为一时的,与经济学上所谓固定资本的支出及单纯的资本之消费相当,例如效果利用期间甚长之建筑费及效果永不再生之战费、偿债费等,皆其著例。

经常费与临时费区分之要,在其与收入之性质及种类有不可离之关系，前已言之。以经常收入充经常经费，以临时收入充临时经费之原则，从学理上言之，其理由有四：①临时费有一时的性质，若设租税等恒久的财源充之，必使经济社会发生不安之影响。②若因临时费而设恒久的财源，其极因经费有着，必致临时费之滥用。③临时费之需要，大抵甚为急剧，故不能依赖经常收入，而不得不以伸缩自在之临时收入充之。④租税及其他经常收入，大抵有一定的纳期，而临时费则出于临时的急需，若以经常收入充临时费，必致收支不能适合。依以上理由，可知经常费与临时费之分实极重要，而世人往往有因政治上之理由故意违犯上述原则者。

临时费之用途，最重要者莫过于战事，而战事费则因武器及作战方法进步、规模日大之故，其每月之用费，日益加增，观左表可知，

一七九三——一八一五	拿破仑战争	一二五 万万日金元	二九九 月
一八五三——一八五六	克里米亚战争	三四	二四
一八六一——一八六五	南北战争	一六〇	四八
一八七〇——一八七一	普法战争	七〇	八
一九〇〇——一九〇二	英杜战争	二五	三三
一九〇四——一九〇五	日俄战争	五〇	一九
一九一四——一九一九	欧洲大战	三七二〇	六二

加以现今国家关于经济及社会事业之设施，颇有逐渐增加之势，故各国所需之临时费，乃不得不有日益增加之倾向。此种临时费之来源，大抵皆取诸公债收入，故各国国债额及国债费，亦不得不逐年增加也。（看附表二）

经常费与临时费之区分，与所谓预知费及非预知费（Vorhergesehener und Unvorhergesehener Bedarf；Foreseen and Unforeseen Expenditure）之区别不同，不可混而为一，盖前者为支销回数上之区

分,而后者则为财务行政秩序上之区分,其划分之基础,迥不相同,故经常费及临时费下俱不妨更有预备金之支出也。

五 以公共经费之重要程度为标准,则可分为必要费与自由费(Netwondige und Nützliche Ausgabe;Necessary and Useful Expenditure)二者。必要费者,依法令契约等之结果,公共团体必不得不支出之经费,虽决意机关亦无减削之之权者也。自由费者除去必要费外之一切公共经费,决意机关得自由地决议废除减削之者也。

必要费及自由费区分之要,在察知二者之比例,以探求一定的公共团体之财政伸缩力之大小,盖仅依绝对数之多寡实不足以资财政状况上之正确的判断,虽同一绝对数,而其中必要费多者财政上之伸缩力小,而自由费较多者则财政上之伸缩力亦较大也。然财政伸缩力之大小,又系一切财政政策之基础,故必要费与自由费之区别甚为重要。

必要费与自由费之内容及多寡,依各国之现行法规及特殊事实而定,不能一律。然从大体观之,则所谓必要费似有一般的增加之趋势,盖各国公债额大抵有加无已,有如附表二及左表所载。

	一八九三	一八九三	一八九八	一九〇三	一九〇八
英	六七一_{百万镑}	一〇〇	九五	一一四	一一四
法	三一、六六一_{百万法}	一〇〇	九八	九六	九五
德	一、七四一_{百万马}	一〇〇	一二五	一六二	二三〇
意	一一、八六三_{百万利}	一〇〇	一〇三	一〇六	一一一
俄				一〇〇 实数六、六四四百万利	一三〇
美	一、五四六_{百万美金}	一〇〇	一一六	一四二	一七〇
奥	二、四五四_{百万克}	一〇〇	一二〇	一五三	一八七
匈	四、一五四	一〇〇	一〇七	一一二	一三六
日	二六七_{百万日元}	一〇〇	一五五	二一二	八五二

而公债费属于所谓必要费,故必要费不能不日增也。

六 以公共经费支出之地点为标准,则可分为国外费与国内费(Auswürtige u. Innere Ausgabe；External and Internal Expenditure)二者。国外费者在本国领土外支出之经费也。国内费者,在公共团体自己领土内支出之经费也。

国外费及国内费之区别,在明经费之效果对于国民经济及社会问题之关系,参照前章经费之经济的及社会的原则,其理自明。

此种区别在实际上唯在殖民地甚多或外债额甚巨之国,最见重要,其他国家,则似无适用此种分类之必要。

七 以公共经费之支出主体为标准,则可分为国费与地方费(Staats u. Gemeindeausgabe；Centre and Local Expenditure)二者。国费者中央国家支出之经费也;地方费者地方团体支出之经费也。

国费与地方费之区分,除足以表示一定的国家内之地方自治之程度外,尚有二种理由:①足以识其国公共经费之效果,盖依后编所述,近代地方经费之用途,多倾向于公营事业及交通事业等,其效果多为生产的,故地方经费之多寡,足以左右关于一国之全体公共经费之当否的断定也。②足以识各国或各地方住民之真正的负担多寡,以资财政政策上之应用,盖若不将国费与地方费合而观之,则一定国民或一定地方住民之负担,究有若干必不能明也。例如英国之地方费总额,在平时,往往足与国费相等,若仅观国费,必不足以明英国国民之负担实况,是也。

关于国费与地方费之比例若何,重要各国之统计所示,各因其地方自治发达之程度及政治组织而异。然从大体言之,则其比例皆有加大之倾向,例如左表(据小川乡太郎):

	法国（以百万法郎为单位）	英国（以百万磅为单位）	德国（以百万马克为单位）
国费	一九〇一年　三,五五四 一九一三年　五,〇六七	一八九八年　一〇八 一九一三年　一八九	一九〇七年　二,一五〇 一九一五年　二,八一五
地方费	七六一	九一	二〇〇
地方费对于国费之比例	二一%	八四%	一〇五%

	意国（以百万利拉为单位）	日本（以百万元为单位）
国费	一九〇二—三年　一,六九五 一九〇八年　一,八八四	一九〇九年　五三〇 一九一四年　六四八
地方费	六九五 六五七	二二八 三二〇
地方费对于国费之比例	四一% 三五%	四〇% 五〇%

与地方费相类似而实不同者有二：①为国家在各地方行政区划中所支出之国费，②为殖民地住民所负担之殖民地费。此二者在财政学上，或亦有研究之要，然须知皆为另一问题，与所谓地方费者无关，不可混而为一也。

八　以内容之广狭为标准，则可分为总经费及纯经费（Brutto u. Nettoausgabe；Gross and Net Expenditure）二者。此种分类与上述政务费及财务费之区别有关。总经费者合政务费及财务费二者之经费也。纯经费者，除去财务费后所得之经费也。

纯经费与总经费区分之要，有二：①足以明各国实际的经费总额之真相，以资正确的比较，②足以明收入费之多寡，以资各种收入价值之判断。盖依前述，近代各国大抵采用总额预算制，若不区别经费为总经费及纯经费，则各国间经费之比较及收入价值之判断，皆将不可能也。

九　此外尚有分公共经费为实物经费与货币经费、直接生产的经费与间接生产的经费等者，似无多大利益，兹悉置不述。

参考：

（1）Eheberg, ib., §27-29；

（2）堀江归一，同书，七七—九十页；

（3）小川乡太郎，同书，经费论第五—七章。

第三款　公共经费之政治的分类

一　公共经费之政治的分类，亦可依所采用之分类标准之不同，而异其结果。据我所知，各学者对于此问题所主张之分类标

准,约有六种:

(一)有以经费使用后所发生之利益如何为标准者,谓公共经费可分为四类:一为利及于全体公民之经费,例如普通行政立法各种机关费及外交军备费等是。二为利仅及于一定阶级,然因其阶级无资力之故,特视为利及全体公民之经费,例如救贫、养老及其他恩给费等是。三为一方面利及于一定阶级,同时复一方面利及其他全体之经费,例如司法费、宗教费、邮政费、工业权行政费及其他种种公用经济机关费等是。四为仅利及于一定的个人之经费,例如一切财政的公营事业费是,此说倡于Cohn,而附和最力者,则为Plehn。

(二)有以一般国家经费之用途为分类之标准者,谓公共经费可分为三:一为用以施行国家之保护的职分之经费,例如军费、警察费、司法费、保健费等是。二为用以施行国家之商事的职分之经费,例如一切公共营业费是。三为用以施行国家之开发的(Developmental)职分之经费,例如公共教育费、公共娱乐费、工场法施行费、公共调查费、公共工事费等是。此说Adams主张之。

(三)有以经费支销后所生之收入为标准者,谓可分经费为四类:一为完全不发生直接的回收者,二为间接地可利于收入者,三为可发生部分的直接的回收者,四为完全可以回收或发生剩余者。此说Nicholson主张之。

(四)有以国家之目的为标准而分公共经费为武力目的费、法律目的费、福利目的费及文化目的费者。

(五)有以国家各种机关之组织为标准,而分为最高机关费、陆海军部费、外交部费、内务部费等者。

(六)有合(四)及(五)而大分公共经费为宪法费政务费及财务费三者,而更细分宪法费为皇室费或元首费、议会费及其他不属于普通行政司法之中央各机关费等；细分政务费为国防费、司法费、内务费、外务费、文教费及经济行政费等；细分财务费为租税征收费、作业费管理费及国债费等者。此种分类与（四）及（五）同为多数德国学者所主张，而其详细之点，亦复各有差异。

二 依本章第一款所述，经费之政治的分类，本不过用以明公共经费全体之组织如何，而无其他关于财政运用上之利益，故上述各种分类之当否，尽可置于不论之列，且从理论上察之，各种分类，亦实无一斟酌尽善者。兹姑从通例，采用最后一说，以觇各种经费之实况及趋势。但烦重的数字俱见附表中，兹不赘及。

三 宪法费 宪法费之皇室费（Civillist）之多寡，依其国之庶民思想之发达如何而决，愈发达者，皇室费意多。此不但征诸各君主国之统计而可凭信，且即从皇室费与国费分离之历史观之，亦属必然之理也。

宪法费中之元首费大抵较君主国中之皇室费为少。法国元首经费总计百二十万法郎，美国大总统仅十万美金，副总统一万二千美金，以视各国皇室费，其差实甚远也。

宪法费中之议会费，共和国较君主国为多，观各国之统计自明。

宪法费中之其他机关费，各国之间大抵无甚出入。

四 政务费中之国防费（Rüstungsausgabe；The Cost of Defense）国防费者，关于防卫外敌之陆海军之费用之总称也。国防费在各国总岁出上，逐日增加，以迄最近，其比率大抵为总岁出之三分之一，观附表一自明。国防费膨胀之原因，通常学者谓在征兵制之实行、对外的资本主义之发达、学问技术之进步及物价之腾贵等。

政务费中之司法费，因司法改良，法律日密之结果，亦有逐渐增加之势。

政务费中之内务费为关于预防或镇压对于公安公益之危险所需之经费，通常国家中之警察、卫生、地方政治及救贫事业等费皆属之。依前章所述，近代国家之职分，已渐由事后镇压的，变而为事前预防的，且人口之增加又为一般国家中之共通现象，故各国内务费俱有日增之倾向。

政务费中之外务费，亦因国际交通日益频繁、国际经济日益密切之故逐渐加增。

政务费中之文教费及经济行政费在各国中俱日益增加，尤为显著之事实，此盖庶民思想之发达及国家职分之变迁之当然的结果，不足怪也。

五　财务费中惟公债费最巨，其增加率尤最速。此种现象各国皆然，故可谓为各国之共通的倾向。公债费增加之主要原因在一般岁出之膨胀，盖一般岁出膨胀之时，其收入上最易采用之对付方法，厥为公债之发行也。而一般岁出膨胀之主要原因，又在国防费及战费之增加，已见别段。

六　欲明各种经费增加之重要程度，须合各种经费而算出其历年增加之指数及各种经费历年之百分比。但兹事费时甚多，兹无暇为详细之计算，姑转载宇都宫鼎及松崎藏之助所调查关于一九一〇年以前之材料于附录三、四及五，以见一斑。

七　中国国家经费之政治的分类之结果如何，本为我人研究财政者最欲且最当知悉之事，然无如约法及会计法俱未能真正实行，以致民国以来，有预算之年度，仅有四年，而决算之实行，且未一睹；更进一步言之，即在有预算之年度，其预算上所载者，亦恒缺乏正确之度数，故我人研究中国财政时几乎无从着手。兹姑就民二、民三、民五及民八之预算言之，则中国国家经费之分类当如左列：

	民国二年	民国三年	民国五年	民国八年
(一) 各机关费	三,二二三,二一〇	八,五三八,四四一	七,一八〇五一	二五,一八九,五四二
(二) 行政费	二五〇,三三二,〇八一	一九七,六六九,九二二	二四一,六九七,七七二	二九三,六六三,六六九
外交费	四,三〇六,三三八	四,二二九,五三九	四,一〇二,八八一	五,九五八,八七七
内务费	四三,八八二,〇〇九	四二,六六七,二三〇	五一,七五九,八四六	四八,一七〇,七二二
国防费	一七二,七四〇,七〇七	一三五,九七〇,六四三	一五九,四五七,一三〇	二一一,二一九,九八六
司法费	一五,〇四二,一二七	七,二二八,一二七	七,一一,三四四	二〇,三九九,七三五
教育费	六,九〇八,八五〇	三,二七六,九〇四	一二,八一七,三〇七	六,五〇,六三五
实业费	六,〇四三,一二一	二,一九六,五三七	四,一五九,二一一	三,三一九,四八七
交通费	一,〇四三,一二一	一,九三五,五六〇	一,六二九,一二九	一,〇二九,〇八四
(三) 财政费	三七九,〇八〇,五八三	一五一,〇一五,六六三	一二三,六一一,一九八	一七六,六三五,六六三
财务费	七六,九四九,一七四	五一,二三八,五三〇	八三,九七〇,三五九	四七,三〇四,〇七〇
国债费	三〇〇,七五八,四〇七	九八,五六四,七九三	一二七,九六八,五一七	一二七,六五八,八二六
蒙藏费	一,二七一,〇三二	一,〇六六,三四四	九八一,三二〇	一,三三八,七四二
总计	六四一,二二六,〇〇〇	三五七,〇二四,〇三〇	四七二,二一九,四四六	四九五,四八九,六二二,八九六

备考：(一) 路电邮航四政特别会计不在表内。
(二) 五年及八年之经费包含地方费在内（五年地方费一八,八三〇,九九六，八年地方费不详）。

据此以观,假如预算,尚稍可凭信,则中国国家经费,在大体上,亦尚与各国之趋势相符也。

参考:

(1) Bastahle, ib., pp. 146-149;

(2) 小川乡太郎,同书,一三三——一九〇页;

(3) Eheberg, ib., §30.

第五章　公共经济之现状趋势及膨胀之法则

一　上章所述，系各种经费本身之消长，尚不足以识现今各国公共经费之一般的现状。欲达此种目的，自应从统计的事实施行观察。惟各国统计，非常烦琐，不便杂置于本文之中，故特将重要各国最近岁出统计，悉列入附表六之中，兹不赘述。

二　各国最近的岁出统计，虽足以略示各国经费之组织，而资各国间之一时的比较研究，然欲识各国经费之真相及一般经费之大势，尚非施行各国历年的比较研究不可。盖若仅观一时的统计，则难保其统计不属于特殊的例外，即特殊的增加或减少，殊难据以为判断之标准也。职是之故，特作附表五，广收重要各国历年岁出之种种统计，以为历年比较研究之资料。

三　然无论其为关于现今岁出之统计，或为关于历年岁出之统计，俱仅足为研究上之资料而不足为判断上之真确可凭的根据；我人纯然不用统计固属不可，然纯然依赖统计，亦属失当；盖缘各国财务法远见，各有不同，政治情状，亦各殊异，故各国岁出统计之内容及价值，往往相差甚远，难遽据以行相互间之比较也。

通常谓各国岁出统计难于遽行比较之理由有八：

（一）各国预算编制上关于临时费及经常费及其他经费之政治的分类上所包含之内容各有不同，故难依各国预算案上经费科目之异同而行比较。

（二）预算统一主义虽已为一般立宪的国家之财政上所公认，然实际上往往不能彻底地实行，而不得不有种种特别预算，其结果往往足使岁出之真相不明。说已见前。

（三）追加预算之有无多寡及其在财政法上之意义如何，亦足使一般岁出之真相难于知悉，至少亦足使调查困难。

（四）各国会计年度开始时期各有不同，故各国岁出统计对于经济上及政治上之特殊事件之关系，往往不易明了，其结果亦足使比较研究之上发生困难。

（五）各国岁出统计中作业费之内容，往往不同，其费之多寡，亦往往相异，故各国岁出统计之总额，实不足以表示其国之真正的公共经费之真相。

（六）各国地方自治发达之程度及其所需之地方费，各不相同；地方自治愈发达，则国家内务行政费及文教费常愈减少，故欲识一国公共经费之真相，势非兼察地方经费之统计不可。然各国地方经费之统计，大抵皆不甚完备，故不得已只好仅用国家岁出统计，但比较研究之价值，亦不得不因之而减少矣。

（七）联合国中之公共经费统计，亦因其中之各国岁出统计不备之故，使研究上发生（六）项下所述之困难。

（八）在政治不甚清明之国家中，其预算上之表面的数字，往往不足凭信，难资比较。

由此言之，则我人利用财政上之岁出统计时，对于上述种种理由之存否似应特别注意也。

四　据重要各国历年岁出统计，从大体上综合地观察之，则可知无论其国为君主国，如普俄意普等，或为共和国，如法美等，亦无论其国行地方分权制如英国，或行集权制如法国，亦无论其国为单一国如英法意等，或为复合国如德美等，亦无论其为大国或小国如比瑞荷等，皆莫不睹经费之增加，数十年之间少者亦数倍，多者或至数十倍也。

然假使国家经费虽增，而地方经费反减，则依前述公共经费须合国费及地方费计算之理论言之，则公共经费或未必真有增加。然试观各国之地方费统计，则各国亦莫不皆有增加，例如法国一般市经费，

一八三八	一一八 _{百万法郎}
一八九〇	六七五
一九一〇	九四三

及巴黎市经费，

一八〇一	一二
一八一三	二三
一八六九	一六八
一八八七	二五七
一八九五	二九一
一九〇〇	三二一
一九一一	三七九

又如英国地方经费，

一八六八	三六.五 _{百万镑}
一八七四	四五.五
一八八〇	六二.九
一八九〇	六九.三
一八九六	九一.六
一八九九	一一一.三
一九〇八	一五四.一
一九一〇	一六六.一
一九一三	一八七.五

又如意国地方经费，

一八七一	一八六 _{百万利}
一八八二	三六五
一八八九	四八六
一八九九	六四二

又如比国地方经费，

一八五〇	四.九 _{百万法郎}
一八七〇	七.六
一八九〇	一一.三
一九〇〇	一八.三
一九〇五	二四.七

由此观之，可知公共经费日益增加，乃系一般的共通倾向也。

五　此种公共经费增加之倾向，谓之经费膨胀之法则，自 Roscher 以来，各国财政学者，大抵皆承认之，盖因其为一种不可否认的事实也。

此种事实因何发生，则学者之解释各异，综观之，其原因约有九种：

（一）军事费之增加　（观附表一自明）

（二）公债费之增加　（观附表二自明）

（三）富力之增加　各国人民富力日增，已见前第三章。富力既增，则依经济学之原理，国民之共同欲望必将随之而增，而公共事务与公共经费亦必相随加增，此当然之理也。

（四）庶民政治之发达　盖庶民政治愈发达，则社会的思想之影响于政治及公共经费者愈大，且因财政公开，应少滥费之关系，往往发生不适当的经费之支出也。

各国人口増加表

国名	一八九〇年	一九〇〇年	一九一〇年	二十年间之增加
英国	三七,七三二,九二八	四一,四五八,八七二八	四四,九〇二,一五六八	十分之一.八
法国	三八,三四二,九四八〇八九年	三八,九六一,九四五	三九,六〇一,五〇〇	十分之〇.三
德国	四九,四四二,八四七〇	五六,三四五,六〇	六三,九〇二,四二三	十分之三.一
普国	二九,九五七,三六七	三四,四七二,五〇〇	四〇,一六三,三二二	十分之三.四
俄国	二八,一〇四,一八七	一二九,二〇〇,三九	一六三,七七八,八〇〇	十分之三.八
美国	六二,九四七,七一四	七五,九九四,五七五	九一,九七二,二六六	十分之四.六
奥国	二三,七〇七,九〇六	二五,九二一,六七一	二八,三二一,〇八八	十分之一.九
意国	二八,四六〇,〇〇〇八九年	三二,四七五,〇〇〇	三四,六七五,〇〇〇	十分之二.二 三十年间
日本	四〇,四五三,四六一	四二,七六〇,〇〇〇	五〇,九三九,一三七	十分之二.五

（五）人口之增加　人口增加之趋势，各国虽略有差异，然文明诸国之平均增加率，大抵为百分之一至二。惟法国人口比较地稍见停滞，其他诸国，则无有不日益增多者。人口愈聚，则所以支配之政费当愈巨，故国家经费之膨胀，乃当然之事。

（六）货币价值之下落　公共经费之大部分，系用以购买物品者，故当物价腾贵之时，公共经费之需要，必当日益增加。而事实上与物价腾贵最有关系之世界通货额，即在欧战以前，亦恒有增加之势，故一般物价，亦不能不贵，而公共经费，乃亦因之不得不膨胀。若欧战开始以后迄至今日之纸币充斥时代，则更无论矣。观左列三表自明。

（1）世界通货增加表

年次	正货	纸币	合计	人口	每人
一八六〇年	二、八〇〇百万美元	一、六五〇百万美元	四、四五〇百万美元	三三五百万人	一三美元
一八七六年	三、七〇〇	三、三一〇	六、〇一〇	四〇〇	一五
一八八三年	四、〇〇〇	三、〇〇〇	七、〇〇〇	四三〇	一六
一八九三年	三、七〇〇	三、九〇〇	七、六〇〇	四八〇	一六
一九〇〇年	六、〇〇〇	六、〇〇〇	一二、〇〇〇	五二五	二三
一九一〇年	七、五〇〇	七、〇〇〇	一四、一五〇〇	六〇〇	二四

备考：所谓世界者，系包含欧洲美洲及其商业殖民地等而言。

（2）各国金货增加表

国名	一九〇〇年	一九一〇年	增加率
英国	三五、七三五、〇〇〇镑	三七、三五八、〇〇〇镑	十分之一.三
法国	九三、六〇〇、〇〇〇	一三一、一七七、〇〇〇	十分之四
德国	二四、〇〇四、〇〇〇	三三、〇五二、〇〇〇	十分之三.七
俄国	七五、五四〇、〇〇〇	一三〇、四七六、〇〇〇	十分之七
北美	二一、五一二、〇〇〇	二九、八〇四、〇〇〇	十分之二
奥匈	三八、六二四、〇〇〇	五五、〇二三、〇〇〇	十分之四.二
意国	一六、一〇〇、〇〇〇	四八、三六八、〇〇〇	十分之二十三
日本	六、八六〇、〇〇〇	二四、一九二、〇〇〇	十分之二十五

(3) 各国物价腾贵比例表

国名	一九百年	一九〇五年	一九一〇年
英国	一〇〇	九六	一〇四
法国	一〇〇	九四	一〇六
德国	一〇〇	一〇三	一一二
美国	一〇〇	一〇三	一一四
日本	一〇〇	一一六	一二〇

（七）近世殖民地经营费之发达　（观附表三）。

（八）公营事业之增加　（观附表三）。

（九）社会防卫的及社会救济的行政事业之发达　（观附表三及五）。

六　公共经费之逐渐膨胀，既为一般共通的事实，且其原因又甚多，故对于此种趋势殆难以人力左右之。我人在财政学上，最当注意者，在尊重此种趋势，而定收入之制度，以谋收支之相抵，盖经费本为财政之出发点及最后目的，经费既有增无已，则与之相对待之收入，亦必须带有伸缩性或带有自然增收性，方能期财政之巩固也。而收入之中，最足依公共团体之权力以决定其组织者，厥为租税，故由经费膨胀之法则言之，租税问题自不得不为收入论之中心也。

七　公共经费膨胀之趋势，为可喜的现象，抑或可悲的现象？关于此问题，法国学者多主张后说，德国学者多主张前说，盖缘二国学者对于经费之经济的性质根上本原抱有不同的见解也。若依前述种种理论，平心论之，经费膨胀之为可悲的抑为可喜的，应依其负担者在支销后所感之经济的苦乐即负担之重轻而决；以为轻而乐者,虽大大地膨胀,亦当认为可喜的,以为重而苦者,虽稍稍膨胀,亦不能不认为可悲的也。

欲识人民在经济上所感之苦乐即负担之轻重,不能依其国经费之表面的数额多少而决,尚须用左列七法详细考究而判定之。

(一)研究经费对于国民富力之比率。盖国民富力若与公共经费有同率的增加或其速度超过后者,则经费之膨胀绝对数虽多而其比例数则不然也。

(二)研究各时期经费支销时。公共团体领土之广狭及其对于领土面积之比例,以察其与一定土地之关系,盖其经费之来源,毕竟在于土地也。

(三)研究各时期经费对于人口之比例。盖经济之负担,毕竟为个人之负担,不如此则不足以判定其轻重也。

(四)研究各时期经费支销时之物价之高低。盖公共经费,本系依货币额表示之公共需要,故纵令其需要之实质相等,然物价一有高低的变动则其表面的数额亦不得不有变动;故公共经费之绝对的多寡,必须与物价指数相对照而后能决也。

(五)研究公债费之内容。盖公债费之中有用以付利者,有用以还本者,此二者之比例如何,在国民负担关系上,其轻重应不相同也。

(六)研究公共经费以外,有无不依货币数额表示之负担。盖现代公经费本系依货币数额表示之者,其外尚可有不依货币额表示之负担,例如兵役之负担等也。

(七)研究地方经费对于国家经费之比例。盖依前所述,国民之财政的负担,本应合国家的负担与地方的负担而通计之也。

参考：

（1）堀江归一，同书，九一——一〇九页；

（2）Eheberg, ib. , §23；

（3）Adams, ib. , pp. 83-99；

（4）小川乡太郎，同书，三二二—三三九页。

第三编　公共收入论

著者附记：此编所收，半系我之旧稿或旧时译稿，在今日视之，不能惬心满意之处甚多，惜兹为时间所限，无暇行彻底的改作，故编中或有文体不能一致之处。

第一章 公共收入概论

一 公共收入之意义 公共收入（Öffentliche Einnahme；Public Revenue）者，公共团体因欲充给其经济的需要，所收入之货币总额也。易词言之，即充给公共经费之经济的手段之谓也。故①公共团体为他人保管收得之货币，因非欲以充其自己之经济的需要者故非公共收入；②实物及勤劳之获得，假令用以充其自己之经济的需要，在今日亦不得为公共收入。盖依前编所述，今日之公共经费，间接地皆依货币充给之，而不复直接地使用实物及勤劳，故今日之公共收入，亦但指公共团体所收入之货币。此不但财政学之理论上应如是，即各公共团体事实上之收入亦复如是也。

二 公共收入之种类 公共收入可依种种之标准以行分类，此种分类对于收入论之全体颇有关系，故略述如左。

（一）经常收入及临时收入 此系依收入之继续性如何而来之分类，谓凡收入之性质上具有定期回归之力者，为经常收入，无定期回归之力者，为临时收入。例如租税及公共企业收入等，在理论上，每年度皆可收获，若有常规者，即前者之例。反是，若不用品之发卖、官地之卖却及公债之募集等，所得之收入，在理论上不能每年度皆有者则属于后者之例。经常收入与临时收入区分之要，已详于经常费与临时费之理论中。

（二）独自收入及寄赠收入 此种分类系依收入之来历如何

而定,谓凡收入由公共团体自己计划自己收获者,为独自收入,例如普通之租税及企业等收入是也。反是,若收入之来不由于公共团体自己之计划,而由于其他团体或个人之补助寄赠,则其收入为寄赠收入,例如国家对于地方团体之国库补助金,或下级团体对于上级团体之上纳金等是也。独自收入及寄赠收入之区分,多见于地方团体之财政。其要在明地方住民负担之轻重,盖寄赠收入多者对于地方住民负担力上之影响小,而独自收入多者则影响较大也。

（三）公法上之收入及私法上之收入　此种分类,系以收入之权原如何为标准,谓凡收入之权原在公法者,为公法上之收入,在私法者为私法上之收入。前者之例,如租税、规费、罚金等收入之依命令强制权来者是。后者之例,如企业收入、财产收入及公债等之依自由契约而来者是。公法的收入与私法的收入区别之要,在以此为公经济的收入与私经济的收入之基础,盖公私经济之分实本于法律上之性质也。惟公法私法之界限,甚不分明,故财政学上采用此分类者甚罕。

（四）普通收入、偶然收入及非常收入　此种分类系以收入之出于有组织的计划与否为标准而得者,在财政学上甚为重要。普通收入者,公共团体平时以收获之目的、计划而得之收入,例如租税规费及财产收入等是也。偶然收入者,本非出于预定的计划,特因行政上或社会上之偶然的事实偶然地收得之收入,例如过怠金、拾得金及没收金等是也。非常收入者,因财政上收支不能适合,特执行非常手段而获之收入,例如公债收入及官有地处分收入等是也。非常收入虽亦出于有组织的计划,然事出非常,必待收支不能适合之时,始能行之,故以使与普通收入分离为宜。此种分类之要,在其能明收入之财政的性质,因财政本为有计划的经济之经理,故收入出于计划与否,实所以卜财政之当否也。

(五)公经济的收入及私经济的收入　公经济的收入者,公共团体以公共团体之资格,对于其团员行从属关系的经济行为而获之收入也。私经济的收入者,公共团体以私法人之资格,对于其他经济主体行平等的经济行为而获之收入也。或有谓公经济的收入及私经济的收入之区别,与公法上之收入及私法上之收入之区别相同者,亦有谓二种区别之内容不相同者。愚以为后一区别,所以为前一区别之基础,二者之内容不大相异,特法律之规定可以随时变更,而经济上之原理则永久不变,故前一区别或较后者为适宜耳,公经济的收入与私经济的收入区别之要,在二者对于财政政策上之性质之不同,其理由有五:

(1)公经济的收入系由团员于收,其于收费常少,私经济的收入,系由公共团体自己经营管理而得,其收入用费常多。

(2)公经济的收入之于收,仅有立法的及行政的行为,即可满足,故其事较易。私经济的收入则于二者之外,尚须有技术的行为,故其事较难。

(3)公经济的收入,大抵由公共团体以法律定其收入率,故其收入额之多寡,概可由公共团体自动地决定之,故较可靠。私经济的收入之有无,须视其事业经营之效果而决,故收入额之多寡,恒依国民经济状况之良否,他动地决定之故难深靠。

(4)公经济的收入之基础在法律,故随时可以增加之。私经济的收入之基础在经济社会,故往往不能随时增加。

(5)私经济的收入,原则上大抵带有社会政策的性质,而公经济的收入之有社会政策的性质者,反属例外的。故私经济的收入不妨其多,而公经济的收入则不宜过多。

因有上述种种之理由,故公经济的收入与私经济的收入之区分,颇为重要,盖公共团体财政之有伸缩力及坚实力与否,暨其利弊若何,恒依二种收入之多寡以为断也。

关于公共收入,尚有主张行种种特殊的分类者,然大抵不足资财政学理研究上之应用,故置不论。

三 公共收入之组织 依上节所述,第四及第五之分类最为重要,故公共收入之组织若依此二种分类表示之,则可得便于记忆之左列图形。

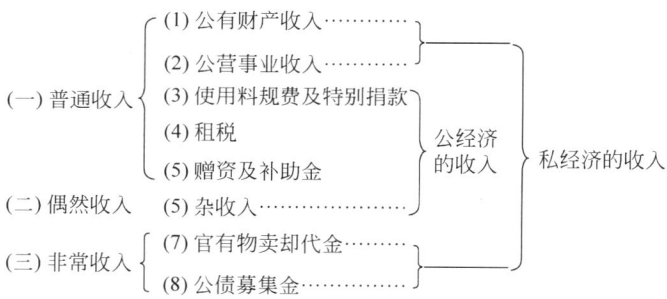

以上各种收入之意义性质及区别,俱详见以下各章。

四 公共收入之范围 上述公共收入组织内之各项收入,系归纳现存的事实而言。若以价值判断的观察观之,则尚有各种收入价值若何、可否俱行采用及各种收入究竟能达于若何之程度等问题,易言之,即公共收入之范围若何之问题。此问题当随公共团体职分之扩张及职分论之变迁依其时其地之情形而决,不能作概括之论。例如公共企业,在自由放任主义盛行之时代,被认为足似侵害人民之自由权,几为举世所非难。然至社会主义盛行之今日,则公共企业之范围,日益扩张,不但从社会政策上,不得不承认之,即从财政上言之,亦渐有依赖之之势是也。又如租税,在初发达之时,以负担之普遍为原则,偏重于一般报偿之主义,然在税制及租税原理发达之今日,则以应能负担为原则,偏重于特别报偿之主义。昔之所是者,今日几以为非,此皆公共收入范围不得不随社会之变迁而有伸缩之明证也。

五 公共收入发达之顺序 上段所述,系就收入组织内各项收入之价值判断的观察而言,若就公共收入之全体,更施行历史的观察,则各种收入发达之顺序历历可考;略述如左,以资参考。公共收入之发达约分四期。

第一期 官有地收入时代 此时代之收入以官有地之收入为主。当时公共团体本身与君主即国家之区别,尚未分明,一切国费,皆以君主财产所生之收入充之;遇不足时,始由臣下及人民收纳贡献以为补充之资。盖国政单简,需费不多,而货币经济又尚未十分发达,故仅依赖官有地出产之实物而已足也。

第二期 特权收入时代 当此之时,"普天之下,莫非王土,率土之滨,莫非王臣"之观念,犹为一般人所抱持,而国政日繁,仅赖官有地之收入,亦有不能足用之势。于是君主乃利用其所谓最高主权者之地位,而获种种特权收入,土地河川为君主所有之物,故人民采矿须纳采掘料,制盐须纳制盐料,狩猎渔鱼须纳渔猎料。君主为一切作用上之最高主权者,故人民造币则纳造币料,为官则纳买官料,处分财产则纳财产处分料。凡此种种,其形式虽与近代之租税相似,而实质则大不相同。盖特权收入,系以所有人之名义,对于所属之土地人民,特准其行一定之行为,作为代偿,征收而得者,而租税收入则系纳税人以公共团体之团员的名义,因欲维持公共团体之事务,各自共同分担而得者,故二者不相同也。

第三期　租税收入时代　当此时代,国家为国民全体所有物,而非君主所有物之观念,业已大明,故国家之经费,在理论上已不能专依赖官有地收入及特权收入。而在事实上,因民权自由之说昌盛之结果,所谓特权,既难维持其存在,而官有地因逐渐下卖,亦已所存无几,以故不能不由组织公共团体之各团员,分担公共之经费。此种公共经费之分担,是为租税。租税者,居其发生之当时言之,盖具有一般报偿之性质,而以负担之普遍为原则者也。此时与租税并行者,尚有其他公经济的收入及私经济的收入,然大抵较诸租税,为额微少,故可称此时代为租税收入时代。

第四期　公共企业收入时代　公共团体日益进步,其政务日益繁复,其经费亦不得不日益膨胀,前编已详述之。当此之时,不但租税之收入,不足以供应用,且社会组织之根底,亦已渐见动摇。租税号称普遍公平,而实则因有产者转嫁之结果,只苦下级之人民;政治号称平等自由,而实则因有产者垄断代议政治之结果,徒使劳动阶级困苦颠连,穷无所告。于是社会主义之说兴,而一般租税制度方渐为众矢之的,而公共企业收入始有取而代之之势。例如铁路国有,盐烟及酒之归公家专卖,殆其萌芽,土地国有论、资本国有论及集产主义论,盖其先驱,而俄国之劳农政治,或即其一种之榜样也。

然就现今各国之实状观之,代议政治,犹尚维持其数百年来之惰性,租税征收之轻而易举,较诸公营企业之经营之烦难,殆不可同日而语,故多数国家,自十九世纪以来,皆仍以改良租税制度为敷衍一时之计。其结果,虽或能在相当的范围内,救除租税收入制度上之数种缺点,然上述租税制度上之根本的弊病,固无从消除,故公共企业收入时代之到来,殆为不可免的也。

六　各国公共收入之种类　各国公共收入之种类及多寡,依其国之政治及经济的情形之差异而有不同,看附表五、六、七自明。但兹应注意者,各种收入之绝对数,因其中所含作业费各有不同之故,万不能即用以为比较之资料;欲行各国间或各年间之精密的比较,尚须考察其纯收入额,否则不免有速断之弊也。

从大体言之,普德诸国之公企业之范围,最为广大,其收入亦比较最巨,奥匈及旧俄次之。直接税在英法意奥诸国,俱为相当的主要财源。间接税则在德、俄、英、法、意、美及其他诸国中,俱为最主要的财源。使用料、规费等则以英法等国为多。但此据欧战以前之材料而云然,欧战中及战后各国税制,俱大有变迁,故上述状况,难免有变动之处;惜现今学者之著作中,尚未有行广泛的研究者,我虽亦搜得若干新材料,惜无余暇,今尚未能整理之也。

七　各国国民对于公共收入之负担额　此种负担自亦因政治的及经济的情状之差异而有不同(看附表九);且其负担之真正的轻重,亦常因其负担之种类如何而异,而不纯依绝对数而定,观前述经费负担之轻重一节及后述租税之转嫁一节,其理自明。

第二章　私经济收入概论

一　私经济的收入(Privatwirtschaftlidhe Einkünfte)为公共团体私法人之资格,对于其他经济主体,行平等的经济行为而获之收入,已见前述,平等的经济行为,以报偿的主义为原则,而经济的报偿之用具,舍物资及劳务外无他物,故公共团体欲获私经济的收入,必不可不有公有财产及公营企业,故私经济的收入,要不外乎关于公有财产及公营事业之收入。

现今公共团体之公有财产及公营事业依其主要目的如何,更可分为二种:一为以行政上之目的为主者,谓之行政的公有财产或行政的公有产业(Verwaltungsdomänen od. Unternelmungen),例如行政公署之房屋地基、道路港湾等财产及铁路邮政电信公营保险等是也。一为以财政上之目的为主者,谓之财政的公有财产或财政的公营企业(Finanzdomänen od. Unternehmungen),例如耕地、森林、牧场及动产资本等财产及公营商业银行,公营专卖业等是也。此二种公有财产及公营事业之收入,是否皆可称为私经济的收入?此实为学者争论未决之点。从纯理言之,似以称行政的公有财产或行政的公营企业之收入为准私经济的收入为稳妥,然实际上以财政的目的为主之公有产业及以行政的目的为主之公有产业,往往视其时其地之情形而有变迁,颇难明定其相互的界限,故准私经济的收入之名称,似无实用的利益也。

公有财产及公营事业本应包含国有产业及其他公共团体之产业而言，然通常为便于区别计往往称国有产业为官产官业，其他公共团体之产业为公产公业，有时亦合而称之曰官公财产，或官公业。

二　关于公有产业之沿革，已散见绪说第三章及本编第一章，兹不更赘及，但若综其大体而言之，在欧洲十七世纪以前官有财产收入最见注重。至十八世纪，因重商主义盛行之故，官营企业，如矿业、瓷业、棉织业、交通业渐已发达。至十八世纪后，则因重农学派及正统派经济学盛行之结果，各国官公业始趋于减少一方面。更至十九世纪后半，则因帝国主义的生产政策即对外的国民经济政策之盛行官公产业，渐渐复为世重。及入于第二十世纪，则因社会主义的分配政策已为一般财政学者所公认，故各国官公有产业之范围，日益扩张其收入竟有取租税收入而代之之势矣。

三　社会事实与社会思想，大抵互为因果，前已详述之，官公产业在事实上既经上述各次变迁，则关于官公产业之利弊之思想，自亦不能不随时代之进展而有变化。此种思想，除社会主义者之否认私有财产制及私人营利事业之极端说不成问题外，大约可分为三说。

（一）公有产业有利说　谓：

（1）公有产业收入，系依平等的经济行为而获得者，其状实与私人所得之收获无异，故官有产业收入，不但无害于私人生计，且因其用途系充公共团体之经费，故此种收入愈多，则租税之负担当愈减，即人民之负担当愈轻。

（2）公有产业，由经济的观察言之，实不啻一种准备基金，故公有产业愈多且巨，则公共团体之信用当愈固，即公共团体之财政运用当愈便。

（3）公有产业，除财政的目的外，尚可增进国民经济之利益，改良社会经济之分配，其为法较之用支出的方法尤佳。

（二）公有产业有害说　谓：

（1）公有产业虽可得收入，然其巨额的运用资金之来源，不外乎举债，一不谨慎，往往得不偿失。

（2）公共团体中经营产业之人，恒缺乏企业的精神故往往经费多而收入少，由国民经济全体言之，甚属不利。

（3）公有产业之范围愈大，则私人产业之范围当愈小，故公有产业之增加，不啻夺私人之产业，而减少其企业心及负担力，此与以租税收入为中心之现代的财政思想不合。

（4）公有产业之收入依前所述恒依一般经济界之盛衰而有剧增剧减，故公有产业之存在，适足以动摇财政之基础。

（三）利害折衷说　谓：有利说与有害说，在理论上皆非有绝对理由；我人固不能执有利说而主张无限地扩张公有产业，亦不能依有害说而主张公有产业之全废，故此问题非理论的问题，而实为实行的问题。我人要当就个个具体的产业，察其在实行上是否能收一定的利益而发生较大的弊害，能者是认之，不能者否认之而已。

四　以上三说，自以第三说为稳妥，然何种产业能被是认，何种产业不应归公共团体经营？关于此点，在理论上，自应有一定的界限。此种界限可分为积极的及消极的二者。

（1）积极的界限　谓从财政上、国民经济上及社会政策上观之，各种产业应归公共团体经营之界限也。由此种界限观之，左列四种产业。应归公共经营：

甲　独占事业应归公共团体经营。独占在经济学上本可分为资本的独占与自然的独占二者,然无论何种独占,其结果皆可以发生所谓独占价格。此种独占价格,无论何时必较所谓竞争价格为高,往往使一般购买人或特殊购买人受不当的负担,若将此种事业归入公共团体经营,则公共团体必不至抬高价格,至所谓独占价格之程度,故在国民经济上及社会政策上,甚为有利,且即令公共团体利用所谓独占价格,然其所得收入系充公共团体之经费,与私人独占事业之收入异其用途,必可发生减轻租税负担之利益也。故铁路、矿业、邮电等有独占性质之事业,皆应归公共团体经营。

乙　虽无独占的性质,然其事与国民生计大有关系者,应归公共团体经营。例如盐、食粮及砂糖等,若任由私人自由竞争,则在非常之时,往往发生供不及求之弊,故应归公共团体经营是也。

丙　虽无独占的性质,又与一般生计无直接的大关系,然因其效果不易立刻发生,而私人不欲经营之者,应归公共团体经营,例如森林事业及小额保险事业是也。

丁　以生产公共团体之巨额的必须品为目的之事业应归公营。公共团体之特定的必须品若为额甚巨,则以其生产事业归之公营,在财政上,实较有利,盖一则免大受价格变动之影响,二则可达大量生产之目的也。例如兵工厂、制铁厂、印刷局等之公营是也。

（2）消极的界限　谓从财政上国民经济上及社会政策上观之,各种产业,不应归公共团体经营之界限也。此种界限有二：

甲　凡技术上不适于大企业之事业及须非常机敏手段之事业,不宜公营。盖因公营之后反足阻害一般经济之发达也。例如农业及商业之大部分，即属于此。农业之性质，以集约的经营为利，而不利于粗笨画一的大企业，故不如委之细心周到之民业，反于一般经济有利。此在村落小自治团体，或可以稍稍公营，若以为巨大之公营事业，则断断乎不可也。但若不以收益为目的，而以他种原因，保有一定之土地，因而利用之，或佃与他人，或自己耕作，则属于例外，自无不可，不在前所言之限内也。至如森林之经营，本以规模宏大久远为有利，故适于公营。其次商业，则每须秘其买入原价，排斥他人而争销路，而市场之变化又无常规，最须机敏以应之，故与光明正大、秩序井然之公营产业之性质不相容。然商业中亦有无须机敏，且比较上，须以计算公明、秩序整然为要者，例如贮金及借贷事业即是。此等事业，依照储蓄者借资者之心理，当使贮蓄安全，利息低少，方能发展，而公营则对于此等事，反较民业容易办到，故亦不妨公营也。

乙　凡当使为民业以便完全地施行自由竞争之事业，不可公营，例如工业之大部分是也。盖工业之大部分，以自由竞争之故，技术得以改良发明，且可合同资本，扩张规模，以供给多数低廉之制品于社会，于以增进个人之利益，而促进社会之幸福。假如不能自由竞争，则此等结果，将不可得，故不宜于公营。然工业中有当创始之际，恒需巨款，且其效果，往往有涉于冒险者，例如特种模范工业是也。又工业中，亦有其性质上本非可以行自由竞争者，例如交通业是也。凡此二种若放而置之，则前者足以抑止一般经济之应有的发展，后者足以限害公益，故公共团体先当启发民智，奖励企业而保护之，且当力矫独占之弊。设犹不能完全达其目的，则势不得不设立模范工业，或公营独占事业。

五　公共产业在上述界限内,虽有充分的正认之理由,然公共产业之经营根本上往往与从事者之不热心、监督之流于形式及会计检查之困难等弊,固著不解,故往往发生左列三种习见的弊端,我人宜特别地注意也。

（一）事业之发展甚形迟缓。

（二）公营产业增加,则官权亦随之而增。

（三）因经营不善之故使贩卖价格特别增高,而发生国民经济上之损失。

六　私经济的收入之组织,大抵可如左列。

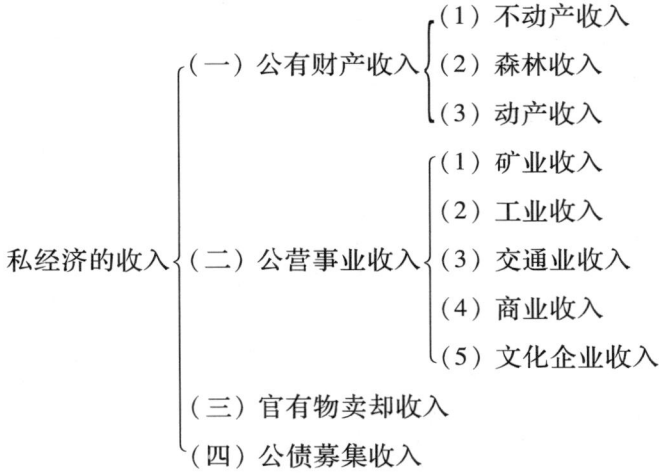

惟后二者为一种非常收入,通常皆置诸收支适合论中,故私经济的收入论中所应研究者,实限于公有财产收入及公营事业收入二者也。

七　各国私经济的收入之现状,详见附表五,兹不赘。至于各国此种收入对于岁入全体之比例,则在一九一〇左右,尝如左表。

各国财产及企业收入表

国名	种类	收入额	元换算	对于总岁入之比例
日本	森林、邮电、铁路、造币、官物、印刷、分红	七四,〇〇〇,〇〇〇元	七四,〇〇〇,〇〇〇元	百分之一三
英国	邮电、官地、分红	二六,〇一七,〇〇〇镑	二六〇,一七〇,〇〇〇	一三
法国	官地、森林、邮电、造币、铁路等	四四四,一七五,〇〇〇法	一七八,一〇七〇,〇〇〇	一〇
德国	邮电、铁路、印刷、银行	八四五,〇〇〇,〇〇〇马	四二二,五〇〇,〇〇〇	三九
普国	官地、森林、矿业、国铁、造币、银行、彩票	二,八〇四,五七六,〇〇〇马	一,四〇二,二八八,〇〇〇	六九
俄国	皇领、森林、矿山、邮电、国铁、造币、银行、股分	八六四,三六六,〇〇〇卢	八六四,三六六,〇〇〇	三〇
奥国	官地、森林、矿山、国铁、邮电等	五一〇,三六二,〇〇〇克	一六四,一四四,八〇〇	二七
意国	财产、铁道、邮电、彩票、金鸡纳官业	三九三,六七四,〇〇〇利	一一七,五八九,六〇〇	一一

八　私经济的收入之趋势,倾于增加一方面,观附表七,可得确证,且从理论上言之,依前所述,假如不承认社会主义的社会政策则已,如其承认,则同时似不能不承认公营产业之必须增加及公共营业收入增加之必然的趋势也。

第三章　公共财产利用收入

一　公共财产可分为二种：一为行政财产，一为财政财产。

行政财产者，公共团体直接地用以达公共行政之目的者也，例如行政公署之房屋、地基、道路、港湾及学校等，是也。此种公用物件，欲创设或维持之，往往需用巨额之经费，而其效果则除对于公共团体行非常处分时之非常收入外，在平时几不能作为私经济的收入之财源，其能发生者，仅为在私人利用此等设备时，所征收之使用料而已。而使用料为公共经济的收入，不能与普通财产之私经济的收入相提并论，故公共团体之行政的财产收入，不能作为公产利用之收入。

财政财产者，不以公共行政上之利用为直接的目的，而以公共财政上之利用为主要的目的者也，例如耕地、森林、牧场及动产资本等，是也。此等财产可依自己利用，或贷与他人利用之方法，以土地租金、贷款利息及土地出产物代价之形式，而发生种种私经济的收入。此等经济收入之基础，既与普通私人之收入无异，故其收入之多寡有无，完全依经济上之价格法则，即需要供给之法则以为定，不能因其为公共团体所有，而别有法则也。

二　公共财产收入，通常举其主要者言之，分为土地利用收入、森林收入及动产收入三者，前二者亦称为公有地（public domain）收入。

三　关于土地利用之收入，应研究者有三：

（一）土地所有权之大势　由历史上考察之，土地之所有，实由公有而变为君主或强者阶级之专有，由专有而变为各私人之分有，今日盖仍为各私人分有之时代也。然以现今世界之大势推之，将来必将更由私有变而为社会各员之共有。共有与公有不同，共有者以社会各员为主体，公有者以团体为主体，前者由个人而兼及团体，后者则只有团体而无个人，故不同也。土地所有之大势既如上述，故公共团体所有之土地，在今日私人分有制度盛行之时代，为数甚微。然在范围狭小、政务简单之地方自治团体，则有以土地收入为大宗的收入之势。故此等公共团体不但不肯轻易售去土地，且近代之新都市，反有竞谋增加公有土地之事焉。将来社会主义的国家确立于世界之时，此种倾向必日益扩张也。

（二）公有土地之变迁　关于此事，各国情形各有不同，英国于十六世纪时，已将公有牧场（其实系专有牧场）发给私人，至十八世纪，更将牧场以外之土地，割与私人，故英国今日官有地甚少。法国于十八世纪间，因欲奖励耕种，曾将多数公有地，附以不得让与别人之条件，分与私人，其后复将此种土地之所有权，归入地方自治团体，故法国今日国家所有之土地虽少，而地方团体所有之土地则尚多。普国在十八世纪亦曾行公有地之分割，故普国今日在德意志各邦中，公有土地最少，惟各地方自治团体则保有土地甚多也。要之，各国国家公有土地虽因战费及其他经费之剧增，多半依非常的处分，而归民有，而地方自治团体之公有土地，则多数尚依然在地方团体之手也。

（三）财政财产的公有土地之利用法　凡欲以收入之目的而利用公有地，不但当期得永续性之纯益，且宜期不失与地价腾贵相伴之利益，欲达此目的，可有二种制度：其一，公共团体，以自己之机关，经营之；其二，用小农佃种之方法，委诸他人而使经营之。

由第一法，则公共团体实居于大农之地位，虽享其企业全体之利益，然亦负其全体之危险，甚为不利，故实际上及学说上俱不盛行。此外间亦有因欲减其危险之程度特置管理者，使其包办交纳一定的年额，年额外之利益在一定的范围内，公共团体尚得分受之者，例如德意志之泼兰登堡侯国，由一六六〇年起，至一六八四年止，其官领地即系采用此法。然其成绩不佳，侯国不惟未符分受利益，且约定交纳之年额亦难完全收得，而土地腾贵之利益，亦不能享受，故此制无几遂废。

第二之小农佃种方法，复分世袭佃种及定期佃种二种。世袭佃种者，约定每年交纳一定之佃种料，使同一佃种者，世继其业之制也。其所佃种之土地，永归其家族继续使用，故无骤尽地力，令其荒瘠之弊。然当地价腾贵时，公共团体往往不能收获相当的利益，此其缺点也。此制行于欧洲大陆，于第十八世纪为最盛，近时颇为衰退；惟德意志之墨克伦堡、舒为林二地方，自一八六七年以来，一般施行此制，其成绩颇著，属于例外。世袭佃种制，理论及实际上皆无存在之余地，故近时文明诸国，多弃之而采定期制。定期制之佃种及佃种条件，系依一定的标准，以公开竞价法决定之，故可随时改定适当的佃种料，而使公共团体受地价腾贵之利益。佃种改定之期限愈短，则公共团体之利益愈多。然期限过短，则往往有促佃种者滥耕之弊，要当定适中的期限，使佃种者得受适当之利益，以励其经营之志，而于契约中加入随地价变动而增减佃种料之条件，则得之矣。然此等关系，极其微妙复杂，故从实际上之大势言之，则租种期限，日有缩短之倾向，例如德国，当十八世纪时，佃种期限之常在五十年至百年之间者,至十九世纪之初,短至三十六年,现今则平均不过十八年而已。定期佃种,复分二种:其一一般佃种法,即包括一切之设备及一切之附属工作物,而定佃种契约者。其二各个佃种法,即就各土地及各附属工作物,各附佃种契约者。一般佃种法,适于人口稀薄、农业粗笨之地,各个佃种法,则适于欲获高贵的佃种料之时。

由佃种而来之土地收入,为纯收入。故现今各国之官有地,大抵利用之。

四　公共团体领有森林而经营之,最为适当,此理论上一般所承认者也。其所以然,似不在财政上之原因,而在一般经济之需要。盖由国民经济一般的公益观察之,对于治水、卫生、养鱼等之关系上,国内不可不有一定的森林面积及其森林之不可不适当地经营之,固不容疑者。而其经营,与其依私人之企业,宁归公营企业之为适当,亦有极大之理由在;盖无论何种事业,其播种至收获间,为期最久者,当无过于森林业,故无论何种事业,其易陷于伤害根本及其他的诱惑者,亦当无过于森林业,而对于此种诱惑,富有抵抗力者,以公共团体为最尤,以其中之国家为最。此从一般经济上观之,森林事业已有充分的适于公营之理由。次从财政上观之,森林之公有公营,往往发生莫大的收入,即此亦足为适于公有公营之证。

从实际上言之,公有森林之经营大抵皆依公共团体之机关指挥遂行之,殆无用佃种之制者。盖缘森林事业系笨重的企业,适于大规模之计划,必待长远之施设拥护,而后能经营得当而获利也。

五　公有动产收入可分为基金资金之收入及红利存款或贷款利息收入二者。

基金者为应付不时的急需或为达特定目的而设之基本金也。前者如战争准备金及灾害准备基金是，后者如教育基金及减债基金等是。资金者公共营业资本以外之一切为特种事业之便利而设之基本金也。例如造币厂资金、兵工厂资金、不动产改良资金、公营保险积存金及各种营造物资金是也。基金与资金之区别，颇不容易，从大体言之，凡其设立之目的重在运用本金及利用利息者，大抵为资金，若其设立之目的，重在支用累积所得之本金者，则大抵为基金。基金与资金之本质，大抵为存款或有价证券而鲜有为死藏的现金者，故基金与资金，大抵可发生一种收入。

红利者公共团体对于特殊的私人事业之出资所获之红利也。例如英国之于苏彝士运河所获之收入是也。存款或贷款利息者，谓公共团体对于私人或其他公共团体，因政策上之理由而贷款或存款时对于所贷款或所存款之利息也。此种贷款或存款，系以贷款或存款之名而行补助之实，故其利息特别轻微，究与公共团体之营业收入不同。

基金及资金作为存款或变成股票时，虽亦可发生利息及红利，然其利息及红利为偶然的及利殖的，与公共团体由特殊的出资及贷款存款而得之红利及利息之为恒然的及非利殖的者不同，故宜分而观之。

第四章 公营事业之收入

一　公共团体既可作地主或资本家而有公产利用之收入，自亦可作企业家而获公营事业之收入。且依上述，此种事业收入，晚近日益扩张，宛然有取租税收入而代之之势。故公共营业是否不夺民业及官业之范围有无限制等问题，在今日之财政学上似已无讨论之余地。今日关于公共营业之问题，已不在其前提如何，而在其本身之组织及运用方法之如何。而此种问题纯为一种经营技术上之问题，而非财政上之问题，兹述其略而已，不能详也。

二　近世之工商企业，以大规模之组织为获利之条件，资本愈大则获利愈多。故由此点观之，国家官业资本最大，故最有利，地方公业资本次大，故次有利。民间股份组织之事业，较之官公业资本甚属微小，故学理上最不利。经营有利者可减少其生产物之价格，故对于一般消费人，较为有益，经营不利者反是，故国家官业似优于地方公业及民业。然由他方面言之，企业之组织规模愈大，则独占之弊愈甚，欲免独占之弊，非深通于消费者之状况，必有待于强有力之监督，国家不能监督自己，又与消费者比较疏远。故由此点观之，国家官业在理论上反逊于地方公业。总而言之，地方公营事业，可谓利多害少，故地方公业有日益加多之势，而国家官业则否。

三　公共企业可依种种标准而行分类。由其内容言之，可分为官公矿业、官公工业、官公交通业、官公商业、官公彩票业、官公保险业,等等。由其性质言之,则可分为自由竞争性之官公业及独占性质之官公业二者。自由竞争之官公业完全为一种经济的企业,当然受经济的法则之支配,例如官营劝工场、官营电气事业及官营商业银行等是也。独占性质之官公业,复分为经济的独占业、行政的独占业及财政的独占业三者:经济的独占业者,完全行自然或资本之独占,例如官营矿业、官营铁路是也;行政的独占业者往往牺牲收益之部分以图公益,例如邮政、电信及电话事业是也;财政的独占业者,纯然以收入为目的之独占事业,例如专卖事业是也。

四　依上所述,公共企业之中,有专以收入为主者,有专以公益为主者,有兼以收益及公益为主者,其标准当从何决定,实为一大问题。此当从一般经济上社会上及政治上之情形,通盘筹算以定之,不能一概而论。大抵官业之以公益为目的者较多,公业则多属以收益为目的者,此盖由于国家及地方自治团之行政性质上本微有差别,故其所经营之企业亦微有不同也。

五　财政上所谓矿业系指公共团体经营土地中之矿质的事业而言,其中应包含一般的采矿冶金业及制盐业等。矿业之收入,虽半属土地之收入,然半与冶金制炼等工业的技术相伴,故与其称为土地收入,宁称之曰公共营业收入。

公共团体中之国家自营矿业,从技术及经济上言之,俱不能谓为绝对不适当。盖采矿业需用高等技术,所需资本甚巨,所需规模甚大,由开始经营之日起以迄能收相当利益之日止,其间为日甚长,而其产出品之价格之变动又甚剧,其关于国民经济生活者又甚重,且其所采掘之矿物,又非无尽藏可比,其采掘之度愈深,则其所需企业费愈巨,而危险之度亦愈甚。故民业制度,究属害多利少。利弊相衡,似不若取国家企业制之为得也。

六　工业经营之不适于公营,已见于第三章。从前欧洲各国,多有由国家设立陶器、玻璃、麦酒、印刷、织物等工场而经营之者,其目的半在使其为模范工场,以资工业界之实物教育,半在充给公共团体自身用品之大量的消费。及至近世,模范工场之要,已大减少。故除地方团体因特殊的关系,恒经营与一定地方之经济生活有密切的关系之煤气、水道、电气等工业外,一般公共团体,几无有经营非独占的即自由企业的工业者。即偶有之,亦不过因公共团体对于其生产物之需要甚大,或因信用上及治安上之理由,为便宜计,特使归公营而已,非以营利为主要的目的也。例如官营的印刷局、造币厂、兵工厂等是也。

七　通常所谓交通,系指一般的通信及运输而言。欲通信及运输,自不可不有关于通信及运输之种种设备及机关。其中之主要者大抵为道路、运河、邮政、电报、电话、铁路、船舶及航空器等。通常所谓交通业者,即指此种设备及机关之经营而言。

此种交通之设备及机关,是否适于公共团体之经营?此实一至难解决之问题,在财政学上,异论甚多,然从大体言之,则主张肯定说者,似较有根据,其理由有三。

（一）交通事业有适于公营之四种特色：

（1）有独占的性质。

（2）以统一的经营为便当而有利。

（3）性质上必须普遍地扩张之。

（4）其事务须确实而有规则。

（二）交通事业有左列三种不能不公营之公的性质：

（1）与国民经济有重要的关系,尤以对于生产政策为甚。

（2）与社会政策有密切的关系,尤以在抑止资本家之垄断及榨取一点为最明。

（3）与军事有密切重要的关系。

（三）交通事业有可能使其公营之四种特色：

（1）交通事业所需之技术，从大体言之，比较上甚为简单。

（2）其目的通常以正确为第一，敏速为第二。

（3）大抵需用巨大的资本。

（4）交通事业对于一般公众，系继续公开的，故不易酝酿普通政治上之腐败。

但以上乃系一般的大体论，若就个个的交通事业言之，固自难免有与上述各种公营理由抵触之点也。

交通事业之经营方法，通常可有四种主义：

（一）课税主义（Steurprinzip）谓公共团体利用独占的地位，极力在财政上谋收入之增加，而不顾利用交通设备及机关者之痛苦及其他关系，使其收入之额，较在与私营事业竞争时，尤重，以致名为营业收入，而实等于租税收入也。

（二）私经济主义（Privatwitschaft Prinzip）谓虽以利益主义为原则，然其收益之最大限，不超过与私营事业竞争时所应获得之最高率也。

（三）规费主义（Gebühren Prinzip）谓公营交通事业之收入，但以能支付其交通设备及机关之经费为限也。

（四）无偿主义或经费主义（Ausgabe Prinzip）谓公共团体将交通事业作为当然的及无偿的政务之一种，对于利用交通设备及机关者，仅由公共团体提供给付，而不要求反对给付也。

在现今各国现制上，其公营的交通事业之种类及其经营上所采用之主义各有不同。从大体言之，运河道路及桥梁等，概归公营，且采无偿主义的经营法。邮政概归公营，其经营法渐由课税主

第四章 公营事业之收入

义变而为规费主义,更进而为规费主义兼私经济主义。电报及电话事业,亦大抵与邮政事业同揆。铁路事业有用纯私营制者,如英、美、西土等国是也;有采国有制者,如德、意、比及欧洲多数小国是也;有采国有私有混合制者,如法、奥、等国是也。其采用国有制者,其经营方法大抵采用私经济主义。航业之由公共团体经营者唯于三数小国见之。

各国公营交通事业,除依无偿主义的经营法者外,大抵皆因经济社会之进步,而日睹收入之自然的增加,其纯益往往有甚大者。

中国国营交通事业类皆已能获相当的盈余。试以采用私经济主义的经营法之国有铁路事业言之,则如左表。

中国国有铁路营业收支及余三表(民国八年)(据李俏君先生之调查)

	营业收入	营业支出	本年余利或损失
京汉	二六、二二一、四七五元	九、〇七七、四二一元	一七、一四四、〇五五元
京奉	一九、三八六、〇六〇	七、五一九、八八六	一一、八六六、一四四
津浦	一四、一六一、九八二	六、八一九、〇五〇	七、九四二、九三二
京绥	四、八三六、七四九	三、一八三、五九〇	一、六五三、一五九
沪宁	五、五七五、八四八	三、三四三、九〇一	二、二三一、九四七
沪杭甬	二、五九八、〇五〇	二、三三三、七四二	二六四、三〇八
正太	三、三七七、六二二	一、四四一、六三五	一、九三五、九八七
道清	九八七、三四七	五二五、三六二	四六一、九八五
汴洛	一、四四四、八五〇	六三二、六八〇	八一五、一六六
吉长	一、八九五、六五一	一、三〇七、二七八	五八八、三七六
株萍	六九七、九九四	六六七、八〇三	三〇、一九一
广九	九八四、〇一九	一、〇五三、九二八	亏六九、九〇九
广三			
漳厦	二七、〇九三	六〇、七四七	亏三三、六五四
湘鄂	一五三、二八一	一四一、〇六九	一二、二一二
四郑	二六〇、七六二	一六九、二四二	九一、五二〇
总计	八二、六一一、九七三	三八、二七七、三三八	四四、三三四、六三五

国有铁路资本金及其纯收入比较表（民国六年）

	营业纯收入	资本金	利息率
京汉	一一、七四一、四一〇	九九、一三二、八〇〇	一一.八
京奉	一〇、四六六、六七四	六一、一三九、八七四	一七.一
津浦	五、一八二、九三一	一〇〇、一八一、九六五	五.二
沪宁	一、九七六、五六三	三〇、五三六、七五七	六.四
沪杭甬	四〇八、二七一	二一、八六九、三九三	一.九
京绥	一、一六九、七九九	二六、四六一、七四四	四.八
正太	一、二四二、六五四	二二、〇一一、九六九	五.五
道清	五五〇、四六五	七、三〇六、四八四	七.五
汴洛	七三二、九七五	一三、四二二、二〇六	五.四
吉长	三二六、八九六	六、五五六、〇七一	四.九
株萍	一〇八、一六九	四、八〇八、八五〇	二.二
广九	四二、六六八	一五、五三四、六二六	亏
漳厦	三一、〇〇四	二、六四三、〇三一	亏
合计	三三、八三三、一三九	四一、一六〇、七七二	八.二

中国国有铁路营业费用对于收入之比例（民国七年）

路别	费用比例	路别	费用比例
京汉	三七.四	京绥	六八.五
京奉	三八.四	吉长	六九.七
道清	四一.三	沪杭甬	八一.一
汴洛	四六.三	株萍	八二.三
正太	五〇.八	广九	一〇四.六
津浦	五〇.九	漳厦	一五九.五
沪宁	五二.八	平均	四七.〇

八　商事的企业，最不适于为公共营业。盖商业以机敏秘密为原则，而公营事业则多有过重形式及滞濡迂缓之弊，故不相宜也。从实际上观之，现今各国财政制度上亦皆以不经营商业为原则，而对于此原则，为特殊的例外者则为银行业及彩票业二者。

银行业即关于信用媒介之商业，在理论上，若作为公营，因公共团体信用较大之故，视纯粹的普通商业，自较为适当，且各国实际上，亦有以之为重要的财源而经营之者。然从大体言之，则此种公营商业，亦往往被学者所反对，其反对之理由甚多，如谓此种企业对于国家财政，甚难有独立的性质，往往因财政上之便宜，而牺牲市面之要示，且遇战时，每有委其财产于敌之危险等，即其最著而有力者也。

通常主张银行业官营或公营者，其理由大抵不外乎便于①兑换券之发行，②国库金之管理，③国债事务之管理，④金融中枢机关之造成等。然此等便利之发生，在理论上本不必限于与银行业之公营相伴随，实亦可用他法获得之。故现代各国虽尚有设立国立中央发行银行以为纯然之国家机关者，例如旧俄国、瑞典及瑞士各邦等皆是。然其他多数之国，则大抵特许一股份公司与以特权使其当发行兑换券之任，同时国家对之保有监督之权及课税之权，而其利益之分配，亦由国家任之，且国家可以均沾，例如德奥法比诸国皆采用此制者也。法国于发行税及无利息借款（四亿八千万佛郎）之外，国家更课其利益分配金之百分之四。奥国对于百分之七以上之利益分配金，课其半额为报效金，比国对于百分之六以上之利益分配金，课其四分之一为报效金，德国于发行税之外，对于百分之六以上之利益，课其四分之三为报效金。惟日本则无分受利益金之制，仅课发行税而止。

彩票（奖券）系依偶然的事实，而为金钱上之授受者，故其性质为一种赌博，当在一般法令所禁止者之列，故其不宜由公共团体经营，自不待论。然从实际观之，则普奥匈意等国，沿袭古来之习惯，至今尚有由国家经营彩票业者。而德国财政学家，亦往往从而辩护之。谓人类之侥幸的投机心,与有生俱来,无论如何,必不可除,则与其徒有禁止之名,而无其实,不如由国家公然独占此种事业,反可满足人类赌博心理之一部,而因以缓和其秘密赌博之积弊。且谓由公共团体独占彩票业,则外国彩票之输入,亦可防范。然平心论之,此种理由究不充分,实则各国彩票公营之真正的理由,究不过在其可获得巨额的收入而已。

各国公营之彩票,大抵有四种:

(一)等级彩票(Klassenlotterie)者谓以一定的赌博金额,分配于一定的号数,并设数等阶级,例如全券、半券及四分之一券等,以区别当彩者所得之利益金之多少,且除分配金额外,以所余之全数,为政府之利益之彩票也。此法称为较无危险,因其分赌金及当彩者之利益金为数级,一面便细民不便购买大券,一面又可绝射得巨金之侥幸也。此制于一七二六年始行于荷兰,后渐及于丹抹、西班牙诸国,终盛于德联邦诸国。

(二)计数彩票(Zahlenlotto)者谓其彩票系由自一以迄九十之号数组织而成,每次开彩,由九十数之中,任意抽出五数,当其数者胜。赌者于未抽之前,可任意赌金若干,买一号数或数号数,若抽出之号数,恰与其所购之号数相同,则谓之当彩,获利数倍,此购彩票者之利益也。而国家之利益,则在不当彩赌者之损失及国库对于赌金之收利。若开彩之施行愈繁,则国库之收入额当愈多也。此制度涉于上下诸阶级,奖励赌博,而乱勤俭之风,阻害产业之发达,以酿成种种穷乏及罪恶者实甚,故理论上在所必禁,即各国实际上亦有反对之之倾向,西班牙、丹抹、匈牙利诸国,各已于十九世纪中叶废止之,今日尚行此制者,惟奥意二国而已。

(三)目的彩票(Zwecklotterie)者谓以兴办特种公益事业为目

的之彩票也。此种彩票,多行于新开发之殖民地,盖殖民地之公益事业,往往难依增税募债之方法,筹措开办费,故不得不利用殖民地住民之侥幸射利之心理,发行彩票以谋财源也。

（四）利息彩票（Zinslotterie）或加奖彩票（Prämienlotterie）者,谓公共团体于募集低利的公债之时,为诱劝应募者计,特将公债利息之一部分,于附利之外作为加奖金,而发行之彩票也。

九 文化企业收入者,公共团体经营文化事业时所获之私经济的收入也。现代公共团体恒经营种种增进社会文化之事业,如学校、图书馆、博物馆、美术馆、动植物园及医院等,然其经营方法,大抵皆依无偿主义或规费主义,故此等事业,不能发生私经济的收入。现今公共团体之文化事业中能发生私经济的收入而可视文化企业者,通常为公共储蓄银行业及公共保险业二者。

公共储蓄事业之目的在为细民存储小额之存款,以养成其储蓄心,增加其经济的能力,而得享受文化生活之机会。故公共储蓄银行,可谓带有公益的性质,而与一般银行异趣。一般银行,不适于公营,前已言之,而储蓄银行,则因事务比较简单,其主顾之心理不在利率之高而在信用之确实,故较适于公营。现今各国公营之储蓄银行业,在小自治团体中,虽有特设银行者,然在一般国家中,则大抵使邮政局兼办之,即所谓邮政储金者是也。国家之邮政局,通常遍设于全国之都鄙,且其信用确实之广告,日日依邮件之正确的递送而深印于人心,故其事业之发展,远非一般私人储蓄业所可比拟,虽不以收入为目的,而其结果往往可获巨额的收入。邮政储金事业上之存款之运用方法大抵与普通银行业所有存款之运用方法无异,或用于国债投资,或用于确定的投资,或用于流动的投资不等,公共团体除储蓄事业外,亦间有以公益之目的而经营贷款业者。

人生在世,势不能不行经济的生活,而经济的生活又因祸福之无常而恒有不能安定之处,故个人及由个人构成之社会,势皆不能不有保障经济的生活之要求。经济生活之保障方法,固有多种,然其中最合理有效而且公平者,盖莫过于危险分担之保险的方法,故保险事业在其根本的性质上,已可谓为属于公益的而适于公共团体之经营。然关于公营保险事业之经营方法,则各学者在财政学理上有主张财政的独占论者,有主张社会实独占论者,有主张国民经济的经营论者,有主张财政的兼社会的保险事业论者,其说不一,而各国实际上之制度,亦不复同。主张财政的独占论者谓保险既为带有公益的性质之事业,而合于人类生活上之必然的要求,且其经营亦并不困难,故若将保险事业,完全收归公办,则公共团体之收入,必当大增,而于人民方面,并无大损。主张国民经济的经营论者谓当私营保险事业尚未发达,不足应国民经济上之需要之时,或私营保险事业虽已发达,而遇种种特殊事变,如战事等不能发挥其应有的作用之时公共团体为应付国民经济的需要起见,应自己经营保险业或再保险业。此二说是否有充分的根据,虽尚有讨论之余地,然此二说所主张之保险事业,皆非以文化之增进为目的者,故即令此二种保险事业成立,而其收入,亦不应属于文化的企业之收入之中。文化企业收入论上之公营保险事业,仅限于主张社会的独占论者与主张财政兼社会的保险论者二者所主张之保险业。

主张社会的独占论者,谓对于社会上经济上之弱者阶级,为维持或增加其经济力,以使其获得享受文化生活之机会并使一般文化因此得以增进,当依国家公营劳动保险及简易保险法。劳动保险者谓预防劳动者因减少或丧失其劳动能力而生之经济生活上的困难之保险也。劳工丧失或减少其劳动力之原因，大抵不外乎老衰残废、疾病及失业等。此等事故，在平素不能多有积蓄之劳工阶级，除依劳动保险法，以分担其危险外，殆无他法。此种劳动保险可分为老衰保险、残废保险、疾病保险及失业保险等，且未始不可任私营保险公司经营之，然私营保险公司究以营利为目的，恐难达社会政策上之目的。又此等保险，亦未始不可由工场主附带地经营之，然工场主系以工业其物之经营为主要的目的，恐难免因工业上之破产，而影响于劳动保险事业。故劳动保险，实由资力充裕、信用确实之国家经营之，盖国营劳动保险，不但无上述种种弊病，且因其事业可以普及之故，除文化的目的外，反可得巨额的收入也。

简易保险（Volksversicherung；popular insurance）者，保险金额甚小，且其契约之缔结程序，甚为简易之生命保险也。上述劳动保险之利益仅能及于劳动阶级，而不能普及于一般非劳动阶级之贫民，故特设此种简易保险，以补救之。简易保险之性质与普通生命保险无异，其相异者特其契约之缔结，不必经医生诊察身体，且其交纳保险费之方法格外简便，保险费格外低率而已。简易保险，既以贫民阶级之便利为主，而其契约之缔结不经医的诊视，且务求法简而费轻，则经营者损失之程度及经营之费用，必较其他保险业为甚，欲救其弊，必非求其事业规模之宏大而又不以营利为目的不可。故简易保险，不便于私营而适于公营，故现今各国之简易保险多由国家经营之，且多使邮政局兼带办理之者。

主张财政的兼社会的保险论者，谓除劳动保险及简易保险之外，公共团体亦可经营普通生命保险，以求利及中等阶级之人。盖中等阶级之人之需保险的制度,往往不亚于下等阶级及劳动阶级,然简易保险金额过少,不足以满其经济的需要,而一般私营保险公司,又往往有破产或赔款缓慢之弊足使中等阶级受意外的损失,反有因买保险之故,而陷于贫困之境者;故国家应经营普通生命保险,以应中产阶级之需要,且国家之经营此种保险,但能取与私经保险所取者同程度之保险费,即可依国家信用较大之故,而获余利,故此种保险,对于文化上及财政上俱有利益,实属一举两得也。

普通生命保险业之公营,见于一九一二年以后之意国。

第五章　规费、使用料及特别捐款

一　公经济收入,依前述,可分为①规费、使用料及特别捐款,②租税,③赠资及补助金,④杂收入四种。此中①与④为政务收入(Administration Revenue),复与②及③之非政务收入对峙。政务收入者谓因公共团体执行政务之结果而生之收入也。政务收入中之杂收入,通常为偶然收入,故与规费、使用料及特别捐款之为普通收入者不同。

二　规费、使用料及特别捐款系公共团体,对于因公共团体之行为或设备而特受利益之人,作为特别的报偿,而强制地征收之者,故与对于一般国民依一般的报偿主义所征收而得之租税相异。又规费、使用料及特别捐款,系依强制的经济交通主义,易词言之,即其特别报偿系依单方的标准而决定者,故亦与虽同有反对给付,然根本上系立脚于平等的地位且其报偿具有互让或变动余地之私经济收入异其性质,惟各国收入制度往往大同小异,故往往有名为租税,而实等于规费等者,例如登录税中之狩猎免许税是也。亦有名为私经济收入而实等于规费等者,例如采用规费主义之公营交通业收入是也。故以上所述,不过大体的标准,我人对于种种公共收入,欲知其属于何种,要当慎重审查之,所重者不唯其名而唯其实而已。

规费、使用料及特别捐款三者,性质上虽属大同,然实不免小异。学者之中,有混三者为一者,亦有混规费及使用料而为一者,皆属不妥。

三 规费(Gebühren；fees，taxes)者,对于公共团体之行为之特别补偿,而由请求其行为之人征收而得者也,亦称为手数料。规费之条件有三：第一,规费必与公共团体之行为相伴,无公共团体之行为,则亦无规费；规费一语必一方面有公共团体之行为,一方面有私人之反对给付,始克有意义者也。第二,公共团体之行为,种类极为繁复,故非有公共团体之行为,即有规费也。规费所伴随者,特其行为之能对于纳费之私人,给与一种特别权利,或特别免除一种一般禁止,或保护证明一种既存之权利及身份等者而已,易词言之,即因有此种利益而私人始恒促公共团体行此种之行为,而规费始克成立也。第三,规费必为对于公共团体之行为之强制的特殊补偿。惟其为一种特殊补偿,故规费一方面与强制的一般补偿之租税异其性质,一方面又与自由契约的一般给付之私经济的收入异其性质；盖规费之缴纳与否,虽视纳费人之请求公共团体行某种行为与否以为定,而规费之多寡,则如上所述恒依公共团体之专定,纳费人无容喙之余地也。

决定规费多寡之标准有二：一为费用,以公共团体执行其行为时所需之费用为标准则谓之费用填补主义,二为利益,以私人因公共团体之行为所受之利益为标准则谓之利益报酬主义。若依前一主义,则对于同一种类之行为,必不可不收同额之规费,若依后一主义,则因各个人所受之利益,各有不同,故各个人应纳之规费必不能同额。因此之故,普通规费可分二种：一为定额规费,一为变动规费。前者系对于同种之书类,课以同额之费用者,亦称一般规费；后者系依各个之特别事情,而变更赋课之率者,亦称特别规费。

变动规费复分为范围规费及递进规费。范围规费者规定规费之最高率及最低率,而使关系官厅于其范围内自由裁量以定其额者也。递进规费者,依一定之标准而递加其率者也。其依书类之容积而变者,谓之容积规费,其依行为之时间之长短而变者,谓之时间规费,其依物件之价格而变者,谓之价格规费。

规费征收之方法有二:一为间接征收法,即贴用印花或使用戳印用纸之法,是也。一为直接征收法,即直接收纳现金之法也。国家之规费征收,大抵二法并用,而地方自治团体之规费征收,则多用第二法。盖因地方自治团体,通例无发行无记名式的有价证券之权,即发行印花或戳印用纸之权也。直接征收法复细分为官厅直接征收法及金库直接征收法二者,由会计之统一言之,以金库直接征收法为宜。

规费之内容有二:一为司法规费,一为行政规费。前者如民事裁制费、刑事裁判费、非讼事件费、遗产管理费、承继及婚姻认知费、各种登记事件费等是也。后者为外务内务财务文化行政及经济规费等,易词言之,即检定费、证明费特许费、免许费、荣典授与费等是也。国家之规费大抵各种皆备,而地方团体之规费,则大抵为商业规费、交通规费、司法规费及警察规费等。例如度量衡检定费、食用品及动物检定费、船车牌照费等,即属于商业及交通之现费。证明、登记、特许、许可、建筑设计之检查、埋葬墓碑设立费等,即为属于司法及警察之规费,而地方公立学校之入学费、退学费、试验费及毕业文凭费等,则为地方规费中之次要者。

规费收入全部皆归于公共团体,虽为现今一般国家中之通例,然亦间有以其全部或其一部作为报酬而归之于办理行为请求人所请行为之官文吏者。此盖历史上之遗物,与现今的规费之前身之特权收入,同为不适于现代之物也。

四　使用料(Interessen beiträge;fees)者,因个人使用公共团体之营造物,而由公共团体令其交纳之特别补偿也。亦称为使用费。规费以公共团体之权力行使及官厅组织为前提,而使用料则以公共团体之营造物为前提,而无须权力之行使营造物者物的手段或物的手段与人的手段之结合,由公共行政主体继续地经营之以供公益为主要的目的者也。故公共营造物与公共企业不同,二者虽同为公共团体之所经营,而一以收益为主要的目的,一以公益为主要的目的,性质上固显有区别也。惟于兹有当注意者,营造物之中,有时依特别之情形,亦间有兼以收益为目的者,例如各国之国有铁路、邮电及地方团体之自来水管事业等是也。又公企业之中,亦有兼以公益为目的者,凡当此等时,其收入之所属,恒依其国之惯习而定,而非必出于学理上之见解,吾人利用其数字时,不可不详究其性质也。

使用料系对于营造物之使用之补偿,其当以特别补偿主义为原则,与规费相同,故决定规费多寡之标准,即可移作使用料之标准,或采费用填补主义,或采利益报偿主义,当随时之所宜而定之也。但于此当注意所谓费用,系指经营费,而非指建设费及改良维持费,盖建设费及改良维持费其额必巨决不能赖使用料以填补之也。

公共团体之营造物种类甚多然其征收使用料者,普通大抵为教育的营造物、保健的营造物及国民经济的营造物三者。教育的营造物使用料者,利用文化行政的营造物时所生之使用料也。教育的营造物,普通为学校、美术馆、博物馆、动物园、植物园及图书馆等,其使用料大抵以学费入场料之名义征收之。保健的营造物大抵为普通医院、癫狂医院、养老院、墓地、屠场、消毒所、洗濯场及浴场等，其使用料大抵以食费药价或入场料之名义征收之。国民经济的营造物，通常为造币厂仓库各种试验场交通机关等，其使用料大抵以造币料仓库料、试验料、道路码头使用料、运河通航料等之名义征收之。

国家使用料大抵各种皆具，而地方团体中则最重者为教育的营造物使用料及保健的营造物使用料，而国民经济的营造物使用料则因地方团体范围往往狭小之故，为数反微。

五　特别捐款（special assessments betterment taxes）者，公共团体为公益起见新设营造物或改良旧有营造物需用巨款时，对于因营造物之创设或改良，而受利益之人，视其所受利益之程度，而行赋课之特别分担金也。亦称为特别赋捐。特别捐款系对于特别受益之人而行赋课，故可谓以特别补偿为原则，与规费及使用料相似。然规费系对于行为之补偿，特别赋捐系对于因营造物之创设或改良而生之利益之补偿，故不相同。又使用料与特别捐款虽同为对于营造物之补偿，然仍有不同之点三：①使用料所填补者为营造物之经营费，特别捐款所填补者为营造物之创设费或改良费。②使用料之征收，有永久的及不前定的性质，特别捐款之征收，有时虽可用分年收入之法，然普通皆有一时的及前定的性质。③使用料之赋课，以使用人之人格上所受之利益为标准，特别捐款则不问人而问物，完全以因营造物之创设或改良而受利益之物件（例如地点关系）为标准。特别捐款为一种强制的赋课，故与通常的自由捐款之性质不同。

特别捐款之征收法有二：一法先由公共团体垫支巨款，于营造物创设或改良后发生利益之时始行征收，二法先由应当受益之人征收，然后创设或改良营造物。二法互有短长，要当视其时其地之情形定之。

因特别捐款而创设或改良之营造物，大抵以道路、桥梁、公园、堤防、水管、沟渠及街灯等为主。此等营造物恒与其附近之地主及营业人以特别的利益，故课以特别捐款可谓至当。然所受之特别利益，不能无厚薄之别，欲分别之以为赋课之比例，颇非易事。特比较地言之，则地方团体区域狭小，政务简单，又系以本地人办本地事，其对于利益大小之考察，自较国家为便，故特别捐款多以充地方团体之财源，而鲜充国家之财源。

特别捐款之制，发源于美国，今日亦以美国为最发达，惜无明晰的统计以资参考。此制今日已广行于英法普意诸国，日本法制上承认此制，而未实行，吾中国则法制上亦尚未承认此种制度也。

六　规费、使用料及特别捐款制度之存在，出于公正上之理由者半，出于财政上之理由者半。所谓公正上之理由者，盖谓公共团体之机关及设备，本系依一般公众所负担之租税而成立或维持之者，故若对于利用此种机关及设备，或享受其利益之人，不谓以特别的报偿，则利用人或享益人与非利用人或非享益人之间，未免权利义务太不相称，且亦恐难免有滥用公共机关或设备之弊也。所谓财政上之理由者，则不外乎可依此获得相当的财源而已。

第六章　租税通论

第一款　租税之意义

一　租税收入,在现今多数国家中,皆占总收入之百分之六十以上,故现今财政学上之最重要的问题,实为租税论,前谓现代系在租税收入时代者,盖亦以此。租税论不但最为重要,而且最为复杂广泛,其材料之伙多,几可占全财政学之二分之一,故通常述财政学者,大抵恒特设一编以研究之。然从学理上言之,租税固与其他公经济的收入,立于平等的部类,而非能独立于公共收入论之外者,故我以为应将关于租税全般之大体的研究,即租税总论仍纳于公共收入论之中以保存公共收入之体系而将详细的研究,归入科税行政论或所谓特殊的租税论之中以应租税行政上之要求,如是则庶几两得其平也。

全般租税之大体的研究之中,复可分为租税通论及特殊课税论二者;前者所以研究租税之意义、沿革种类、系统及原则等,后者所以研究租税系统中诸种租税之大体的意义及内容等。

二　租税之意义,随租税种类之发展而有变迁,故从来学者对于租税所下之定义,几于多至不可胜数,使后学者目迷五色,不知孰优孰劣。兹对于各学者之说,无暇征引,姑就多数学说中,择其

较合于现代有力的政治学说而又包含现代一般的新税者,综合之,而成一定义如左:

租税者,公共团体在原则上为充公共团体所需一般的政费之故,依一般的标准强制地分赋于其所统治者之强制负担,且恒以各负担者之各自经济能力为限度而依货币额表示之者也。

此定义之说明,可分为六段。

(一)租税者公共团体所赋课者也　租税为公共团体所赋课,故不但国家可为课税权之主体,即其他公共团体亦皆得为课税权之主体,同时凡一切非公共团体,皆不得为课税权之主体,故即对于团员,有所征取,然其所征取者,不得称为租税。

(二)租税为公共团体所强制地分赋之强制负担　此点关系于租税本质如何之问题,从来学者大抵立脚于纳税者之方面作为租税之根据如何之问题研究之,其所说者,约有四种:

(1)租税交换说(Tausch Theorie;exchange theory)谓国家之行动对于人民大有利益,租税者即人民对于国家之行动所支给之交换的代价也。此说倡于持社会契约说之 Hobbes、Proudhon 及 Roussean 等其所用之名义,复有种种有称为 give-and-take theory 者,有称为 bargain-and-sole theory 者,有称为 equivalence theory 者,有称为 price theory 者,更有称为 benefit theory 及 enjoyment theoric 者,此说之先决条件,必为①人民之给付与国家之政务等额,②公共团体与人民各为平等独立的个体。然第二之先决条件实与国家之根本观念,不能相容,盖国家与组成国家之个人纳税者,本属全部对部分之公共关系,而交换即交易之观念,则非在各个非公共的经济主体间,不能发生;且即使租税之完纳,可依交换主义行之然若此则关于政府将欲施行之事务。人民必有得拒绝之之自由，以避担任重费，顾事实不如是也，更由第一之先决条件言之，若租税果为交易关系则其纳税之程度，必不可不与其所受利益之多寡相关，是必纳税者当各计其所要求于政府之事之费用，以为纳税之比例，而后可，然而国家之行为，若国防、若警察、若行刑等主要事务，其性质皆非可使各人民容喙者，且其所生之效益，大抵普及一般，而无形可睹，不可事事物物而评定之，则交换之价值，将以何为准，故交换说没视租税征收之强制的性质过甚，不可用也。

（2）租税保险说（Assekuranz theorie；insurance-premium theory）谓人民依国家行动之保护，而在生命财产上受莫大的利益，故国家不啻一保险公司，人民不啻为被保险人，而租税则被保险人对于保险公司所支付之保险费也。此说为 Thiers、Montesquieu、Spencer、Mcculloch 等所主张，其没视租税之强制征收的性质，与前说同弊。即令解释租税为强制保险，然国民在国权下所受保护之程度，必与所负担之租税额相当，始合乎理。但此事不但理论上所不可能，即就事实上租税之负担，弱者重而强者轻，富者少而贫者多之实状，观之，亦足以证其不当。而况现代国家中租税之用途，不仅用于生命财产之保护，而且国家为强者削剥弱者之经济的利益之具，已为彰明较著的事实乎？故保险说亦不可从。亦有谓此说为享益说或租税利益比例说者。

（3）租税分担说（contributory theory）谓国民既为公共团体之一分子，则对于公共团体之生命维持上所必不可少之公共需要，当然不可不负分担之责，国民若不尽此责任，则公共团体之存在，将不可保，而国民亦失其所以为国民，故租税者国民为维持公共团体计，依部分对于全体之义务之理由，所通同分担之公共需要也。此说为 Cossa、Eheberg、Leroy-Beaulieu 等所主张,亦称为 Pflicht theory。此说之根柢,有一国家主义,视国家为最高至上之物,而认国民对于国家有绝对地服从信仰之要;故若求此说之成立,必先证明国家主义之不误,然不但在理论上,无论何种国家,终非至高无上之物,且从现社会一般心理,观之此种主义亦未能得一般人类之信仰,故租税分担说在理论上已可谓失其根据。再从实际上观之,租税实系强制征收而得,离却强制而解释租税,实难免有凭空想象之嫌。依此,故知租税分担说亦不足以说明租税之基础。

（4）租税牺牲说　谓租税之基础不在交换报酬及分担之观念,而在牺牲之观念。租税(Opfer theorie; sacrifice theory)者由国民观之,可谓一种牺牲,由国家观之,可谓一种强制,易词言之,即租税者国家依强制组织之事实,以充给公共需要之名义,对于一般被统治者,不用代偿,强制地征收而得者也。故租税之基础完全在国家为强制的组织及国民为被朘削的牺牲者之事实,其谓为一般的报偿者特一种掩饰之词而已。此说为 Wagner、Conrad 及 Bastable 等所主张,较为合于法理,本于事实,故我采用之。

依第四说则租税全为一种强制的牺牲,故租税与私经济的收入之以交换为基础者,固不相同,即与带有若干报酬的性质之规费、使用费及特别捐款等,亦大相异,至其与通常共同团体员之会费之分担,尤为性质悬殊也。

（三）租税者公共团体依一般的标准,分赋于其所统治者之强制负担也。所谓一般的标准者,盖指其非依特定的一个人格者而有特定标准而言,故与同一的分量异义。所谓分赋于其所统治者之强制负担,盖指其负担人不限于其自己的国民或住民而言。

（四）租税者公共团体在原则上系为充公共团体所需一般的

政费之故而分赋之者也,故与有特别的报偿性及附带性之政务收入异趣。现今各国虽尚有充给特定经费之目的税,然此乃特殊的例外,不足以破坏租税之充给一般政费之性质也。又现今各国渐多以经济政策或社会政策之目的为主,以收入之目的为从之租税例如保护关税、奢侈税、烟酒税、累进的所得税、遗产承继税等,似与租税之为充一般政费而生之性相背,实则此等租税,从财政的立场言之,仍不能不谓其大半出于充给一般政费之目的,盖若无此目的,则禁绝之可矣,不必依此而谋收入也。故定义中在原则上数字,大有意义。

(五)租税者恒以各负担者之各自经济能力为限度者也。租税负担,不当仅为普遍的,而当兼为应能的,此已为现今一般学者所公认,故所谓租税,恒以在各负担者之负担能力内之负担为限,盖若超过此限,则将变为公用征收,或征发或掠夺而不得复谓之为租税也。

(六)租税者依货币额表示之强制负担也。租税负担在为有形的负担一点,与现今所谓兵役负担等异趣。租税在今日恒依货币额表示之,故今日之租税又与古代之实物税异趣。

三 与租税之意义相关系者,尚有租税之经济的性质一问题。关于此点,有主张租税为不生产的消费者,有主张租税生产说者,有主张租税再生产说者;此等主张者大抵即为前述关于公共经费之经济的性质说之各主张者,故兹不赘述。若从我人之立场言之,租税之经济的性质,可以为不生产的,亦可以为生产的,要当将国家所征收之租税之用途及个人负担租税之苦乐二者比较研究之,而后能定也。

第二款　租税之沿革

一　以上所述租税之意义,系就现今的租税而言。若由历史的观察言之,则现今的租税,实经过数种阶级而后具有上述之意义。我人欲认识现今的租税之真相,似有略知其变迁大势之要,故依通例,略述之于左。

二　租税之沿革,可依种种标准,观察之。

以租税赋课之形式言之,则可分为四时代:

(一)人民捐赠时代(与政治史上之家产国时代相当)。

(二)政府恳求人民援助,人民承诺租税时代(与封建国时代相当)。

(三)专制的赋课时代(与专制国时代相当)。

(四)立法的赋课时代(与立宪国时代相当)。

次以租税负担之实质言之,则可分为四期:

(一)劳役的租税时代(与经济史上之原始的共产主义时代相当)。

(二)实物的租税时代(与实物交换的经济时代相当)。

(三)货币的租税时代(与货币经济时代相当)。

(四)货币的兼信用的租税时代(与信用经济时代相当)。

次以租税之内容言之,则可分为五期:

(一)实物献纳时代(与产业上之渔猎牧畜时代相当)。

(二)佃租交纳时代(与初步农业时代相当)。

(三)间接税时代(与农业兼初步工商业时代相当)。

（四）间接税兼不动产税时代（与工商业发达时代相当）。

（五）一般财产税、一般所得税及一般消费税并重而成租税系统之时代（与商工业大盛，大资本的产业跋扈时代相当）。

参考：

（1）小川乡太郎，《租税论》，六五—八〇页，八五—九五页。

第三款　租税之术语及种类

一　租税之主要的术语及种类之大要，为研究一般的租税论之人之不可不于着手研究之前，预先了解者，故述其略如左。

二　租税之主要的术语，约可分为五种：①为关于被课之人者，②为关于所课之物体者，③为关于租税承担之基本者，④为关于课税之单位者，⑤为关于课税之方法者，⑥为关于课税之用具者。

（一）租税之主体（Steuersubjekt），复有个人之主体、法人之主体、法律上之主体及经济上之主体之分，法律上之主体者，即法律上明记之纳税义务人，依法律而须为强制的完纳者也，但法律上之主体，未必皆为经济上之负担人，盖经济上之主体，为税源之所有人，即经济上及事实上之租税负担人也。故前者或称为纳税人（Steuezaher；taxpayer），后者或称为担税人（Steuertrager；taxbearer），以示区别。

（二）租税之客体（Steuerobjekt；the base of tax）者，课税之目的物体之谓，若精析之，亦可谓由课税物件及课税标准而成。课税物件者，课税之目标之谓，盖一种指定的物件或事实，课税人所依以推定税源之所在者也。故课税物件之职分有二：一以示税源之存在及原因、结果之关系，一以示显著之目标，以明税源之所在。例如地租之税源，为土地之收益，其课税物件，则为生此收益之土地或土地企业是也。然税源与课税物件，往往有同为一物之事，例如在所得税，税源及课税物件同指个人经济之所得，二者实同一物是也，课税标准者与课税物件异，其职分不仅在为指示税源之目标，更须测量税源之厚薄者也，德国学者往往认课税物件及课税标准为同为一物，然各国税制上则有明白区别之者，似以分之为宜。课税标准者，关于课税物件之数量价格尺度等之名称之谓，与课税物件迥异，盖对于税源，为最近最切之标识者也。例如地租中之土地、所得税之所得、营业税之营业、酒类税之酒类等，皆为课税物件，而地租之地价、所得税之所得额、营业税之售卖量、资本额或收入额、酒类税之酿造量等，则课税标准也。

（三）租税之源泉（Steuerquelle；source of taxation）者，谓个人经济所有资金之根源，而租税应公共所要求，所从以分配征求者也。此复有税本、税源之别。税本（Steuerbonds）者税源之原因的要素之谓，盖即个人经济所有生产上之三要素之资产、企业及劳力，是也。税源者，由税本而生之个人经济上之收益所得及因偶然之机会而生之利得等，一切收入之谓也。租税由税源征取，而税源又依赖税本故租税之出处为税源，而税本又税源之重要出处也。

（四）租税之单位（Steuereinheit；unit of tax）者以一定的数量，表示课税物件者也，约言之，即课税标准之各一定量也。例如地租之每地价百元、酒类税之每酒一石云云者，是也。租税单位之用在依此以算出关于各税之纳税额。课税者对于此单位，所赋课之金额，谓之税额。例如酒类税之每石课税二十元，砂糖每百斤课税五元等,是也。对于租税单位之税额,若以百分法指称之,则在狭义亦谓之税率(Steuersatz;tax rate),例如谓关税中之煤油课其价百分之二十、地租之课地价百分之四七是也。然在广义,则常合税额及税率,总称之曰税率,以此税率或税额,乘各个人所有课税标准之全数,则其得数谓之曰个人之纳税义务额,或单称之曰税金。

（五）赋课法(Steueranlegungsmethode;method of assessment)者,租税分赋之方法之谓,大体分为二种,一称为定率法,一称为配赋法。定率法者(Quotitätsmethode),预以法律确定课税标准及税率,直接地查定各纳税者之课税物件而赋税之者也。其收入总额,实际上非在向各纳税者征收之后,不能确定,然各纳税者固可预算其自己之税金也。反是若配赋法(Repurthimsmethode)则仅预以法律及预算确定课税物件及收入总额,依平均的标准率,而分配之于各下级公共团体而止,实际上其对于各纳税者而赋课之,实任下级团体之所为。故公共金库,虽早已确知其收入总额,然纳税者则仅各知平均负担额而止,其一己所应负担之实在税金额,固无从而知之,须俟最下级团体向之分赋之后,始能了然也。此为法德及美国之直接税及日本地方财政所行之府县户数分配制度所采用,本为与归纳课税相反之演绎课税。其弊也,虽上级配赋之小不公平,渐至下级配赋,亦变为极大之不公平焉。且此制往往缺乏依收入现状以抑制支出之妙用,往往致经费之膨胀,故现在各国已渐废弃之矣。

（六）课税用具最要者有二。

（1）租税底册(Steuerkataster;the tax roll;Cadastres)者,登录收税程序上之必要的事实例如租税主体、租税客体及课税标准等事实之官簿也。

(2) 税则(Steuertari;tax tariff)者记载各种课税客体之租税单位及税率之官簿也。

(3) 租税之种类,可依种种标准区分之:

甲　经常税与临时税　此系依财政计划上之性质而为区别者,其意义自明。

乙　实物税与货币税　此系依租税负担之实质而为区别者。

丙　配赋税与定率税　此系依赋课方法而为区别者,说见前。

丁　内国税与国境税(或关税或外国税)　此系依征收之地点而为区别者,义自明。

戊　一般税与目的税(普通税与特别税)　此系依课税之目的而为区别者。前者系因供一般的不特定的公共经费之用而赋课之者,后者系因供公共团体之特定的某种经费之用而赋课之者。目的税与特别捐款相似而实不同,盖特别捐款以利益报偿主义为原则,而目的税则以应能负担主义为原则也。

己　从价税与从量税　此系依课税标准而为区别者。前者为以课税物件之价格为准标而定税率者,后者系以课税物件之量数为标准而定税率者。

庚　国税与地方税　此系依课税权之主体如何而为区别者。义自明。

辛　人税与物税(主体税与客体税或对人税与对物税)　此系依课税时所置重之点如何而为区别者,前者系置重于租税主体之租税,例如人头税、家户税及一般所得税是也。后者系置重于租税客体者,例如收益税、财产税等是也。此复可分为物税及行为税二者。

壬　比例税与累进税　此系依税率之有无变动而为区别者。

凡对于固一的课税标准，不论其课税物件之多寡，皆课以同一的税率者为比例税。依课税物件数量之多寡而高低其税率者，为累进税。详见后。

癸　直接税与间接税（直税与间税）　此系依税源所有人是否为法律的租税主体而为区别者；前者为直接地赋课于税源所有人之租税，后者为间接地赋课于税源所有人之租税，易词言之，即以非税源所有人或税源所有与否未定之人为法律的租税主体之租税也。详见后。

子　收益税、流通税及消费税（收入税、交通税及支出税）　此系依租税客体如何而为区别者说，详见后。

四　以上各种租税之区分在财政学理上，各有其存在之理由。惟此种理由之说明，过于繁琐，似非财政学总论上所宜有，兹故从略。

第四款　租税之原则

一　租税为一种强制的负担，故难免有赋课不公平之虞；又租税虽以供一般的政费为目的，然若赋课不得其法，则亦难免有收入减少政费困难之虑；且从负担人观之，租税实系一种牺牲，亦动辄有暴敛横征之苦。欲使一国或一公共团体之租税，能副其本来的目的，而又不至于睹各种弊害之发生或扩大，则在租税政策之运用上，最要者当莫过于树立一定的运用租税之原则，以为税制建设及批判之标准。故租税原则之研究，不但为学理上之重要的问题，而且为实际上之必然的要求。

二　租税原则之讨论，始于十七世纪之 Nauban 及 Fusti 等，而结晶于十八世纪之 Adam Smith。国富论上所提倡之租税原则有四：

（一）平等之原则(the principle of equality)　谓国民当各应其资力，负担政府之费用，易词言之，即当依其因国家之保护而生之收入之多寡，以为负担之比例。

（二）确实之原则(the principle of certainty)　谓租税之赋课当力求确实而不可任意变更；纳税之时期、方法及税额，当明白平易地告知于纳税人及一般人民。

（三）便宜之原则(the principle of convenience)　谓租税之征收，当以纳税者所最以为便之方法，于其最以为便之时期行之。

（四）最少征收费之原则(the principle of least expense)　谓在人民之完纳与国库之收入之间，对于租税之额及时期，当设法使其悬隔能底于最少。

Adam Smith 之书，著于经济的及政治的自由主义盛行之时代，故其所主张之原则，多倾于消极的方面。此在当时，虽极为世人所称道，然时代愈进，政治思想、经济思想，亦发生大变更，故其所谓租税四原则，经 Sismondi、Held、Nemuann、Stein 等之修正增补，至 Wagner，则变为九原则，几有集其大成之观，今日各国财政学者，大抵皆宗之，以下所述，虽综合之为四种然亦皆不能逾其范围也。

三　租税本为财政的现象，所以应公共政费之要求者，故我人讨论租税之原则时，第一当承认一种关于一般课税本来目的之国库要求之方针，而称之曰关于课税目的之原则。然租税之来源，在乎国民经济故租税又为经济的现象，而不能不更有第二原则。第二原则者，谓国家当注意于税源之选择及利用，务求在租税立法时不使经济界因以受莫大的害损,易词言之,即当顾经济上之要求也。依此要求,而关于税本利用之原则以生。更次,租税系由一般被治者强制征收而得,故租税又为社会现象,故租税者务当普及一般,且其分配务须公平,易词言之,即当顾社会的要求。依此要求,而关于租税分配之原则以生。再次,租税本系一种强制负担,故又为政治的或行政的现象故,依以上诸原则所选择分配之租税,当其征收之时尚须务使公共团体负仅少之行政费,使纳税义务者受极少之烦累,此为第四之要求。依此而关于收税技术之原则以生。此四种原则,各有其不同的存在理由及特殊的适用方法,当于下段逐次论之。

四　第一种原则,系关于课税目的之原则,亦称为国库的原则或财政的原则,盖依课税之本来的目的即收入之目的而发生者也。公共团体欲履行一定的职分,则不能不有处理经济的物件之要,已见前述。然公共团体之经费,往往为性永久、为额巨大,故由支给经费之国库观之,不能不要求一种课税之原则,使其租税之收入,足以充经费之用,确实而无缺乏之忧。且此要求实与财政之本来的特质,即所谓公共财政当量出以制入者,相一致,故较其他三种原则,尤为重要。盖我人既承认公共团体之存在,则维持公共团体存在之经济的要求,自亦必为第一的最高的也。

关于课税目的之原则,租税立法上要求三事:

(一) 租税之收入须求多额

此实国库要求于租税之第一要点,在课税本来的目的上,不得不然者也。故吾人当租税立法之时,最先不可不选择具有如斯性质之种类之税。凡其课税物件,存于一般经济,广而且多者,例如人头税、地税、家屋税及若干种消费税,皆具有此种性质之税,而为各国所喜于选择者也。此等租税中,往往有妨害国民经济之发达者,然而不能剧改变之而以他税补充之者,盖以其收入额常甚巨大,不易别求财源以代之也。

(二) 租税之收入须确实可靠

从学理上言之,租税本所以应国库之永久的需要,故纵令其收入额甚巨,设其巨额不过一时的现象,时时增减,其差甚大,或全然不能永远继续者,则仍不得认为适当的租税,例如奢侈税之大部分,其收入之增减甚激,即属此种。反是若地租及家屋税,其收入皆极为确实,故从此点观之,实极好的财源也。

(三) 租税之收入须具有发达力

国库之永久需要,固须待确实之收入以应之,然其需要,依前所述实与文明之进步并进,日益扩张,故不能仅以确实不移的收入应之。故租税之选择一面须求其收入之确实,一面又须求其有发达力,能与国家之发达相副。所谓发达力者,通常有二意:第一,谓其税率不变,而收入自然日增,能与世上文明之发达相应,第二,谓其收入之源泉甚富,纵有时变更税率,以图增进收入,亦尚能无害于民业。现今租税中具有此发达力之性质者,为所得税、完全营业税及消费税等,而地租家屋税,则具此性质而微。

从大体言之,从价税随价格之变化而收入有伸缩,故最具有满足此种要求之性质,而从量税则适与相反。然从量税征收甚为简便,不易发生收税人与纳税人间之争端及不公平的事实,而从价税则否。二者各有利弊,故近时各国多采用折中制,以从价主义为基础,而设从量税,随经济状况之变迁,而改正从量率之换算。例如砂糖税,以其百斤十元之价格为基础,课以从价二成之租税,复将此从价税换算之,改为从量制,定为百斤二元之从量税;设若其后砂糖之价腾贵至百斤二十元,则复改正之为百斤四元之从量税,是也。如此,则征税上既甚便利,且与公共收入目的,合同一致,而又能与纳税者之负担力适应,是一举三利也。

五　第二种原则系关于税本利用之原则,亦称为国民经济的原则。第一种原则适用之结果,往往失于重税苛敛,难免有害税本涸税源之虞,殊非所以维持公共团体之永久的需要之道,故不得不更有第二种原则之存在。

税本之原则者,盖由国民经济上之要求而生。其目的在节用税源,使生产力不至萎缩,故其关于课税方法及租税种类之选择,在立法上,要求左列数事。

（一）租税之负担仅可及于税源（收入或收益）,不可及于税本（资产）。

凡欲使租税之收入永续无间,则其负担自宜仅及于税源而不可及于税本。税源者,即各人之收入,其大半皆由资产年年发生者也,故年年必征收之租税,若使此收入负担之,自属最佳。顾各人之收入,为用甚广,其生活必要费、资本储蓄、娱乐消费等,皆取诸是,故万不能举其全部,以完纳租税。即从国民经济上之要求言之,亦但求能割取各人之娱乐消费之一部,以充租税,足矣。盖因惟租税之负担仅止于各人收入之一部时,租税之年年的收入,始得永续无间;否则将使租税之负担,超越税源之范围,而及于资产,以害税本,则税源之涸,可立而待也。故租税之负担,不可及于资产。

然有种租税,其果超越税源之范围而及于资产与否,实不易知。盖租税之中,实际上赋课于收入者固多,然赋课于资产、职业、消费物或一定的经济事件者,亦复不少。当此之时,吾人决不能断定,谓,以资产价格为标准而赋课之之租税为及于资产,以收益或所得额为标准而赋课之之租税为仅及于税源,盖资产价格之百分之一税与收入额之十分之一税,其实质殆不相异也。通常资产价格,概为以平均利率除资产所生之收益之商数,故其计算之基础,实不外以收益为标准。故设若税率之计算而能精确,则资产税与所得税,殆同一物,其赋课之外面标准,虽若异甚,而其对于税源之负担关系,殆无大异。要存视标准之适否及税率之轻重如何而判定之而已。

租税虽应仅赋课于收益,然对于个人收益或国民收益究竟应课其中之若干成,则为不易决定之问题。通常学者往往搜集各国国民收益及国民负担之统计而求其平均率,以为一般税源对于租税负担之限度,然因各国经济状况,甚相悬隔,此种平均率,缺乏代表的性质,故近顷殊不重视之。租税负担之轻重如何,要当依其时其地之实在状况,从各种经济现象及社会现象推定之,不能有一定的标准也。

(二)租税之负担不可及于幼稚的产业及改良发明之权利

幼稚的产业之富有发达之望者,实公共经济上未来税源之所从出。若于其幼稚之时而赋课之,则足以妨其发达,徒使其竞争者之他产业,独占垄断,以酿成国民经济上之不利。对于改良发明之权利及其作品,不宜课税之理由,亦在其赋课足以阻害国民经济之发展。

(三)租税之负担不可使及于生计品、原料品及文化开发之用具

生计品所以维持个人之劳力,为一切产业之基础,故为维持生产力计,务当使其价低廉。原料品为未来产物之材料,故为获得赋课于未来产物之大利计,务常廉其价格,而奖励其发达。又教育通

信用具等文明之利益,实为社会万般发达进步之共同要素,故为培养将来之税源计,亦常免其现在之负担。

六　第三种原则系关于租税分配之原则,亦称为社会的原则或公正之原则。租税之分担,若不公正普及,则虽适用上述第一及第二种原则,亦未必能遽达其预期的目的,盖租税之根本的存在理由,在维持公共团体,而公共团体之根本的存在理由,又在其有社会的效用,故租税而有巨大的分担不公平之事,则亦将失其社会的效用或更发生社会的弊害,其结果将并其存在之理由而亦失去也。

租税之分配,至如何程度,始得称为公正? 此当因其时其地之国情及思潮而异其答解,不能一定,然依现代一般普通的观念言之则租税分配之公正,在立法上,应要求左列二事。

(一) 课税须普及一般

租税所以供公共团体之一般费之用,故其负担,当普及一般。此言由今日之社会观及国家观言之,似觉浅近而陈腐。然在古昔阶级制度甚盛时,一团体之团员之权利义务,应均而不均,其中往往有特种阶级,不问其经济资力如何,常特别地免除纳税之义务。其结果,他种阶级反因之不得不负担过重之租税,重敛烦征,革命以起,此历史上所明示者也。推既往以虑将来,则租税负担之当普及一般,实有重大的意义,苟为公共团体之共同团员,则不问其为个人及法人,其当各应其经济资力,任租税之负担,而不可有阶级上之特权,此固租税性质上不得不然者也。顾即在今日,依政治上、公益上或财政及经济政策上公明的理由,亦常有以法律上之明文,规定免除租税之事,特其用意与昔时之免租特权大异,不惟无害于公正,且适足以裨益之,在一般经济上,转为得策也。普通谓之曰纳税义务之一般免除。

此纳税免除之形有三种。第一为依政治上或公益上之理由而免税者，凡关于君主、公使及寺院、学校等之免税属之。此种免税与后述二种异趣，实免除经济上之负担，而可称为真实的免税者也。第二为依财政技术上之理由而免税者，凡关于官有公地、政府用品等之免税，属之。盖此等物件，本所以供公共之用，若课其税，则虽得收入于此，实增公费于彼，故为避此重复计算起见，免其课税，然究不过计算上之免税而已。第三为依财政及经济政策上之理由而免税者，凡关于小所得、小营业、开垦地、原料品之免税，属之。此种免税之目的，在辅助未熟之生产，助长产业，以便他日俟其成熟发达之后，能得健实丰富之财源，究其实不过一种之政策而已，故可称为名义上之免税。要之，除却此种依特别公明之理由而免税者之外，租税之当普及一般，乃不易的原则也。

（二）课税对于各人必须平等

课税必须平等，方能与近代平等自由的国家观及社会观一致，而期上述课税普及原则之贯彻，自属当然的理论。惟关于租税之平等之意义，从来学者尚多异议。平等之本义，当然非指同额的负担，盖现代社会上财富之分配，甚不平均，若赋各人以同额的负担，则赤贫者与富有者间之租税分配，适足增其不平等，殊与现代的正义观念不合也。故平等的人头税之赋课，仅可行于古代，而在今日则已无存在之余地。

学者中有依租税交换说而主张所谓平等应指租税对于各人由政府享受之利益多寡之比例者。然租税交换说根本上已难成立，且即使成立，然各人所受利益之多寡，亦实无法测定，故此说不可用。或谓可依各人所有财产之多寡而为比例以测定之，然现代各国中，无资产者其数匪小，恐财产比例说，对于此种阶级，未必能适用也。

现今多数学者所公认之平等分配，系指应能分配即租税负担能力上之平等。各人之负担能力，在无产者与有产者之间，无论矣；即同属有产阶级，而同一的产业，亦不必发生同一的收入，同一的收入亦不必有同一的主观价值。故各人之负担能力，恒各有差异，我人欲课税之平等必须顺应此种负担能力而行赋课。通常学者谓个人经济对于租税之负担力如何，可由其以收入若干纳税后所感苦痛之多寡而决定之，其负担力之强弱，常依其所得收入之厚薄而决。易词言之，即凡个人经济于其所有之收入中，除去税金之后，其所余部分之可以归其自己之自由处分者，为额尚多，则负担力强，其为额少，则负担力概属薄弱也。质言之，即各人负担力之强弱，恒可以经济学上所谓所得之多寡表示之也。

然所得之审定，甚难周密，且各人收入中往往尚有种种收入，带有随时收入的性质，例如赠与、先占、中彩等，不能作为经济学上之所得者，故事实上欲依各人所得之多寡课税而求租税分配之平等，实为势所难能欲救其弊，通常谓有左列五法。

（1）最低生活费之免税　最低生活费者指维持各人之肉体的健康之生活费而言，此种生活费自无负担租税之能力，故应免除之。最低生活费之数额应有若干，自当随其时其地之经济生活程序而异。

（2）确定所得与不确定所得间之差别的课税　所得之性质，往往依其来源而有差异，故同额之所得，不必表示同等的负担能力，盖因其额之内容及外界之事情，未必常能与负担力为正比例也，例如资产所得与劳动所得，虽同为收入，而其对于租税之负担力，乃大相径庭：由资产而生之所得，为性永续而确实，由劳动而来之所得,则不然,常与其所得人之年龄健康有重大之关系,其性概不确实,故二者纵属同额,其负担力亦决不可谓为相同。故租税立法上不得不区别税源之种类,加以斟酌而行一种差别的课税也。

（3）所得人之个人的事情之斟酌　所得之种类相同,然所得人之一身的事情若有差异,则其负担力亦有不同。盖可归个人经济上自由处分之余额,当然常因一家之景况,而增减其主观的价值,例如家族之多少、子女特别收入之有无、应享扶养权利之有无、灾厄之多寡等,种种景况,皆甚能限制其家收入之自由使用。故租税立法之际,亦当加以斟酌也。

（4）重复课税之避免　重复课税者,对于同一之税源,累课二以上之租税之谓,详言之,即已经在一种租税中,被课之税源复于其他租税中,作为税源而复被赋课之谓也。例如原料品,当其为原料时,既被课原料品税,及其被制造而为制成品,复被课成品税,即其最甚者也。又如于地租及营业税中,既以农工商业之收入为税源而课之,更于所得税中,复以此等收入中之之所得为税源而重课之,是也。重复课税之不合平等的原则自不待言。我人欲避免之则对于前一例,当废止原料税,或俟后退税,对于后一例,常废地租营业税,而设一般所得税,为策方称最善。然直接税上之重复课税,各国税制上皆所不免,且亦未必常为不当,因苟于对于税源,算定税率之时,能明其一定的计算,使重复课税之结果,对于该企业或该资产之所得全额,能为适当的比例,则虽重复课税,与单税固无所异,且往往因多方面之周到的观测,可使利害相补,而成适当的负担。例如国税与地方附加税,虽常重复,然依课税限制法,定二租税之比例,于立法之时,立定计算,使其对于人民之负担上,虽并二税而不为苛,然后施行之,如此,则二者虽重复课税,亦未为不可也。地租及营业税与所得税之重复亦然，要在使二税合并之税率，能明其对于同课税源，果可保持适当的比例与否而已，若毫无计算上之基础，惟任财政需要之要求，并课数税于同一税源之上，则危险实甚，不可不改正之。

一国内而有重复课税之事，不问其重复起于国税与地方税之间，或起于他种课税之间，总之，其税皆属于同一主权之下，故可依课税限制，或税法之改正，以矫正之，而使其适当。然若其重复起于主权不同之国际间，则无法矫正。观现今各国间，虽有重复课税之事，而亦无从救济之，即其例也。近代学者主张国际课税法之原则，谓人税当概从其人之住所地之课税权，物税常概从其物之所在地之课税权，行为税及消费税当概从其行为地及其消费物被课税时所在地之课税权，然此亦不过一种之学说，各国法制上尚未采用之，故今日国际重复税之存在，依然甚多也。

（5）所得大小之斟酌　所得之大小，与各人负担能力关系之深，可依经济学上所谓限界效用说（theory of marginal utility）证之。所得大小与租税负担之斟酌，通常皆作为比例税制与累进税制之问题而研究之。税率之比例制者，谓对于同一的课税标准，不论其数量之多寡，同以均一的税率行之，之制也。在此种课税中其应纳之税额，虽随课税标准之数额而异，而对于课税标准之税额比例率，则始终不变，不论对于多额少额，其比例率常等。例如所得税，若为比例税，单云课所得额百分之五，则对于万元之税额为五百元，对于千元之税额为五十元，税额虽异，其对于各课税标准之税额比例率，则同为百分之五之均一税率是也。要之，比例制中税额虽有变化，税率则常均一，而税率之累进制则反是。累进制者，谓对于同一的课税标准，视其数额之多寡，附以等级，因等级之差，而税率大异之制也。在此种课税中不惟其应纳之税额，常有变化，即其税率，亦不一定，课税标准额多者，课以高率，其额少者，课以低率。例如所得税若为累进制，对于所得额一万元，课百分之五，对于所得额千元，课百分之三，是也。此其结果，对于一万元之税额为五百元，等于每千元税额五十元，而对于千元之税额为三十元，故累进税不仅因所得之大小而税额有变化，即税率亦随时不同也。故约而言之，比例税制与累进税制之差异，在一为均一的税率一为差别的税率。

累进税制有四种：一称为累减税，一称为狭义的累进税（亦可称为累加税），一为超过累进税，一为课税标准累进税。累减税者，先向一定的课税标准额，定一最高税率，对于超过此额之所得额，不增税率，对于比此额较少之所得额，视其多寡，以次递减其税率，至一定的地平线而止，过此地平线以下之所得，则不课税。反是若狭义的累进税，则不设此税率之最高限度，而但设将课税物件随其多寡，附以等级，视其所得额之增加，依一定的比例，增加税率，无有限制。例如关于十万元以上之所得，其所得额每增若干万元，则亦每加其所增所得额几百分之几之税率是也。

超过累进税者对于各课税标准之全额，不累进其税率，但对于一定的超过额，逐次累加其税率而止。例如先定五百元以下之金额，为最下标准额，仅课以百分之一之税率，对于五百元以上之超过额，课以百分之二之税率，对于千元以上之超过额，课以百分之三之税率，对于二千元以上之超过额，课以百分之四之税率等是也。今若称普通之进累制为全额累进制，则此制当可称为超额累进制。此制，可缓和累进之程度，使成温和渐进之负担。

课税标准累进税者谓名义上对于税率，不加变化而使之均一，然对于课税标准,则以累退或累进法,扣除免税之数额,其结果在实际上仍为累进税也。例如所得税,在名义上虽课以均一的百分之五之税率,然实际上,对于所得人系扣除免课部分之所得而后课税。此免税部分或为一定额,或依其所得之大小,而加以伸缩,然其结果,无论如何,必成为累进税是也。

比例制及累进制之区别,固在税率之为均一的与为差别的,惟其均一差别云者,系对同一的课税标准而言,换言之,即比例税者,对于同一的课税标准为均一的,累进税者,因同一课税标准之数额而生差别也。例如于地租、市街宅地之税率为百分之二十五,田地之税率则为百分之四十七,又如于不动产登录税,赠与不动产之税率为千分之六十,买卖不动产之税率则为千分之三十五,又如于关税,奢侈品之税率为从价百分之二十五,谷类之税率则为从价百分之十五等,若对于各税源而言,虽或可称为累进税,然其课税标率,各税互异,故在学术语上,不得称为累进税也。又如一方既就各税设如斯差别的税率,并于所得税,课大所得以高率之税,而他方更于消费税,课小所得以比较上甚高的税率,此等倾向,就一国课税制度之全体观之,虽亦可称为对于税源之比例税,然不惟其课税标准相异,即税种亦全然各别,故实不得称为比例税也。凡课税之根本的当否,从纯理上言之非可单就对于同一课税标准之均一或不均一而定,必须由一国课税制度全体大观之,期对于国民全税源,能为公正之分配。然实际上试一观各国之现状,则除对于每一课税标准,设定租税,就各税而制定税率之当否外,实别无善法,故比例累进之名称,不得不专为对于同一标准之税率上之名称,而比例税与累进税之问题,亦不可不于此意义议论之。

关于累进税之论据,学说虽多,然近时多数学者所倡导,而我人所认以为最有力者,厥惟以累进制为手段,则可以得租税负担之公正之一说。惟其所谓负担者,非如旧思想之意义,指单纯之支付即"牺牲"而言,而系指完纳租税后所余存之能力而言,然此种负担力如前段所论,虽依从税源支出租税后所余之自由所得额而测定之,然非可机械地与自由所得额保持比例者,盖在保有仅少的自由所得之人,其各所得之部分,与其生活之需要,甚相切接,因之个人经济上对于各所得部分所感之紧要程度,自当甚高,然若所余存之自由所得额愈益增加,则个人经济上对于增加部分所感紧要程度,常愈益下降也。例如虽同一五元货币,富者所支出之五元,与贫者所支出之五元,其紧要之程度,固不能同。不惟如是,即在同一之人,其投于生活必要费之五元,与其投于奢侈费之五元,所感紧要程度,亦必迥异。盖若从普通之观念言之,彼固常先生活必要之支出,而后奢侈费之支出也。由此类推,则余存自由所得额小者,其对于租税之负担力薄弱,额大者其负担力乃甚大,可以知矣。易词言之,即谓小税源之负担力格外弱小,大税源之负担力乃格外强大也。此即经济学上所谓最终效用之原理,实亦因所得额而设差别税率之累进课税论之论据也。

累进税在原理上虽可是认,然其实际上可得适用之范围及其实际的利弊,则异议甚多,尚有未易断定者。兹姑举其大略于左,以资参考。

（一）反对累进税者,通常列举五种非难。

（1）累进制主义不公正

富者贫者,资产虽异,其受国家保护之权利相等,故其负担租税之义务,亦不可不相等。富者自增殖其资产及所得,贫者自减其资产及所得,而政府乃欲由人为之力,对于资产多者特加减削。此不啻扰乱财产及所得之分配,故课税累进法可谓反于租税公正之原则者。

（2）税率之等级实无合理的标准

例如所得税,对于三百元以上之所得,课二分之税率,千元以上课三分四厘,一万元以上课七分五厘,十万元以上课二成之税率等,果依如何标准,而定如斯之等级及差别？其最奇者,九百九十元之所得,不过仅纳二分五厘之税金,即约二十五元,而与此相差仅一元之千元所得,则当纳三分四厘,即三十四元之税金,其不公正亦甚矣。如是,尚得谓累进税能使贫富之负担与其能力一致相应乎？恐适足以促成漏税而已。

（3）累进之极当成没收所得全体之结果

差别税率之无标准,姑置不论,即依累进税法,试假定每一万五千元累增一成之税率,则三万元之所得税率当为二成,六万元之税率当为四成,十二万元之所得当为八成,十五万元之所得其税率当为十成。至此乃不得不将所得额全体充作租税,名为租税而等于没收,此可以证明累进课税之不公平及不得当矣。现今各国之制度,因是亦有不使税率累进无限,特于中途达到某额时,止其增进,过此以上,则用比例制者,例如日本之所得税十万元以上之所得,皆一律课二成之均一税率,是也。然此累进税之停止,亦将以何为标准而决定之乎？殆不可不谓为专断之甚者矣。加之,若从调和贫富负担之累进主义观之,设于此时有二十万元之富者,因仅纳二成而不纳四成之税故,其结果可与忽得四万元之免税相同,然则是大所得者反受减轻也。其矛盾且不公平,不亦较然可见耶？

（4）累进税抑制资本之蓄积及利用

因资产及所得之增加,而课以累进税率,则凡克勤克勉、储蓄及集合资本而利用经营之者,反将以较他人所获为多之故,而被征发其勤勉之结果矣。故苟非对于此等勤勉之人,任其脱税而不过问者,则累进税必将阻丧储蓄心,促资本之外溢,因以抑压一国产业之发达也。

(5)累进税不得适用于一切租税

累进课税之适用,似仅限于真正的对人的所得税。通常如注册税、印花税等,虽间有用类于累进之方法者,然固非真正的对人的累进制也。对于此等税,若设多级之差别税率,则有促成脱税、增产业交易上之烦累之弊,故其差别最多亦不过二三级而止。至关于不动产之课税,则即纯益税如地租者,亦不能适用累进税率,盖各人之土地,多为小区域,散在各处,其课税事务,亦各于其土地所在之处办理,故欲集合每人之所有地而课以累进税,实匪易事。且土地又本为随时买卖转移之物,欲以对人的累进法课之,殆不可能之事也。对于土地且如此,则对于变转无极之消费物,更无论矣。此等物品,既转移无定,则惟有随其移转,视其物而不视有其物之人,就其价格之大小,以差别其税率而已。安能随每人交易额之多少而累进之,故无论如何,消费物税终不能适用累进制也。

(二)然对于以上之非难,主张累进税论者亦自有其辩护之说,其要点凡七。

(1)累进税之主义最为公正

所谓租税之公正者,不可单以机械的比例数为充足,须依各人负担能力之大小而设等级,因其等级而差别其税率,必如此方为真正的公正。反对论者谓政府欲以人为之力,乱自然之理,不知比例累进,均属人为,而比例制反有增长分配不均一之弊,累进制者,即欲救其弊而保持真正的公正者也。故理论上我人不得不认累进制为正当。

（2）若谓累进税之税率为无标准则一切税率皆不得不然

比例税论者谓累进税税率之等级差别，为专断而无标准，然一切租税之税率，亦何莫不然？例如某国地租之税率为地价百分之四七，营业税之税率为卖出额百分之六，消费税之税率为从价二成等，此各税间之税率，决非有一定不动的标准者。更从一种之税观之，其依课税标准之种类，区别而得之税率，亦果非专断否？例如于地租、市街地与田地之税率有别，于营业税、物品贩卖业与金钱贷出业有别，于消费税、生活品与奢侈品及下等品与上等品之税率亦各有别，果有何根据？若以累进税之对于一种课税标准，课以有等级之差别的税率，为专断而不公平，则其他诸税之于一税之下，依种目而差别税率者，亦皆不得不谓之为专断而不公平矣。要之，凡决定税率，必稍专断，实为一切租税共通的缺点，不独于累进税为然也。

（3）累进税不必发生全夺所得额之结果

假使极端地遂行累进主义，则或如比例税论者 Beauliu 所说，税率达于十成，其结果遂至全夺所得额。然租税不可及于资产，务须只加于税源之一部，实为租税立法上根本之原则，主张累进税者，因未尝没视之也。故欲求不违反此原则，固可于遂行累进税时，加以一定的限制，故现今实际制度，依前所述有累减税率及超过累进税率之二种，前者定一最高率于一定所得额，过此额以上，则课一率的比例税，后者视所得额之多少，每增额若干，则加课其增额之若干分之一，故二种累进税之所征赋，皆仅所得额之一部分而非全体也。此外若课税标准累进税亦然。论者又谓因停止税率之结果，大所得者，不啻授予最高税率及停止税率之差额相当之免税，不免有轻课大所得之感。不知此实停止税率累进当然之结果,虽有主义未能贯彻之观,然以视比例税所课于最高限以上之大所得者,已较为高率高额,固无轻课大所得之事也。要之,比例制者,单级的比例制也,累进制者,复级的比例制也,二者之争点只在比例制之单复如何耳。而复级比诸单级,较能与负担力适应,则依最终效用之原理,固不容疑也。

（4）资本不必定因累进税之故而外出

常对于贮储结果之巨大者,课以高率之税时,设使其他事情皆属同一,而不加处置,则可使既存之资本,因之外出,将储蓄之资本,因之减少,其结果可至于阻害产业之发达,此固不待论。然而累进税者,对于大所得虽课以高率,对于小所得则课以低率,甚且免税,视负担力之强弱为轻重,以求得其所定之收入者也。故一方抑制大所得之产业,一方即以同程度之力保护小产业者也。顾社会上小资本家之数,恒较大资本家为多,故抑制少数之储蓄及生产力,而助长多数之储蓄及生产力,实足以扩张一般的购买力,唤起产业之需要,增加资本之要求。安有所谓资本外出哉?

（5）累进税实可以鼓励生产力之锐气

累进税可以保护多数小产业小所得,以裕其购买力,并使多数小产业对于大产业,保持平等之地位,以促一般生产之发达,已如上述。此外更有使多数小产业,鼓励锐气,发达生产之效。此论之根据,与经济学上所谓人类之生产年龄,在其方劳力而未成功之时之论相同。伟大的思想,少出于五十岁以后之人。经济上之生产亦复如是,其清新的锐气,多出于少壮产业家,故对既老的成功者,当稍加抑制,对现在的苦劳者,则加保护。累进税者,即所以夺老朽惰逸之资本及所得,而与少壮锐气的资本及所得以活动之余地者也。

(6) 加之累进税能预防恐慌改良社会上之地位

累进课税者,轻课正在劳苦中之人,而重课老朽的成功者也,故不仅可妨碍将来产业及资本之集中,使大产业者抑制其扩张产业之心,以防生产过多之虞,且同时又可助长社会上多数的购买力调和生产与消费,使市场上无积滞货物之事。故累进课税称为能预防商业上之恐慌。

又累进税对于商业上之成功者,加以特别的负担,对于大多数之人,则与以新成功之机会,故社会上之势力,将渐由少数的强者,而趋于多数的弱者,恰与政治上由专制政治,而趋于立宪政治,逐渐改良无异,其结果社会上之地位及势力,将日改善而趋于平也。

(7) 累进税之适用本不必求其普及

累进税非对于课税者能预就每人集计之课税标准,则不能适用,故此税法仅限于能就每人集计之直接税,例如所得税、营业税或嗣续税等,是也。其他如直接税中之地租及家屋税,在现行各国税法上,皆归地方办理,为属地主义的课税,故不适于就每人集计。今若能统一现行各种之直接税,使为对人的一般所得税,则累进税之适用范围,可更增大。至若间接税,则到底无从适用累进制,实不可争也。故我人信以为各种税类中,除其全不能适用累进制者之外,其他苟对于比例制及累进制俱能适用者,务当采累进制。如是足矣,非必欲求其普及也。

以上赞成论与反对论各有理由,然就现今的社会思想观之,似不能不左袒赞成论也。

七　第四种原则为关于课税技术之原则,亦称为财务行政的原则。以上三种原则系关于租税实质之原则,虽甚重要,然若无形式的原则以为保障,则其目的仍难遽达。盖租税之来源,毕竟在乎人民,若公共团体与人民间之授受关系不能圆满,则租税之存在根本上将不可能也。

关于此点,在租税行政上至少当要求以左三项。

(一)租税之设定及征收,当依宪法上之法律之形式　此盖现代立宪政治思潮之当然的结果,苟不如此,则被治阶级必不乐于纳税也。

(二)当谋纳税之简便　被治阶级虽乐于纳税,然若纳税方法,过于繁重,则公共团体之收入上,仍难免不蒙完纳滞怠之损失。欲救其弊,当力求纳税方法之简明便利。在税法中应将关于纳税义务人税率、完纳期、免税事项、征收展限事项及制裁等之规定,明白简易地规定之。当征收之际,复须以征收票,通告纳税人以征收之官厅、交纳之金库、完纳期限及税金额等,以备纳税产业人之遗忘。其他对于赋课查定时,苟有一定之事件发生,许其诉愿诉讼,并使收税官吏带一定的徽章,且制定保障法,使营业上之秘密,不致他泄。凡此皆最要之事项也。

(三)当谋收税费之节省　此事由国库及纳税人两方面言之,俱同为课税技术上重要的条件,在课税之经济主义上所应研究者。盖收税费为国家岁入上之生产费,故设能节省得当,则国家岁入之纯益当愈增,而国家所需要,愈得充实无乏,其结果,人民之负担,间接地因之乃见轻减矣。欲达此目的,第一,当审查收税事务应归人民承办及应归国家机关掌管二说之可否。承办企业,固可以节约国家之收税费,然纳税人之负担,不因此而有轻减之益,且种种弊害,每与承办者之利益心相伴,其结果能致国家之不利。故收税事务从一般言之应归国家之机关掌管,方为得当。然国家机关之掌管,复有直接掌管及委任掌管之别故。第二,当研究收税事务当归国家直接掌管,抑常使下级地方团体,兴地方事务同时掌管之。此问题在今日犹为学者所议论而未决者,盖地方团体,既因地方财政之故,设有收税机关,且其机关,常因他种行政,接近人民,其间关系,最为圆滑,故若使其机关兼管国家之收税事务,则不惟足以防官民之反目,且尤适于节省收税费之目的也。然反对此说者,则谓若果如斯,实过于亲近人民,不可称为适当的方法,因征税事务当威严,不威严则脱税者必多,苟用此法,则如关于所得税及营业税课税事项之调查,并消费税之查定监督等事项,必不能监察周至,杜绝脱税之弊。观地方税上脱税及滞纳者之所以甚多者,殆即因此。且此方法,实亦一种之承办征收法,故国家所收之租税岁入,不免常为纯益,致便国家岁计,成为纯计式之岁计,其结果使收税技术之改良上,亦感不便。又依此方法,则各地方收税方法自难统一,故各地之间,常有不均衡之弊。中如间接税,尤易依各地方之任意,而上下其手,则产业上之扰乱,尤当不少。二说之中,后说似优,故现今各国税制原则上关于国税,多采用国家直接征收之方法。然各国关于重要的直接税,亦多有于国家监督之下,使下级地方团体办理之者,其办理费,则由国家从岁出之部,年支定额若干,发交自治体,而租税收入,则以总收入计划,揭入国家岁入部。

第五款　租税原则之适用顺序及适用上之一般理论

一　上款所述四种原则,往往有互相抵触之处,例如第一原则要求租税收入之多额与第二原则要求租税之负担不可及于资产,二者实难并容;又如第二原则之保护产业之要求,与第三原则之平等负担之要求,亦难兼顾,是也。常此之时,究竟应以何种原则居首位?此实一至今尚未能解决之问题。大抵以人论之,财政当局者恒重第一原则,资本家恒重第二原则,一般消费者则重第三原则;以时论之,则财政困难之时,多重第一原则,产业振兴热流行之时,多重第二原则,而社会问题发生之时,则恒重第三原则;此乃实际上一般的倾向也。若单从理论上言之,则此问题,几无解决之希望,盖因租税本为一种综合的现象,与财政、国民经济、社会及政治俱有关系,万不能偏重一方面而轻视其他方面也。以我之见,则以为租税毕竟为财政而存在,故最当注重第一原则。然租税之来源,在国民经济上之税本,故次当注重第二原则,在现今财政学上,社会政策的理由渐被重视,故次当重第三原则,而第四原则本系一种形式的附属原则,故当置诸最末。

二 各种原则之适用,除各有其特殊的方法外,尚须一种对于各种原则俱有关系之一般的理论,以为补助。此种一般的理论,甚为复杂深奥,其详应属于特殊的租税研究,兹姑言其大略而已。

此种一般理论,在大体上可分为租税系统及租税归着二者研究之。

三 依前所述,一切租税之源泉,要不外乎个人之收益,各个人之租税负担能力之表示,亦不外乎收益或所得之多寡。故假如能课一种租税,恰足与各人之负担能力相当,易词言之,即能课一种理想的单一税,则租税统系(tax system)之问题,殆可以不发生。然单一税之理论,自 Bodin 之单一所得税论起,而 Hobles 等之单一消费税论,而 Vauban 之十分一税论,而 Boisguillebert 之单一地税论,而 Henry George 之单一土地价格税论,而德国社会党之单一所得税论,而法国学者之单一资本税论,种种主张,至今犹进展未已。然实际上则因其大抵含有左列缺点,故终未能见诸实行。单一税之缺点有五。

（一）无论何种单一税,俱难网罗一定的课税物件之全部,故不能满足正义上之要求。

（二）租税种类多,则负担者之心理上不感其过重,而单一税则反是。

（三）单一税税率必重,故易增脱税之弊。

（四）单一税制难得充分的且富于弹性的收入。

（五）单一税似甚公平,而实则因转嫁之结果,往往不能获得单一税制所预期之归着,故不公平。

四　单一税制既不可行,故事实上,欲求各种原则之适用,则不得不研究租税之统系。

一切租税之源泉俱在个人之负担能力,而此种负担能力之主体,则因各时各地之社会及经济情形之不同,而有差异。通常在财政学上概不以个人一身为主体,而以一家经济视为负担力之完全主体,盖由财政学上论之,个人对于租税之负担力,即系一家经济之相对的经济能力,易词言之,即个人一家所有之自由所得之谓,故一切租税之税源,固不外乎其一家经济之收入也。

然此种税源,即一家经济之收入,果依何法而能完全测知之？通常一家经济,终不外由收入经济与支出经济二者而成,大抵始依收入经济,取得经常的收入,次依临时的行为、一时的事件、增加临时的利得,终依支出经济消费此种收入。故今若有人于此,欲窥一家经济之表里,则理论上自当先从正面扼其收入经济,观取流入此家之一切经常收入,次从两侧面,捕捉此家临时收受之利得,最后冲其背面，按其支出经济，追究其家人暗里消费之支出。如是，庶可以完全测知个人经济之收入矣。

故凡课税者欲使国库之要求，与个人一家之经济的负担力相应，则第一，当先从正面就个人经济之经常收入部观测之，第二，当从两侧面就其临时利得部观测之，第三当更从背面观测其支出部。如是，从四面观测个人一家之收支经济，由各方面，系以大小适宜的吸管，则彼个人一家之经济之负担力，大抵将于其能应公共金库要求之程度内无脱漏亦无过不及，皆被吸引于国库矣。兹所谓大小适宜的吸管者，即各个之税目税种也。试分而类别之，可得三大租税系统，第一，为由正面观测之收入课税，第二，为由侧面观测之利得课税，第三，为由背面观测之支出课税。此三者不但观测点不同，且能各有其独特的作用。

（一）收入课税之作用

收入课税者，对于各个一家经济上所继续地有规则地收得之收入（经常收入）之课税也，易词言之，即欲由一家经常收入中，吸收国库之需要分者也。惟国库吏员，不能常立于各个人经济之屋前，以观取此种税源，故不得不以其他手段，搜查生此一家经常收入之税本，以达其目的。幸此种收入常依经济学上所谓生产三本源之资产、企业及勤劳而生，故可搜查此等收入本源之所在分量，以为课税之标准，而投税管于其一家，应其税源之厚薄，以吸收国库之要求分，此即收入课税之作用也。但其税源之发现，可分资产收入、企业收入及勤劳收入三种，故不可不依其性质如何，而分别其负担力之轻重。

（1）资产收入　此为确实永续的税源，故比之他种税源，负担力甚强，有耐高税之性质。例如地租、家屋税、动产资本税等，皆有此种税源者也。学者或称之曰物税。

（2）企业收入　此为由资产与勤劳二者结合而成之税源，虽不及纯资产收入之确实永续，而较纯勤劳收入强健，故其耐负担之力，较前者虽弱，而较后者则强。凡所谓企业税或营业税者，皆出于此种税源者也。学者亦往往称之为物税，然非纯粹物税也。

（3）勤劳收入　此为由人的勤劳而生之税源，不及前二者之确实永续，恒因健康、生活、年龄等，而有变化，故其对于国库之负担力，颇为薄弱。例如俸给税、工资税等，是也。学者亦称之曰人税。

由一般的通例考察之，资产收入企业收入及勤劳收入三者负担力之强弱程度，概为十、七、五之比，此比例亦适用于查定所得额之减成，或适用于税率之等差。

（二）利得课税之作用

若一国课税制度，单课收入课税而不他及，则其结果必至凡常有资产企业勤劳之收入者，独任国费之负担，而依此等资产企业勤劳之移动，临时增其利得而益富者，反得不负经费，其不公平实甚。课税于个人经济临时利得之部分，以矫正此不公平，此即利得课税之作用也。个人经济上临时增益之利得，可分为二种：一为行为上之利得，他为不行为上之利得。

（1）行为上之利得者　个人经济上，因资产、企业、勤劳上之权利或资格之得失移转，变更而生之利益也。易词言之，即由个人经济上积极的行为而生，个人经济，因得此之故，当投相当的劳费者也。通常注册税、印花税、通行税、牙行税、兑换券税等，属之。亦总称之曰行为税。其性质上比诸第二种之利得，以课较轻的税为当。

（2）不行为上之利得者　个人经济并无如何积极的行为，易词言之，即并不特投经济的劳费，而临时侥幸取得之增益也。故以此利得为税源之租税，通称为增富税，或增价税。例如嗣续税、地价差增税、彩票税等，皆属之。其税率以高为当。

（三）支出课税之作用

前述收入课税及利得课税二者，设能使其税率，无过不及，亦无脱漏，完全地规定而实行之，则此外个人经济似当无他税源，能应国库之要求，而课税系统上，亦可以不更设他种课税矣。然课税上实际之技术，尚未完全发达，颇多脱漏，故事实上犹有潜伏的税源。例如所得税、营业税上被免税之小所得者，或不课税者，其间不能谓无若干潜伏的税源；其他因法规之不全、审定之不备、税率之等级缓严及差益等而生之漏税，亦决非鲜少。此等潜伏税源，虽不现于个人经济之正面侧面，然终不得不由背面支出，现于一家人之消费上。故探出个人经济之潜伏税源，于其出现于家人消费上之际，吸收之，使归国库，此即支出课税之作用也。惟个人经济之支出如何，非课税者家置一吏以观察之，则不能知其精详。然欲求其实行，实势所不能，故课税者，为课税技术上之便宜计，恒就个人经济消费上所需主要物件之所在，以其价或量为标准，投之以税管，以期达到个人经济上潜伏未定之税源。此种消费物件之中，可分为二种：一为日用的消费物，二为奢侈的使用物。对此二种物件而生消费及使用之二税。

（1）消费税　其作用，在赋课潜伏税源之出现于使用一家生活必要的或有益的物品之际者，例如各种国内消费税及关税，概行此作用者也。此种消费，在个人经济上，比诸第二种，较为紧切，故其被课之税，亦当较轻。

（2）使用税　其作用，在赋课潜伏税源之出现于使用一家生活上不必要的奢侈物之际者，例如狩猎税、摩托车税、犬税等皆行此作用者也。学者亦称之曰奢侈税，个人经济上因使用生活必要品故，所支出之一元，与因使用奢侈品故，所支出之一元，其额虽同，然其欲得此二者之欲念，自有先后强弱之异，故其所感之必要程度，彼此亦甚相悬隔。故依最终效用之原理，生活必要品税当最轻，便益品税可稍重，奢侈品税则当更重也。

租税之系统，大略如上，各国现行之税类，皆网罗于其中矣。

五　现今的经济社会，系交换的经济组织，故名义上的纳税人，往往可依交换之关系，将其所负担之租税，转嫁于他人。故欲适用租税之各种原则，尚须研究租税归着及转嫁之理论。

财政学上租税归著（incidence of tax）之术语，为英美学者所使用，其义甚广，不问立法者之预期与否，又不论其为纳税人所负担，或为纳税人以外之负税人所负担，凡事实的负担之归著皆包含之，德国学者不用租税归著之术语，而用租税转嫁之语，其中含有前转、后转、消转各种。前转者，谓移纳税人已纳之负担于他人也。后转者，谓纳税人已纳之负担，不能如立法者所预期而移转于他人，仍逆转于最初纳税人，使其负担之而不变也。消转者，谓纳税人虽已完纳，然其负担不归纳税人，亦不归其他特别人，至终无特别负担人也。关于此等，后当详述之。要之，德国学者之所谓转嫁，盖专指租税转移于纳税人以外，或逆转于原纳人，或竟不归一特别负担人而言，其纳税人能如立法者所预期，实际上自为负担，与不如立法者所预期，而转嫁负担于他人者，皆不包含于内。易词言之，德国学者之转嫁，视英美学者之租税归著，较为狭隘，不能包罗关于租税负担之一切情状也。

租税负担之归著之研究盖为国民经济的观察，所以示实际上租税分配之如何，因以证明财政与经济间之密切关系者。故我人欲识前述各种租税原则之果当与否，固非先知租税负担之归著不可，不然者，恐不能得确定的判断也。兹故特设租税之归著一段，网罗关于事实的租税负担之一切情状而详论之。

事实的租税归著之种类，可分直接归著、前转、后转、消转之四种。

（一）直接归著（Direct Incidence）

直接归著者，法律上之纳税义务人，在事实上亦直接为经济上之租税负担人之事实之谓也。凡租税之容易预先查定其税源所属者，多有此种归著，例如地租、营业税及所得税等，凡课于特定人之收益所得之租税，是也。此等租税之税源，即特定人利用特定的土地家屋资本劳力所生之收益或所得，被利用之生产要素及利用人，皆能长久不变而生继续的收入，故得因之以预先查定税源及税源之所属。既能查定税源所属而赋课之，则所课者实为企业或分配之结果，故其租税概不含生产费。既不含生产费，故不能变为产物之价格，以与产物同时转嫁于他人，而法律上之纳税人，若地主、营业主、所得人等，乃不得不直接地负担之。故世人一般称此种租税为直接税。然此种课税之如此归著，惟于竞争确能自由之时为然，若课税上有甚不均平之事，或其他与此等地主营业主所得人有经济的关系之人，竞争力甚为薄弱，或为紧急之需要所迫，则虽此种租税，亦难保无移转于他人之事，例如地租之一部移转于竞争力薄弱之佃户，营业税之一部与卖出物同时移转于消费人，资本之所得税由利率之加增而移归需要迫切之借主负担等，是也。

（二）租税之前转（Steuer Fortwälzung）

租税之前转者，纳税人所已纳之租税，更转嫁于他人之谓。真正的租税转嫁，实限于此。

凡租税之不经个个经济交易，则不能查定税源所属者，多有租税前转之事，例如消费税及关税是也。此等租税，以需要货物之人之收入为税源，必待货物之交易，而后税源所属之需要人始定。故不能预先特定需要人之为何人，仅能以货物为标准，而以货物之制造人、贩卖人及输入人为纳税人，而使其完纳之，然后随货物之移转，而转嫁于不特定的税源人即事实上之负担人；除此别无善法也。故此种租税于货物移转之际，添加于其价格之上，与货物之移转，同时转嫁于需要人之负担，而归著于需要人消费当时所现之税源。例如，酒税由造酒人完纳一次之后，依其卖出而转嫁于零卖人，辗转以及于消费人，是也。

因是可知租税前转之行，必依课税后之价格腾贵，然物价腾贵，则需要必减少，其结果必更使价格低落，此经济学上不易之理也。然则租税似有终不能转嫁于他人之势矣。然而不然：第一，苟使其货物有生产独占的性质，而此外可无同种的竞争品，第二，或使其货物有成为必要品之性质，而此外更无代之之代用品，第三，又纵有竞争品代用品，而使其亦受同率之课税，则价格上纵有与课税相称之腾贵，货物之需要，固当不因之减少，故仍可转嫁于他人也。第四，即不然，而因价格腾贵之故，需要一旦竟有减少之倾向，然固可应其倾向，预先制限产额，且因需要减少故，产额或亦当自然减少；产额一经减少，则可以维持价格，使课税之全部或一部，转嫁于他人，此亦经济学上当然之理也。又从大体言之课税在制成品后或税额不多时，较课税在制造中或税额甚多时，为易于转嫁。

要之,凡由课税物件之继续的利用而生之收入,其课税概为直接的归著,反是,凡因课税物件之交易而始出现之税源,其课税皆自纳税人转嫁于他人者也。

（三）租税之后转（Steuer Rückwälzung）

后转者,纳税人所已纳之租税,本欲前转其负担于他人者,反归著于纳税人,又或于既已前转之后,复逆归于纳税人之谓也。故亦称为逆转。凡前转之不能依通例而行者,皆属之。他如第一次纳税人所纳之租税,既已前转,然不转嫁于最后之消费人,而反回转于第二次纳税人者,亦属之。故凡已纳之租税,由立法上所预期之负担人,而逆转于前纳税人者,皆谓之后转也。

此归著之行,不在于因课税而价格腾贵,而反在因课税而价格低落。例如,家屋之所有人,本欲附加其已纳家屋税于房租,以转嫁于他人,然苟不能得预定的租金,则家屋主不得不自己负担税金之一部或全部;又例如,造酒人,于既纳酒税之后,转嫁之于零卖商人,零卖商人以第二次纳税人之资格,负担之,更以税金算入零卖价格中,欲以转嫁于消费人,然因价格腾贵,需要减少之故,乃不得不低价贩卖之,于是零卖商人亦不得不自行负担,是也。普通所谓租税之还原（capitalization of tax）亦为后转之一种。租税还原者谓课于土地建筑物之有永续性的租税,依租税之新课或税率之增加而减却其土地等之原价也。当租税还原之时,原所有人恒负担所课租税之全部,虽在让与他人后亦然。

要之,后转为前转之反对,前转若因价格低落而不能行,则成为后转,故课税物件因课税而价格腾贵,需要减少,则当见后转之现象也。至课税物件之因课税而价格腾贵,需要减少者,果为何种物件,则可由前转项下所引之例反推之,例如有低税或无税之竞争品代用品之物品,或需要程度薄弱之奢侈品等,是也。

(四)租税之消转(Abwälzung)

消转者,指一种特别的经济的倾向而言,即一定的税额,在名义上虽分配于纳税人,移转于一定课税物件之上,而实际上则其负担,由一般国民所得之增加部分消散,不留负担之形于特定人,之谓也。依上所述,通例生产人若新被课税,或被增税,虽往往昂其生产物之价格,以使其负担转嫁于消费人,然若因种种事情不能久昂其价格,则其负担将逆转于生产人。总之,生产人、消费人及介于其间之零卖人,三者之中,必有一人为事实上之特别负担人,固无所谓租税消转之事也。然当此之时,生产人若能改良生产方法,或更新生产组织,以减少生产费,则生产人既因生产费之减少,得持以与租税之负担相杀,可不蒙特别之负担,消费人及介于其间者,亦因生产费减少,价格低下之故,可免租税之转嫁,因之无论何人,皆将不特蒙新负担矣。例如茶砂糖酒类之课税等,常因制产方法之改良,致生产费减少,而消转租税之一部,盖屡见不一见之事也。凡此之时,国民经济,常将因生产费减少而增之所得部分,由个人经济,移转于国库经济而国民经济上种种事业亦因之得而扩张之,利莫大焉。

更就各种租税,一察其与各种归著之关系则:

(1)人税大抵不能转嫁。

(2)消费税大抵易于转嫁。

(3)收益税大抵易成租税之还原。

(4)嗣续税决不转嫁。

(5)交通税之转嫁与否甚难一定。

（6）财政关税，大抵转嫁于本国住在人，保护关税，则不一定。

六　与租税归著之原理，最有密切关系者，厥为直接税及间接税之区别。

关于此种区别之标准，从来学者意见纷歧，其结果，至有欲废此区别，而以他种区别代之者。然直税间税之名称及区别，其来历比财政学之发达犹古；直税对间税之问题，久为国民阶级间并学说及政派间议论之争点；不惟各国现行税类之区分，亦概用此名称，即从实际上之重要关系言之，可以作判断各税负担良否之基础，可以为证明社会上租税分配异同之资料，可以充政治上参政权及公民权取得之条件，为用匪鲜，故我人对于废止之说，不宜赞成。区别之标准，固属至难决定，然务当从大体上解决之也。

关于区别标准之意见，甚为纷歧而尤以欲依行政上之便宜者，与欲依经济上之性质者，为最相隔绝，各趋于极端。

置重于行政上之便宜者，欲依立法者之预期而为区别，此Wagner、Eheberg等大家所采之意见也。谓凡立法者之预期，在直接使纳税义务人为负担租税之人，则谓其税为直接税，若立法者之预期，在使纳税义务人为第一次纳税人，于其既完纳之后，更使转嫁于立法者所指定之负担租税人，则谓其税为间接税。至如注册税、印花税等行为税，本无立法者所预期之负担租税人，故不属于直税间税，而使之与办理料等，占一特别的位置。然公平言之，立法者所预期者，果如何而可确知之？其将使各税法规定条文，以明示立法者之意思乎？如其然也，则立法者果将以何为标准，而就各税法明定自己之预期乎？故在财政学上，此种主观论，适成其为不便于实用之空谈而已。

更有以为行政上最为便利之标准,莫过于租税总册(底册)之有无,欲依之而为区别者,此 Neumann、Parien 等见解也。其说谓以依照事物常有的状态预先查定之租税总册为准而课税者,为直接税,以依照事物之动的状态随时可以适用之定率表为准而课税者,为间接税。此标准,于行政上,最为简明而便利,固不容疑,而尤以在依纳税力而定参政权公民权之资格时,为最便利,故法国现行行政法上,即采此制。惟如斯标准,未免过于机械的,不能因之以判明租税之性质。前段之立法预期说,虽近乎空论,其预期之根柢上,尚稍有判定租税性质之意,而此说乃全然依行政上之外形的区分,故其结果,纵有能使行为税为间接税之便利,然其弊则在不能顾及租税归著之原理。故苟课税而依总册制者,虽消费税,亦不得不作为直接税。例如日本之酿造税、酱油税等,皆依总册制,是亦不得不为直接税矣。如此者,实不啻从财政学之税类中,抹杀直税间税之区别,而采别种的税类,而其新区分,除行政上之便宜外,于财政学上,又毫无价值,故此说亦不可从。

此外,其欲以经济的性质为基础,而为直税间税之区别者,则思依租税归著之原理,以事实上之结果论断之,此 Heckel 之意见也。其所说谓直接归著于负担人之租税为直接税,间接归著于负担人之租税为间接税,易词言之,即一为直接归著之租税,一为转嫁之租税也。后 Conrad 复修补之,冠以通例二字,谓通例常如此云云。此意见从经济的见地着眼,欲依负担归著之原理,而区别租税之种类,而各个租税皆先经立法及课税后之经济的变化而始归著,亦系不可掩之事实,故从判定各种之经济的性质一方面言之,此种意见,实最重要。然欲因之以类分租税之系统,而附以名称,则甚不便,盖依前述,各种租税本可依情形之不同而有相异的归著,若依此说,则同一租税,时而为间接税,时而为直接税,非区别直接间接之本意也。

此外或依经济的见地,或以经济的见地为主行政的见地为从,而持折衷的意见于其间者,亦甚多,兹不暇详及。

要之,学说之相异,有如此者,可谓多矣。就中立法预期说著眼于立法之当初,其区别时期,未免过早,实际的归著说着眼于负担之结果,其区别时期,又未免过迟,其他学说,介于二者之中间,欲捕捉经济上法律上具体的经过,而依之以为区别,亦皆似有不完备之处。

故欲发见一区别标准,既不缺行政上之便宜,又足以判经济上之性质者,本属至难。然若能较立法者之预期为时稍迟,较事实上之归著为时稍早,稍用推定的方法,取一能使预期与归著,大体应合之显著要件,依之而定名称之区别,知负担之归著,则实际上必甚便利无疑。苟欲达此目的,则当观课税者对于同时为经济上之负担人兼法律上之义务人之课税客体,所取之课税方法如何,依其所取之课税方法,以为判定直税间税之标准,易词言之,即观各税之课税方法,果直接以各税之客体,即税源所有人为法律上之纳税义务人,抑将以其他之人为法律上之纳税义务人,依其事实而定前者为直接税,后者为间接税。此外似无善法也。若依此标准以区别二税,则直接税与间接税之性质及内容应如左列。

(一) 直接税

直接税者,直接地赋课于税源所有人之税类也。兹所谓直接地赋课者,盖课税者认被课税人为法律上之纳税义务人而课之之谓,易词言之,即直接税者,以经济上之税源所有人为法律上之纳税义务人,而赋课之之税也。盖各税皆有为课税目的物之各种税源及代表税源之课税物件,前已述之,故不论何税,课税者对之,可以此税源所有人为纳税义务人而赋课之,亦可以税源所有人以外之人,便宜上作为纳税义务人而赋课之。直接税者,即以税源所有人为纳税义务人而赋课之之税也。然欲以税源所有人为纳税义务人而赋课之,苟非课税物件所有人与课源所有人同为一人,则不可行。故以同时兼为课税物件所有人及税源所有人之人为法律上之纳税义务者而赋课之,其人为其课税物件所有人一日,则当负担所课于其物之租税一日,以其所获收入之若干分完纳之,罕得转嫁于他人。故以税源所有人为纳税义务人而直接赋课之之租税,其负担大抵终不能不即归著于其纳税义务人也。今先依上述之要旨,列记当属于直接税之税类于左:

（1）收入课税之全部。

（2）利得课税中之二三。

（3）支出课税中之使用税。

上收入课税中之地租、家屋税、营业税等,为狭义的收益税,以土地家屋及营业为课税物件,以由此所生之收入为税源,课税物件与税源同属于一人之所有其人亦即为法律上之纳税义务人。此等资产营业,不移转于他人,常为其人所有,然利用之之方法,则有二种:一,其所有人自己用之于企业,二,自己不用,而赁之于人。在第一种,其所有人以自己为纳税义务人,以其收入为税源,而纳租税,其既纳之税金,当竟由此税源支出之,不能有更嫁之于人之机会,可不待言。反是,在第二种,则虽有附加其已纳税金于租金之内,以转嫁于赁借人之机会,然事实上之转嫁,殆属难能。盖第一种之自作自营者,既无转嫁税金之机会,而不得不自己负担之,则同属一种之资产,赁贷与人者之不能特高其赁价以转嫁其税金于他人,固经济学上当然之理也。然若在对于此等资产营业之收入课税,甚为不公不备,或税率失之过重,所有人不自堪其负担之时,或赁贷间需要供给之势,甚相悬隔之时,则其课税亦未尝无暂时转嫁于他人之事也。至收入课税中之所得税,本以所得为课税物件,兼为税源,以所得之所有人为纳税义务人,而所得又本为不分与人之最后收入,故课于所得之税金,更无因经济的经过而转嫁于人之机会,殆与上述课于自营自作之土地营业等之租税,无以异也。

所谓利得课租中之二三者,即嗣续税、通行税、兵役税,是也。嗣续税以嗣续财产为课税物件,以其价格所表示之临时利得为税源,以有此课税物件及税源之嗣续人,为法律上之纳税义务人,而财产本不与物品相同,无移转于他人之性质,故税金之因嗣续财产而赋课之者,其不能附于他物之上以转嫁于他人,固了然无疑也。通行税及兵役税,亦以通行及兵役之事实为课税物件以由此事实而得之临时便宜为税源,以有此课税物件税源之通行人及免役人(或户主)为纳税义务人,故其不能转嫁税金负担于他人,亦自然之势也。

所谓支出税中之使用税者,即奢侈用品之课税,例如摩托车之所有税,是也。此种所有税之课税物件为摩托车,而税源为使用此车时,享有此车者之支出,故既以有此车者为纳税义务人,而课税于其使用,则可附加税金之课税物件,本在有此车者之手,无从转移于他人,故其不得不自己负担其税,自属当然。盖转嫁云者,必税金依经济的交易,而附加于物件价格之上,以与物件同时转移于他人,而后成其意义也。

所谓集合课税、配赋课税、纳税组合课税等是否为直接课税?集合课税者,例如日本所得税中之债券利息税(第二种所得税)及日本之通行税,即其著例。债券利息税,不由各债券所有人直接征收,而使支给债券利息之官厅(若其债为公债)或各种公司,由其应支之利息中,先扣除之。通行税则使发卖通行券之船车公司,附加税金于通行券价格之上,以与通行价格同时向通行人征集之。故骤观之,似此等税非直接课税,而为由中间机关转嫁于税源所有人之间接税。实则赋课仍为直接,不过征收为间接耳。盖因此时之法律上之纳税义务人,非支付利息发卖通行券之官厅公司,而实为债券主及通行人也。然则此等官厅及公司,于课税上,果占如何之位置?详细研究之则知彼等不过为政府之征税机关,与纳税义务者之代纳机关而已。彼等仅由利息内扣除课金,或加课税于通行券内,其计算皆为纳税义务人之计算,彼等不过集合整理之而已。非彼等自为纳税义务人,于既纳税金之后,复新由经济的交易,以转嫁于他人也。其次如配赋课税及纳税组合课税,虽亦配赋一定的租税预算额,于下级团体或纳税组合,使分担之,然本不使此等机关预先支出,故此等机关,亦无新依经济的交易,以转嫁于他人之事;彼等仅以税金通过机关之资格,办理事务而已,对于国库,未尝居于纳税义务人之地位也。下等团体,等于税务署,纳税组合,为纳税义务人之代纳人,与纳税管理人无异,故其税金虽经此种机关,亦不妨其为对于税源所有人之直接的课税也。若以其经由此等征收机关、代纳机关之故,而谓为间接税,则一切租税,何莫不经由收税署或纳税管理人,是一切租税皆不得不为间接税矣。其不合理,皎然明甚。要之,凡租税之采直接地赋税于税源之方法者,皆直接税也。

直接税之利益大概如左:

(1)直接税可直接地查定租税负担者之税源及负担能力,而应之以课租税,故与负担能力主义之租税本义适合。

（2）直接税概可确定收入年额及纳期，故国库之收入确实无虞。

（3）直接税在最初之时，所需调查费虽多，而其后之检查费及征税费则甚微少。

（4）直接税概为资产企业之课税及由查定上除去小所得者外之所得税，故最适于避除苛税细民之弊。

（5）直接税在收税上甚少妨害产业交通之嫌。

（二）间接税

间接税者，以非税源所有者之人或不定的人，为纳税义务人，而赋课之之税类也，所以如此者盖因赋课之时，税源之所属尚未能定，故不得不间接地观测税源之所属而赋，课于课税物件也。在课税之当时，课税物件之所属，与税源之所属虽异，然可依课税之技术，务求以能近于税源所有人之课税物件为目标，而赋课于非税源所有人之人或不定的人。故被课之税金，其后可依经济的或法律的变化，与课税物件之价格，同时随课税物件，移转至课税物件所止之处，始发见税源之所属，因以转嫁其负担焉。

然当知负担之直接归著，固概可称为直接税之必然的结果。而负担之转嫁，则不可必称为间接之必然的结果。以上所述特不过谓普通事理上有如是的倾向而已。即如行为税，其中原为类似规费之杂税者特多，故不能一概尽以归属于间接税，唯有依其多数，定一包括的所属而止，不能精至也。要之，凡能明白地以税源所有人为纳税义务人之租税，称为直接税，其不能者皆称为非直接税，即间接税。直接税为有直接的归著者，间接税为有间接的归著或归著不定者。如此分类，似较适当也。

间接税之利益大概如左：

（1）间接税概随经济行为而转嫁，故苟非生活上必要品之税，绝对不压迫直接负担人。

（2）间接税以多量用品为课税物件而普遍地课之，故其收入额颇多，且有应经济状况以为伸屈之弹力。

（3）间接税在代表资本之国会中甚易通过。

（4）间接税事实上现为各国财政之最大财源。

（5）间接税概为随时收入，故每月可得约略同额之收入，以平均各月间金库之收支。

直接税对间接税问题，为古来之宿战，不易解决。然间接税从租税之性质上言之，根本上实具有缺点苦于不能详慎精密，应个人之负担力，以斟酌税率。就中如多量用品之间接税，尤足压迫负担能力之薄弱者，其弊最甚，往往惹起生活问题及社会问题，其极必至使国库不得不支出巨额之救济费，此盖间接税所特有之倾向也。然事实上各国间接税之加增，极为卓著，其额之巨，远过直税，试看左表当知其然。关于最近之统计，可参考附表六。

各国直税及间税区别表（一九一一年度）

国名	直税总额	间税总额	对于租税总额百得
英国	八九、〇二七、六六四磅	八九、九八五、七三六磅	五〇
法国	五九五、八九七、四二九法	二、四六二、一八六、二七一法	八〇
德国	二六、〇〇〇、〇〇〇马	一、四〇一、〇七一、〇五五马	九九
普国	四〇四、四六五、三〇〇马	一一九、二五〇、〇〇〇马	二二
俄国	二一六、一二五、一一〇卢	一、五二四、一〇六、五二一卢	八七
意国	（十一年）五一九、五七〇、〇〇〇利	一、一四三、八一八、七七八利	六八
日本	（十一年）一三九、九二三、五六三元	二六七、六八三、一一一元	六五

备考：德国之直接税为嗣续税，各国之间接税中，法俄意三国加入专卖总收入，日本则加入专卖益金，通行税在欧洲各国皆作为运输税，算入间接税中。

第七章 收入课税论

一 收入课税(Erwerb Svesteueruny)者,以现于个人一家收入经济上之经常的收入为税源之税类也。一家经济上之经常的收入,依经济原理,不能不由资产、企业及勤劳之三生产要素组织而成,易词言之,个人一家之经常的收入,若从理论上分析之,盖不外乎资产上之佃金、赁价、利息、企业上之利润、勤劳上之工资五种收益或所得而已。故一国之收入课税,或查定由此三种本源所生之五种收入,以为各个特别的赋税,或总合此五者,以为各人经济之全所得,而后加以赋课,二者必居一于是。若由前一法,则为特别的复合税,若依后一法,则为总合的单一税,学者亦称之曰各个的收入税(广义的收益税)及总合的收入税。(一般所得税)我人征诸各国之税制。聊示此二种税制之税源及税名于左。

	税源	税名
A 各个的收入税(收益税)		
1 不动产收益		
土地收益	佃金或纯收入	地租
家屋收益	赁价	家屋税
2 动产收益	利息	动产税
3 企业收益	利润(即赢利)或纯收入	营业税
4 勤劳所得	劳银	俸给税
B 总合的收入税(一般所得税)		
5 各个经济所得	全所得	所得税

以上所谓收入、纯收入、收益及所得等，原属经济学上之用语，盖用以说明企业及分配之关系者。因企业而收得之产物价格之总额，称为总收入。由此总收入减除企业费，即资本消耗费（固定资本减价、原料价及工资资金）。所余者，称为企业之纯收入。此纯收入及工资资金，依照契约，分配各若干与地主资本家及劳动者，作为佃金、利息及工资之后，其所余之额称为企业者之利润。当此之时，称其所分配之佃金、利息及工资曰所得，称分配后所余之利润，曰对于企业者自己之资本及勤劳之所得，或曰剩余。试表示此关系于左。

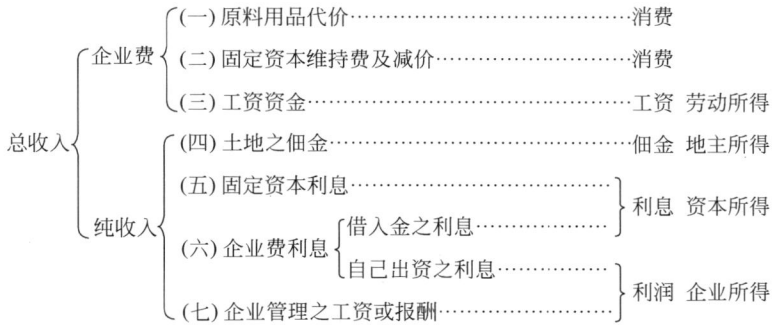

故纯收入者，企业之结果，尚未分配于他人之收入，易词言之，即对于他人，尚负有分配的支出负担之收入也。所得者，所分配之收入，且不须更支给予他人，得此之人，可以自由处分之者也。而单云收入，则为总收入、纯收入及所得三者之共通用语。各语在经济学上之意义，尽于此矣。收益（Ertrag）一语，除为纯收入之别名外，经济学上并无使用之要。其使用此语于其他意义者，唯独财政学而已。

二　财政学之大成，实赖德国学者，前已述之。财政学上收益之用语，亦系德国学者所使用，其起源盖出于德国之租税制度。德国学者之财政意见，谓个人之收入，可分为二种：一为负担力强健之物的收入，一为负担力薄弱之人的收入，前者为资产及企业上之收入，后者为劳动及人格上之收入，此二者在课税上不可不有以区别之。因欲区别二者，遂至称前者为收益，后者为所得，此收益之语所由来也。故在财政学上，所谓收益者系包含企业上之纯收入及资产上之分配所得而言，而所得则单指劳动分配所得之工资、俸给并个人全经济上之人格的所得，此今日财政学上所一般惯用之意义也。

在课税上当甄别查定额或税率之际，分收入为物的收入及人的收入，固不为无见，然因之遂至称其一为收益，称其一为所得，以区别之，则似尚有讨论之余地。第一，企业上之收入，似未必可称为物的收入，盖以此种收入本为资本与勤劳之结合的收入也。故不可谓其有强健的负担力，与资产收入之程度相等。第二，个人全经济上之所得，亦未必单为人的收入，盖以其为个人所使用之资产企业及劳力之结合的所得也。故亦不可谓其负担力薄弱，与勤劳所得之程度相等。第三，收益与所得之区别，不能明白划分，纵令物的所得与人的所得之区分可以成立，然因之遂欲附以收益及所得之别名，则不知其间果有何区别？易词言之，即二者具何理由，不能均称为收益，或均称为所得？论者或为之区别，谓收益较所得为粗计，其中尚含有应支与他人之负担，所有人不能将全部供自己之用，反是，若所得，则为由收益中已经扣除应支部分之精计，所有人可将全部归自己之自由处分者。然如此区别，仅于从经济学的见地，作为纯收入及分配所得同意语用之之时为可，若从经济学以外之见地观之，似乎不当。且苟如斯说，则虽关于企业及个人全经济之收入，尚能以收益为纯收入，以所得为分配所得，以别二者之精粗，盖已于此时可视为与经济学上之区别相同也。然因其为物的收入之故，遂至称家屋之赁价及动产之利息为收益，则是以经济学上之分配所得为收益矣。岂非足以证明收益与所得之间，并无精粗之区别乎。学者或为之强辩曰，无论如何，总之，凡收益非由其中取出若干，支纳收益税之后，则不能视为所得，而归所有人之自由处分，故收益者，必为所得及其他部分组成者。然此亦属牵强，盖若如此言之，则虽所得，有时亦非将所被课之所得税，支纳之后，则不能为归所有者自由处分之所得也。第四，将资产上之所得，尽作为收益，此在德国或可适用然对于其他各国税制，似皆不能适用之。例如日本之所得税法，亦不从此，而以公债社债之动产的利息，称为第二种所得，其他诸国，通例亦以资产之不使用于自己企业者之收入，称为所得，此实与经济学上之分配所得，适相一致者也。以此之故，此种用语似应一切皆从经济学上之分类，以企业上之纯益为收益，其他则分之为资产所得、企业所得、勤劳所得及一般所得也。但德国式之用语，已为多数财政的著述上所公用，似亦无遽行变更之要，故本讲义所述之用语仍因之。

其次与收益之用语相关连者，则为收益税之用语。所谓收益税者，在德国税制上，系指对于资产及企业上之收益之课税。通常对于收入课税，学说有二：一分收入课税为收益税、特别所得税及一般所得税三种，一仅分为收益税及一般所得税二种，由前一说，则收益税为狭义，不包含勤劳所得之特别税，由后一说，则为广义，包含特别所得在内。二说未知孰当。惟欲图事之简便则似应采广义收益课税说，凡课于资产企业及勤劳之各个的收入之特别税，皆包含之，以与课于总合的全所得之一般税，为一大别，似较稳便。

三　各个收入税为复税,总合收入税则为单税,一国之收入课税,用其一足矣。非必须两制之复课也。欲明两制果孰佳,须先论两制之得失。

（一）各个收入税

各个收入税者,就每个人经济之各收益及各所得,特别查定之,且各定税率以赋课之者也。其特质及利弊,概如左述。

（1）有为特别税之利及弊　特别税者不以个人经济所有之一切收入为一税之税源,而单依各特别的收入源,（税本）以其各个收入为税源,而设特别税法之谓。此种税系就个个特别的收入而查定之,故该特别收入之查定,虽能精密确实,然①不能斟酌个人经济上之人的及物的一切负担事情;②单课于有同种收入源之阶级,不能普及一般人民,例如地租,不过单课及土地所有人及用益人之阶级而已;③即对于同种的收入源,因关于收入,各地所查定之材料相异之故,课税上不无不公平之事;④且对于一收入源之课税,与对于他种收入源之课税之间,尤不免有更大的不公平。

（2）有为客体税之利及弊　各个收入税不就纳税主体之个人经济之全体窥测,而仅着眼于各个的客体,以查定各个的收入源及收入,甚至如俸给税,亦仅查定其收入源,即职业之种类及俸给额,而不斟酌俸给主体之人的事情,故各个收入税,虽对于客体之查定,颇有精查确实之利,然①其查定纯出客观,不能与真正的负担力应合,②因是其课税常不公平,③且不能完全适用累进税。

（3）有为直接税之利及弊　凡收入课税,在课税前,其收入源及由收入源而生之收入,可径直透见之,其税概赋课于收入源所有人之收入上,故课税之负担,当然归于同时兼为收入源所有人及收入所属人之一人。故收入课税,势不得不使法律上之纳税义务人即为经济上事实上之负担人,故收入课税概有直接税之性质,故其利弊自当与直接税相同。

(4)有为确实财源之利 收入课税虽不免有上列诸缺点,然其收入源,如土地、家屋、动产、企业、职业等,皆为确实收入之基本,其所在及分量,容易测定明确,故由此发生之收入,概有固定性,故国库之收入而赖此者,必常能继续一定的数量也。又国库收入果采此制,则能时时注意于课税物件及纳税人,故最无漏税之患,因之预防漏税之费用,亦可以大减,有此二利,故此种课税所以能长存于各国税制上。

(二)总合收入税

总合收入税,以个人之一家经济为纳税之主体,先由属此主体之一切收入中,减除各个取得上及维持上所必要之负担,然后合各所得而算出一家之全所得,更由此全所得中,减除一般的及人身的负担,视其所余之多寡,以课应能主义的税率,故在理论上不得不谓之为最合理的。现今普奥二国所行之一般所得税,即属于此。今依此等实例以示算定之科目,如左。

(1)	不动产所得	佃金租金
(2)	企业所得	利润
(3)	动产所得	利息
(4)	勤劳所得	俸给
(5)	法人所得	剩益
	合计	全所得
(6)	扣除费目	
(7)	最少所得免除	

惟此种课税中所谓收入,非指推定的收入,而在原则上实指现实的所得,故大抵不能不待纳税义务者之申报,因之或甲重乙轻,或往往不免有漏税之弊,且其所加斟酌之程度过深,故各国财政上,多不能单以此课税为已足也。

四　各个收入税及总合收入税,俱难令人完全首肯,故更有出新策者,欲加总合收入税于各个收入税之上,一由收入之原因查定之,一由所得之现有确证之,以期完全地测定现于个人经济收入额上之负担力,此即所谓两制复课法也,顾欲并用二制,则应注意两点:第一,系为避复课勤劳所得计,是否当由各个收入税中,削除俸给特别税之问题,多数学者,对此虽主张复课资产所得,单课勤劳所得,然一定额以上之勤劳所得,实与企业所得相等,应以复课为至当,且实例上,如奥国,现亦复课之也。第二,凡在各个收入税,务求查定精详,算出各个所得,即以之利用于总合收入税之所得,以省二重的查定,以便总计各个所得,即可算出总合金所得。有如机械,一定不移。如此,则课税方法虽有二种,实则成为一体的统一所得税,为策可谓最善也。

然实际上,各国税制,尚纷然不一致。法意及巴威伦,对于各税源,采复税单课之制,不别设总合所得税。英国则税名虽单,然对于各税源,系各个地查定之,且适用扣除费目,税率亦异,故实际上当称为复税单课统一制度,其外亦不别设总合收入税。至于普国,则各个式之复税制度,全然无有,但有总合所得税及总合财产税之复税,此殆可称为总合式之复税制度。奥国与日本则可谓为复课各个式之复税及总合所得税,而各个收入税之查定,与总合所得税之查定,殆毫无关系,非能统一者。反是,若法国最近之改革案,则既为各个所得税与总合所得税之复课,而二者之关系,又极密合,殆可为所谓统一的所得税之模范也。

五　地租(land tax)者以土地之纯收入为税源,而课于土地之永续收益人(普通概为地主,有时亦为质权者)之特别税(各个收入税之一)也。亦称为地税或田赋。所谓土地之纯收入者,即使用土地之农林企业上之纯收入,故由此点言之,可谓地租为有企业税之形式。地租之起源甚古,无论在何国,俱系以官租之形而发达者。当其由官租而变为租税也,其时他种收入课税者,尚未发达,财政上主要的财源,方不得不求诸土地,故往往采取以土地之纯收入为税源而赋课之之包括的方法,其纯收入之计算,亦精粗不一。迄于今日,则如英如德,因所得税之制近于完备,有关于土地之佃金及农耕所得之课税,故税源上与此重复之因袭的地租,遂于财政上渐不见重,乃至往往有在国税上废止之者。然在无此种所得税之国,或有之而尚不十分发达之国,则地租于财政上尚占有重要的位置,依然保持农耕企业课税之形,以与发达稍后之商业工业营业税鼎立,而形成农商工三业之企业税也。

耕地之纯收入者,由农耕上之总收获代价,扣除农业上之企业费,即农具费、种子费、肥料费及佣金等,所余之企业的收入也,故此纯收入之意义,视地主所受之佃金及佃户所受之农业利润,皆较广,恰与合有二者之收益,即地主自己耕作时之收益相当。然观各国所采之课税标准及算定法,因国而异,亦有不以此意义的纯收入为税源者。英国之地租,以纯地主所受之佃金为税源;普法诸国,以自耕地主所应受之真正企业的纯收入为税源;日本之地租,则以较佃金及真正企业纯收入为义尤广之收入为税源。因日本之地租算定法,不由总收获代价中扣除企业费之全部,单扣除其一部之种子肥料费,其他如农具费及佣金费,皆存于税源中也。试列表于左，以证明此关系。

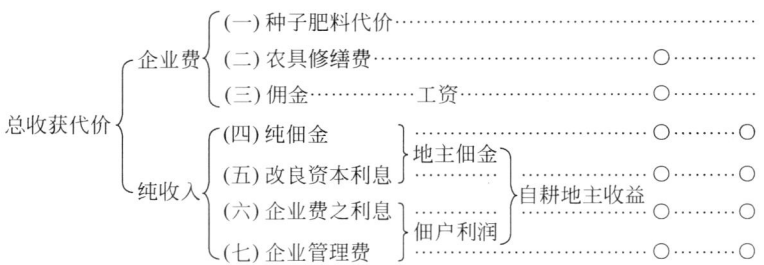

地租之课税标准，本为其税源，即土地纯收入之测定之适当的衡器，然各国现制有直接以纯收入为课税标准者，亦有将此纯收入还原，使成资本价格（地价），而以之为课税标准者。欧洲诸国多采用前一法，日本则采后一法。从理论上言之，其间本不大相径庭，然由纳税人之计算言之，则以前者为适切。前二法中，其收益或地价，皆非能年年改定者，故为避烦累计，应登记其价格于土地总册，定十年乃至二十年，为其有效期间。此为前二法所同采之方法，谓之土地清册制度。此制之利益，在节省年年之调查费及确保一定的收入，然其弊则在课税标准不免陈旧，与实际的价格不合，经年累月，益不公平，其极或至于税率之改正亦不可行，而使各地方间失其权衡。且其后迟之更久，则即欲改正之使合时价，而纳税者之多数，必且不以为利。其所需之国费，亦必不少，故改正之事，纵法律上定有一定期限，亦不能容易实行，往往延期而重以延期，与事实日益相远，总册上之价格，毫无意义，有单为顷亩之符征之观，使从价制亦变为从量制，其结果必至愈不公平，故清册之改定为期宜短，且不宜迟延。

地租之课税物件不仅耕地,此外尚有宅地,有山林,有原野,有盐田。然此等之内,亦有无租地及免租税者,此等事项,各依各国地租法所定而决。

六　家屋税(building tax)者以家屋为税源,而课于家屋所有人之租税也,故当为收入课税中之特别税之一种。

家屋对于其所有人,发生收益即经常的收入之法,依其使用之目的,自有二种:①企业用之家屋,可作为其企业之固定资本,而发生其收益于企业纯收入中,故当农工商之企业收益税,如地租及营业税,存立之时,家屋收益即容纳于此等诸税之税源中。②住居用之家屋,虽依赁贷,对于家屋所有人,可发生经常的收入,然此亦不外一种资产所得,故当一般所得税存立之时,家屋收入,亦自不得不加算于所得税之税源中。

除以上产业用及赁贷用之外,家屋更无发生经常的收入之事,故收益税性质之家屋税,除古昔尚无企业税及所得税之时外,在今日之税制组织上,苟非事出于不得已,故意求重复赋课,则家屋税实无存在之必要也。

然则所有人自住之家屋则如何?凡所有人自住之时及租居人住于他人房屋之时,其居住之事实,实为彼等经济的消费之目的物,固当表示支出课税之税源。特以此税源为目的而赋课之之租税,非为属于收入课税之家屋税,而为属于支出课税之住家税而已。住家税者,与家屋税迥异,非系以收益为税源,而课于所有人之税,而系以支出所得为税源,而课于自住及租居之占有人之税,故非与收入课税相重复者。

然家屋税与住家税之区别,有颇不容易者。第一,则为纳税之主体。家屋税由所有人征收,住家税则由占有人征收云云,此仅法律上之区别，而非经济上重要之区别。如在都市，家屋之需要极盛，虽由所有人征收之，实际之负担，仍归于占有人。反是如在村落，家屋之需要不盛，则虽由占有人征收之，实则往往仍归所有人负担。故所有人占有人云者，不过单为课税之便宜计，不得遂以之为租税之根本的区别也。第二，则为课税物件。家屋之课税物件为建筑物，在各国概含住宅地于内，其所谓建筑物者，不独住居用者，虽产业用之各种建筑物，亦包含之。而住家税之课税物件，则在各国，不含住宅地，亦不含产业用之各种建筑物，而仅单纯限于住居用者。然产业用建筑物与住居用之建筑物之区别，既甚不易，而产业用兼住居用之家屋亦最多，若此者，殊无以区别之也。第三，则为税源与课税标准。家屋税之税源，为由家屋赁贷及企业上所生之收益，而住家税之税源，则为居住事实所表示之支出消费，在理论上虽能区别，实则不过同一收入之两面的名义，一从收入，一从支出，观之者而已。盖其课税标准，均不外乎建筑物之赁贷价格，而凡当此赁贷价格难于算定之时，往往单以居住的条件，如建筑之构造面积等，为标准，此又两税为课税上便宜计，所皆不得不采用者，实际上如此，不可诬也。要之，二税之区别，实属困难，其间可认为唯一的特色者，唯限定课税物件于住居用家屋与否之一点而已。

七　营业税(business tax；Gewerbesteuer)者以商工企业之收益为税源之课税，对于以农业收益为税源之地租，具有补充税之性质者也，故各国营业税中，概不包含农业税。又此课税之目的，在赋课于与近世商工业之大发达相伴之大资本企业，故不课及以劳力为主之企业。且在既有特别营业税之国，则关于此等被课之营业，亦不更课营业税，例如日本之矿业税及卖药营业税、普国之铁路营业税等，对于被课之营业，不更课营业税是也。

既以营业之收益为税源,则务求算出营业之收益,即纯收入,而直接赋课之,在理论上,自属当然。然单依纯收入之算出,则有不能得正确的负担之虞,故当更求一他种间接标准,如资本金额者,以便斟酌。唯此种课税,与历史上营业之准许,有密接之关系,其始大抵具有准许料之形,故在有此种历史之国,亦有以粗杂的外形为标准,例如依营业设备之大小,以课税者,如日本及法国之营业税,即其例也。

八　收入课税之组织,在理论上能有地租及营业税二者,已略足以尽之,盖地租、营业税两者既相对峙,则国库对于农商工一切生产业收益之要求,可谓达尽,略无余蕴也。至若家屋税,则非收入课税上不可缺的要素,因家屋本非能由产业独立而生收益者。其所以能参入收入课税中者,特因与家屋有同样关系之住宅地租,既经存立,为均衡计,则亦不可不有家屋税耳。在收入课税组织上,此等之外,尚能占一位置者,厥为勤劳所得之课税。此勤劳所得中,有生产的勤劳之所得及间接的勤劳之所得之分。前者系当凡企业之纯收入课税,如地租及完全营业税等,算出纯收入时,所作为企业费之一部而被扣除者,即直接勤劳之给料是也。后者为与生产企业无直接关系者,即所谓自由职业之所得是也。此等收入,既未被课,故尚有课税一次之余地。此等课税,谓之特别所得税或俸给税。欲课税于此等勤劳所得,本不必须使用收入课税之法,即用他种方法(如消费税)吸收之,亦未为不可。惟因其他方法,皆非特以课此种所得为目的者,故加此种课税于收入课税组织中,亦属一策。果设此勤劳所得之课税,则收入课税之组织,几近于完全,此外当更无可作为收入课税者矣。

然通常所称为所得税(income tax)者之中,包含有此种勤劳所得课税,虽不待言。然其不仅包含此勤劳所得税,亦不待论,盖此所谓所得税者,系对于一切个人及各法人,以各家之全经济,看作租税之主体,以各家经济全精算上之所得,为课税物件,以所得额为课税标准,网罗一切之资产、一切之企业及一切之勤劳之税也。学术上亦称之曰一般所得税。

特别所得税,与前述各种收益课税,虽无重复之事,而一般所得税,则系课于一切资产企业及勤劳之所得者,明与地租及营业税相重复,故在欧洲各国中,亦有单以地租、营业税及特别所得税为收入课税者,如巴威伦是也。又有集合对于各个资产企业及勤劳之特别所得税,而附以一税之名者,如英国是也。惟此等各个的查定之特别税,虽适于避免课税之重复,然有容易漏脱之缺点,殊不完全。欲求其无重复亦无漏脱,则在理论上惟有单以完全的一般所得税为收入课税之一法。然此法在实际上亦难期完备,故各国或更设补充税,或全然采重复税制,或折衷之而采统合的所得税制,如普,如奥,如法,其事例纷然不同,兹不详及。

九　此外,各国尚有特殊营业税,如矿业营业税及卖药税等,亦属于收入课税之中。此等税目,在理论上本应归于一般营业税中,然在事实上,则往往依历史上之沿袭的关系,作为独立的租税而赋课之。

十　此外尚有以动产资本之利息为税源之资本利息税（Capitalrentensteuer）,以一般财产为税源之财产税（Vermogensteuer; general property tax）及以人身为税源之人头税（poll or capitation tax）等,在理论上,亦当属于收入课税之中。然此等租税实皆为租税制度未发达时之遗物,在现今各国税制上,罕有存者,即偶有之,亦仅以作为补充税（即补定税 Ergänzungsteuer）而已。故关于此等租税,更无详细讨论之必要。

第八章　利得课税论

一　利得课税（Gewinnsbesteuerung）者对于依财产及财产的价值之移转或变化而偶尔地发生之利得，所赋课之租税之谓也。此际所谓财产者，不仅限于有形的资产及商品，即可视为收益基本之无形财产，例如发明权、法人权、一定的职业权等，亦包含之。其所谓财产的价值之变化者，系指因土地之改良或因近旁地方之发达，而财产之价值忽有增减而言，其财产之移转及价值之变化，若因经济上之行为而来，则其税谓之行为税（tax on acts and transactions）。若其移转及变化，系依不行为，侥幸地发生，则其税谓之增富税（increment in property value tax），惟学者中亦有总二者而单称之曰财产移转税或交通税者（Steuern von der Vermögsübertragung Oder die Verkehrssteuern）。

利得课税，虽与收入课税，同为关系于可视作收入基本之资本的财产及价值者。然其不同者，则前者不似后者之以继续地发生之收入为税源，而以临时的利得为税源，且其临时的利得，盖随资本物当由一生产人向其他之生产人或职业人流动而行经济行为时所遭遇之状态，或随自然的价值变化而生者也。

利得课税，虽与消费税同为当物件买卖移转之际所课之税。然其相异之处，则在消费税系赋课于消费物品，而利得课税则系以收益的财产资本为课税物件。

利得课税中之行为税,为当凭借公权,使法律行为确实有效之际所征课者,从此点言之,颇与规费相类,尤与司法的规费酷似。然规费与公权之一定的反对给付,关系特深,系对于特别费用之特别酬偿,而行为税则非费用之酬偿,而为负担力主义的公课。惟此差别,非从公课之额及其方法察之,则莫可得而知,故二者之间,究不过仅有程度之差,时或有不可得而判别者。各国之立法,亦概如是。

二 由上述言之,则所可称为利得课税之特质者,惟在其税源系关于当财产及价值移动时,所生之个人临时利得之一点。而其作用,则在补充直税间税之所不足,在租税制度中,占有特别的位置。其课税方法,近似于间接税,能使纳税人乐于完纳税金,不觉其苦,其征收费亦极微少。世运日益进步,其发达当日益兴盛,此其利也。

然利得课税亦有缺点甚多,今揭其重要者如左。

(一)利得课税难及于一切的财产移动,故势不得不有课税于财产移转中之一部,而逸其他部之恐,例如永久世袭财产之人,纵实际上增加财产之价值,而以未移转之故,亦莫由课之,是也。但近时各国对于此等,有设嗣续税及土地增价税者,或可以稍救其弊也。

(二)利得课税在交易发达之都市人民中负担之者虽众,而营农业的独自经济之地方村落,则负担之者极少。

(三)利得课税,实际上不论其交易行为为有利者或招损者,皆一律地赋课之,故吝啬的资本积蓄家,可免课税,而活用者并浪费者之财产,则常被征发,殊不公平。

(四)利得课税,不问市况之为活泼为沉滞,对于交易行为,常课同一的负担,故有不能斟酌纳税义务人之财产及收入事情之弊。

（五）利得课税中,除嗣续税外,概类于间接税,其完纳义务人不能一定,故关于负担,有不可忽视的缺点,例如参与交易行为之当事者之中,通例由其居于弱者之地位者遵契约纳税而负担之,实不公平,是也。

以故利得课税,若为行为税,当力求其税率之轻,若为增富税,则不妨重课。此盖不可不守的原则也。

利得课税之种类,极多而杂,加以各国实际制度,或与规费混同,或将其一部合入他种税中者不少,故欲据一定的标准,以明划其分类,实甚困难。今暂依因财产及财产的价值之移动而来之行为上的利得及不行为上的利得,而分为行为税及增富税二种。

三　行为税者,因经济的行为而享利得之时所课之税也。属于行为税之税目,各国互有异同,从大体言之,应包含登记税、印花税、交易所税、通行税及兑换券发行税。

（一）登记税(注册税)（Registerabgaben；Registration Duties）

登记税者,人民欲登录财产及财产的价值之移转或移动于官册时,所完纳之税也。其所谓移转或移动者,如财产及价值之得丧、保存、移转、消灭或种类变换等,凡法律上经济上之事实,而大抵关于个人交易行为自体者,是也。此种登记,为保持法律行为之效果,不使受他人侵害计,实为至要,同时又为个人所营权利生活之目录,可供权利争议时之证据者也。凡①户籍登记,②土地及抵当登记,③商业登记,④特准商标著作登记,⑤法人及合伙登记,⑥船舶登记,⑦贵族及特权登记,⑧职业的资格登记,⑨矿业登记,⑩国债登记等,皆于其登录之时,由申请登记之人,征收登记税。此等登记之财产及价值,皆为将来可生收益之有形或无形的固定资本,而表示一种的负担力,故于其登录之际赋课之,不为过也。

中国之契税及验契收入,虽类似登记税,然非真正的登记税也。

(二) 印花税(印纸税)(Stempelssteuern;Stamp Duties)

印花税,由狭义言之,本为关于民事上及裁判上之证书,并凡可提出裁判所而作证据之一切财产及权利关系之书类样式,之课税。然贴用印花或戳印之收入方法,不独用于行为课税,即普通征集公款时,亦一般地利用之,故由广义言之,印花税实当包含规费、消费税,间或包及直接税之收入也。又实际上,印花之收入,每于其发卖时总计之,至其发卖后,对于各种公课之贴用额,则不易知,故各国概以广义称印花税,合算规费于内。然亦有以狭义称印花税者,例如日本之主要印花税为义极狭,盖指课于证明财产权之创设、移转、变更及消灭之证书、账簿及课于证明财产权之追认承认之证书及证券而言也。

各国所谓印花税之内容亦纷然不一。英国之印花税,除日本印花税法所记载者之外,尚包含外国支票税、银行券税、骨牌税及市价决定书印花税等。法国印花税,亦于日本印花税法所记载者之外,含有广告税、铁路车票税(别有运送税)、旅行券税、狩猎券税、骨牌印税及市价印税。德帝国之印花税,亦含有骨牌印税、利券税、市价表印税、彩票及赌券印税、通行印税、自动车准许券印税、监事报酬印税及不动产转移印税等。且不惟其内容甚相差异,即其税率亦非单纯,其含有由万分之几,而千分,而百分,乃至十分之几之比例税者,亦颇多也。

（三）交易所税（取引所税牙行税交易税）（Umsatzsteuern；Exchange Duties）

交易所税者，以依有价证券及交易商品之买卖而生之利得为税源，之课税也。有时特注重于有价证券之交易，亦谓之为有价证券买卖税或市价税。交易所税之内容及地位；在各国税制上，甚不一致。从大体言之，归入印花税中者多，而作为独立的课税者少。在作为独立课税之时，其课税物件，亦大抵限于定期买卖。盖此种买卖，通常限于交易所，且依此种买卖而生之利得，本带有一种侥幸的性质也。

（四）通行税（Tax on Communication and Transport）

通行税系以经济行为关于人及货物之移转时所发生之利得为税源之课税。亦称为运输税。

（五）银行兑换券发行税　义自明。

四　增富税者，以个人或一家依不行为而侥幸地获得之利得为税源之课税也。通例属于此者，为嗣续税、土地增价税、兵役税、彩票税及战时利得税等。

（一）嗣续税（继承税）（Erbschaftssteuer；Inheritance Tax）

据各国法制上关于私有财产之规定，凡一事件起于一个人之身时，其他个人，别无何种行为，常能因其事件增加财产，而享所生之利得。嗣续税者，即以此利得为税源之租税也。故此税既可使负担者不觉其痛苦，亦不必加变化于现时社会组织及资本状态，而收入自增，故现今各国皆喜采用或扩张之。然此种遭遇事故之个人，与享受利得之个人，决非毫无关系者，其间关系，因各国之家族制度而异。在欧美诸国法律上，二者之间，为全然分离的个人关系，故所谓嗣续，意指因一个人之事件，而增他一个人之富而言，而在行家族制之国家，例如日本，则不然。日本家族制度，与欧美大异，法律上、经济上俱以户主所支配之一家经济，视为社会之单位，故一家之经济，决非能为嗣续故而增其富者。盖嗣续一事，以个人言，虽为增富，然以一家言，则富者仍富其富，固无从得增也。

欧美各国虽行个人主义之家族制，然遭遇事件之个人与享受利得之个人间之亲等关系之疏密，亦未尝不认定之，故其嗣续税之课税方法上，多有依嗣续财产价格及亲等关系之有无疏密，而设累进差等的税率者。在一家主义之家族制，亦当因关系之亲疏如何，而异其课税方法，且理论上，对于亲等关系愈益密切与一家经济之组成愈有关系者，尤以不采增富税主义之方法为当也。各国嗣续税，多采用累进课税法，盖欲依此阻止财富之日益集中于一人之手也。

各国所谓遗产继承，往往包含遗产赠予在内，故兹所谓嗣续税，当然包含遗赠税（Shenkungssteuer）在内。

（二）土地增价税（Wertszuwachssteuer；Increment Value Land Tax）

真有增富税之意义者，实为土地增价税。土地之价格，常因社会之发达、通货之低落及其近旁偶然发现之变化，而自然增长，因之其土地所有人，不须何等劳费或行为，即自然地能于一家经济上，偶尔地取得一种增富。土地增富税者，即以此种增富为税源之课税也。故即课其税，而负担人亦不因之感受特别的痛苦，故公共财政，对于增富要求其为相当的分配。故此税实财政上最有理由的财源，且视其征课之方法如何，又可为抑制土地投机之一助，一举两得，莫善于是矣。

顾理论虽如是，然征之实际，颇属难题。如欲实行此税，则国内每有土地移转之事实,即不可溯诸既往,确实查明其土地之原地价,更将从当时起,迄现今移转时止,所需之维持费、改良费及普通利息,加于其中,然后以所得之和,由移转时之现卖价,扣除之,以算出实在的所增利得,而后始以之为标准,而课税于卖主。其办理之烦难,有如此者,故苟非平素关于土地之税务及登记,业经完备之国,其实行决非易事。加之,如在都会,因土地之移转频繁,高低亦甚,其价值之判定,比较地不感困难,则此制之利益,或当不少。至若村落之土地,则永归于一人之手者极多,不惟课税之利益甚微,即查定地价差增之事,亦属至难,且从其与地租、登记税、嗣续税之关系及其对于动产增价之均衡等,考察之,则种种难问,尤不得不涌起也。唯在各小地方自治体中,因其与人民较为接近,熟知土地之状况,故若为补充与土地增价有密切关系之政费故,在市街地偶一施行之,则比较上困难或可减少耳。观欧洲都市自治团体及海外小殖民地之都市,久已实行此税,殆亦因此。

然英国及德帝国,自一九一〇年以来已以此为国税而实行之,其方法极为复杂繁琐,兹不赘述。

(三) 兵役税(Wehrsteuer;Military Service Tax)

兵役税是否可称为增富税,固属一种问题,然个人经济偶然地脱离一般应为之义务,得免负担,终不得不谓为一种不行为上之利得。兵役税者,即以此利得为税源而赋课之者也。故由此意义言之,兵役税当然不可不属于不行为上之利得课税。

或谓兵役为国民之名誉的义务,因兵役而受痛苦之个人经济,当以之为名誉,至负担之公正与否,则非所宜问,且彼服役者之经济上,就令实受如何之痛苦,然苟非取由免役者征收之租税,以补助之,则其痛苦固当莫从慰藉。今不以慰藉痛苦为主义,徒以欲求服役者与免役者之负担之公平故,而设兵役税,是使人将谓兵役为一种之有酬劳务也。此其污渎兵役义务之神圣者实甚大,故兵役税不当设。然平心论之,主张兵役税者之论据,本不在因兵役而受之苦痛之果有名誉的性质与否,而在免役之个人经济果享与免租相同之偶然的利得与否,故此种反对论,似不充分。兵役与租税同为国民之宪法上的义务,而一以为名誉,一则以为不名誉,论理上实欠稳当,且即使二者有差别,而从个人经济上言之,偶然得免供献生产的劳力之义务,与偶然得免负担租税之义务,其间实无所异。不问其所免义务之为名誉与不名誉,其均为经济上偶然的利得,则固不容疑。此种偶然的利得者,实为负担力之所存,故以之为税源而赋课之,理当义正,与普通之课税,无以异也。

兵役税以因免役而得之偶然的利得为税源,故大抵课于由不当签或不合格而免服役者之个人一家经济。此税久已通行于法奥匈瑞诸国。

(四)彩票税

彩票,由中彩者言之,当然为一种偶然的利得,故在允许私人发行彩票之国家中,赋课彩票税自较不赋课为当。但如前述,彩票本身,有无存在之理由,已属一大疑问,故此种租税应否存在,自亦不得不有疑问也。

(五)战时利得税(Kriegsgewinnsteuer;War Profit Tax or Excess Profit Tax)

战时利得或超过利得,谓个人依战争之发生而后获得之一种利得,且其额超过战争未开始前之平常的利得者也。此种利得之发生,不限于交战国,虽中立国亦有之,且其存在,亦不限于战时,即战后亦有之,故以此种利得为税源之租税,亦有主张称为超过利得税而弃战时利得税之名称者。战时超过利得,不但纯为一种偶然的利得,应与前述各种偶然的利得,受同样的赋课,且从战时一般人民多较平常负担为重,其生计上较为困苦之点言之,为保持公正计,亦应课税也。

此税在欧洲大战时盛行于各国,其税率多从累进制。

第九章　支出课税论

一　支出课税（Aufwandsteuern；expense tax）者，当个人经济上消费或使用一般消费的物件及劳力时，准其事实及分量，所课租税之总称也。中分为消费税、使用税及关税三者。消费税更分为饮料品税及日用品税二者。

二　支出课税之课税方法，有五。

（一）生产课税法

此法系于饮料品及日用品之生产进行中，赋课之。依其课税物件之相异，复可分有原料课税、制造课税、成品课税三种。原料课税者，准据生产用原料之分量及制出率或耕地面积，而定其税额者也。此种课税虽有消费税之名，实于生产进行中赋课之测定时机，未免过早，故不适于使租税转嫁于税法上之预期消费人，生产者难免有不能回收已负担之租税及租税利息之恐。且其负担，因原料制出率、技术巧拙及规模大小而定，亦不公平。盖制出率本系从一定原料所能制出之成品之比率之谓，因原料良否，技术巧拙，而有异同，故由使用原料推定成品之比率，或由成品量推定使用原料之额，均未免有不公平之病也。然由推定制出率课税时，有时亦有奖励技术之效，盖因生产者当力求能得法律上推定制出率以上之成品量，以轻减租税负担也。制造课税则反是，视半成原料之额，准制造中之标准而课税焉，故亦称为外标课税。其结果较原料课税,稍与消费相近。然此时仍苦于未睹制造成品之技术的结果,故纵令因事业规模之大小、成功上或有差异,亦不便斟酌损益,故亦非善法。成品课税为生产课税法之最发达者,通例就生产进行最终之结果,斟酌其品位及价格,按每一定量而赋课之。此法,于生产者数少而不散在各处、制造场监督容易之时,甚为适当。然距真正消费时尚远,不能不增加与税金利息相当之负担,且物品中有自制造终了,至真正消费之时,异常减耗或损败者,因之愈不能不增多税金以外之负担,此其缺点也。

(二)流通课税法

此法系在生产完了之物品移送贩卖时,以其数量或价格为标准,而赋课之,故可谓于最与消费接近时测定其负担力者。此复有搬出课税及贩卖课税二法。搬出课税者,物品由制造场向消费场搬出时或搬出后,在一定地方入库时,之课税之谓,例如搬出税、入库税及入市税,是也。普通关税,亦概属此类。贩卖课税者,认贩卖人或零卖人为纳税义务人,而课之,欲于与消费最近时使所课之税归于消费人之负担者也。然此种课税之监督甚不便利,且征税费亦不少,此其弊也。

(三)预约课税法

此法系先推定一定期限内之生产或贩卖额之总额,按照推定数,使纳税人于货物制造之前预先纳税,一次纳完,故此法可省却许多个个计算上及监督上之劳费,然较实地精查后之课税不免疏漏,且有遁逃之虞。惟关于敏活迅速之商品,则较便耳。

(四)专卖课税

专卖有单以加工或贩卖之一,归国家独占之部分专卖,与以制产及贩卖全归国家独占之完全专卖二种。若自其收入行为言之,似皆属于国家之企业收入。故从来学者,所说不一,有以之属于私经济的收入者,亦有以由总收入减去企业费所余纯益为由国家独占而生之强制收入,而以之属于租税者。若从实际言之,一般专卖大抵皆为国家赋课租税之一手段,特国家自己承担课税物件之事业,而以事业费为赋课费,以纯益为租税,其情状稍与普通租税不同而已。故兹合事业费及纯益为一体,而视为租税。

此种专卖课税之利可分为以下数点论之:第一,专卖虽增加国家经费科目,但企业全体之利益,均可收入国库,故国库之收入额,较依普通课税法时必多。第二,专卖事业上官吏之劳务及会计法上之办事顺序,虽甚缺敏活,然此非因官业之故,实因企业之浩大而然,故可以规模大则生产费节约之利益补之也。第三,专卖虽或减少私人企业,而损失租税收入,然以租税减退之少,较专卖益金之多,固不可同日而语也。第四,因竞争而生产过多,又或因产业不同,而事业盛衰不一等弊,在专卖事业中无个人事业之甚,故一定劳力,可安全地且永远地需用之。第五,专卖事业对于消费需要之变化,欲一一适应之,虽甚感困难,然因制品精良之故,可使消费人无负担过贵供给之恐。第六,专卖对于供给原料之民业,保证其确实安全的价格,有使其产业完全发达之利。第七,专卖可依卖出价格之减免,对于特殊产业用、慈惠用、医药用及其他公益目的用之物品,予以特惠。第八,易于垄断及因时季或交通不便,而价格变动差异,甚相悬远之一般需要品,可因专卖而避投机之弊病,且可免价格之不均一。要而言之,专卖课税,自制度言之,对于财政及经济在理论上实较得策。然观各国之实例,则亦不必尽然,例如关于原料之买收,制品之卖出等事,弊害百出,或因循苟且,官吏因以腐败,或因此官权过大,其害非鲜。故行专卖时当加以周到之注意及监督,某种物件应采专卖课税法,亦当照前述公营事业上之一般原理,决定之也。

(五) 准许课税法

此法系关于一定之货物,准许其生产或贩卖之特权,于有一定资格之个人,对于此人年年征收料金,故自一方面言之,有规费之形式,自他方面言之,又有营业税之形式也。此法为消费课税法之粗疏者,不适于为主要的方法,故各国中不过有以之为附从的方法而采用之者而已。

三　消费税(Verzehrungssteuern;excise taxes or taxes on consumption)系以日用物品之消费为课税物件之租税,其征收大抵非由消费人直接征收,而用间接的方法,故亦称为间接消费税。且间接的方法之中,在昔时尤以流通课税法为主,故亦称为内国关税(internal custom duties)或入市税(octroi)。又因其课税之客体为日用货物,且必限于本国自产者,故亦名之曰货物税(taxes on commodities)或国产税(taxes on internal commodities)。以上各种名称,孰为最当?此实一不易解决之问题,兹不具论。

消费税更分为饮料品税及日用品税,此二者均属于间接税,概行间接的转嫁。

(一) 饮料品税(Getränkesteuern)为消费税中之主要税目,系以各种饮料为课税之物件者。在各国现制中,其重要者,为火酒税、麦酒税、葡萄酒税数种。其课税方法,则各国不一,旧俄及瑞士用酒精专卖法,其他多采生产课税法及流通课税法。此外虽有果实酒税、酢税及矿质饮料税等类,然概微微不足道。饮料有卫生的及非卫生的之别,其税率亦有差异,纯粹葡萄酒、其他之果实酒及矿质饮料等之课税,为率最低,麦酒税次之,火酒及其混成酒,称为酒精饮料，或非卫生饮料，其课税为率最高。

四　使用税（Verbrauchssteuern；taxes on uses）系课于凡物件之不因一回之使用而消费至尽者，以广义言之，亦可谓为消费税之一种。此种课税有直接税的性质，概由纳税人于支出其自己所得之时，自纳之，而自负担之，而无转嫁于他人之机会者，故亦称为直接消费税（Direkten Anfwandsteuern）或直接支出税。属于此税者，为住家税及诸种奢侈税。

（一）住家税（Wohnungssteuern；tax on dwelling house）者，以房租或住居的条件为标准，而课于居住人之税也。英国现有此税，作为国税，法国之因人而别之动产税，亦以居住家族人数及动产所得为标准，故亦可视为居住课税。

（二）奢侈税（Luxussteuern；taxes on luxury）者，以奢侈品为课税物件而课于物件所有人之税也。财政学上之奢侈税特从狭义，非指世俗所称奢侈税，如香槟酒税、烟税、绢布税等而言，而指课于可长久使用之奢侈物件，例如饲养犬鸟、撞球台、摩托车等之税，且系以其所有人所享之奢侈的所得为税源者。

设置奢侈税之理由，实在补充租税制度之不备，易词言之，即奢侈税一方面为补所得税之缺漏故，以吸收依个人消费或使用而始出现之潜伏的税源为作用，他方面又为谋租税之公正故，特向人民中之富有社会，行附加的消费课税，以期补救下层社会负担最重之间接消费税之不均，以正其弊。故若能引奢侈的消费之一切机会悉入课税之范围，则此种课税之目的，可谓达到无憾。然奢侈的消费，事实上固不能悉加课税，故此种课税之目的，实际上甚难得达。常见有享有高度之所得，而毫不负担此税者，漏网极多，不平殊甚。且此税尤有数缺点：第一，收税费过大，而比例上收入反未免轻微,且其收入,即令时有稍巨者,然国家亦决不能以之为重要的确实财源,其于财政上之信赖,实甚微弱。第二,同一物件而兼奢侈用及职业用者甚多,例如犬、船、车等使用税之课税物件,是也。此等物件之收入,比较上虽稍多,然税制上既一方面课奢侈用税以高率,他方面课职业用税以低率,则其结果,由此等兼有二用之物言之,奢侈用之需要,既经抑制,则职业用之供给亦势不得昂其价格,是职业用之需要,亦将受制限矣。故此税与各地之职业状态,关系甚大,实不可不加以慎重的注意也。由此言之,使用税及其中奢侈税之大部分,与其作为国税,以为一般的课税,而谋财政上之重要的收入,毋宁察照各地方之职业状况,视其所宜,而以为地方财政上之财源,反为得当也。

　　五　关税(Zolle;customs duties)者,支出课税即广义消费税之一种,课于超越租税领土限界之货物之消费者也。唯其征收,系在交易行为之际,故外形上,颇类于行为税,然与行为税之性质,实全然相异。行为税系课于因经济上之交易行为而生之新利得者,而关税则适与之相反,系课于现实消费,即个人经济支出上之旧所得者。故关于关税之评论与关于消费税之评论,大旨相同,易词言之,关税论之目的要不外乎研究关税之课税方法,使不悖乎消费税之性质耳。关于关税之理论,可分为三段言之。

　　(一)关税之利弊,较消费税之利弊如何?关税虽为广义消费税之一种,然比诸国内消费税,则利益较多,今列记其重要者于左:

　　第一,关税之征收,颇为简单且易于监督,故所需之征收费,亦甚轻微,此种利益,尤以在课税物件或因自然,或依法律,不得生产于国内之时,最为较著,例如普法不产茶咖啡及米谷及英国以法律之力禁止产烟,是也。于此之际,课关税于其输入品,征收上最为容易,不待言也。第二,若征国内消费税,则关于国内之生产及交易,常须监视,故每至妨害产业,而关税则无此弊,故以关税为主之租税制度,易令负担租税者除去酷税之感。第三,关税可不大增征收费,而扩张课税范围于诸种集量的商品,故对于国家财政,容易供给丰富的岁入。第四,关税可以保护幼稚的国内产业,使免与外国商品竞争,以遂其成熟。

然关税亦有若干缺点:

第一,关税负担之转嫁,难期与负担力相适应,此缺点为各间接税所共有,而关税尤甚。盖关税关于物件之选择,常以国库上收入之理由为主,而采集量的物品,不能因其用途而细别税率,故常为粗大的从量税,故难行重课富者轻课贫者之策。且集量的商品,多为各人日用必需之物,其课税之结果,反使重于贫者而轻于富人之倾向,日益加甚。第二,对于国内生产物之国内消费税与对于由外国输入之同种产物之关税,二者之间,难得正当的均衡,而尤以有条约上的协定关税之时为难。第三,关税管理上规则甚严,因之常不免有诈欺密输收贿之虞,而尤以在关税率高之国为然。第四,关税对于幼稚的内国产业,虽有保障之,使免与外国商品竞争之利,然其缺点,亦即在是,因关税常使国内一般消费及生产费之负担日益重大也。此缺点因其期间之长短而异,故设若除关税保护外,尚有他法开发幼稚的产业,则宜先用之,非万不得已之时,不可以关税保护之也。第五,关税不惟有此等缺点而已,且又往往妨害国际上之修好,阻害货物之流通,障碍各国之交通,为害甚大,故苟财政裕余,不需乎此,可废止之,则以废止为佳。然观各国通常财政现状,国内消费税约占全岁入之二成乃至二成五分,关税之收入额,亦约略相同。今欲求二者间之均衡,以维持负担之公正,固万万无废其一而存其一之理。故今日关税之所以不能全废者,其重大原因,不在经济的理由,而在财政的理由。以故现今之关税论,惟在如何研究其课税技术及行政政策,以使共成为适当的消费税而已。

（二）关税当何人负担之？易词言之,即真正最终的负担人当为外国人抑当为本国人？当为生产人抑当为消费人？此问题当视各个的情状如何而定,不能一概而论。惟关税既为广义消费税之一种,则其负担,有依转嫁而归著于消费人之倾向当与其他消费税无异。唯此种倾向,当其实现时,难保不因各个事情,而生不测的变化。故大体上虽可谓输入关税,由国内之消费人负担之,输出关税,由外国之消费人负担之,然例外之事,亦未尝无有,且往往有因本国外国需要供给之状况,而呈反对的现象者。例如有时一国对于从来无税之品,新课输入关税,或对于有税品,增加税率,然其税品卖主之外国人,因欲与他人竞争,维持其自己贩路,特以从来的价格,或更低的价格,行其交易,当此之时,输入关税之一部,实归于卖主之负担；又如输出关税,若输出品因外国市场之状况,惧难与外国品竞争,不欲因增税而增加其价格,则输出品之课税,亦不得不由本国生产者负担之,是也。而在工业未盛之国,此等反对的现象,尤为显著而持久,盖此等国中,常乏工业上必需之机械及与输入品同种之工业品。其需要既甚为迫切,则即价昂亦必购之,故因课关税而新增之价格,实由国内之购买人负担之。又此等国家之输出品,因欲在外国市场竞争,不能过昂其价格,其结果,本国之输出关税及外国之输入关税,皆不得不由输出品之生产人负担之。易词言之,即在此等工业幼稚国中,无论输入税、输出税及外国之输入税,皆有归本国人负担之倾向也。此等经过,虽不能由统计上确指而实证之，然由其贸易品价格之高低察之，亦略足以卜其一斑。日本之欧洲贸易，现状即正如此，本国之输入税，亦归本国消费人负担之，外国之输入税，亦由本国生产人负担之。是盖由在日本本国，能与外国品竞争者既甚少，而在外国，则其国并他国之商品，与日本输出品竞争者又甚多故耳。

（三）关税因征收之地点、政策之差异、赋课之标准及物件之性质等之不同可有种种分类。

第一，输入税、输出税及通过税。

因关税之征收地点而分之，大别可先得内部关税（Binnen Zölle）及外部关税（Aussen Zölle）二种。内部关税者，在国内适宜的地点（道路、桥梁、关砦及运送中）所征收之消费税之谓，不惟其范围较国领限界为小，即其地点，亦非具有强制的性质，不能因货物之通过，不由此地点而由他地点，即视为漏税者也，现今德法奥诸国之入市税，即其遗物也。反是外部关税一称为领域关税（Grenz Zölle），系在领域的限界上，所征收者，凡货物不由限界上一定地点而逾越领域者，即视为漏税，而加以相当的制裁。惟此领域限界中，复有国民的领域、同盟领域及国内地方领域之别，因是遂更有国境关税（Landes Grenz Zölle）、同盟关税（Vereins Zölle）及国内关税（Inlandes Zölle）之分。然此种区别，依各国情状如何而为轻重，非必要者。

外部关税之区别，此外尚有较重要者，即输入关税、输出关税及通过关税之区分是也。而其中，若就现今之交通事情言之，尤不得不以输入关税为最重要。此关税在昔时亦称为消费关税，系对于以领地限界内之消费为目的，由限界外输入之消费物，在领地限界上征收之者。今日文明诸国，单云关税，即指此种关税而言。盖现今的关税，几于仅用消费关税，即能达消费课税之目的，而充足有余也。输出关税者，当消费物由本国运至外国时，所征收之关税也，此种关税，昔尝盛行，且与保护政策有密切的关系，其范围颇为广阔，而其税率亦甚高，殆可称为输出禁制，往往欲以人为之力，保持内国一定商品之过剩。盖旧商业政策，因欲避免低廉品之输出，并欲保护方将发达之产业，尝谋抑留未制粗品于国内，故对于此等之输出，课以重税。然至今日，则文明诸国大抵已废止输出关税矣。例如英国于一八四二年，德国于一八七三年，荷兰于一八七七年，法国于一八八一年，日本于明治三十二年，皆已废止之是也。盖输出税从保护国内产业之政策及自由贸易之主义，二者观之，皆足以妨害产业及通商之发达，故不可不排斥之也。顾各国中亦尚有因特种理由而保存之者，例如葡国、西班牙、瑞士、希腊、芬兰、罗马尼亚、英领印度、土耳其、埃及、巴西、突尼斯国及中国等是也。考其原因，大抵皆非出于保护贸易之政策，而在财政上之需要。通过关税者，谓课于仅通课关税领域之商品之税也，此盖由中古事情及内部关税而发达者，然及近世，国际交通日益频繁，此税不能不自然绝迹。德国关税同盟诸邦，于一八六一年，瑞士于一八七四年，奥国于一八七八年，希腊于一八四四年，皆已废止之。今则除德奥之入市税及中国之常关税及厘金外，殆无有保存之者矣。

关税种类之变迁，有如此者，故当知今日所称为关税者，概指输入关税而言。

第二，财政关税及保护关税。

财政关税者，以财政上之收入为主要目的之关税之谓，亦称为租税的关税，即普通作为消费税之一种，以达国库收入上之目的者也。故其赋课及税额,但适用消费税上之原则足矣。其异于一般的消费税者,唯其征收限于国境一事,其作用在补充消费税之不足。顾财政关税,虽与消费税同,以财政上之目的为主,然今有一关税于此,欲知其果以财政上之目的而被设立与否,将何以测之?通常谓此际可以左记诸种关税,为财政关税之表征。

（1）对于国内现被课税之物件同种之物件之输入及对于虽不同种然可为代用竞争之物件之输入,所课恰与国内消费税同率或与之相当的税率之关税。

例如日本之麦酒烟酒等之关税是也。盖关于此等物件,内外两品之税率,迨属同额,故不能为所课关税故,特加保护于内国未制品,因此种关税,实仅依国库上之理由,欲维持内国消费税收入,乃不得不使与国内品竞争之输入外品,亦受同样的负担也。

（2）对于国内不生产又无代用品之物件,当其由外国输入时,所课之关税。

如此物件,若严密言之,殊不甚多,其最适当之例,则如英国之烟是也。然其他略可称为此种物件者,视各国情状,亦当不少,例如精巧机械、化学成品、药品涂料或其原料品、玻璃、角皮类等是也。此等输入税,除单纯的财政上之意义外,概无赋课之理由也。

（3）对于奢侈及不卫生品之输入,特课重率之关税。

然此种关税,非单以国库上之收入为目的,亦依租税原理上之理由而存立者也。世人往往以此等课税之目的,为在矫正世之奢侈,防制不卫生,或抑止正货之流出,甚至有谓此等课税为一种保护关税者。平心论之,其非保护产业,固不待论,即防止奢侈及不卫生,亦不得称为直接的目的。盖此种课税,所以用高率者,特因即依税重故而有抑制此等欲望之事,而个人经济上亦不至感异常之苦痛耳。易词言之，即此等课税之用重率，由租税须与负担力适应之原则言之，实属当然之事耳。至于防压欲念之目的，则非由此课税而遽能达到也。至若谓此种课税有防止正货流出之目的，是亦可疑，盖设若其国对于此等输入品，需要迫切，虽课重税而输入依然甚多，则其课税适足增其国民之负担耳，不能减少正货之流出也。

保护关税，与财政关税相反，系以国内产业之利益为主要的目的，以限制外国品之输入为主要的方法者。财政关税，以国库及租税原则上能有适当的收入，为优先的目的，而保护关税则以经济政策上保护主义之考虑为第一的目的，此二者之所以异也。然保护关税自非全然将收入目的置之不顾者。在贸易年额蒸蒸日上之国，保护关税足使国库增巨大的收入，故财政家亦预期之，常益增其税率，以与保护政策家互相提携，欢迎高率关税。唯此等保护主义所置重者，第一为经济政策上之目的，而收入次之，前者为主，而后者为辅，故彼等常以关税，防压外国之输入，其结果所至，即使减少关税之收入，亦所不惜。然由财政关税之见地言之，因求减少输入，遂至减少收入，实不可谓为成功，故至是而财政家与保护政策家乃往往不得不反目焉。保护关税所谓经济政策上之目的者，盖在抑制外国产物之输入，腾贵内国市场上同种货物之价格，以助长本国之产业。苟如此行之，纵令内国市场，尚需外国品之输入，然内国生产人因一般的价贵之故，尚可赢得利益，若内国品已足给全部之需要，不更需外国输入品，则因保护关税之故，可全然拒绝外国品，而独观内国品之日盛。惟于前之时，关税之收入当增加，于后之时，其收入当减少，然若与外国输入品同种之内国产品，亦有内国消费税，则关税收入之所失，可于内国消费税收入偿之，如此，则国库不受巨大的影响,而国内产业之助长,可以期矣。日本砂糖关税与砂糖消费税之关系,殆即类此。然若将课于外国品之国内消费税之减收,亦加入算之,则国库收入之减少,常不能免。例如日本之煤油关税与煤油消费税之状况即然。盖煤油关税虽高,国内煤油业仍不发达,其结果徒强使一般需要人,行高价的消费,而外国输入亦不增加,因之关税收入,亦有减无增也。煤油且如此,况其被课保护税之物件,若为机械原料品或生活品,则其于国内产业及生活上障害当更大,增加生产费而阻输出贸易之发达者,当非甚少也。故课以保护税之物件,须以精密的考虑采择之,不可失之广,亦不可失之久,以保护之期间短,而物件限于价格可长保低廉者,为最良策,反是则恶策也。

保护关税之税率,依各生产部类所需保护之程度而有异同。其最单纯者,(第一)则所谓单纯的保护关税者是也。此为税于与内国生产物之无同率课税者相竞争之外品输入之关税。此可细别为二种:①课于在国内全不课国内消费税之产物之输入者。②比国内消费税为率较高之关税,此二种俱有保护产业之目的,固显而易见。无论何种,若其税率,更益进而增高,以至于拒绝外国品,使全然无存立于内国市场之余地,则称为(第二)禁止的或拒绝的关税,其效果与实际上禁止输入相同,可使内国生产人,关于其产物之贩卖,占得近于独占之地位,然其他产业,就中最著者,如需要共通原料及材料之产业,必将蒙巨大的打击,故因之不得不有资本劳力之吸收力偏于被保护产业之恐也。

欲说明保护关税之根本理由,通例当从国民经济上之考虑言之。据国民经济上之考虑,因欲保护幼稚产业之有发达之望者,使免与外国产业之伎俩上既已老成者竞争,故姑保障其有利的价格,使于其间得以改善技术,扩张企业,以便将来长久地增加其产额。故凡一切之保护关税,皆不可不为教育的或过渡的关税,易词言之,即保护关税者,以将来的低廉丰富的供给为约,而强一般以现在的高价消费之关税也。故不但其保护期间,务须求短,且在其需保护之生产部类,渐次发达,至能与外国品竞争之间,或其困难原因,渐次除去之间,若欲行之亦唯其他产业受害不大之时为限。若不然,而永久存置之,则不惟根本上与其性质反背,且往往恐保护农业之关税与保护工业之关税,不免有利害上之冲突也。八面玲珑的政治家,不知此理,常并采二种政策,然国民经济上,固莫从因此得益,徒使一般的价格,日即于昂而已。

此外尚有一种关税,系以社会上或政治上之考虑为目的者。例如当内国产业,因欲尽其所担当之社会上之义务(劳动者保护、劳动者保险),间接地或直接地支出比外国竞争者较高之生产费时,为欲使其与无此较高支出之输入品竞争故,常课输入品以高率之关税;又如纯粹由政治上之原因,或由政治上兼产业上之原因,对于外国之挑战,为防御计而特设之报复关税或对战关税是也。前者尚有久存之时,后者则不过暂时的关税而已。且在此际,非选全般经济上真需保护助长之产业而保护之,仅择其不行劳动保护之国之产物或报复有效之输入品而课之,故从经济上之意义言之,似不得称为产业保护关税也。

凡一国若以保护关税,保护自国之产业,抑压外国品之竞争,则同时外国对其抑压,亦可画种种之策,例如或设报复的关税,间接地试其抵抗,或设输出奖励金,直接地助商品之竞争,或对于输出,减少相当的运价等是也。然欲抑压外国输入品,实不必定由保护关税,其他手段亦甚多,如铁路运价,如非买同盟,如提回投资等,皆足达其目的。故外国若有此等施设之一,则一国之保护关税,不问其为经过的为永久的,当失其效果之全部或一部。且各国苟如此互相妨害他国之输出贸易,则国际通商修好之本义失矣,非庆事也。要之保护关税,往往利少而害多,苟不得已而行之,则其适用范围不可不极狭,其期间亦不可不极短也。

第三,国定关税及协定关税。

国定关税者,凡一国不问他国之意向如何,依据本国之自由考虑而定品目及税率之关税,或其品目及税率为自己所得变更者之关税也。故称为自主的关税,其税法称为国定税率表。反是协定税率者,以国际法上之明约(通商条约或关税条约)为基础之制度,一国与他国缔结条约,协定品目税率,于该条约有效期间内,对于缔盟国之产物,负不得设立新税或增加税率之义务者也。其税法称为协定税率表。凡关税之立法,属于一国之自主,故原则上不可不采国定关税。然单一的国定关税,苟非在自由贸易主义之国,殆不可行,凡高度单调的税率,适足表示其故意欲谋妨害他国之输出,有与国际通商本义相反之嫌,故现今除自由贸易主义之英国外,其他各国,于国定税率表之外,或有低率的最低税率表,或有因条约而成立之协定税率表,殆成常例。故若将重要诸国之关税制度分而类之。大抵不过左记数种而已。

(1)单一国定税率　现今维持此主义者,唯自由贸易主义之英国而已。英国之关税,仅有七八种之财政关税,而无一保护关税,以故绝无为自国产业故,欲谋拒绝他国产物之事,故亦无由他国特受交涉之虞,故得以维持单一国定制度而存续之。且其制颇有威力,往往为排斥他国保护主义之利器,有缓和他国保护关税之效。如日本新关税,亦本以保护的单一国定主义为理想,而欲改正条约者,然第一著,即以英国故,而至于不得不设协定税率表,即其一例也。

（2）最高税率及最低税率表　此制度在形式上亦属于自主的国定关税,盖最高表及最低表,俱以本国之法律定之,形式上并无协定的税率,而变更之权,亦属于自己之任意也。顾所谓最高税率表者,本为适用于普通一般之税表,而最低税率表,则虽称特别的减额关税,然实际上适用此减额关税时,出于本国之好意者盖少,多因既定或将缔结之条约决定之。故此最低税率表之制定,要不过因他国或对于自国产物,表示好意,或赋课低税,故亦对其产物,作一般的或特别的低税之准备而已。而实际上适用最多者,则在此低率关税,因各国所订之条约,皆约定适用之也。此种复定关税制度最初采用之者系一八九二年之法国关税法,现今德美两国皆效法之。

此制度之利益,在先由国民议会,以法律之形式,定减额之程度,因以避免依行政官之巧拙而决国运之危险。行政官欲缔结条约,待遇对手国之产物,不依最高率,则必依最低率,不得用此外之税率,此其利也,然同时害亦随之。盖如此则不惟全然没却行政官之手腕,即有时对于其他国际经济上或政治上之悬案,在方法上,以求交换的退让于关税,为最有利者,因关税既经法定,乃亦无从行之;且当缔结条约之际,使对手国预知自国减额之程度,反有被对手国强求特别协定或变法之虞,故甚不利。惟法定采用此制,则税率之变更,可由自国自由主持,较协定税率之为人拘束者为便;而现今从量关税盛行,时需变更税率,故此制之利益,尤当日见其多也。

（3）普通税率及协定税率　普通税率者,适用于各国商品,不容有特别待遇,生于其间之一般的税率之谓,盖自主国定的税率也。于此税率之外,复设条约上之协定税率,仅对于条约国适用之。此制对于一般,用普通税表,对于条约上明示之国,用协定税表,故当缔结条约之际,无所以制限行政官者,行政官可大展其手腕,此其利也。然协定条约,因国而异,种类既多,有增加不利益的协约之恐,且于协约有效期间内,不能变更税率,故设非期间甚短者,在欲设从量关税之时,必甚感其不利也。

（4）最惠条约及关税互惠条约关税　当适用低率关税之时,有对于一般条约国及仅对于特别条约国之分。若条约中有最惠国云云之条款,则凡有此条款之条约国,皆得同样均沾利益,适用低率之关税。反是,若条约中无最惠国条约款,仅以互惠的相互条件,约定适用低率关税,则称为互惠关税。其低率关系,一般不得均沾之,惟特别的互惠国及以同样特惠许与自国之国,得适用之。最惠均沾之关税制度,为各国一般所采用者,互惠主义则美国所独采也。

第十章　公共补助及让税

一　公共团体构成上，可分种种等级，其相互之间，在一定范围内，亦可通融其财源，且其通融，不仅为临时的现象，常有经常地行之者。此等情事，见于地方自治体之财政上者甚多。其方法则不外乎由国家补助资金与一定的自治团体，或由上级自治团体，出让资金与下级自治团体，普通称之为公共补助金，时或称为让税。

二　高级团体出让资金与下级团体，可有二种。①下级团体对于公共的需要，缺乏现实财源，高级团体出金救济之，以补其不足者。②单以预防其收入不足为目的者。前者谓之救济补助，后者谓之预防补助。

三　各自治团体之财政收入，所以告不足者，通常的原因有四：有因其财政经理之拙劣者，有因其为地方利益故支出增加过度者，有因其忽被上级团体委任过多的职分者，有因法律上对于自治团体之收入之作成制限过严者。

第一第二之原因，起于地方团体之内部，其应由上级团体补助救济与否，须视其时之情形如何而决，若上级团体认为设不加救济，恐酿更大的弊害，则以补助之为当，然其补助当为临时的，决不可作为经常的现象。不然者，恐下级自治团体有恃无恐，将不力求除去现在的缺陷，是救之适以害之也。

反是，若第三第四之原因，则不出于下级自治团体之自己的行为，而由于国家之行政立法，其事体实有大异者。下级团体，为公共利益故，由上级团体被委以过重的职分，非其资力所能胜，实居于被强制之状态，其收入之不足，实出于不获已。故上级团体对之，在理论上当不问临时的或经常的而为救济的或预防的补助，其中尤以带有预防性质之经常的补助，为最有效而得当。但欲补助之，须预先向之设定法律上之条件，例如规定：凡应受补助之地方团体，必先证明其作成自己收入之权利业经剥夺及大经制限，又或确保其能永久地履行其被指定之义务职分等，是也。

此种对于正当义务负担之经常的补助，复分二种：一为对于特定的目的而与之者，称为指定补助，例如对于学校救贫费、警察费、交通费等之部分的补助，是也。第二种，则为对于一定的职分，无直接的关系，其补助之目的，仅在地方财政之一般的改善者，称为一般补助或称为赠资。第一种明定目的与责任，故其成绩效果，易于监督。惟其额数，多由比较上定之，故时代愈益进步，则上级团体之费，于不知不觉之间，当愈益增加。反是若第二种，则大抵系定额的赠资，故上级团体之经费，可无暗中日增之虞。惟其目的不明，不便监督，使用一不得当，往往有不得不更增定额之事，此其缺点也。

征诸他国之实例，巴威伦、瓦腾堡、巴敦、黑逊等之地方财政上，指定补助最多。比利时、法国、荷兰、英国、普国、撒逊等，则盛行一般补助之制。然无论何国，皆系并用二制，无仅用其一者。

四　以上所述，当然亦可适用于联合国之中央国家与各邦之间。且不但可由上而助下，亦可由下而助上，例如旧德国财政上所谓分担金，即其明证。特其名称，则因种种关系，而有不同，不必定称为让税或补助金耳。

第十一章　公共杂收入

公共团体,于普通财政收入以外,尚有附随其他政治及行政而生之各种收入称为政治上及行政上之偶然的收入,例如战时赔款、战利捕获品代金、罚金、没收金、不用财产发卖代金、寄赠金、无主物占有金、过怠金、过料等,是也。此等收入,皆非依财政上之计划而来者,不过因与政治及行政之事务相关联,而偶然取得之,为整理计,特以之归入公共金库之收入而已。故亦称为杂收入,就中如战时赔款,为额颇巨,常于一定年间,大足裨益财政,惟有时亦每每与战役后战费之补充相杀,在国家财政上,非能永有特别的位置者。

各种杂收入之说明,多半属于行政法之范围,兹从略。

第四编　收支适合论

编者附记:此编文字除第一章外,几于全部系我同学丁性存教授之作,而我得其同意而借用之者,丁教授对经济及财政之研究之深,为我素所敬服。而此编所述公债论之大意,系私淑崛江归一,尤为简明得要,故我借用之。但我为维持本讲义全体体裁计,对于原文之节目,曾稍稍加以剪裁,然于原意,固无出入也。我对于公债论之讲述,亦有一种臆见,他日当发表之。

第一章　概论

一　依绪论及第一编所述，我人已知现今财政，系以收支适相吻合为原则，且一切财务法规俱立脚于此原则之上而制定之者。然理论上之原则，不必定与事实相符，故各国实际的财政上，往往有收支不能适合之事，或收过于支，或出多于入，随各时各地之情形而有不同。财政学上对于此种收支不适合之事实，宜如何应付，已见第二编第三章第五款。

二　此种应付手段之意义、办法及利弊等，在财政学上实应占一特殊地位，通常名之曰收支适合论（the relation of expenditure and receipts）。也又因其中最重要而常见采用者为募举公债，故亦有名以公债论（public indebtedness）者。由纯理言之，自以称为收支适合论为较适当，然由实际言之，几于除公债论外，更无值得研究者，故称为公债论，实亦未为不可也。

三　本讲义欲兼顾纯理上之要求及实际的要求二者，故所述者虽限于公债论，而仍名为收支适合论，以示公债论之外，在理论上尚有其他问题。

四　学者之中，亦有于本编中研究非常准备金之设置者。然以我观之，非常准备金问题，应属所谓战时财政之范围，别为一种特殊研究，不应参入此篇，且由实际的必要言之，非常准备金制度，已为历史上之遗物在现今信用制度非常发达之社会中，实无存立之要，故亦不必研究也。

第二章 公债(Public Debt;Staatsschuld)之意义

一 公债者公共团体依起债行为对于经济社会所负之债务也。公债为一种债务,而凡债务必须偿还,故依公债而获之公共收入,其性质与其他公共收入不同。他种公共收入,于收得之后,更无偿还之要,而公债则在理论上,或本或利或连本带利,必须偿还。故由公债而来之收入,从长期间观之,收入与偿还,终必相杀无遗,实不可谓为真正的收入。特从短期间观之,在财政上,实能资一时的弥补,充种种支出之用,故谓公债为一种特别公共收入,亦无不可也。公债二字,有广义与狭义之分,广义包涵①狭义的公债,②金库证券、借款、保存金暨兑换纸币及③各种年金,而狭义则除去后二者。由理论上言之,三者之理论大抵相同,在财政学上,以合理论为佳,似宜从广义。然在日常用语上,三者本非一物,又似以从狭义为佳。要之,学术上所谓公债,与日常用语上所谓公债,义不相同,斯则不可不知者耳。

二 公债成立之要件有二:①金融市场之存在。②人民对于国家财政之信用。

(一)今日公债之募集,大抵在经常收入或其他财源不能应付之时,故其额之巨大恒非寻常可比,决非社会间少数资本家所能胜任,故以金融市场之存在为发行公债之第一条件。其中最关重要者,则为银行与证券交易所二种。盖银行不但自行承受公债,且以

第二章　公债(Public Debt, Staatsschuld)之意义

公债为担保而放款,故公债之需要得以增加。欧战之初,英兰银行以英国军事公债为担保,而贷出款项,即其一例,此公债与银行之关系也。又公债偿还之期限,大抵甚远,应募者之资金,有流于固定之虞。如设立证券交易所,俾持有公债者无论何时皆可转售,以换现金,则公债之需要更可增加。此公债与证券交易所之关系也。

（二）又公债之自由变卖,以国家财政上之信用为第二条件,盖若人民不信用国家之财政,则无人肯购公债而储藏之也。故国家发行公债,必①须有偿还之实力,②须有偿还之诚意,二者缺一,决难成功也。

（三）公债私债之差异如何？公债之债务人为国家,私债之债务人为私人,其性质大不相同,故二者之间,发生种种之差异其大要如左。

（1）公债之债务人为国家,得依强制权或利用国民之爱国心,自由决定利率之高低,偿还之方法期限等,不若私债须经债权人之合意,且其偿还恒视国家之道德与财政上之信用,亦不若私债有司法上行政上之救正。

（2）私债之债务人,非个人即法人,常因其死亡解散致债权债务之关系发生变动,是以私债之性质常危险而不确实,若公债则不如是也。

（3）国家财政之状况,当此人民参政时代,容易推知,若私人经济,则多属隐秘,不易窥测,是以公债以不提供担保品为原则,私债除素识之人外,以提出担保品为要件。

据上三点考之,可知公债之投资,虽较私债为安全,而其保护则较私债为薄弱,故国家不可图一时之便宜,滥用公权,以强制债权人,致使徒受公债之害而不受其利也。

第三章 公债之种类

一 内债与外债(domestic debt and foreign debt) 外债者在外国市场发行之公债也,内债者在内国市场发行之公债也。惟当此国际资金流通之世,在内国市场发行之公债,事实上恒有外国人购买,在外国市场发行之公债,亦有本国人购买,故此种区别,不过专就起债之地域言之耳。

公债对于政治上经济上财政上之影响,随募集之地域而异。盖应募公债之源泉,不外①国民之游金(floating capital),②投于产业之资金,③维持事业之资金三者。国家于内国市场,按普通利率募集公债,则所吸收仅为市场游金,固可阻资金之输出,且可防利率之下落。然若以高利,继续发行多额公债,则市场游金及投于低利产业之资金,皆将为所吸收。假使以此资金用于生产事业,尚不过以甲方之款,移供乙方之用,经济上之弊害犹小。倘投于不生产事业,或作对于外国支付之用,则不但减少产业之范围,缩小劳力之用途,而市场利率亦将因之腾贵。至国家每年负担高利之甚非得策,更不待言也。

内债之缺点既如上述,于是有主张国债宜于外国市场募集者,盖因外债之债权人,必为资金雄富之国,其利率必常较内债为低,若债权国债务国之币制相同,并不受币价变动之影响,则苟以其款项振兴产业,普及交通,将来还本偿息,即可以其事业之收入抵注之,故甚为有利。且当战争时对外之支出,常有摇动国内经济之惧,若于此时发行外债,亦可防止硬币之流出。欧战开始之后,英法两国,皆于纽育市场募集公债者,即本此理。

然由他方面观之,则不尽属有利。试由经济上言之,外资输入,则货币骤增,物价腾贵;物价腾贵,则输入超过,硬币流出,而使金融市场时生变动。更由财政上言之,外债之利低,则政府易滥发巨额,终必至提供担保而引起外人干涉矣。再由政治上言之,债权国资金雄富,其国必强,债务国资金缺乏,其国常弱,债务国苟不幸而违约,则必遭债权国之强压,而危及政治上之独立矣。或谓负强国政府之债固如是,负强国人民之债当不然。不知国家之富,即由人民之财产而成,债权国之政府,未有不为人民之利益而取干涉之手段者,彼埃及、突尼斯等国因外债之故,而令外兵驻其境内,非明鉴耶?且债务国与债权国一有龃龉,发生外交上之纷议时,债权国常贱卖债务国之公债于市场,或令国内交易所停止其买卖,使其价格下落,毁伤债务国之信用以苦之,如一八七六年因阿富汗事件,英国对于俄国所行之政略,即其例也。

由实际上言之,外债之弊,多由运用失宜而生,埃及之所以困于外债者,实由于一方面多冒昧之举,骄奢之习,一方面极力输入外资,而不明事务之缓急及管理之方法也。若能运用得宜,则国家为生产事业而缺乏资本时,实宜吸收他国之低利资金。美国三十年前,用此策以吸收外资,其国势遂蒸蒸日上,即善用外债之明证也。

二 有担保公债与无担保公债(secured debt and unsecured debt) 此为担保品有无之区别。担保之物品,用国有财产如土地、森林之类者有之,用特类收入如关税、铁路、专卖业收益之类者亦有之。公债所有人对于担保品之收入，有先取特权，于还本付息有障碍时可处分变卖之，昔时无论内债外债，以提供担保为常例，近则惟财政紊乱之国，始提供之。埃及一八七六年提供烟草关税，一八七七年又提供铁路及亚历山大港之收入，一八八一年土耳其提供烟草专卖印花税酒精税之收入，一八九三年墨西哥提供关税收入之一部，即其前例。我国内外国债，概有担保，不附担保者甚属寥寥，或以关税，或以盐税，或以矿山铁路，近则搜罗已穷，甚可惧也。

三 任意公债与强制公债（Voluntary loan and forced loan） 强制公债者不问债权人之意思如何，国家利用强制权力，以借入资金时所负之债务也。其强制之形式，有用直接强制法者，即以人民财产之多寡为标准而分配之，此法法奥西班牙等国尝行之，有用间接强制法者，即政府向民间购货，不支付其代价，或对于人民供托之资金，不返还其原数，而以一种证券交付之，此法拿破仑一世常行之。此类方法，其性质与租税及没收相似，故因近世民权发达，财政恒受立法部监督之故，已全然废弃。惟欧战发生后，德意志发行之军事公债，对于银行公司曾施以强制的手段为一种近来罕见的例外。

此外尚有不换纸币，在理论上亦可称为强制公债，盖不换纸币，现时虽可不兑换而终有收回之时，是政府对于所有人，无异负担票面上之债务，然不换纸币系强制通用者，故亦宜属于强制公债之列，且今日之所谓强制公债者，实不过此不换纸币而已。

不换纸币有政府自初即声明不换而发行者，亦有由兑换券之停兑而变成者。前者大抵于财政困难或有战争事变时行之，后者大抵于遭遇恐慌、银行营业失败时行之。关于其发行之利害，有两种议论：主张发行者，谓发行不换纸币，可应国家财政之急，且可运用无利的资金,以徐图财政之整理,普法战争后法国所以能渐次整理财政者,即此不换纸币之力。而反对之者,则谓不换纸币之害甚多:由社会上言之,可诱起投机心而长奢侈之习;由经济上言之,可使物价腾贵,硬币流出,且纸币之价格无定,常使交易不安;由财政上言之,纸币价格下落,则国库收入减少,支出之费用增加。以上二说,虽各有理由,而皆非完全之论。盖若使不换纸币不超越经济社会需要之程度,亦不无利益,倘因有法币资格而不戒滥发,则上述各种弊害,自必相因而至也。

任意公债者,国库对于人民表示履行债务,听其自由应募以借入资金之谓也。亦有二种形式:有依赖人民之利益心者,是曰普通公债(business loan);有利用人民之爱国心者,是曰爱国公债(patriotic loan)。

爱国公债之名称甚美,国家有事之秋,未尝不可利用之,以对于外国表示民心之巩固。惟以之为财政上之政策,则无充分的价值。盖爱国心虽足以支配人类行为,而系一时的冲动,不能维持于永久,征之普法战争后,法兰西第二次爱国公债之失败,即可知其故矣。要之,利用爱国心,只能使公债易于募集,而不可以之为主要条件也。爱国公债既不能持为财政上之政策,故今日各国皆依赖人民之利益心以募集之。普通世人所谓公债者,概指此类而言,故国家应注意以如何之条件,始能适合人民之利益心,而达募集之目的。

四 流动公债与确定公债(floating debt and funded or consolidated debt) 二者不同之点有四。

(一)流动公债偿还之期限短,确定公债偿还之期限长,甚至有绝不偿还,或仅依年金之形式而偿还者。

(二)流动公债之发行,系整理一时的不足,或一会计年度之不足，可以其后或来年度之收入偿还之，而确定公债则大抵用于永久事业，故其偿还之期较长。

（三）流动公债发行之条件，如金额、利率、偿还期限等，可由行政上自由变更，若确定公债，则须于某范围内，受法令之限制，经国会之议决。

（四）流动公债之所有者，有请求偿还之权利，而确定公债则以无请求权为原则。

流动公债之起源，有出于行政上之必要者，谓之行政公债（administrative debt）；亦有出于财政上之必要者，谓之财政公债（financial debt）。行政上之流动公债为行政机关流用出纳官吏及工事承揽人之保证金、官吏薪俸之余额、存款、邮局储金等所负之债务。故严格论之，此种债务非欲谋收支之适合，不过出于行政上之便宜，不宜包含于公债之中。在今日占流动公债之大部者，惟财政上之流动公债，其重要者有三。

（一）依短期偿还之约定，由银行借入之资金。

（二）纸币　政府发行之兑换纸币，亦有流动公债之性质。若采国立中央银行主义者，其准备额外发行之纸币，亦当然为国家所负之债务。

（三）国库证券（treasury notes）　因财政上之必要而发行之流动公债，今日流行最广者，莫如国库证券。考从来之惯例，此券发行之原因，不外三种：即①国库收入一时不足而其后实有收入超过之望，当此之时为谋收支之均衡而发行者，亦谓为租税公债（tax loan）；②因财政上之事变，致临时费增加时，为一时的应急手段而发行者；③当时金融状态利率极高，而其后有利率下落之希望，故于此时发行短期国库证券，待后日发行低利长期公债，以徐图借换者是也。此三种中,惟以第二之目的发行者不可不慎,盖因其发行之初即缺乏偿还之资也。

国库证券发行时,应行注意之点如次:①利率,此券之利率,虽宜较确定公债为低,然亦宜酌量当时金融市场之状况与国家信用之程度,使之高低得宜(亦有不付利息,惟低其发行价格,将来照券面偿还者)。②发行额,财政紊乱之国,每易滥发,一旦偿还期迫,又复依借换之手段,发行新券,以连续债务,致使证券之价格低落,承受银行之资力减少,并影响及于金融市场,故一会计年度内发行之金额不可不严为限制。德国一八九四年之会计法,限一亿七千五百万马克,英法日等国则每年由议会议定其发行额焉(说见前第二编)。③券面金额,不可过小,盖此种证券偿还甚速,信用又厚,若券面过小,听其买卖自由,则恐易乱流通货币之状态,日本定最小额为百元,德意志前定为一千马克者盖以此也。④偿还期限,此种证券为弥备一会计年度内之不足,故宜于一会计年度内偿还,以不延至次年度为原则,英定偿还期为发行后十二个月,法为四个月,巴威里定为六个月,日本定为十二个月以内,惟普鲁士定为一年有半。我国国库证券规则,与各国之规定大同小异,即①必于岁计必要时发行之,②发行额不得超过预算岁入额,③发行价格不得与券面价格相差,④利息周年计算,不得过百分之七五,⑤收回期限不得逾一年度,⑥期满后继续有效,亦准完纳各种租税,⑦得充银行纸币保证准备之用是也。

次就确定公债言之,此种公债期限既长,债权者又不得请求偿还,故各国发行时必须经议会之决定。其中复分为有期公债与永远公债二项。

有期公债(temporary debt or redeemable debt)者,国家依一定的

时期方法偿还本银者也（但偿还以前国家无妨随时由市场买销之）。此种公债，在人民有收回本银的确信，在政府因届期必还，有慎重用途之利益，故甚为有益。有期公债之偿还法，不外左记三种：即

第一发行后定期偿还全额（一时偿还公债），

第二发行后定期偿还定额（定期偿还公债），

第三定全部偿还之最长年限，于其间随时偿还（随时偿还公债）是也。

依第一法，设定一定的时期，偿还全额，而不计及届时之财政情形，则债额大者必难于实行，为维持信用计，甚至难免发行高利的新债，以供偿还；又偿期一定，则期限前即有金利下落之事，亦不能另募低利公债，以图借换，故国库之不利，无逾于此，况偿还时骤以巨款充溢民间，亦非维持金融之道也。依第二法，则可渐次偿还，且金额确定，财政上之关系异常明白，非若第一法使经济上财政上生急速的变动。然其偿还之期间金额，终有拘束，财政之缓急，借换之自由，皆未顾及，亦有缺点。故比较言之，当以第三法为最善。依此法，则期限内可随时酌量财政上之情形，分期偿还。且因有定期，亦无以公债偿还之责，遗于后世之弊。然期前可随时偿还，则易有怠于偿还之事，倘届法定最终年限，始一时偿清，则其结果将与第一法无异，不可不慎也。

永远公债，不定偿还之期限，平时仅付利息，任政府依财政上之便宜，随时由市场买入债票销却之。此种公债，就政府方面观之，不受偿还期限之拘束，又非若有期公债届期因财政上之障碍，有另发新债以还旧债之烦难；就债权人方面言之，则可随时售卖，以收回资金，苟不应政府之收买，亦可永久投于公债方面，而不必

另筹投资之方,故此种公债似甚有利。然此种公债亦有弊害:在人民方面,因偿还之期限不定,常受公债价格变动之影响;在政府方面,因无期限之拘束,若财政困难或公债昂贵时,必不设法买销,有遗负担于后世子孙之惧。故永远公债,非财政整顿,道德高尚之国,不可贸然行之。

五　上述各种公债皆按照定额的本银,给以定率的利息。此外尚有特殊公债焉,即有奖公债与年金公债是也。有奖公债(lottery loan)非若普通公债有相当的利息,大抵仅于偿还时行抽签法,当签者付以额外的奖金,不当签者惟交还本银而已。此种办法之趣意,不外利用人民之投机心,故与奖券有同一的缺点。即付微息而以余利给奖者,亦不过稍减公债所有人之损失,而其挑发人民之侥幸心,使不尽力于正当职业,则仍是百步五十步耳。

年金公债(annuity loan)者,合计本银利息于一定期限内,逐年平均偿还之公债也。此复分终身年金公债与定期年金公债二种:

终身年金公债(life annuity)者,债权人终身每年支取与本利相当之一定金额之公债之谓。(其死亡年龄之算定,大抵依死亡统计之平均年龄。)在此种公债中,债权人或于预定期限前死亡,或于预定期限后死亡,其间虽不免得失之差,然以法甚便利,故独居无室家之系累者,常举其资产投于此种公债,以为终身生活之资。其较此稍为复杂者,有所谓 Tontine 式终身年金公债(此为意大利银行业者 Tontine 所创故名),其法分债权人之年龄相若者为若干组,政府每年以各组应得之金额,分给于各该组内生存之人,若其中有死亡者,则以死亡人应得之额,分配于同组之生存者,故死亡愈迟,则得款愈多,而最后之生存人,且能得其未还额之全部焉。

定期年金公债(annuity for a fixed term)者,于一定之期间内至期满为止,逐年支付其平均额之公债之谓。此与债权人之生命无关,故得自由地实卖让与。

年金公债可应国家之需,可谋小民之便,似兼有保险储蓄之长,而实则不能无弊,使世人徒手坐食较普通公债为尤甚,一也。处理之程序,异常复杂,二也。市场利率虽低,而亦不能行借换之法,以减轻国库之负担,三也。无论财政如何竭蹶,而亦不能延其偿还之期,四也。若在Tontine式年金公债,则同组者易至希望他人之短命,而引起伦理上不良的结果,五也。有此种种理由,故年金公债,虽肇于十三世纪,风行于十七、十八世纪之交,然至十九世纪,则日就废弃。且近日保险事业、储蓄机关,日渐发达,自有安全确实的利殖方法,故更无发行年金公债之要也。

上述各种分类外,尚有就经济的效果之有无,分为生产公债与不生产公债者;有因利息之有无,分为有利公债与无利公债者;有因记名之有无,分为有记名公债与无记名公债者;又有就募集之原因,分为非常公债与平常公债者。然皆不甚重要,故概从略。

第四章 公债之募集及发行

一 起债之方法有二：一为分派，一为募集。分派者，强制发行之谓，古昔于强制公债及爱国公债等行之。今日大抵用募集之法，其应募与否，出于债权人之任意，国家不强制之。兹略述募集时应研究之点于左。

二 直接发行法与间接发行法。

直接发行法者，政府直接地以一定的价格，分卖债票于一般需要人之谓也。其中又分二类：一曰委托募集法，一曰一般公募法。委托募集法者，国家使银行或交易所以国家之计算，代管发行事务之谓，依此法，则国家与银行间，非买卖之关系，乃委托贩卖之关系，国家不可不给付经手费，且每月以时价卖出，程序较繁，不适于大额的募集，而以卖出迟缓之故，价格又易于下落，亦是缺点。一般公募法者，国家直接以一定的价格，分卖债票于一般需要者之谓也。依此法则人民之爱国心强而资金丰富者，或以定价以上之价格应募，俾国库得预定以上之收入，复可利用少额先取法，以普及债权于细民，而居间者之投机及其他不正行为，亦皆可免。惟资金缺乏之国，欲用此法募集以应急需，则甚为困难，且竞争应募之结果，使产业上之资金，流于固定，亦其最大的缺点也。

间接发行法者，国家使银行或由银行组成之组合（syndicate）承受公债之全部，以其各自的计算，体察市场状况，随时发卖之谓也。

依此法，则国家与银行间非委托之关系，乃买卖之关系，政府对于银行，不必给予经手费，只令银行以买卖价格之差，为其收益。在国家又可于预定的期日，得定额的收入，且所吸收者，系银行之游金，而无侵及产业资金之弊，故甚有利。若系外债，则更不能不依此法行之，盖债务国之政府，不知债权国金融之情形，而债权国之人民，亦不知债务国财政之状况，惟银行业者，洞悉双方之情形也。然假使银行资金缺乏而无竞争，或银行有坚固的团结时，则国家受制于银行，即不能不以高利或低价发行矣。

要之，以上二法，各有利弊，不能遽断其优劣，除外债外，因时所宜，择一行之可也。

三　平价发行法与特价发行法。

公债之票面，常记明原本及利息，若记定之利率，较普通之利率为低（如普通利率六厘公债票面利率五厘），则实收金额（proceeds 手取金）不可不较票面金额为低（如票面百元实收八十三元三角是）。若记定之利率，较普通之利率为高（如普通利率四厘票面利率五厘），则实收金额不可不较票面金额为高（如票面百元实收一百二十五元是），又若记定利率与普通利率相等，则实收金额即不能不与票面金额相等。第一法价低而附以低利曰低价低利发行法，第二法价高而附以高利曰高价高利发行法，第三法曰平价发行法。前二法又称曰特价发行法或呼价发行法（fiction system），后者又曰平价发行法，试再详论于左。

（一）平价发行法（emission at par）。

此法之利息与普通利率一致，将来偿还之额，亦与实际借入额无差，其方法甚为简单，如将来普通利率低落，亦可依借换之法而轻减其负担。

（二）高价高利发行法。

此法之利息既较普通利率为高，故实际借入之额，较将来偿还之额亦高，唯因利率之高，不免吸收产业上之资金，又因将来偿还额之低，常足以引起人民之恶感，故近日无取此种手段者，兹不过由分类上之必要而略述之耳。

（三）低价低利发行法。

此法之利息虽较普通利息为低，而将来偿还之额，则较实际借入之额为高，利率既低，似应减少应募者之数，然以将来之偿还额大于此际之应募额，故人亦争购之。

以下再就平价发行法及低价低利发行法二者比较言之。

今日各国大抵多采低价低利发行法而平价发行法反不甚重视，此其故盖由低价低利发行法之利有四。

（一）市场普通利率腾贵之时，不可不依此法。

（二）利率低下，于国库甚有利益。

（三）将来偿还额多，则应募者多，而发行价格可望良好。

（四）可以谋公债利率之统一。

更申言之，则低价低利发行法，较之平价发行法，其名义上之利率为低，故当金融逼迫、金利腾贵之时，非实际上以高利诱之，实不易募集。且若国内有利息限制法，则更有定利太高将与限制法相反之虞，故行此法则实际上之利率虽高，而名义上之利率则低，可避利息法之限制。且其实际的利率，亦有较低于平价发行之处，譬如金融市场普通之利率为五厘，依低价低利发行法，以四厘发行公债时，则换算资本只宜以八十元之实价而发行，以三厘发行公债时，则换算资本只宜以六十元之实价而发行，而后实际上之利率始仍为五厘。然实际对于普通利率五厘，而发行四厘或三厘公债时，实收价格必在八十元或六十元以上,政府所负实际上之利率,仍低于普通利率,不足五厘之数,故国库可因之而收利息较低之利益也。或谓名义上之利息无论矣,若实际上之利率,既较普通利率为低,世人孰肯投资于公债者?不知此种公债必分年抽签而行偿还,若应募者能早中签,即可取得应募价格,与票面价格之差,而收较大的利益。既有早中签之希望,人必乐购,国家即可利用人民此种之投机心,故募集之额可告成功也。又低价低利发行法之利益,尚不止此。假使固执平价发行主义,按照金融市场状况,或以四厘发行,或以五厘六厘发行,则利率参差不齐之公债,流通于市场,其间各种之价格,必生变动,而影响于财政之信用。若用低价低利发行法则利率可保一致,不过当于发行时酌量市场普通的利率,以高于其发行之价格而已。然此法亦非无缺点:盖国家负担之偿还额,既较收入之额为大,使非经长久的年月,则其所节约之利金,不足以补偿其差金,而国库仍不免损失也。或谓若依永远公债之形式,则可免此缺点,不知果若是则又将不免发生他种的缺点,盖永远公债,若用平价发行法,则金利低落时,可用借换法以减轻国家之负担者,用低价低利发行法,则其所负之重利,已于发行之初,支付于债权人,固毫无借换之余地也。

四 公债之分配法。

当国家信用巩固、金融缓和之时,应募者所订购之额必常超过政府之募集额,此时国家既不能募集预定额以上之公债,对于超过之应募额,果依何种方法以分配之?考自来所行之法,约有三种。

(一)比例法。

即以应募者之订购额为比例而行分配之法也。此为最公平的分配法。

（二）少额先取法。

此法由政府定一定的数额，对于此数少额之订购者，给以全额，其订购多额者，则按比例递减之。此法可使小资产家有储蓄之便，且因保有公债之人多，足以发挥爱国之精神，是以法国屡行之，概收良好之结果。

（三）高价先取法。

此法系对于高价订购者，顺次给以全额，至满募集额为止。依此法，则应募者之间，必生竞争，公债价格可以腾贵，而政府得以增加其收入焉。

以上三法，皆可利用，惟在当局酌量当时之情形定之耳。

五　此外关于公债之募集，尚有数点应注意者。

（一）公债募集金缴纳之回数。

缴纳之回数不厌其多，若使于一时缴纳巨款，人民虽有应募力，亦决无持资本以待募集者，则不便孰甚。法国为储蓄旺盛之国，政府常注意此点，其缴纳回数多至二十回。惟此法难以应急，故法国为偿还普国赔款，对于一时缴纳者，亦与以特别的利益。

（二）公债券面之大小。

公债之券面大，则政府于发行借换支给利息及偿还原本之时，固可以稍免烦难，然足使少额资本之人民，难于应募，故不如用小券面使细民有应募之机会。

（三）公债之保证金。

应募者当订购时若不先缴保证金，则遇他处放资有利息较厚者，必移动其资金而误公债缴纳之期，甚至全不缴纳，致政府不能得预定的金额。故各国皆使应募者先缴十分之一或十分之二以为保证金，俟分配确定后，即以之充第一次缴款之额。

（四）公债利息支付之要件。

此有种种：①宜于商业上之中心地或代理国库事务机关之所在地，普设付息之机关，以便人民。②在货币制度不统一之国家，凡供支付利息之货币种类，宜预先确定，以增信用。③付利之时期，（甲）宜年分数次，以免金融上之影响，（乙）宜于金融季节前支付，以缓和金融，（丙）宜于缴纳租税前支付，以调和国库与市场之金融。凡此皆为支付利息时所必宜遵守之要件也。

（五）记名式及无记名式。

欲求公债弊害减少，不可不谋利用公债之方法，故各国概许以公债票充发行纸币之准备，或用为商事契约上之担保品，由此言之，自以无记名为妥。盖记名式之公债，当移转时，必须登记于公债底册，甚为不便也。惟公债之所有者，常有专以利殖为目的，保存公债为固定财产者，或有以公共财产应公债之募集者，此皆无移转之必要，且为记名式，则虽遇水火盗贼亦可免其危险，故世人常有希望记名之时。观此可知关于记名无记名之得失，未可一概而论，而要以从应募者之希望为得策，故遇有请求记名者，即宜征收相当之经手费，许其改换，若是，则在应募者甚为便利，在发行者亦无损失也。

第五章　公债之借换及偿还

一　借换(conversion of debt)者,以低利新公债换高利旧公债之谓也,国家当战争事变或财政困难之际,市场之金融非常逼迫,故往往非以重利,则不能募集公债。然事变已过,和平回复后,则低利的公债自易募集,且近世产业发达,国富增殖,金利日形低落,亦足为容易募集低利公债之原因。故当此之时,政府宜断行借换之法,以减轻利息之负担。

关于公债借换,学者间议论纷歧,谓政府以低利公债与高利公债相换,足以使市场之金利低落,减少产业之利润者有之,谓金利低落,则企业家易借资金,可为奖励产业之手段者亦有之。实则二说皆非,因市场利率之高低,非必依政府之意思而决,乃依资金供求之关系而定,故政府公债之借换,乃在金利低落之后,易言之,借换者盖金利低落之结果,非其原因也。

关于公债借换,有宜遵守之要件二种。

(一)必在市场金利低于公债利息之时。

借换之目的,既在轻减利息之负担,故以利息之低为第一要件。市场之利率既低,则以资本放于他途,亦不过得低廉的利率,故此际发行与市场利率相等之新公债,则持有旧公债者,亦将换取新公债以为利殖安全之地,其有不愿换取者,亦可以新公债吸收之资金偿还之。

（二）必在提存年限经过以后。

政府发行长期公债，通例于发行后若干年始开始偿还。在此发行后至偿还开始时之年限，谓之提存年限（unredeemed period）。此提存年限乃对于公债所有者与以继续地安全放资之保证，若于此年限内，强行借换，变更契约，则不但蹂躏人民之权利，且由国家之德义及财政上之信用言之，亦断乎不可也。如此种年限经过，则是已达预定偿还之期限，国家应有偿还之权利也。此外尚有应注意者二端：

（1）不可因借换而增加公债之本银额。

如一八八四年英国对于三厘利之旧公债每百磅以二厘半之新公债一百〇八磅相换，是为增加本银之例。若此者一方虽减低利率而一方又有增加之差额，则借换之效力，终归于有名无实矣。

（2）对于旧公债之所有者，宜与以请求偿还本银之自由。

国家当募集之初，既约定经过一定年限后，实行偿还，则此际人民要求还本，自是正当的主张，故政府不可不从人民之意，对于希望新公债者，与以新公债，对于希望偿还本银者，交付现金。若强令其承受新债，不但侵害所有者之利益，而国家之信用亦将扫地矣。

二　公债为国家与人民间之借贷关系，其消灭之法，不出二途：一曰破弃（repudiation），一曰偿还。破弃之法，违背债务者之义务，实属不法。虽在一八三〇年，北美合众国诸州、近时南美诸国及最近的俄国尝出此举，然蹂躏私权，莫此为甚，究非财政上之常轨，自宜极力排斥之。故财政上消灭（to extinguish）公债之法，唯有偿还之一途。

偿还公债每为当局者所不喜，故当岁计有余时，往往主张减轻租税以免目前的负担。（惟在北美合众国其岁入以间接税及海关税为主，且用保护贸易政策，其收入额亦甚巨，有巨额剩余金时，唱减轻租税论者甚稀，故南北战争时所起之巨额的公债，于一八六六年以降，均已次第偿还，然英国则常受减税论之影响，而阻碍公债之偿还。）不知公债终不能无偿还之日，苟平时不筹偿还之策，一旦事变发生，又复依赖公债，则愈加愈多，民力其何以堪？故当财政之局者，不可拘于目前之利益，尤不可惑于世俗之谬论，宜顾国家永远的利害，力谋偿还，庶可轻减国家之负担，而巩固国家之信用也。

学者之中，又有谓公债宜取永久公债之形式，不必急谋偿还者，其所主张之理由有二：①金银之量逐年增加，且信用制度发达，代表货币之票据等类，亦日渐增加，故以后之货币价格，必次第低落，与其在今日以高价之货币而偿债，曷若俟将来以低价之货币而偿债之为愈。②各国公债虽多，然同时因国家之产业发达而国家之富力亦增。以此推之，则将来公债之额虽同，而对于国富之比率，必可减轻。若今日强欲偿还，是无异私人以百元之收入，偿还五十元之负担，致生活上受其困难，曷若俟有千元收入后，再还此五十元之负债而不感痛苦之为愈。

以上二说，均不得当。以第一说言，无论货币之价格低落，不可预，即令币价低落，而以高价借入，低价偿还，乃贱丈夫垄断市利者之所为，非堂堂政府所宜出者。以第二说论，虽较胜于第一说，然仍不足以为缓偿公债之据。盖①募集公债原为应财政上之急需，代过重的租税，其本质上当由课税偿还，非因偿还而课过重的租税也。②价还公债，可增国家之信用，一旦有事时，可再事募集，不至忍受不利的条件,故其结果仍属保护人民之利益也。③现代有现代必需的经费,后世有后世必需的经费,使以偿还公债之举,留待将来,则于后世之财政,必有束缚其活动之处。④倘产业发达,国富增进,真有确实的希望,则迁延偿还,尚不无一面的理由,惟国家前途,终难逆睹,若不能与其所预期者相符,则财政必更陷于困难之境矣。

由是而言,可知公债之偿还,不可一日或缓矣。既不可不偿还,则于偿还之时,宜注意两点:①宜取随意偿还法,不采定期定额偿还法,如是始能适合于财政上之状况,②宜采随时不定额偿还法,不取一时全额偿还法,如是始可避去金融界之壅滞。

三　公债偿还之方法约有六种。

(一)剩余金偿还法

此法以岁计上之剩余金,充偿还公债之用。此复分为放任法与特别法二种:放任法者,不特因偿还而求剩余金,政府惟以收支适合为主,幸而有余金时,即以之偿还公债之谓也。此法在财政上,固可免偿还之限制,然有偿还迟延之弊。特别法者,因偿还公债,故力图发生剩余金之谓。此法使岁计上每年有预定的剩余金,其偿还固甚确实,且为不受拘束之偿还法,则在财政上又有屈伸之自由,然亦有易于流用,或因之减轻租税而怠偿还之弊也。

(二)定额偿还法

此乃对于一定的公债,每年或在一定的时期,偿还一定额之方法也。例如一时支付有期国债及定额支付有期国债,即属于此类。依此法则当财政困难之时,亦不可不偿还定额,非仅失屈伸之自由而已,且因偿还旧债往往不可不更发行新债,不可谓为是非得策也。

（三）比例偿还法

此法乃每年偿还本银若干分者，复分单纯法与重复法二种：单纯法者仅每年偿还本银若干分之谓，例如每年偿还本银十分之一，则对于百万元之公债每年偿还十万元是也。重复法者，不仅每年偿还本银若干分，于第二年且以第一年已偿还部分之利息，亦充偿还之用，于第三年，亦以第一年第二年已偿还部分之利息，充偿还之用，依次逐年递增其偿还额之法也。以上二法，若每年之偿还额少，财政上尚无何等的困难，若偿还额大，则与定额偿还法生同一的结果。

（四）指定财源偿还法

此既以一定的财源充公债本利偿还之用者，当十八世纪国家信用不厚时，此法为各国所采用，盖犹个人对于其债务之提供担保品也。此法因其在财政上束缚运用之自由，实为幼稚的偿还法，然对于特别公债，则最为适当，例如政府因生产事业而募集公债时，以此事业所得之收入，以供偿还本利之用，则比他种方法实较妥当，故未可绝对地否认之也。

（五）年金偿还法

此法系以确定公债变为年金公债而后偿还之。此法有不能迁延偿还之利益，然其额若多，亦与定额偿还法相同，足使财政上无伸缩之余地。

（六）减债基金（Sinking Fund）法

此法每年积定额之资金，收买公债，另设减债基金局以保管之，而国库对于所收回之公债，仍付以定额的利息，次年再以此利息及预定之资金，更收买公债，至收买全部时，而后销却之。此乃利用复利法之作用,使经过若干年之后,于不知不觉之间,消灭公债之金额,可以达偿还之目的。然亦有缺点:每年积一定的资金,不问财政上之状况,则自由屈伸之力少,一也。政府以付给于人民之利息,自领收而流用之,岁出不能因之而节约,二也。须设特别的机关,增无益的费用,三也。因逐年买收,致价格腾贵,甚至超过票面所记之额,而政府受其损失,四也。

要之,以上各法,各有缺点,若比较言之,则以剩余金法较为完善,惟非财政基础巩固之邦,则亦不易举行,且虽财政巩固之邦,亦不可专恃。其次则减债基金法,职有专司,款有定途,虽不无缺点,而运用得宜,则可收其实效。其他各法,亦未可绝对排斥,是在当局者因时而利用之耳。

四 除一时支付有期国债及定期支付有期国债外,其他公债当偿还时,应以何者为标准而定其先后?观从来所行之标准,不外依号码之先后,或依公债所有人之希望,或用抽签方法。然号码之先后,非必订购时之先后,与事实不合,故第一法不足采。若依本人之希望,则希望偿还者必多,恐国库无以应付,是第二法亦不足采。无已,则惟有用抽签法。

然对于抽签法有更应研究者,则为买销法。关于二法之利害,议论各殊。抽签法者,国库对于中签者先偿还其本银之方法也。买销法者,政府以时价收买公债而销却之方法也。依前法,政府应以票面所记之金额,支付于公债所有人,而依后法,则政府之负担,因时价之高低而异,若时价低至票面以下,则政府之偿还额较少,若时价腾至票面以上,则政府之负担反多。(英国对于超过票面金额者,仍许收买,日本则低落在票面金额以下者,始许收买之。)二者之结果既有差别,故公债所有人,当价格低落时,必望行前法,在价格腾贵时，必望行后法。然公债所有人之利益，即为国家之不利益，故国家之希望，常与所有人之希望相反。故就国家观之，于公债价格腾贵时，不妨行抽签法，于公债价格低落时，不妨行收买法，盖以国家之职务，不徒在保护公债所有人之利益，尤在保护一般纳税人之利益也。或谓于公债价格低落时行买销法，是不啻蹂躏公债所有人之利益。然此不然，盖政府原不能强迫人民以卖却公债，必有卖者而后政府始能收买之，是不独于人民之利益无损，且因有政府之买收而需要增加，则反有价格腾贵之利也。

又用买销法，则当一地方之金融逼迫、市场恐慌时，兼可为适当的救济策，盖依抽签法偿还之资金，散于全国，而买销法则有时可对于金融逼迫之一地方行之，故能借资金之增加，以缓和其地方之金融，防遏其市场之恐慌也。

由是而言，可知公债之偿还，宜抽签法与买销法并用，总以勿失其机宜为要。惟公债价格超过票面价格时，不可不如日本之规定，限制其收买耳。

五　然若当财政困难之际，公债偿还之期限已迫，则惟有与债主协议暂停本银之偿还，以延长期限，是谓公债契约之变更。此虽为不法的举法，而较之以破弃方法消灭债权者，实不可同日而语。此法昔者西班牙、突尼斯、埃及等国曾行之，惟既损国威，又丧信用，非万不得已时，不可遽然行之也。

第五编 地方财政论

第一章 概论

第一款 地方财政学之地位及范围

一 地方财政学者研究地方自治团体之财政之学问也。地方财政学上之原理,与国家财政学上之原理,相同者固多,而相异者亦复不少,故不但从一般的理论上言之,所谓公共财政(public finance)学实必须包含二者而后始得完全。且即从特殊的问题观之,仅观国家财政上之事实,亦实不足明问题全体之真相,例如前第二编所述,欲研究国民负担之轻重,非合国家经费与地方经费观之不可,是也。故研究国家财政学者同时必须研究地方财政学。

二 地方财政学研究之目的 地方财政学研究之目的,主要者有五。

(一)阐明国家与地方团体在国民经济上之关系 由法理上言之,地方团体虽立于国家权力之下,对于国家有隶属的关系,然由经济上言之,则地方团体与国家同为独立的经济主体,在国民经济上,立于对等的地方,故损国家以利地方团体,固不可;抑地方团体以助国家,亦不可;盖二者同为国民经济之单位之一种,而国民经济之目的,则在使各经济单位各尽量发挥其最大之能力,以谋国民经济全体之福利也。

（二）研究地方财政之学理　地方财政有种种特别学理，为国家财政上所不能商用者，如注重土地收入及依赖直接税等是也。

（三）通达地方财政之技术　地方财政上之技术，如预算、决算及审计等，往往因受国家之监督，稍与国家财政相异，故此等技术之研究，亦为地方财政学研究之重要目的之一。

（四）通达现今各国地方财政之状况及趋势，以谋地方财政之改良进步。

各国经济之进步，一日千里，各国地方财政，尤有日益膨胀之势，故借助他山以资砥砺，自属当然。

（五）知悉本国各地方之经济的及财政的事实　凡学理之研究，必以事实为根据，故地方财政一面研究学理，一面当考求事实。

三　地方财政学研究之范围　地方财政学研究之范围，视其研究目的如何而决。试就上述主要目的言之，地方财政学研究之范围，至少应如左列。

（一）地方团体与国家之区别及关系。

（二）地方财政与国家财政之性质。

（三）地方财务行政之制度。

（四）地方经费论。

（五）地方收入论。

（六）地方公债论。

（七）各国地方财政之状况。

（八）中国各地方财政之状况及趋势。

四　联合国（联邦国）中之支分国家（各邦）之地位，往往与地方自治团体类似，故其对于中央国家之财政的关系，亦有与地方自治团体对于中央国家之财政的关系相类似者。因是之故，学者之中,亦有于地方财政学中,附带地说明支分国家之财政者。以我观之,支分国家与地方自治团体在理论上究竟大有区别,似不可混为一谈,且在实际上关于支分国家之财政,可特别述说之点甚少,似亦无研究之要也。

第二款　地方团体之意义及种类

一　公共团体之中,因其目的职分范围及强制力等之差异而可分为数种。其中最重要者,为中央国家与地方自治团体之分。我人研究地方财政学,对于此二种公共团体之分别,尤当特别地了解,庶几不至于发生概念上之混淆。

中央国家与地方自治团体之区别何在？关于此问题,古来论者极多,至今犹未见一致,其最重要的学说约有七种。

（一）领土处分权有无说　谓国家与地方团体之区别,在处分其领土之权之有无,有此权者为国家,无者为地方团体,此 Preuss 之主张也。然由各国现在之事实观之,此说不能谓为正当,盖一方面现今各国制度上一地方自治团体之区域有变更时,或一地方自治团体与他地方自治团体合并而归消灭时,大抵须得其地方自治团体之同意,至少亦须询问其意见,不能纯任中央国家之主持,甚至有规定地方自治团体得依自己之意思,将其领土划归其他地方团体,作为其领土之部分者,例如日本町村制第三十九条第二项之规定是也。他方面现今联合国家内之各国,有时亦无处分其自己领土之权,例如从前德意志联邦国之宪法,规定邦领土之变更,须依联邦国立法之程序始得行之,而联邦国参议院之议决,除普国外,决无一国可以独立左右之者,故德国内之各国,除普国外,可谓无变更其自己领土之权也。由此观之,则地方团体与国家之分,不能以领土处分权之有无为标准也,明甚。

（二）组织变更权有无说　谓有依其固有的法律,独立地执行其政务之权限及依其固有的法律,定其组织即宪法之权限者,为国家,无此种权限为地方自治团体,此 George Meyer 之说也,此说虽或足以说明普通单纯国家与其国家内之地方自治团体之关系,而不足以明联邦国内之各邦与各邦内之地方自治团体之区别,盖联邦国内之各邦,普通学者皆承认其为国家,而事实上此种国家不必常有上述之宪法变更之权限也。例如,在从前德意志联邦国中各邦民事刑事裁判所之组织等,皆由中央联邦国家之法律定之。各邦无此权限。又如在瑞士国及美国,皆依中央联邦国家之宪法,规定各邦皆须维持共和的组织,不得改为君主的组织,是也。又地方自治团体于一定程度内,亦得依其自主权而定种种公约即法律,以独立地执行其政务,非全无变更组织之权者可比,盖不如是则不成其为自治也。由此可知,凡国家不必皆有独立定其机关或组织之权限,凡地方团体亦不必毫无此种权限也。

（三）自己固有之命令强制权有无说　谓不依代理人之资格,全以自己之名义及固有的权力执行命令强制者为国家,依被付与人之资格,执行命令强制权者,为地方团体,易词言之,即国家为有固有的统治权者,地方团体系依国家之付与而始有统治权者。然第一,联合国家之统治权,如从前的德意志及现今的美国,明系由各邦所付与者,此属一种继受权,不得谓为固有的,若谓此为固有的,则由地方团体己身观之,由国家继受而来之统治权,亦不得不谓为固有的矣。第二,或谓固有的之意义,与权利之历史的起源无关,仅指以自己之名义,行自己之权利而言。然地方自治团体之统治权,亦未尝非以自己之名义作为自己之权利而行之,盖不但事实上地方团体之租税征收权及强制执行权,皆以地方团体自己之名义行之,且理论上地方自治团体之统治权,虽系国家所付与,然一旦付与之后,即不得不归属于地方自治团体自己之名义,揆诸付与二字之本义,固应当作如是解释也。第三说为 Laband 所主张,附和之者甚众,然我据上述理由,以为此说不足取。

（四）国际法上权利主体说 谓国家与地方团体之分,视其在国际上有无为权利主体之地位,易词言之,即视其在国际上是否为人格者,有此地位者为国家,无者为地方团体,此 Rehm 之说也。此说在事实上虽足以识别国家与地方团体,然不足以明国家与地方团体之本质。盖谓国际法上之权利主体为国家,犹谓人类社会之主体为人,殆以问题答问题,于本问题之解决固无所裨也。且无国际法以前岂无国家,若国家之性质待国际法而后定,则孤立时代之国家,将何以为认识之标准？总之,此说不陷于以问答问之弊,则必有论理颠倒之嫌,故不足取。

（五）目的广狭说 Rösin 谓以增进国民全体的利益为目的者为国家,以增进特定的地方的利益为目的者为地方团体,Brie 谓国家有广阔的目的,地方团体则否,二说皆属于第五说。以目的之广狭,求国家与地方团体之区别,从实际上观之,不能不谓为有半面的真理。然国民的利益与地方的利益之间,仅有分量上之差,而无性质上之别,以是而分别国家与地方团体之异同,其结果将不免谓目的微少者为地方团体,目的广大者为国家,然岂有是理？且目的上之限制,不仅地方团体有之,即联邦国内之各邦,亦动受限制,其目的之范围或且与最发达的地方自治团体相等若,仅从目的言之,果将何以判二者之异同乎？故此说亦不可从。

（六）监督有无说　Jellinek谓关于一切的事项，能毫不受他人之监督而执行之者为国家，关于一切的政务立于他人监督之下而执行之者，为地方自治团体。此说不能谓无半面之真理。然一方面，地方团体未必事事受国家之监督，丝毫不能自由，因地方团体中亦有所谓任意事务，其履行与否，可任地方团体之自由处置也。他方面，联邦国之各邦之行政，虽不必受中央国家之指挥许可，然其行为苟与中央国家法规相违背，则中央国家亦未尝不可以强制其撤销或改变其结果，亦不甞立于中央国家之监督之下。故监督之有无不足以明国家与地方团体之区别。

（七）主权有无说　此说最旧，然亦惟此说为比较上最能说明国家与地方团体之区别。近来学者所以弃而不取者，盖因主权一语，意义屡变，或以指国家对内的积极的统治权，或以指国家对内的最高权，或以指国家对外的消极的独立权，所指极不统一。故若以主权之有无为国家与地方团体区别之标准，其推理之结果，每至不可通。以我之见，主权一语，应专指国家对外的一种消极的独立权，易词言之，主权者一国除依其自己的自由意思之外，对于他国，不受命令强制之独立权也。以此权之有无，观察国家与地方自治团体，则知前者有此权而后者无有，联邦国中之各邦，虽受中央国家之命令强制，然皆依其自己的自由意思，缔结条约，或制定宪法而后如此，非如地方团体之本来即受国家之命令强制，故不得以联邦国中之各邦受中央国家之命令强制之事实，而谓各邦与各邦内之地方团体之性质，不能依主权之有无而为区别也。

由此观之，则国家者在法律上除依其自己的自由意思之外，对于他人不受命令强制之公共团体也。地方团体者在法律上虽反于其自己的意思，亦不得不受他人之命令强制之公共团体也。故国家与地方团体对内虽皆有统治权即强制命令之权，而对外则一有主权，一无主权，有主权者非依其自己之意思，不受他人之强制，无主权者虽反于自己之意思，亦不得不受他人之强制，故国家可以强制地方团体，地方团体不能强制国家。国家为最上级公共团体，地方团体为下级公共团体，上级者强制或命令下级者，下级者不得不服从其强制命令也。国家与地方团体在法律上之关系大略如是。

二　地方自治团体可依其目的之广狭或事务之分量如何，分为数种，欲明各种地方团体之性质，不可不知各种地方团体发达之顺序。

国家为最高最强的公共团体，有遂行其团体内一切职分之权能，然文化稍稍发达之国家，职分甚多，欲不论巨细，一一依集中的行政而遂行之，实甚困难，故势不得不划分其职分及经济经理之一部，使在地方遂行之，于是始发生地方的行政。然此时之地方行政，大抵仍由国家直接定其需要，且以自己之财源充填之，故此时之地方行政部仅为国家之机关，不得称为地方之独立自治体也。然当国家分设行政机关于地方之时，各地方已因社会上之必然的需要，发生多数小共同团体，且此种小共同团体之事务中，已有类似国家职分之公共事务，故此种小共同团体之性质，与单纯的共同团体不同，盖即所谓原始的地方自治团体也。此种小共同团体之共同目的，日益扩张，则国家之行政亦随之发达，国家之行政日益发达，则国家愈不胜其繁重，而思利用此种原始的自治体以轻减其负荷。于是国家始一面确定关于此种原始的自治体所固有的地方公共事务之自治权，一面又委任地方自治团体以遂行一般的或特别的职分之权。由地方自治团体方面观之，前者为固有事务，后者即所谓委任事务也。

厥后各国政治的及经济的情状之发达,与时俱进,各国地方团体,亦各因之而有种种之变迁。每遇其团体内有新职分之需要发生之时,或则依国家之默认或明示,将新职分附加于其固有行为范围之内而行之;或则不以之附加于自己固有行为范围之内,而使国家担任之;或则设特别之地方共同组织以应付之;其状不一。此种特别之地方共同组织之中,亦分二种:一为旧存之地方自治团体互相联合而成之合伙,一为因应特种需要从新组成之独立目的之共同团体。前者之例,如道路合伙、救贫合伙之类是,后者之例,如学校合伙、寺院自治体、堤防合伙及水利合伙之类是也。以故欧洲各国于原始的自治体之外,渐发生多数复杂的特别自治团体,此种特别自治团体,虽其职分仅在辅助主要地方自治团体,行其特别事务,然固不失为地方强制团体之一种也。

厥后各国文化愈进,地方事业愈益发达,地方自治团体应尽之职分日益扩张,原始的小自治团体渐有力微不能胜任之势,于是国家与原始的小自治团体之间,始加设一种中间的地方组织,国家对于此种中间的组织,一面与以公共的职分,使担任国家之地方行政之一部,一面又使其在国家法制之范围内,经营自治行政及独立经济。此种中间的地方组织,即现今所谓上级地方团体是也,各国之府川县郡等属之。

其后国家生活愈益发达,国家之政务亦愈益扩张,除军备外交法律等事项外,关于国民经济及社会政策方面,亦发生种种需要,国家不得不有种种设施以应之,而又苦于范围过广,难于单独应付,不如与有关系之团体,协同动作,反为得策。于是国家始任许特种团体之组织,限定一定的目的,与以自治及独立之权,使其行使国家之强制力之一部分,例如商会、农会、同业合伙、灾害老废疾病保险合伙等即属于此。此种合伙既不以地方的住民为基础,亦不以邻保团结为条件,故不得称为一般地方自治团体及特别自治团体,而以称为特种目的之公共团体为宜。

三 依上述观之,地方自治团体之种类可谓复杂。顾种类虽多,而性质上则皆有左列之共通要素。

(一)有公法人之性质。易词言之,即不仅为国家行政上之机关,而且在公法上为权利义务之主体,有行使一定的自主权之权利也。

(二)其职分有公共的性质。易词言之,即其职分在遂行属于国家公共事务之统系内之事务。

(三)其所属地域,以国家领土之地方的部分为界限。

(四)其所属人民,以国家人民之一部分为界限。

(五)对于有限的人民,得行使国家所分与之强制权。

(六)经营独立的经济。

四 各种地方自治团体虽皆具有上述之共通要素,然其目的之广狭及事务之多少则各有不同。试以此为标准而行分类,则地方自治团体可分为三大类。

(一)一般地方自治团体,即狭义之地方自治团体 属于此类之地方自治团体有对于该地方团体之全领域遂行地方上一般公共事务之权能;且保有一定的自主权,例如普通的上级下级地方自治行政团体,如府州县郡市区町村等是也。

(二)特别自治团体 属于此类之地方自治团体,仅有对该地方团体之全领域,直接或间接地遂行地方公共事务之一部之权能,其目的在辅助一般地方自治团体之事务,例如水利合伙、道路合伙、救贫合伙、学校合伙等是也。

（三）特种目的之自治团体　属于此类之地方自治团体，系为达国民经济上及社会政策上之特种目的而组织之者，仅对于地方人民之一定阶级，有相对的强制力而已，例如商会、农会、同业合伙等是也。

五　由广义言之，以上三类团体皆得称为地方自治团体，然通常所谓地方自治团体皆指狭义之地方自治团体，即第一类之地方自治团体而言。故通常所谓地方财政，亦指一般地方自治团体之财政而言，我人欲了解一般自治团体之性质，不可不明识其与第二及第三类地方自治团体之异同。

（一）一般及特别地方自治团体，皆为领土团体，而特种目的自治团体则否。领土团体者，谓其强制力可以及于该地方团体领域之全体及该领域内之人民之全体，易词言之，即以国家所许可之最高权，临于该领域内之不动产及本籍客籍之个人，仅依此等不动产及个人存在于该领域之事实，使其负诸般之义务者也。反是因各种特别目的而被设立之公共团体之强制力，则有一定的限制，通常其范围仅及于该领域之一部，纵令有时范围颇广，涉于该领域之全体，亦惟对于在特定地点之不动产及与团体目的有关系之特定人民，行其强制而已。故一般及特别公共团体有类似国家最高权之绝对强制力，而特种目的之公共团体，则仅有限的及有条件的强制力。

（二）一般地方自治团体，除由国家委任之行政事项之外，依法律之规定，保有自由行动之范围，在此法定之范围内，不但得企图任意之职分，且得独立地遂行其认为必要或有利的事业。故此类地方自治团体随时代之变迁，得变化其职分之种类及数量，其职分之发达日新不已，颇类于国家之职分。反是特别地方自治团体及特种目的公共团体，则仅有最初指定的职分，不能随时变化也。

（三）一般地方自治团体关于费用之种类及负担之赋课，依其自主权之作用，有一定的独立权能。特别自治体及特种目的团体，则仅在遂行被指定之目的时，所必要之范围内，对于团体各员有强制之力，故于明示的目的以外，不得赋课诸般之负担。

由此观之，可知一般地方自治团体在国家组织之内，为国家之行政单位，得营自己的经济，分国家领土之一部以为其领土，管辖其领土内之民众，一切皆与国家相类似，而与特别及特种目的之公共团体皆有不同也。地方财政学上所欲研究者，专在此种一般地方自治体之经济经理。

第三款　一般地方自治团体之职分组织及各国之地方制度

一　一般地方自治团体，一方面有其团体固有的事务，一方面又有国家委任之事务，且其目的为普遍的，故一般地方自治团体之职分，亦系普遍的，且得随时势之变迁而为伸缩，欲列而举之，颇觉困难。然从财政学上观之，似宜分地方自治团体为两种资格，以便分别地观察其职分。①地方自治团体以地方团体行政者之资格，在其自治权范围之内，得施行固有的或国家委任之种种职分，其范围之广狭，随时随地而有不同，在最发达之地方自治团体中，除外务行政外，其职分之广，几不亚于国家，其内容应归自治行政法之研究，兹不详述。②地方自治团体以独立的经济主体之资格，得经营独立的经济，故地方自治团体除上述行政的职分外，又有种种经济的职分,与普通的财务行政无关者,例如关于所谓私经济的收入等之职分是也。

二　地方自治团体之组织,无论其以团体行政者之资格,或以独立的经济主体之资格,皆当循普通团体之原则,则二种机关：①决定及监督之机关,由该地方团体之人民之代表者组织之,此机关普通大抵为该地方团体之议会或参事会。②行政及执行之机关,大抵由该地方自治团体之人民选任之,例如各该团体之长是也。然关于行政及执行机关,采取合议制之国,亦复不少,例如中国新国会制定县自治法中之县参事会是也。

三　各国地方制度,因各有其特别的历史,极不一致,颇难举其纲领。顾地方财政学中往往有引证各国地方财政状况之事,若不明各国地方制度之组织,恐不免隔膜难通。兹故就重要各国,述其地方制度之系统,明其系统中,孰为地方自治团体,孰为国家行政区划,以供财政学上参考之资料。

（一）英国

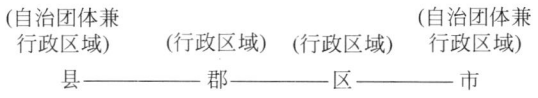

（二）法国

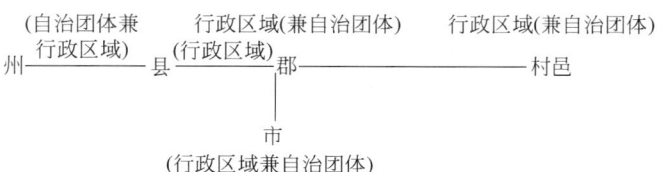

（三）普国

（四）日本

```
府 ┐
   ├── 郡 ──── 市
县 ┘           町 (全部皆自治团体兼行政区域)
               村
```

（五）俄国（旧制）

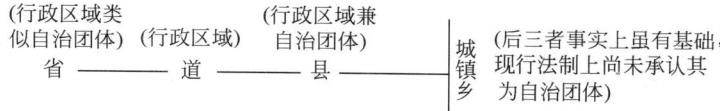

（六）中国

```
(行政区域类      (行政区域兼           城  (后三者事实上虽有基础，
似自治团体) (行政区域) 自治团体)         镇   现行法制上尚未承认其
省 ──── 道 ──── 县                   乡   为自治团体)
```

四　据此以观，可知各国地方制度，在形式上无大出入，惟在事实上，则或注重官治或偏重自治，各有不同，今为明各国地方自治组织之异同，以备财政上之参考起见，试述各国地方自治之特色于左。

（一）由行政机关言之　英国制与德法制即所谓大陆制适相反对，大陆主义严定中央行政事务及地方事务之区别，前者使驻在地方行政区域内之中央政府所认定之中央官吏掌管之，后者大抵使地方自治团体之公吏任意掌管之，此种公吏虽大抵皆受中央政府之监督，然固与在地方行政区域内之中央行政部，异其性质及种类也。英国制则反是，各地方行政区域中并无国家官厅与地方团体之对立，在大陆诸国中应归国家的地方机关掌管之地方行政事务，亦与地方团体之自治事务同时使地方团体之机关掌管之，而称此种地方团体之事务会曰地方政厅。以故在英国各地方中，不能发见国家之行政官吏及国家内务行政之地方的事务,不但法国之县知事、郡长及普国之州知事、县知事、郡长等国家之地方的行政官吏之制度为英国所无,即英国现存的地方政厅之长如州监、市长、区会等,亦皆仅有一种性质,非如普国之市长及法国之邑长等之兼有国家行政机关及地方团体行政机关之两种性质也。要之,英国制为分权的自治,大陆制为集权的自治。

（二）由关于地方行政权之立法言之　大陆制采用概括主义,依一般许与法,将地方行政权付与地方自治团体,地方行政法上仅规定地方行政之原则,其原则之解释之责任,由各地方团体负之。故凡与此种原则之条文或精神不相违背之事务,而又不属于中央政府之官制者,使地方团体得依宜行之。反是,若英国制则取列记主义,由中央立法机关将应属于地方行政权之职务,逐项逐条特定之,附以精密的条件,使凡在条文范围外之事务,除别经国家立法之程序外,地方团体不得举行。要之,英国制采取中央严格立法主义,大陆制则采用地方自由解释立法主义。

（三）由国家之监督言之　大陆制为集权的自治,采用概括的立法,故不能不用行政的监督,例如法国,国家对于地方行政之监督,即颇为严厉,盖既由一般许与法予地方自治团体以广大的权力,故对于地方团体之行政作用,自不能不由中央行政机关加以严密的监督;地方团体对于中央委任之事务,怠慢不举,则督励强制之;地方团体滥用地方行政权,侵及中央行政之范围,则防止之;地方团体之苛税及地方财政之紊乱,则禁遏整理之;因不若是,则难免流弊百出也。普国本亦采行政的严格监督法,与法国同,后鉴于国情之变化,始仿英国制,采用宽放的监督以谋地方自治之发达。英国制为分权的自治采用列记的立法,地方团体行政之自由范围甚狭，故从前国家对于地方行政，除关于重要财政须经国家之认可及检查外，几毫不加以监督。然近来因经济上及社会上之情形日益发达，地方团体之行动日趋复杂，国家对于地方行政，关于社会政策及经济政策方面，渐加以严重的监督，例如重要财务如公债等，必经财政部及地方政务局之认可。地方团体对于教育行政、卫生行政，若有旷废，国家可设专务委员，使行必要的处置，而以所支出之经费，强制地方团体负担之。凡此种种，皆英国对于地方自治渐取严格的监督之证据也。

（四）由专务吏员之制度言之　大陆制大抵为集权的，偏于官治主义，故专务吏员及议员有俸给者居多，英国制为分权的，偏于民治，故专务吏员及议员大抵为名誉职。普国仿英制亦以无俸给之名誉职为原则。

第四款　地方财政与国家财政之关系

一　依前款所述，普通所谓地方自治者，实包含独立的行政及独立的财政而言，且所谓独立的者，系指地方团体自己为行政及财政之主体，不为其他主体之机关而言，而非谓地方自治团体之行政及财政，完全地不受命令强制，故地方自治团体，一面虽为独立的行政及财政之主体，一面仍为国家团体之一团员，而在行政上及财政上，受国家之命令强制。职是之故，国家与地方自治团体，在一般行政及财政上，皆有密切的从属关系。一般行政上之关系，在本讲义范围之外，兹不暇论，但论财政上之关系。欲论国家财政与地方财政之关系，必先知地方财政与国家之关系。

二 地方财政与国家之关系，可分为支出方面及收入方面观之。

（一）由财政上之支出方面观之，地方自治团团之义务经费及自由经费，皆不得不受国家法令制度之限制或拘束。

义务经费者，地方自治团体或因遂行国家认为地方上之必要，指定归地方自治团体举办之事务，或因遂行法令及法律行为上已经确定之事务，所支出之经费也，例如义务教育费、国税征收费、河川水利费、议会费、公债费、补助费等，皆是。此种经费，或直接地由国家命令其支出，或间接地受国家法令之强制，不得不支出，要皆受国家之限制者也。

自由经费者，地方自治团体施行随意的职分时所用之经费也，易词言之，即关于所谓自由事务之经费也。例如公共图书馆建设费、自来水道经营费及其他一切新事业费，或新契约事项费等是也。凡自由事务之施行与否，本系由地方自治团体自己决定，故此项自由经费，从表面上观之，似与国家无关。然实不然，盖地方自治团体对于此种事项，虽有消极的不施行之自由，而积极的施行，则当受三种之限制：①一般的国家法规之限制。即凡一切自由事务，当然不能与一般的国家法令冲突，例如假定国家一般的法令，规定劝业银行之设立，须先呈验若干之资本，若地方自治团体无法定程度之资本，则地方上纵有设立劝业银行之必要，亦不能设立。②国家所指定之义务的职分之限制。即义务的职分之范围愈广，则自由的职分之范围愈狭。③地方上住民之负担能力之限制。即地方住民之负担能力，理应有一定的限度，且因地方住民一方面为地方自治团体之分子，一方面复为国家之分子，此种限度恒以对于国家经费负担过重之故，易于达到，彼所谓自由事务之范围,固不能超过此限度也。由是观之,自由事务既不得不受国家之限制,则自由经费之支出,亦可谓不得不受国家行政及财政之限制也。

（二）由收入方面观之,地方自治团体之财政,对于国家亦立于从属的关系。地方自治团体之收入之分类,全与国家收入之分类相同。可分为二。

（1）私经济的收入　亦称为私法上之收入或自由的收入,即地方自治团体以私法人之资格,对于其他经济主体,行平等的经济行为而得之收入也。例如公有财产收入,公共营业之收益,及因公共财产之处分及公共信用而得之收入等属之。

（2）公经济的收入　亦称为公法上之收入,或强制的收入,即地方自治团体以公共团体之资格,对于其团体员行强制关系的经济的行为而获之收入也,例如依一般负担名义而来之租税、依特别负担之名义而来之特别捐款、依特别补偿名义而来之使用料及规费及依惩罚名义而来之过怠金及过料等是也。

关于以上两类收入,地方自治团体皆非有绝对的自主权,盖国家为维持其团员之负担能力计,恒取干涉主义,而不容地方自治团体之自利或自便也。试分述之如左。

关于财产管理及公债事务,国家对于地方自治团体,往往加以干涉,使其不得徒因现代人民之利益,而处分财产物件或荒废之,并使其不得多募公债,而贻过重的负担于将来之人民。故多数国家,不但对于地方自治团体之此种处分,恒使其遵从国家之决定,且即关于依赠与捐助而来之财产物件之取得,亦因①将来负担或②禁制品之理由,恒规定其当守国家之决定也。

关于收益的企业之企图及设定,国家对于地方团体,亦恒依其企业之性质如何而加以干涉。若其企业有独占的性质,则国家于其设定之前,恒使其受监督官厅之承认,盖此种地方的独占企业,例如地方交通机关等,往往足使同种或异种的国家的设备,受不经济的竞争或妨害也。

关于地方自治团体之公经济的收入中之租税,国家之限制尤为明显,盖国家税与地方税之现存税源,皆依赖同一人民之同一所得或收益,厚于彼者必薄于此,势不能茫无计划,使二者一失其平则两败俱伤也。职是之故,地方自治团体之租税,不仅当编成统系,使各种地方税能互相调和,且同时亦当使其统系能与国家之租税统系相契合,详言之,即①地方自治团体,不能因对于国税之附加课税或因对于同一物之独立课税,害及国家税制上之平衡主义,②国家对于地方自治团体,一面许以一定的课税物件,一面恒留保一定的税类,例如通行税、承继税,不使地方自治团体染指,③国家对于地方自治团体课税之方法及程度,恒加以法定的限制,使其不至于滥用税源。

特别捐款者,凡一地方自治团体,因谋一定的公共利益,而为一定的自治设备时,对于其设备附近之地主及营业人,因其可依此种设备,增加特别的便利,所特别赋课之分担金也。此种特别捐款往往为地方财政上主要的财源,然设备附近之地主及营业人所享之特别便利,颇难确定其程度,因是其所负担之特别捐款,依种种之情弊,不失之过重,则失之过轻,往往不得其平,故国家恒施严重的监督以限制之。

规费及使用料为地方财政上之一大财源,因其征收方法甚为简易,且其性质系一种特别补偿,缴费者恒不觉其苦或不当,故近时各国地方财政上此种收入有日益增加之势。然因是规费及使用料恒失之过重,使纳费人与一般纳税人之负担不得其平,殊与地方团体设立行政机关及种种设备之本意相悖,故国家往往加以严重的监督。

过怠金及过料,因带有惩罚的性质,故恒由国家法令规定其范围。

此外地方收入尚有补助金一种,大抵由国家财政或经国家之命令,由上级地方团体之财政而来,故其受国家之限制更不待言。

三　地方财政与国家财政之政治的关系　此种关系,可依左列三项,简单表明之。

（一）国家财政往往利用上述国家对于地方财政之关系,对于地方财政,施行不当的压迫。

（二）国家之成立,大抵先于地方自治团体,故国家财政往往对于收入财源,有独占之倾向,使地方财政无从行应有的发展。

（三）国家财政之范围,通常较地方财政广大,故往往可依大资本压倒小资本之原理,在经济上对于地方财政发生自然而然的压迫。

因是之故,国家财政与地方财政往往立于互相竞争或排挤之地位,其结果或酿成政治上之纷争,或发生党派的仇视,欲除其弊,须明地方财政与国家财政之经济的关系。

四　地方财政与国家财政之经济的关系　依诸论所述各种经济在国民经济之范围内,皆有极密切的关系,故地方经济与国家经济,亦不能不有其应有各独立发展的范围及其应有的相互维系的关系。我人研究地方财政之时,要当明识此种范围及关系,以为判断学理及决定政策之基础,方能允当而无误。若偏重国家财政而置地方的利害于不顾,或偏重地方财政而谓国家财政权之范围应缩小至极限,皆一偏之论,不可谓当也。迩来国内言地方自治制上之财政权者,似皆有矫枉过正之处,吾人似宜审慎观之。

第五款　地方财务行政制度

一　地方财务行政之制度,大抵与国家相同,约可分为三种。

（一）预算制度　所以划定一定之期间及范围,而确定地方自治团体之经费及收入者也。

（二）金库制度　所以规定经费之支付收入之收纳、保管及出入簿记之登载者也。

（三）决算制度　所以确定地方团体之出纳,以证明其计算而核销之者也。

二　地方自治团体之预算与国家预算之性质大抵相同,惟地方自治团体之预算,恒立于国家监督之下,国家对之有修正权及强制作成权,此则地方预算之特色也。普通地方自治法令,关于会计制度,虽皆有规定,然仅具大略,不敷应用,故地方财务行政上,不得不用类推之解释,凡地方自治法令所不备者,可准用国家会计法及审计法也。

地方财政上之预算编制,大抵与国家财政同揆。惟各国地方制度本有不同,故各国之地方预算制度,亦极不一致,有仅于地方自治法中简单规定其原则者,例如普国及我国北政府县自治法是也。有以种种法令行详密广泛的规定者,例如法、日、意、比等国是也。有毫无一般的形式的规定,而仅依各地方之财务的惯例以行之者,例如英国是也。英国虽无一般的形式的规定,然近来国家之监督极严,决算之检查甚为严重,故不致发生弊端。法国地方团体之预算皆由执行机关编制,与日本之地方自治财政制相同。普国地方自治团体中,虽间有不必施行预算者,然从大体言之,概有预算,且由执行机关编制之。

地方团体之会计年度,亦有一年制及二年以上制之区别。各国地方预算上之会计年度,从来不甚统一,与国家会计年度尤不一致。然近来各国对于地方团体间及地方团体与国家间之会计年度,皆有使之划一之倾向。盖近来各国国家财务与地方财务之间,或上级地方团体之财务与下级地方团体之财务之间,关系日益复杂而且密接,故以会计年度期间之划一为便利也。例如地方团体对于国家课税之附加税,或地方团体独立课税之依据国家课税之查定者,或上级地方团体间之补助金或国家与地方团体间之补助或让税等,皆非有会计年度期间之划一,则莫能举办者也。职是之故,法、意、比、荷等国皆以国家之会计年度为地方团体之会计年度。在英国及普国,国家会计年度期间与地方会计年度期间,现虽尚未划一,而最近行政及财政制度之改革,皆以划一为目标,其完全划一之时当不远也。日本上下级地方自治团体之会计年度皆以一年为期限,与国家之会计年度相同。我国北政府县自治法第五十三条规定县自治团体之会计年度依国家会计年度之规定,而国家会计年度期间为一年,故县自治团体之会计年度,当然为一年制。

各国地方财政之会计年度开始期,亦各有不同,然在国家会计年度与地方团体会计年度力求划一之国,则会计年度之开始时期,亦当然应行划一,例如法日二国之地方制是也。我国北政府县自治法第五十三条规定县自治团体之会计年度,依国家会计年度之规定,故县自治团体之会计年度开始期,当然在七月一日。惟依愚见，国家财政与地方财政本立于强制者与受强制者之关系，国家对于某种税源，应拨归地方团体，或国家对于地方团体，应否由国库补助等事，皆纯粹应依国家预算上之决定。从地方团体方面言之，即地方团体之财政预算上由国家之让税及补助而来之收入，皆须有国家预算先行决定而后能决定。地方团体之预算决定期，既较国家预算为迟，故地方团体之会计年度开始期，为实际上之方便起见，似较国家会计年度应迟一二月，方能行之无碍也。

地方财政上亦发生预算编制提出议定及施行时间之问题。惟各国地方自治团体之情形，极其不同，故此项时期亦极不一定。法日二国大抵由国家或上级地方团体以命令指定之，而各级地方团体间仍不一致。我国北政府县自治法第五十三条规定"县参事会于每一会计年度开始前应预计全年经费出入编制预算提交县议会议决"，亦仅有大体的规定，究竟此项时期如何决定，自可由县自治团体斟酌周围之情形于不与法律抵触之范围内，依据财政之原则酌定之。

地方财政上亦发生出纳整理期间之问题，惟各国地方团体情形不同，故无统一的解决法，然从大体言之，出纳整理期间皆极短促，过此期间之收入，则编入翌年度。盖因地方团体之财政范围较狭，整理较易也。我国北政府县自治法无出纳整理期间之规定，然事实上办理会计之时，万不能少，以理推之，若将来别号规定，则似可适用会计法第二条及第十二条第二项也。

各国地方自治团体皆以采用总额预算制及总预算制为原则。然近世地方自治团体之公营事业，日见扩张，因管理上之必要，往往施行特别会计。大都市之特别会计，有时乃较国家之特别会计为多，盖都市之岁入，大抵以财产收入及营业收入为大宗，欲图此等收入之确实,自以特别会计为得策也。我国北政府县自治法第五十八条编制预算时因公共营业得设特别会计之规定,用意亦同。

地方自治团体关于追加预算,预备费、继续费、预算之形式、预算之议定,及预算不成立之处置等问题之解决方法,大抵与国家财务行政相同。

三 关于地方金库制度及审计制度,在理论上,应无与国家财务行政相异之处,似不必另述。

第二章 地方经费论

第一款 国费与地方费

一 国费与地方费之区别 国家与地方自治团体,皆为公共团体之一种,亦皆得为公共经济之主体,故公共经费之中,可分为国费与地方费二种,已见前述。国费者中央国家支出之经费也,地方费者地方团体支出之经费也。由斯而言,国费与地方费之形式的区别似甚易明,然就其实质观之,则二者之间颇难区别。盖地方团体除其固有事务之外,尚有由国家特别指定之委任事务,且此种委任事务,依地方自治发展之趋势,有日益增加之倾向。例如英国地方自治最发达,则委任事务最多,法国地方自治之范围稍狭,则委任事务较少是也。此种委任事务之经费,大抵由地方团体负担之,故当其未被委任之时,则此种事务之经费为国费,既被委任则变而为地方费,其性上无绝对的区别也。顾性质上虽无绝对的区别,而事实上则有划分国费与地方费之要,盖国家与地方一方面虽有休戚相关、存亡与共之关系,而他方面又往往有利害冲突缓急相异之事实也。

二 国费及地方费划分之标准 关于此问题有二说。

(一)利益说 谓凡事务之效果关于国民一般之利益者,宜定为国办事业，使国库负担其经费。反是，若其事务之效果仅关于一地方住民之利益，则宜定为地方举办之事业，使地方团体负担其经费。

（二）经营便利说　谓便于国家经营之事业，宜由国家办之，使其经费为国费。反是，若便于地方团体经营之事业，则宜由地方团体办之，使其经费为地方费。

前说所谓国民及地方住民之利益，在理论上甚难区分，盖利于地方住民之事业，大抵亦同时利于一般国民，例如地方教育事业及地方交通事业，即其明著之例。且从实际上言之，有种事业，其性质上虽纯为国家的事业，而反以由地方团体开支举办为便利而有效者，例如各国现行制度，往往使地方团体开支经费筹办国会选举事务，或办理国税征收事务，是也。故前说不足取，宜采用后说。因后说在理论上既不生窒碍，而又颇与近代地方自治之范围日益增广之趋势相符合也。

三　国费与地方费之比例　已见前第二编。

四　地方费之分类　地方费之分类，大抵可适用一般公共经费分类之理论，其稍异者惟有二点：①临时经常之分类，在下级地方自治团体中，可以省略，例如普国之村邑及日本之市町村之经费是也。盖此等小地方团体经费之额数及项目俱甚少，无区分经常与临时之要也，②地方必要费之性质与国家必要费相异，盖地方团体在法律上应受国家之命令强制，故经费之必要与否？往往可依国家之意思如何而决，而不能如国家必要费之纯出于自主自动，在法理上犹有施行反对的决定之余地也。

此外关于地方费之分类，又可以其详细用途，如教育、土木、卫生、救贫、公债等为标准，而施行之，以察各国地方经费之效果及地方自治之内容，此事在地方财政研究上，颇为重要，故另设一款论之。

第二款　各国之地方费

一　英国之地方费　英国之地方自治最为发达，故其财政之统计亦最为整齐详备，惟最近十余年之详细统计，尚未见出版。以我所知最新者为一九〇六年者，而亦不全，兹就一九〇二至一九〇三之统计言之。（以千磅为单位）（见下页表）

表中为英伦威尔司之地方费总额，若加以苏格兰之地方费七、〇四二、〇〇〇磅及爱尔兰之六、一五四、〇〇〇磅则全英国地方费之总额为一五二、一六五、〇〇〇磅。

若以英国同年之人口数与地方费对照计算之，则在英伦及威尔司，每人应负担地方费三九元，在全英国每人三六元（日金）。更就地方费之详细用途，一考每人负担之多少，则得左表。

科　　目	一八九六年	一九〇二年
	平均每人负担额日金元	日金元
公债费	四.四八	六.一四
救贫费	三.七二	四.六五
教育费	三.二一	四.二一
卫生费	一.九六	三.四四
经济及公共企业费	八.五三	一六.〇三
其他公共工事费	〇	〇.三二
治安及司法费	一.六一	一.九四
普通行政费	二.九九	二.二一

团体	公债费	救贫费	教育费	卫生费	经济及社会行政费	治安及司法费	公共工事费	普通行政费	总计*
盐税官	四							六一七	六三〇
救贫局	一,八四二		四二	一,〇四四		八	八	五一	一,六八八
首府	二,〇四九	九〇	三七〇	一,〇八二	三,五二八	三,四四五	三,六	一,一五四	一,六八三四
州(除伦敦州)	五〇二	二七八	六八九	五〇	二,四九一	一,八八五	一二	八〇八	七,七五
市(除伦敦市)	九,九八五	一二二	八八六	二,九三二	一四,三七一	一,八四九	二二七	二,四二五	四九,九九
市部区	三二一,九		一四一〇	一,一二〇	三,〇六四		一	九〇二	一一,三七
村区	三二,九		七	三,八四	二,二九四		六	二九〇	三九,八三
寺领	一六			一六	一六			六六	二一四
学务局	二〇,三二一		九,一四四						一三,四八八
其他特别局所	一,九六〇	九一	二二	四四九	二,二九二	一一	一六	二二	七,八七九
总计	三〇,二八七	一五,三四六	一三,九〇三	一二,三五五	五三,三五八	六,三五四	一,〇六七	七,〇〇六	一二八,九六六

* 表中数字疑有误。——编者注

观此可知地方费中负担最重增加最多者,为经济公共企业费,而公债费、卫生费及教育费等次之。然公债之增加又多因经济及公共企业而起,故谓英国地方费之膨胀,由自来水管煤气及电气等企业而来可也。

二 法国之地方费 法国地方自治团体为县及市。关于县费,依一九〇二年之统计示之,其内容如左。

科　　目	一九〇二	一八九一
一　县郡官厅职员费	六、〇八〇、七三五	四、〇一〇、九七六
二　动产之保存购置费	九五六、二〇三	九九〇、五八二
三　房租及修缮费	四、三三五、七六三	四、四〇四、二一八
四　不动产之保管取得或建筑费	一二、五六四、九〇六	一〇、七六七、〇二四
五　铁路及交通机关费	一、四三〇、六六二、九五〇	一二三、六九六、七五七
六　国家企业之分担费	一三、四七六、八一八	一、八三四、五二九
七　救贫慈善费	八一、九六九、七一八	五三、五三三、六六二
八　宗教费	六三、二九九	八五、五七二
九　公共教育费	四、九五六、二〇九	四、四五八、二九二
十　奖励费(学术技艺及农工业之励奖)	七六一、四四九	五、四四〇、一八九
十一　国赋征收册费(即土地登账费)	一〇五、五二七	二一八、四三七
十二　公债费	四七、二一四、八三〇	四一、七三二、〇六二
十三　杂费	九、八九〇、四八六	六、三九〇、九九九
总计	三三二、八九一、八九四	二五七、五六三、二九三

观右表可知额数最巨,增加最多者为道路及交通机关费,而救贫慈善费、国家企业之分担费及公债费等次之,其状况殆与英国地

方费相同。

关于同年市之经费,惟知其总数为七七二、五五五、〇六六法郎,其内容不详。(巴黎市在外)

同年合县市及巴黎市之经费,以人口总数除之,每人应担负之额如左。

	一九〇二年(以法郎为单位)	一九〇二年 每人负担	一八九一年 每人负担
县费	三三三、八九一、八九四	六.八四	五.三九
巴黎市费	三二七、六八二、七一四	九六.五九	一〇〇.四六
其他市费	七七二、五五五、〇六六	一〇.一三	八.九八
总计	一、四三三、一二九、六七四	三六.二〇*	

观右表可知市费之负担较重于县费。

三 普国之地方费　普国地方费之最近统计,亦缺少详细用途之记载,兹就旧统计言之。

一九〇二年,州费之用途如左:

科　目	一九〇二年	一八九二年
(一)经常费	六、六七八、九八二 马克	五七、一三一、八七〇 马克
内计		
一般行政费	三、四八八、〇二四	三、三三九、八六八
道路及铁路费	三〇、六一〇、二〇〇	三〇、七二一、五二〇
农业土地改良奖励费	二、二五三、七七七	九五九、一一九
地方贫民救济费	八、六八八、五七一	五、四七八、六九二
感化教育费	六六七、七二六	七七九、五六九
癫狂盲哑院费	八、八六二、五〇八	七、五四七、五四四
慈善院费	八四二、二四五	……一、一一一、〇〇〇
产科院费	三四二、五九九	
学艺技术奖励费	六九三、二六二	六四〇、五七五

---

* 疑有误。——编者

（续表）

科　目	一九〇二年	一八九二年
公债费 其他诸费	五、五八五、〇五七 四、一四五、一一四 }……	六、五五五、九八八
（二）临时费	一、八三三、八七三	三、九九二、七〇四
总计	七、七一二、八八五*	六一、一二四、五七四

观此，可知普国州费亦以道路费及铁道费为最巨。

普国郡费依照一八七八年之统计，用途如左。

科　目	一八七八
一　国家事务费	二一四、九三九
二　交通机关费	二一、九六五、二九二
三　贫民慈惠及感化费	一、七一三、三〇〇
四　公益设备费	〇七九、三四二*
五　教育费	一五八、一九六
六　卫生及兽疫费	一、〇九三、六一五
七　农业及土地改良事业费	一三六、八九三
八　穷困者分娩补助费	〇三二、六三四*
九　一般行政费	五、二六八、六五四
十　公债利息及偿还费	七、七四八、二二一
十一　其他诸费	一、七八八、七一九
十二　对于本州负担费	五、〇七七、七一九
总计	四五、二七七、〇七一

普国市及村邑经费，依一八八四年之统计，用途如下页表。

据数字以观，可知教育费最巨，而交通机关费次之。

普国一九〇〇年之地方费总额为一、二五二、四〇〇、〇〇〇马克，以当时人口总数除之每人约负担三三马克余。

四　日本之地方费　最近之统计为一九一四年者，表示如后页表。

---

*　疑有误。——编者注

科　目	市	村邑	合計
一　一般国政費	一七,八一四,六八八	七,三五一,七五六	二五,一六六,六四四
二　交通机关費	三二,九二,一一九	一八,四六四,0九一	五0,三八五,二一0
三　公共企业費	五三,八七八,三五六	三七三,六三三	五四,六五一,九八九
四　教贫及慈善費	三五,八六四,七六五	一二,九0一,五三四	四八,七六六,二九九
五　学校事务費	六一,九九六八,五三九	二二,八五四,九二一	八四,八四一,八六0
六　市政行政費(兼指特别行政而言)	三四,0七二,六0五	一三,二八0,八二一	三七,三五四,四三六
七　公債本利費	二六,九二,九八一	七,七二一,八五四	三四,六四五,八三五
八　收益财产之行政費	八,七八八,二七四	六,九三七,一一八	一五,七二九,三九二
九　其他诸費	二,0四九,三三0	一0,四九六,八一四	二一,五四六,0六四
总计	二七一,二一0,七七七	一00,八八二,五四二	三七五,0九三,三一九

	府県費	郡費	市費	町村費	総計
会議費	六八,〇四七	四一六,八七七	二二四,三四五	九四三,五二〇	二,二八二,七八九
公所費	三,二二六,二六二	四二二,九二九	四,三三七,三〇二	二三,四二八,三九二	三一,二三四,八八五
警察費	一,七三一,〇五九	—	—	—	一七,〇三一,〇八九
土木費	三三,三四九,八〇七	三三〇,二八八	四,九四四,六九四	一四,五一九,一一九	五六,一一六,一五四
教育費	一四,七三三,七六六	二,二六九,九五八	二,六〇七,二二一	四七,一一五,四六〇	七五,七二六,三九三
衛生費	三,〇三三,七四二	二三,五〇九	一一,三〇四,一八六	四九,〇四四	一九,五五八,五六六
勧業費	一〇,〇七〇,三三九	二,四四二,一〇三	二一九,五三三	五四四,〇一四	一三,三五五,九八八
公債費	六,二一二,五〇六	一四四,二七〇	三〇,六六〇,六三九	四,一二五,三三〇	三二,一八二,七九
其他雑費	一三,二一〇,二六三	一,〇八六,四七〇	二九,六六二,六六一	二九,二二六,三三〇	七三,一九二,五九
共計	一〇二,二五二,六九一	一〇,三二四,三四〇二	八二,六九八,一五七	一二四,八八二,五六九	三二〇,四二三,三七四

以同年人口五四、二一六、四八五人除之,每人约负担五元九钱之地方费,较诸前数年大有增加,观左表可知。

	一八九二年	一八九七年	一九〇二年	一九〇七年	一九一四年
每人负担	一.一七一元	二.〇六九元	三.五二七元	四.一四二元	五.九五〇元

第三款　中国之地方费

一　地方费之沿革　中国在民国以前,国家会计,多不公布,间有记载亦系一鳞一爪,毫不足据,故研究中国财政之时,最不便者在无稍稍完备的统计材料。至于地方财政则即一鳞一爪之材料亦不可得,盖地方自治之观念在中国旧法系上,本不发达,从前各地方虽有团练局、宾兴局、明伦堂、至公堂等事实上之自治机关及相当之财产,然在法律上则尚未公认为一种公共团体,故其财政上之收支若何,完全无从稽考。从前各省督抚间亦就地筹款,专为一地方兴办各种事业,然其收支若干仍不可考。盖中国从前的财政制度为一种包办制度,督抚藩以下之收支机关,仅将额定之解款,解缴于藩司,即可免除责任,其收支状况如何不问也;督抚藩司亦仅将额定之解款,解缴于户部,即可免除责任,其收支究竟若干亦不问也。故形式虽有所谓奏销,实则为书胥所沿例臆造,毫不足以窥财政之实况也。

自改为民国,实行立宪政治,中央及地方之预算决算皆须公布,于是国家及地方之会计始稍稍有数字可供稽考,惜民国十二年之间,屡经政变,有正式预算者,仅民国二年、三年、五年及八年。

各年之编制方法复不一律,盖民国初元实行地方分权主义,故地方政务之范围较广,民国四年、五年则行中央集权主义,故地方政务之范围较狭,政务之广狭既有不同,故预算编制之方法亦异也。故预算上之数字虽有多寡之分,然内容既不相同,恐难供比较之用也。

二 地方费划分之标准 中国地方费与国家费划分之标准,在学理上自可引用前述一般理论,唯在事实上民国元年冬曾由财政部制定国家地方费之标准,为编制国家预算及地方预算时之依据,及民国四年停办地方议会,地方预算不能成立,此种划分标准之实行亦暂时中止。至民国五年旧国会恢复之后,此种标准亦经国务会议之议决仍复旧贯。惟民国六年以后,南北对立,省自为政,故此种标准尚未能一致进行也。兹将划分之标准略述于左。

(一)国家费之费目

(1)立法费 专指国会经费

(2)官俸官厅费 专指官治行政之职员俸给及公署费用

(3)海陆军费 包含中央直辖及各省分属军队之费

(4)内务费 专指内务部直辖之内务费及国都与省会商埠之警察费

(5)外交费 包含中央及各省之一切外交费

(6)司法官厅及监狱费 包含一切司法费

(7)专门教育费 专指教育部直辖机关及国立专门以上学校之经费

(8)官业经营费 邮电路航山林矿业及各部直接经营之官业等所需之费

(9)工程费 专指重大工程费如河工经费等而言

(10)西北拓殖费

（11）征收费　专指征收国家入股所需之经费

（12）外债偿还费　专指中央政府自借之外债偿还费

（13）内债偿还费　专指中央政府之内国公债偿还费

（14）清室优待费

（二）地方费之费目

（1）立法费　专指地方议会经费

（2）教育费　指除教育部直辖机关及国立学校外之一切教育费

（3）警察费　指除国都省会及商埠警察费外之一切警察费

（4）实业费　指地方自办之实业所需之经费

（5）卫生费

（6）救恤行政费

（7）工程费　指地方团体自己经营之工程之经费

（8）公债偿还费　指定地方公债费

（9）自治职员费

（10）征收费　指地方收入之征收费

民国十年北京政府召集地方行政会议,对于国费地方费之区分,亦有决议,惟因其并未实行,且在法律上亦无十分根据,故兹从略。

三　地方费之状况　最近之地方费,因无确实可据之报告,不得其详,兹就民国二、三、五年之各地方财政之预算数言之,略如左表。

年制 省别	民国二年	民国三年	民国五年
京兆	——	——	——
直隶	五、五四六、九三八	二、一五四、一一九	一、五八一、五九九
奉天	——	四、二二四、三〇六	五二九、四六五
吉林	二、二七〇、三三二	四〇九、七〇九	三〇六、二一九

（续表）

省别＼年制	民国二年	民国三年	民国五年
黑龙江	一、五〇四、五五六	二五四、二六九	一九四、六八〇
山东	一、四〇三、八七二	一、七七八、六七五	九七七、三八五
河南	七、三九六、七三八	一、二四二、九三八	九一六、一五七
山西	三、五一一、六三二	二、三三六、〇六四	八八七、四七二
江苏	八、五二九、七七八	三、一二五、三四六	二、五七一、〇九四
安徽	二、二五三、八一五	八七二、一〇〇	五八一、二〇三
福建	一、一九三、五一九	〇、八二六、九四〇	六四四、三六三
江西	三、〇〇八、〇三八	一、七〇八、三三九	八六六、五二五
浙江	二、三三九、八〇五	一、九五九、三九四	一、六七二、五九四
陕西	四、四三三、〇二四	三八四、二七九	四八二、一六三
湖北	二、九五九、〇四八	一、九一五、二七五	九〇一、二八〇
湖南	一、一三一、三六〇	一、四二四、五一九	八三二、五〇五
甘肃	一、六九一、〇〇〇	四五三、七八六	三五一、六七八
新疆	二五九、四二八	一八一、五二四	一二二、〇九六
四川	六、三〇六、三七九	一、〇七七、三九七	一、〇一七、一四六
广东	——	二、六四二、四五五	二、三一九、一〇三
广西	八三〇、八九九	八七、九三四	九一、二六五
云南	一、七七八、一五四	二、八六八、四一一	六八八、二二七
贵州	五七九、一九九	三九四、八五二	二九六、一二六
热河	三五九、三二六		
察哈尔	五三、九二三		
总计	五九、三一九、八六二	三二、三二〇、五三一	一八、八三〇、九九六

四　中国地方费与人口之比例　欲洞悉中国地方费之实况，不但当知其绝对数，且当知其对于人口之比例数，盖必如是始能明中国人民对于地方费每人负担若干也。惟中国之人口，究竟共有若干人，迄今仍无确实之数，因中国既无外国所谓国势调查（Census）之制，不能每五年或十年调查人口一次，又未实行户籍

法,不能在平时稽查户口,虽号称四万万人,然实不过一种本国或外国人估计之数,未有确切的证明也。兹据前清宣统二年民政部调查之人口统计及同年海关外人估计之人口统计,列为对照表如左。

	民政部调查数	海关估计数
安徽	一七、三〇〇、〇〇〇人	三六、〇〇〇、〇〇〇人
浙江	一七、〇〇〇、〇〇〇	一一、八〇〇、〇〇〇
直隶	三二、五七一、〇〇〇	二九、四〇〇、〇〇〇
福建	一三、一〇〇、〇〇〇	二〇、〇〇〇、〇〇〇
河南	二五、六〇〇、〇〇〇	*
湖南	二三、六〇〇、〇〇〇	二二、〇〇〇、〇〇〇
湖北	二四、九〇〇、〇〇〇	三四、〇〇〇、〇〇〇
甘肃	五、〇〇〇、〇〇〇	*
江西	一四、五〇〇、〇〇〇	二四、五三四、〇〇〇
江苏	一七、三〇〇、〇〇〇	二三、九八〇、〇〇〇
广西	六、五〇〇、〇〇〇	八、〇〇〇、〇〇〇
广东	二七、七〇〇、〇〇〇	三二、〇〇〇、〇〇〇
贵州	一一、三〇〇、〇〇〇	*
山东	二九、六〇〇、〇〇〇	三八、〇〇〇、〇〇〇
山西	一〇、〇〇〇、〇〇〇	*
陕西	八、八〇〇、〇〇〇	*
四川	二三、〇〇〇、〇〇〇	七八、七一一、〇〇〇
云南	八、五〇〇、〇〇〇	八、〇〇〇、〇〇〇
奉天(盛京) 吉林 黑龙江	一四、九一七、〇〇〇	一七、〇〇〇、〇〇〇
共计	三三一、一八八、〇〇〇	四三八、四二五、〇〇〇
新疆	二、四九一、〇〇〇	
满洲各旗	一、七〇〇、〇〇〇	
藩属地	七六〇、〇〇〇	
西藏	六、五〇〇、〇〇〇	
总共	三四二、六三九、〇〇〇	
备考	有*记之五省人口共约五五、〇〇〇、〇〇〇。	

右表所列二数相差甚远,姑据民政部统计上之人口总数,以与民国二年各省之地方费比较,当知平均每一人之负担仅一角七分。其负担之轻,实各国所未有也。若将各省之地方费比较其负担尚有更轻者。我国自治之不发达,即此可见一斑,若以国费、地方费较,尤见其然。

五　中国地方费与国费之比较　中央财政历年之岁出已见前第二编。若持与各年之地方费比较则其结果如左。

	民国二年	民国三年	民国五年	民国八年
地方费对于国费之百分比	九.九一%	九.〇二%	四.三五%	——

观此可知中国地方费之微,实为意料所不及,且数年之间其趋势有减无增,适与各国之趋势相反,殊可悲叹。吾人日日言民治言共和,而自治之能力薄弱若此,自治之成绩不振若此,则宜乎徒拥民治及共和之虚名而毫无实事也。惟关于中国地方费与国费之比例。尚有一事应当注意者,即中国国费中之地方行政费与他国国费中之地方行政费有异是也。盖依前所述,中国行省之性质介乎国家之地方行政区划与地方自治团体之间,与他国之纯地方行政区划相异,故中国国费中之地方行政费中实含有多数在理论上应划归地方费之经费,如实业费、内务费及教育费等,即其明著之例。因此之故,欲知中国地方费之真相,尚不可不一察在国家总经费中,其用于各行省者共有若干,盖将来自治稍为发达,则今日国家经费中,除中央各机关费、外交费及国防费等绝对不能变动者外,其他各种行政费之大半,皆应划归地方负担也。兹据八年度之预算案将国费中之用于中央者及用于各行省者,略示如左。

	用于中央者	用于地方者	百分比
(一) 各机关经费	二五、一八九、五四二元	——	——
(二) 行政费	一三四、六一七、四三〇	一五九、〇二〇、二六二	一一九%
(三) 财政费	一六八、五二〇、五〇〇	八、一一五、一六〇	四.五四%

观此,可知行政费中,用于地方者反较用于中央者为多,故他日实行地方自治之时,此种用于地方之经费中,凡关于实业内务教育地方军队之费用,皆划归地方费。则中国之地方费即真正用于振兴地方之费用,或不亚于法意二国,其与国费之比例,或在二至三之间也。

六　地方费之详细用途　各省地方费之详细用途若何,因目前无统计可据,不知其确实的情形,不敢臆断。惟就平日见闻所及察之,似用于教育者居多数,用于土木者次之,而经济的企业费及公共卫生费等则居极少数。

第四款　地方费之一般的趋势

一　概论　地方费之一般的趋势,依统计的研究之结果,有足供地方自治研究上之参考者。我人处于世界之上,与多数人类相接触,我人之行动,往往为一般大势所左右,而不能自拔,故一般的趋势若何,实为我人行事之标准之一,不可忽视。兹就地方费观之,其一般的趋势问题,可分为二:①数量上之趋势,②用途上之趋势。

二　地方费之数量上之趋势　地方费逐渐增加之事实已见前第二编。但我人欲识地方费增加对于人民之影响,尚宜考察各国国费之一般的趋势,盖设使地方费虽增而国费反减,则虽增不足以为病。反是,若地方费增而国费不减,或亦随之而增,则地方费之增加，适足重人民之负担，其结果必引起国家与地方争攫收入，诿卸支出之举，而酿成经费用度不经济之弊，使一般人民胥受其祸也。然据前第编所述各国国费，实有一般增加的趋势，故地方费与国费俱倾向于增加之方面，实为不可掩之事实。我人于此，宜如何调合国费及地方费，使各尽其用而不发生不经济之弊，并如何利用经费以增民富，使人民虽受甚重的负担而不觉其苦，此实晚近财政学家之所苦心研究，而不可忽视者也。

三　用途上之趋势　关于用途之趋势除第二款所述者之外，几毫无详细的统计可供稽考，故此处不能多所陈述。若仅就前述的材料，施行一种归纳，则亦可发见一种趋势。即地方自治最发达者，其经费多用于公共企业，例如英国是也。地方自治稍稍发达之国，其经费多用于交通机关及道路，例如德法二国是也。初建地方自治之国其经费多用于教育，例如日本及中国是也。此种趋势亦与公共团体之一般的发达，若相符合，盖依前述，大概公共团体初起之时，其目的仅在抵抗外敌、维持秩序、施行法律三者，渐进始有增进文化之目的而兴办教育，再进始有振兴实业之目的而有公经济的行政，更进始有自己经营公共企业之目的而有私经济的行政也。然则地方团体经费之重要用途，由教育而交通，由交通而公共企业，盖属当然之事，毫不足怪也。

更从他方面言之，公共企业皆带有社会政策的性质，盖公共企业，积极地可使贫者得藉低价之利用，因公共事业以均沾物质生活上之幸福，消极地又可使富者减少垄断独占之机会，藉以免财富集中于私人之弊也。故公共企业费之增加，不但为地方财政上之特色，抑且为减少国费、增加地方费说之一有力的理由，凡主张财政社会化之人，不可不注意也。

第三章　地方收入论

第一款　概论

一　国家收入与地方收入　地方收入之理论与国家收入之理论大抵相同,如租税转嫁之原理、公营事业之原理及特别捐款之原理等,可适用于国家收入者,亦可适用于地方收入,故兹对于地方收入之一般的理论,不能多有论述,其属于特别的理论者,如田税、家产税之宜归于地方财政及公营事业收入之宜注重等,亦俟于各该收入论下述之,兹所欲论述者为以下数点。

二　国家收入与地方收入之性质上之差异　地方收入之性质有与国家收入相异者:①地方收入之需要之增加,较国家收入为切,故地方收入往往有不足之忧,盖依前所述,世界愈进步,人民愈觉醒,则国治之范围愈狭,地方自治之范围愈张,故地方收入之需要亦不得不愈益增加也。②地方收入之种类,较国家收入为少,故地方收入往往苦财源之缺乏,盖近代国家之发达,先于地方,各种税源多为国家所保有,而不容地方团体之染指,即令国家有让税或准抽附加税之举,其程度亦甚轻微也。③私经济的收入之注重,盖地方收入之需要既切,而税目又少,故地方收入不能不多依赖于私经济的收入,且地方政治,比较地易达民治之目的,故带有社会政策的性质之私经济的收入,亦自不能不增加也。

三　国家收入统系与地方收入统系之调和　国家收入之性质,既与地方收入相异,从大体观之,似地方与国家可各自为政,不相为谋矣。然细察之,实极不然,盖依前所述,国家经济及地方经济同为国民经济之一分子,欲求国民经济之发达,不能不先使其各分子,遂其应有的发育,而不受不当的妨害,故国家收入之统系,应与地方收入之统系,互相调和,而不应互相冲突,因不如是,则旦旦而汲之,财源立涸;而国民经济全体,将胥受其祸也。

四　国家收入与地方收入之比例　现今公共团体皆有预算,其预算之收支,大体必相适合,故国家收入与地方收入之比例,即不啻国家经费,与地方经费之比例,而国费与地方费之比例,前篇已详述之,故不更赘。

五　国家收入与地方收入划分之标准　此问题之要点,在国税与地方税之税目之划分,盖租税以外之各种收入,国家与地方团体间,比较地甚少接触,故划分之要亦不甚著也。

关于地方税与国税划分之标准,财政学上有二说。

(一)谓租税能使纳税人应其纳税力之大小而完纳者,应归入国家税,例如所得税是也,盖国费有一般的性质,不能计其所发生利益之大小,故不能不弃利益主义而用能力主义也。反是,若租税之用途,能发生特种利益,使纳税人特别享受者,则宜作为地方税,例如都市之家屋税、乡村之土地税是也,盖地方费之用途,与国费异,其所发生之效果,大抵皆纳税人受之,故不能不弃能力主义而用利益主义也。

(二)谓租税收入之范围广而数额巨者,应归入国税,例如关税消费税及财产税等是也。反是,若租税收入之范围狭而数额微者,宜归入地方税,例如车捐、屠捐及戏捐等是也。

以上二说各有理由,亦各有缺点。第一说若在国家政务限于国防、外交、司法、内务等之古代,或地方团体自治之范围限于土木、教育、劝业等之时代,则谓国税当取能力主义,地方税当取利益主义,或能有充分的理由。然在今日,则国家之政务如交通、实业及教育等行政,固亦可与特种地方之人民以特种的利益,而地方团体之委任行政,日见增加,自治之范围,日益扩张,如内务行政、慈善行政、感化教育行政等,亦未见能与纳税者以特种的利益,故第一说不足取也。

第二说若在国家政务之范围,远比自治政务广泛之时或能成立,然依前所述,自治行政之范围有日益扩张之势。即以英国论之,其地方费之总额,有时竟超过国费之总额,可知地方收入之需要之切,当日甚一日,不亚于国家收入之需要,故断不能谓税之范围广而额数多者,当归国家,而税之范围狭而数额微者,始归地方也。故第二说亦不足取。

以上二说俱有缺点,然则如何而可？以我之意,似当依国费及地方费划分之理论,创便利主义说,盖依前所述,国费与地方费划分之标准,当视其政务之便利如何而决,便于国家经营者划归国费,便于地方经营者,则划归地方费。今于地方税与国税划分之际,亦可应用同一的理论,即税之便于国家征收者,不问其范围之广狭、额数之多寡以及其将来用途若何,皆划归国家税,例如关税、消费税及所得税等,若使国家征收之,可收划一之效,而免重复或走漏之弊,故宜作为国税。反是,若税之便于地方团体征收者,亦不问其范围、数额及用途若何,统宜归入地方税,例如田税、家产税及营业税等,若使地方团体征收之,征收费既可减省,而又无重复或走漏之弊，故宜作为地方税。是说为我之创说，不敢谓其必衷于理，然在现今地方自治状况之下，或较前二说为切于实用，且并世各国往往有使地方团体代征国税之举，此亦足见此说之未必不能实行也。

六　各国之现制　各国国税与地方税之种类极不一律。且对于同一税源，既课国税又课地方附加税者，尤为数见不鲜，此虽因国家之发达先于自治团体，一切税源多为国家先占，故地方团体不得不课附加税，然从纳税人言之，实属二重的负担，殊与国民经济之原理不合。且现今国家与地方团体之间，既已实行让税及补助金制度矣，而复有多数之地方团体附加税，理论上实属自相矛盾，欲求国家租税统系与地方租税统系之调和，盖犹南辕北辙，徒见其毫无效果而已。

七　中国在民国以前，本未行地方自治，故亦无地方税与国家税之分，及民国二年，财政部因感两税划分之要，始订定国家税、地方税法草案如左。

（一）现行税目之划分

左列各项定为国家税

（1）田赋

（2）盐课

（3）关税

（4）常关

（5）统捐

（6）厘金

（7）矿税

（8）契税

（9）牙税

（10）当税

（11）牙捐

（12）当捐

（13）烟税

（14）酒税

（15）茶税

（16）糖税

（17）渔业税

左列各项定为地方税

（1）田赋附加税

（2）商税

（3）牲畜税

（4）粮米捐

（5）土膏捐

（6）油捐及酱油捐

（7）船捐

（8）杂货捐

（9）店捐

（10）房捐

（11）戏捐

（12）车捐

（13）乐户捐

（14）茶馆捐

（15）饭馆捐

（16）肉捐

（17）鱼捐

（18）屠捐

（19）夫行捐

（20）其他之杂税杂捐

（二）将来新税之划分

（三）左列各项定为将来应设之国家税

（1）印花税

（2）登录税

（3）继承税

（4）营业税

（5）所得税

（6）出产税

（7）纸币发行税

（四）左列各项定为将来应设之地方税

特别税之税目

（1）房屋税

（2）国家不课税之营业税

（3）国家不课税之消费税

（4）入市税

（5）使用物税

（6）使用人税

附加税之税目

（1）营业附加税

（2）所得附加税

（3）地方特别税及附加税之限制

（五）地方特别税有妨碍国税者,财政部得禁止其征收。凡特别税经财政部认为不正当者亦同。

（六）凡地方附加税不得超过左之限制。

（1）田赋附加税不得超过百分之三十。

（2）营业附加税不得超过百分之二十。

（3）所得附加税不得超过百分之十五。

（七）遇有特别事项须增加附加税之成数时非经财政部认可不得超过前条之限制。

附则

（八）第三条所列各税法另以法律定之。

（九）地方税之分配由地方团体自定之仍由该管地方官吏报国税厅查核。

（十）俟新税法实行时凡旧税法无特别保存之理由且与新税法相抵触者应即废止。

此项草案于民国二年预算之编制时,业经实行,及民国三年停办地方自治,此案亦同时停止实行。五年国会恢复之后,此案亦经恢复,惟未及实行而有六年之政变。八年度预算系按照五年度预算编成者,故亦未实行也。

此案草案律以前述之理论,缺点殊多,如附加税之过多及以田赋归入国税等,即其著者,将来实行划分两税时,自尚有修改之余地也。民国十年北政府召集之地方行政会议,亦曾有两税划分之议决,惟其内容多偏于事实,不合学理,且此种决议,根本上亦不合法,兹故略而不述。

八　各国地方收入之内容　此问题为吾人所最欲研究者,盖各国地方收入之种类若何数额若干及变迁之趋势如何,皆将于此觇之,而地方收入论之实用,亦由此而生。以下请就地方各种收入,各设专款揭各国之制度及实收之数,以资参考。所惜者中国之地方收入,毫无册籍可稽,县自治尚未举办者,因无论矣,即各省之有省议会者,亦不能详其预算或决算,使吾人研究财政者极感困难,诚憾事也。

第二款　各国地方财产利用之收入

一　地方土地之利用法　各国地方自治团体之土地,大抵依其土地性质之不同,而异其利用之法。关于农业地,除少数的例外之外,大抵用佃租之法,租与佃户,而收入土地租金。惟英国及德国之都市,间有自己经营农业者。然其种类亦仅限于牧场事业,盖惟此种农业,可不用集约的方法,故亦惟此种农业,始可由公共团体经营之也。

关于森林地之利用,大抵用地方团体自己经营之,惟与农业地之经营不同,往往须受国家之立法的及行政的干涉。盖森林对于一般农业、卫生及气候俱有莫大的关系,故不能任各地各自为政也。

此外关于荒地、房屋、地基、渔场及泳场等,则大抵用佃租或赁借之形式,取得收入。

二　各国地方土地收入之额数　目下苦无最近的统计,试就旧统计,揭各国地方团体所有之不动产收入之总数于左。

英 一九〇二年	二二四〇〇〇〇磅	对于地方岁入之比例	二.四%
法 一九〇三年	八七九二〇〇〇〇法郎	对于地方岁入之比例	八.〇%
普 一八七八年	五四七四四〇一五马克	对于地方岁入之比例	九.二%
日 一九〇七年	五一八三六五〇元	对于地方岁入之比例	二.二%

三　地方货币资本之收入　关于此点,应研究者为左列数事:

(一)地方货币资本之性质　依前所述,公共团体之财政,本不以蓄积财货为目的,故由原则上言之,地方自治团体除有赈灾救荒及偿债等特别事由之外,不可特设基金。然从事实上言之,地方团体之范围,往往甚为狭小,其保有财产,亦往往为数甚微,欲求得经济上之信用,颇非易事。故各国地方团体恒用适当之方法,积蓄资金,一方面既可以巩固地方团体之经济的信用,一方面又可得一种收入,以为财政上之补助。为法甚佳,故各国地方自治团体恒乐用之。普通地方自治团体之资金,大抵由以下数种收入而来:①寄捐,②遗产寄捐,③既定预算年度之剩余而法律上无归入翌年度预算之义务者,④财产之卖却,⑤既存公债之卖却。由此观之,则地方自治团体之资金,既非全由强制征收而来,亦非全用以支给政费,故虽谓地方自治团体之蓄积资金,不与财政之一般的原则相背,亦无不可也。

(二)地方资金之种类　地方自治团体之资金,约可分为四种:①特种目的之基金,例如整理公债或维持教育之基金是也。其来源大抵为财产处分收入或公债卖却收入。②特种企业之基金,例如铁路基金是也。此项基金与普通所谓消耗基金(Sinking fund)相等,大抵由其企业之剩余金积聚而成。③委托事业基金,此种基金之性质,与上述①种相似,惟此种基金,系由国家或上级地方自治团体所让与,用以达所委托之一定目的者,地方自治团体既处于被托者之地位，故当另为一种。④运转基金，此种资金大抵由剩余金积蓄而成，所以备财政上不时之需，盖完全为一种运转资本也。

（三）地方资金之利用方法　基金利用之法有二：①仅用其基金所生之收息于基金所定之目的。②并用基本之本金及息金于基金所定之目的。第一种利用法，可发生长期确实的收入，第二种利用法，往往有危及基金之虞。然前者收入之数微而后者收入之数巨，故二法各有短长，不能一概而论，要当斟酌周围之情形而定之也。

四　各国之地方资金　英国地方自治团体，有多数之警察恩给基金及地方债整理基金，前者之收入，在一九〇二年合计有五七、二四八镑，后者之收入有三七三、七五八镑。法国之地方基金收入甚少，在一九〇二年共计仅一九五、八三二法郎，普国下级地方自治之基金收入甚少，而州自治团体之基金收入，在一九〇一年合计则有三、六〇七、八七七马克。日本各地方团体之基金在一九〇七年共有一三七、五九一、七四八元，其收入约年额四百余万元。

第三款　各国地方公营事业之收入

一　英国在十九世纪后半地方公共企业始盛。一九〇二年地方总岁入九、三〇〇、〇〇〇镑，中公共企业收入有一七、二五六、九〇〇镑，实占其百分之一八四。其收入之内容如左。

煤气事业收入	七、一六八、七〇五_镑
电气事业收入	一、八八一、二六五
市街铁路收入	三、七九七、七五八
其他非规费的收入	四、四〇九、一七七
计	一七、二五六、九〇〇

其中尤以煤气及电气事业之成绩为最佳，二项收入共九、〇四九、九七〇镑，而其支出仅六、五九五、二〇〇镑，收支相抵，实余二五〇、〇〇〇镑。更由其中除去二事业所负担之公债四一、七〇〇、〇〇〇镑之利息，约一、九七九、〇〇〇镑，实可得纯益四七五、〇〇〇镑，其获利益在五分以上也。

二　法国地方公共企业，极不发达，煤气业、电气业及地方公共交通业，大抵皆作为特许的企业，归私人承办。地方公共团体所兴办者，仅有关于食料之设备，例如市场、屠场及仓库等，而其收入亦极微。

三　普国之地方公共企业，发达于十九世纪之后半，其种类大抵为煤气、电气、仓库、市场等。自来水管事业则以其关系公共利益甚大，故作为公营造物而不作为公企业。关于普国之地方公共企业收入，仅有一八九二年市之旧统计。其内容如左。

市事业之种类	收　　入	支　　出
煤气及电气	五九、六八六、〇〇〇_{马克}	三九、九〇三、〇〇〇
港湾仓库等	二、四六一、〇〇〇	一、六九二、〇〇〇
市场	八、五三一、〇〇〇	四、一〇三、〇〇〇
贷款所	二、四五一、〇〇〇	二、四〇六、〇〇〇
浴场及洗濯场	七九二、〇〇〇	八四二、〇〇〇
其他	一二、九〇〇、〇〇〇	一一、四五八、〇〇〇
共计	八六、八二一、〇〇〇	六〇、六〇四、〇〇〇

共计之数与市之总岁入三四一、二〇〇、〇〇〇马克对照观之,实占其百分之二五。但共计数中之约半额即四二、一〇〇、〇〇〇马克,皆为伯林市之收入,亦应特别注意者也。此外市有市街铁路及州与村邑之公共企业收入为数甚微。

四　日本地方公共企业,除少数市部之市街铁路及煤气、电气事业外,几于绝无,各市之自来水事业虽甚发达,然系仿照德国之办法,以之为公营造物,而不以之为公企业也。

第四款　各国之地方规费、使用料及特别捐款

各国之地方规费、使用料及特别捐款及各地方团体关于此三种收入之种类及数额,俱各不同,分述如左。

（一）英国　英国之地方规费概为免许料,英国之地方使用料种类甚为复杂,英国之特别捐款则因目的税甚多之故,种类甚少。据一九〇二年之统计观之,其各种收入数额如左。

规费	九八八、二六六镑
使用料	四、一二七、一三〇
特别捐款	一、一九八、九〇八
共计	六、三一四、三〇四

共计之数,对于经常岁入仅占百分之六.七。

（二）法国　法国之地方规费使用料及特别捐款因无确实之材料可稽,不知其详。

（三）普国　普国之地方规费,有囚人输送料、护照发给料、衡器规费、身份证明费及行政强制费等。地方使用料为屠畜场使用

费、市场费及道路桥梁船车港湾水利使用费等。地方特别赋捐为屯营捐款及道路工事特别捐款二者。普国最近之统计,亦无从稽考,据一九〇〇年一万人以上之市之统计观之。

规费使用料	三三、二七八、〇〇〇马克	内伯林市	二、九九七、〇〇〇马克
特别捐款	五、七七〇、〇〇〇	同	二、三七二、〇〇〇
共计	三九、〇四八、〇〇〇	同	五、三六九、〇〇〇
对于总岁入之比例	一四二%	同	八八%

（四）日本　日本之地方规费,大抵为入学试验费,教育检定试验费、租税督促费、屠畜检察费、身份证明费、土地丈量费及户籍誊抄阅览费等。地方使用料,为港湾使用料、议事堂使用料、堤塘使用料及畜场使用料等。地方特别捐款尚未发达,仅法律上有采用此制之规定而已。前二种收入之数额在一九〇七年之统计有如左列。

府县	四六四、二三六元
郡	〇
市	三、六九五、四七八
町村	七一二、一七四
共计	四、八七一、八八八

共计之,数对于地方之总收入仅占百分之二.三云。

第五款　各国地方税收入

一　地方课税权与国家　地方自治团体处于国家命令强制权

之下,地方之自治立法权全由于国家之授与,故地方团体之课税权,从法律上言之,亦可谓全由于国家之授与或让与。因此之故,地方团体之课税,在种类上及程度上,俱不得不受国家之限制。国家因欲行租税之政策,往往使地方团体之课税,不得侵入国家课税之范围,或使地方团体课税之程度,不得超过人民之经济的负担能力,盖必如是,始能使各个私人经济不受压迫,而国利民福方能兼筹并顾也。

二　地方课税之标准　地方课税应取之标准,与国家课税应取之标准相同,要不外乎人民之经济的负担能力。在此负担能力范围内之课税,可以推行尽利,超过此负担能力之课税,无论必不能行,即使勉强行之,亦必病国殃民而后已,故课税时对于人民之经济的负担能力如何,最宜详细研究之。经济负担能力者何,即各个人经济上之所得是也。此种所得,依前第三篇所述,或由财产而生,或由收入而生,实为个人经济上有一无二之物,由个人经济之财产或收入,除去支出而得者也。各种所得之性质虽皆相同,而其负担租税之能力,则因发生所得之基本之种类及数额如何,而有不同,例如以劳动为基本之个人经济之所得,与以财产为基本之个人经济之所得,假令其额相同,其个人经济上所感需要之程度,必不相同,又如由同一基本而来之所得,亦必依其所得金额之多寡,而使个人经济上所感之程度发生差别,是也。故课税之时,欲求经济负担能力恰如其分,必不可不斟酌所得之基本之种类多寡及各个人经济上之人的事情,而使课税之标准与负担能力相应。

三　地方税适用之顺序　依第一款所述,国税及地方税之划分,本无一定的标准,要当视征收之便宜如何而决,故前述之各种一般公共课税,在学理上皆可适用于地方财政,特其适用之顺序,则有先后之不同。大抵最便于地方课税者,第一为直接税及物税之不动产收益税,次为其他的收益税,次为奢侈税,次为移动税,次为直接税及人税之所得税,而最后乃为消费税。盖依前述,现代租税制度渐有不能维持之势,其可勉强维持者,唯限于带有社会政策的性质者,而在地方财政,因其租税之用途,大抵系在社会政策的施设,故尤不能不然也。

四　关于重要各国之地方税,大抵如左。

（一）英国之地方税　英国之地方课税仅有救贫税一种,各地方团体之机关,虽亦有不用救贫税或救贫税附加税之名义而课税者,然其课税标准皆以救贫税之标准为定,一律地以各项寺领内之财产纯益额,为课税之基础,故英国之地方税可谓为单一税也。英国地方税皆为均等的定率税。

英国地方税在一九〇二年收额如左。

救贫局救贫税	八、四五五、〇〇〇镑
救贫附加税	一二、八八六、〇〇〇
其他诸税	二八、九八六、〇〇〇
总计	五〇、三二七、〇〇〇

同年地方之总岁入为九三、九三五、四一七镑,故租税收入占其百分之五.四,更就救贫税与人口课税基础等比照观之,则得左表。

英伦及威尔司总人口	三二、九九七、六二八人
算定上之总收入价格	二三一、〇九〇、〇〇〇镑
算定上之纯收益价格	一九一、一〇六、〇〇〇
救贫税及其附加	二一、三四一、〇〇〇

依右表计之,则可得左列之结果。

（1）课税价格之纯收益价格占总收入价格之八成三分。

（2）救贫税占纯益价格之一成一分。

（3）每人口一人负担救贫税约十三先零。

（4）每收益价格一磅负担救贫税一先零强。

英国地方税全体对于全人口之比例为每一人负担地方税三〇先零。

（二）法国之地方税　法国地方税分为直接国税之附加税、铺道税及间接税三大部分。

（1）直接国税之附加税　此皆为收益税，中复分为未建筑地基税、既建筑地基税、人别动产税、门窗税及营业税五者。一九〇二年各税与附加税之收入额如左。

	正税及附加税总数	正税总数
未建筑地基税	二五六、六〇一、〇〇〇 法郎	一〇三、一五八、〇〇〇
既建筑地基税	一六、八六四、〇〇〇	七四、五〇〇、〇〇〇
人别动产税	一八一、八二三、〇〇〇	七四、八〇〇、〇〇〇
门窗税	一〇一、三四七、〇〇〇	四八、二〇〇、〇〇〇
营业税	二〇八、七二一、〇〇〇	九三、七〇〇、〇〇〇
总计	七六五、三五六、〇〇〇	三九四、三五八、〇〇〇

右总数之中正税及附加税之内容之百分比如左。

	附加国税	附加县税	附加市税	县市总计	附加税总计
未建筑地基税	一七.〇七	六八.二五	六三.四三	一三一.六八	一四八.七五
既建筑地基税	一七.三三	五三.一五	五五.四〇	一〇八.五五	一二五.八八
人别动产税	三三.三八	五六.二一	五三.四七	一〇九.六八	一四三.〇六

（续表）

	附加国税	附加县税	附加市税	县市总计	附加税总计
门窗税	三一.一五	三一.二一	四七.八九	七九.一*	一一〇.二五
营业税	五二.七九	二九.九三	四〇.〇四	六九.九七	一二二.七六
总计	三〇.六九	四九.四八	五六.五七	一〇六.〇五	一三六.七四
平均	（正附税）法郎	法郎	法郎		（正税及附加税）法郎
每人口一人	一二、七一五	五、〇〇〇	五、三二〇		二三、〇四一

（2）铺道税（支路及村路负担） 此税在一九〇二年以货币计之有五、四六二、一七九法郎。

（3）地方间接税 法国之地方间接税为入市税。入市税者，对于以地方消费为目的之食用品、享乐品、使用品之移入制造输送及零卖等所课之消费税也。一九〇二年之总计所载记入市税之收入为二七五、一五八、〇〇〇法郎，约占地方总收入之百分之三十四。此外尚有犬税一种。

合以上各种收入计之，一九〇二年之计算如左。

县市附加税	四〇二、四四八、〇〇〇法郎
铺道税	五九、四六二、〇〇〇
犬税	九、六〇一、〇〇〇
入市税	二七五、一五八、〇〇〇
入市税补充税	五三、〇三八、〇〇〇
总计	七九九、七〇七、〇〇〇

法国人口在一九〇一年为三八、九六一、九四五人，故每人平均负担二十五法郎之地方税。

---

* 原书如此。——编者注

（三）普国之地方税　普国地方税可分为二项论之。

第一　市及村邑税　市及村邑税之种类如左：

地方间接税

（1）消费税　即关于消费物之课税

（2）游乐税　即关于音乐演说及巡回技艺之课税

（3）犬税

（4）奢侈税

（5）行为税　限于土地财产之卖买交换及赠与等行为

特种税

（1）企业税　限于酒精饮料之制造或贩卖业

（2）建筑用地基税　即对于未建筑之地基之课税也

（3）土地增价税　即对于不因改良投资而增之土地价格所课之税

地方直接税

（1）物税　包含土地课税及营业税二者

（2）所得税

第二　郡税及州税　普国之郡及州自治团体之课税，大抵为土地所有税及营业税等之附加税。其单独之课税仅有犬税及土地增加税二种。

普国地方税收入之最近统计目前一时无从寻觅，据一八九九年之旧统计观之，略如左表。

一　直接地方公课	四一八、一三三、二四二 马克
二　市间接税	三〇、〇六〇、六四五
三　建筑用地基税及企业税	一、五八八、五六九
共计	四四九、七八二、四五六

以此数与一九〇〇年之人口三四、〇五、七二九人较,则每人实负担一三马克余之地方税也。

（四）日本之地方税　日本之地方税可分为府县税、郡税、及市町村税三项述之。

第一　府县税　为国税附加税及特别税二者

（1）国税附加税为地租割、营业税割、所得税割及矿业税割等。（割者成数之谓,某税割者即对于某种国税之加成税也。）

（2）府县特别税为地方营业税、杂种税、户数割及家属税等,杂种税为饮食店税、妓捐、自转车税、船税、车税等,户数割为一种住家税,不问房屋为自己之产业或系租借者,凡独成一户者皆当纳税。

以上二种税款据一九〇七年之统计,其数额如左。

地租割	二七、一四四、四一五元
营业税割	一、四四二、二七三
所得税割	一一、一八九
矿业税割	一四六、三二七
户数割及家屋税	一二、六三〇、六三二
营业税	三、一〇一、八九四
杂种税	八、五五三、二三〇
夫役现品	三二、〇八〇
市町村分赋金	一、五三二、一九八
计	五四、五九四、二三八
每人口一人	一、一八二元
总收入（除公债）	七六、九三六、一六二
对于总收入之百分比	七〇

第二　郡税　郡税分为町村分赋金及夫役现品二者,据一九〇七年之统计其额如左。

町村分赋金	四、四九八、四五二元
夫役现品	一〇六、〇七〇
计	四、六〇四、五二二
每人口一人	〇、一一一
郡总岁入（除公债）	六、九二七、四六二
对于总岁入之百分比	六六

第三　市町村税　分为国税附加税、府县税附加税及特别税三者。对于国税之附加税，为对于地租之地价割营业税割、所得税割、矿业税割及间接国税之附加税等。对于府县税之附加税，为户别割、家屋割、营业割及杂种割等。市町村特别税为反别割（亩捐）、电柱割、煤气管割、交易所割、船车税等。此等收入依一九〇七年之统计大略如左。

市税收入表

地价割	四〇六、六九一元
营业税割	一、八二五、四五八
所得税	一、五四四、〇五六
户别割	一、八三八、六七四
家屋割	三、七〇九、五七五
家业割	一、二八、一〇三
间接国税割	四、〇八九
反别割	三九、五七九
其他特别税	四、三六七、八一四
共计	一四、九五四、〇三九
市民每人	一、七九六元
市总岁入	四五、四四三、二二五
对于总岁入之百分比	三三

町村税收入表

地价割	九、九七六、六一三
营业税及矿业税割	一、〇九一、六四二
所得税割	一、三〇一、〇二九
户别割	三七、四九七、六二二
家屋割	三一五、五七七
营业割	三、五四四、九一四
间接国税割	二〇
反别割	八三四、九〇一
其他特别税	八五六、一六八
夫役现品	五一七、五四七
共计	五五、九三六、〇三三
每人口一人	一、二四三元
町村总收入	八五、二〇九、七八七
对于总收入之百分比	六五

日本地方税种类之繁复，依上所述，可以推见，故我人欲考日本地方税之实况，第一非综合性质相同之各税以察之不可，第二，非合计各地方团体之税额以察之不可。

日本地方团体之各税，大抵系对于同一税源，行重复的课税，兹试就土地家屋营业所得及其他税源，依一九〇七年之统计，总计其所负担，则可得左表。

（1）土地所负担之地方税

府县地租割	二六、九九三、七七二元
市町村地价割	一〇、二七三、一九八
市町村反别割	五一九、〇五八
合计	三七、七八六、〇二八
国税（地租即田赋）	八四、九七四、〇五三
地方税对于国税之比例	四四%

（2）家屋所负担之地方税

府县户数割及家屋割	一二、三五三、六四五
市町村户别割及家屋割	四二、五五〇、九九五
合计	五四、九〇四、六四〇
全国户数	九、〇三八、二〇七
平均每户负担	四.七〇元

（3）营业所负担之地方税

府县营业税	三、〇六一、四四二
府县附加营业税	一、三八〇、五一八
杂种税	七、九四五、八五七
市町村国税附加税	二、七二六、七四一
营业割	四、四一六、九一〇
合计	一九、五三一、四六八
国家营业税总额	二〇、三八三、九四〇
地方营业税对于国家营业税之比例	九五%

（4）所得所负担之地方税

府县所得税割	一一、一八九
市町村所得税割	二、七一〇、〇一八
合计	二、七二一、二〇七
国家所得税总额	二七、二九一、八七一
地方税对于国税之比例	一〇%

（5）其他税源所负担之地方税

府县矿业税附加	一二五、六六一
市町村矿业税附加	九〇、五三五
间接国税市町村附加	二、六九〇
市町村特别税	四、八〇一、七二三
合计	五、〇二〇、六〇九

次总计各地方税之总额观之则得左表（一九〇七年）。

府县税	五一、八七二、〇八五
市町村税	六八、〇九一、八六八
合计	一一九、九六三、九五三
对于内国税之百分比	四五%
对于地方总岁入之百分比	六一%
对于人口每一人之负担	二、六六七元

五　统观各国地方税制，以英国为最佳，盖英国之地方税制为一种单一税制，纯以不动产之收益价格为标准，与我人前章关于国税地方税划分之征收主义及社会政策之目的相合，且地方税类既系单一，则地方住民之地方费负担极易计算，故地方住民对于地方行政，易有切肤之感，而自治之美风乃养成于不知不觉之间矣。

普法二国之地方税俱采复税制，然其中亦微有不同，法制注重附加税，普制注重特别税，故从此点观之，普制已优于法制。更从其税款之内容察之，普国之地方税以直接税为主，而法国之地方税，则间接税与直接税几为三与四之比，间接税未免过多，依前所述，实有背租税发达之大势，故关于此点，法制亦劣于普制。

各国地方税制之中，最劣者莫过于日本。盖日本地方税制上附加税最多，对于同一税源，叠床架屋，课税至三四重，此不但住民将不堪其烦苦，即从征税者方面言之，于时间与经费上，亦未免太不经济矣。而况地方营业税，不但不以纯收益为课税标准，而且限于国家不课营业税之小资本营业者，徒苦小民，殊不公平，其他如杂种税及家屋税之课税方法，亦多有可议之点。

第六款　赠资及补助金

一　概论　近世国家往往将其行政事务之一部分,划归地方自治团体负担之,以致地方团体之事务日增,经费日繁,而地方重要财源,事实上,又往往为国家先占,不得不苦心孤诣新关财源。然此在地方交通便利,土地丰饶,农工商业发达之区,住民或能负担,若在瘠苦之区,则住民其何以堪?故近世国家因欲谋需用与负担力之平均,往往用三种方法以救济之。其一,直接将地方行政划归国家办理,由国家负担之,例如司法及保安行政之类,本可归地方行政,而依财政上之理由,划归国家行政,是也。其二,将特种事务由一般地方自治团体划开,以便缓其负担,而特设特别自治团体以掌管之,例如道路合伙、救贫合伙及水利合伙等,是也。其三,使负担力广大充裕之公共团体,对于负担力薄弱之公共团体,行税源之让与或款项之补助,例如国家对于地方团体之让税或补助金、地方团体对于国家或其他地方团体之解款赠资分赋金及补助金等,是也,第一法与近世地方自治之范围日趋广大之趋势相反,在今日已不可采用。第二法亦仅限于可以共同办理,或可以与一般政务分离之特种行政,其范围既甚狭隘,故其所救济者终属有限。第三法范围最广,亦最活动融通,故近世各国多行之。此法在财政学上谓之赠资。赠资及补助金制,通常皆仅以之指国家对于地方团体之赠资及补助及上级地方团体对于下级地方团体之赠资及补助,然从学理上言之,即地方团体对于国家之分赋金或解款及下级地方团体对于上级地方团体之分赋金或分担金,暨同级地方团体间之补助金,亦当包含在内,方为正当。今为方便计,姑从普通之说。

二　赠资及补助金之方法　赠资与补助金意义有异,赠资出于好意,带有任意的性质,补助金基于必要的委任事务之维持,带有义务的性质。性质既不相同,故其方法亦少异。赠资之法或依税源之让与,或依收入之交付行之,完全以负担救济为主义,而不问其赠资之用途。补助之法,单依现款之交付行之,完全以用费分担为主义,故大抵必定其补助金之用途,有时虽亦有所谓一般补助,似不问用途,与赠资相同,然实则一出于好意,一为对于包括的用途之补助,二者固不相同也。惟从实际上言之,各国地方情形殊异,故赠资及补助之方法及程度,俱不相同,甚至有介于二者之间者,颇难以上述之理论绳之,故下段所述各国之实况,俱总合二者言之。以上所述赠资及补助,皆指经常的赠资及补助而言者。一时的或临时的赠资及补助,如水旱赈灾或兴学企业等之临时的赠送等,则当然另成一问题,非财政上之所谓赠资及补助也。

三　各国之地方赠资及补助

（一）英国　英国之地方赠资及补助,由其形式言之,可分三种。

（1）对于各种目的之国库定额补助,例如关于国家设备之防火费之补助、刑事执行之补助及感化设备之补助等,是也。

（2）初等教育制度之补助。

（3）因轻减司法、警察、救贫、卫生及道路行政等费之地方负担,特行支给之补助。

此外,尚有二种让税,一为免许税之让与,一为继承税之让与,至一八九六年复有继承税之追加让与一种。

一九〇三年英国国家补助之金额如左。

初等教育之补助	四、一四六、二六三
其他国库补助	三九八、一七八
让税收入	六、九一〇、三四三
一八九六年后之承继税让与	一、三二八、〇一九
合计	一二、七八二、八〇三
同年地方岁入	九三、九三五、四一七
让税补助等对于总岁入之比例	一%

（二）法国　法国之地方赠资及补助种类甚为复杂，兹列其三种类及数额于左。

一　让与市自治团体之租税	九、九〇九、〇〇〇法郎
二　对于县自治团体之一般补助	三、六九五、〇〇〇
三　为国民学校对于市之补助	一四、二四三、三六四
四　国家对于市中学之分担金	五、〇八七、一八四
五　为道路故对于县及市之补助	七、四〇〇、〇〇〇
六　为买回有通行税之桥梁对于县之补助	一七〇、〇〇〇
七　为精神病及救贫行政对于县之补助	八、二〇一、九五五
八　为补护后备兵家族对于市之补助	五〇〇、〇〇〇
九　为防火事务对于市之补助	八一〇、〇〇〇
十　对于巴黎市警察之补助	一一、〇二一、五四五
合计	六一、〇三八、〇四八
内（A）对于县之补助	一一五、七七一、〇〇〇
县总收入	二八六、二一三、〇六六
对于县总收入之百分比	五五%
（B）对于市之补助	四五、三七一、〇〇〇
市总收入	八〇四、二四四、〇二一
对于市总收入之百分比	五六%

（三）普国　普国之赠资及补助亦甚复杂揭其种类及数额于左（一九〇二年度）。

（1）赠资

(1)对于州者	三五、六七〇四、六七马克
内计	
一　为一般目的者	一五、一二一、四一〇
二　为维持国家的旧道路者	一八、六七七、二二四
三　为产科医制度者	一二八、七〇二
四　为农业学校者	一四五、四五〇
五　为其他者	二六六、九一四
六　为施行郡制者	一、三三〇、七六七
(2)对于市及郡者	三、一七二、三三二
一　赠与伯林市者	五二四、四七〇
二　赠与东部州内之各郡者	七、五五〇、〇〇〇
三　赠舒霍二州之各郡者	二二八、六三九
四　依一八七三年之法赠与东部州内之各郡者	一、六六九、二三三
(3)对于州郡及市村邑者	一〇、〇〇〇、〇〇〇
共计赠资全体	四八、八四二、八〇五
州郡及市村邑总经费	一七六、九〇〇、〇〇〇
对于总经费之百分比	二七.五%

（2）补助　国家之补助皆系用于维持国民学校制度,其费目如左(一九〇二年)。

一　国民学校俸给补助	二七、八六〇、〇〇〇
二　对于属于特别义务之教员俸给之补助	四七五、〇二二
三　年功加俸金库之补助	二二、四二〇、〇〇〇
四　对于男女教员退职恩俸之补助	五、四八〇、〇〇〇
五　对于孤儿及寡妇料之补助	一、五〇〇、〇〇〇
六　男女教员之津贴及救护费	六三五、〇八九
七　对于参加郡联合会之教员之补助	三〇〇、〇〇〇
八　对于离职之教员之保护	一、一一七、〇一九
九　关于初等教育自由处分基金	三〇三、五〇〇
十　对于能力不足之学校合伙之维持费之补助	一二、一一九、八一八
十一　关于新学校之设立之支出	六八六、二七六
十二　对于西普等地方之国民学校制度之奖励费	六三〇、〇〇〇
十三　对于学校合伙之学校建设费之补助	一、〇〇〇、〇〇〇

(续表)

十四　对于寺院建筑基金之补助	五〇〇、〇〇〇
十五　对于学校合伙之临时补助	三、〇〇〇、〇〇〇
合计	七八、〇二六、七三四
国民学校维持费总额（一八九六）	一八六、一三三、七〇四
国家补助对于总额之比例	四〇%
赠资及补助合计	一二六、七〇〇、〇〇〇

（四）日本　日本之地方赠资，现尚无有，而国家对于地方之补助则为额颇多，且名称亦甚复杂。兹姑先就国库对于地方团体之补助金言之，在一九〇七年其数如左。

对于府县者	三、五八五、八六九元
对于郡者	四三、九二〇
对于市町村者	一、〇六三、四七一
合计	四、六九三、二六〇

其次府县对于郡市町村补助如左。

对于郡者	八二九、五八二
对于市町村者	三、一六一、九八九
合计	三、九九一、五七一
再次郡自治团体对于町村补助	四一〇、七八五

府县一方面受国家之补助，一方面对于下级地方自治团体复加以补助，郡自治团体亦然，故欲识日本地方补助金之真相，不可不将授受之补助，加减而算定之，如左。

真正之补助金额

由国库来者	四、六九三、二六〇
由府县金库来者	四〇五、七〇二
合计	五、〇九八、九六二

真正补助金之分配

郡	四六二、七一七
市	一、四七四、三七四
町村	三、一六一、八七一
合计	五、〇九八、九六二

此外日本国库对于府县因维持地方警察及修缮警察官舍于一九〇七年负担二、二四七、一〇七元之下付金。又国库及府县对于市町村因委托市町村协力征收直接税与以报酬，名曰交付金，其额如左。

交付金	对于市	对于町村	合　计
国库交付金	六一九、五三九元	七六四、〇四三	一、三八三、五八二
府县交付金	二二八、六四四	七四〇、九三二	九六九、五七六
合计	八四八、一八三	一、五〇四、九七五	二、三五三、一五八

此二者合计，为额不少，更以与狭义补助金共计之，日本地方补助金额共九、六九九、二二六元。惟交付金及下付金是否为补助金之一种，实不能无疑耳。

四　各国地方补助费之比较观　依各国地方补助费之内容，可作比较表，二种如左。

（一）各国地方补助费比较表　对于地方岁出之百分者

英	一九〇二年	一二、八二八、八〇三镑	八.三％
法	一九〇二	六一、〇四二、〇〇八法郎	五.五％
普	一九〇二	一二六、七〇〇、〇〇〇马克	一〇.九％
日本	一九〇九	四、四〇六、八七九元	二.〇％

（二）各国地方补助费中普通教育费补助比较表

	地方教育费总额	国库普通教育费之补助	对于地方教育费之比较
英	一三、九〇三、〇〇〇镑	四、一四六、二六三	三.〇%
法	一二四、八九七、六五七法郎	一四一、九七一、六二四	一一三.〇%
普	一〇二、四〇二、二三七马克	七七、八二六、七二四	七五.四%
日	五六、七四三、三七八元	一、五〇〇、〇〇〇	一.六%

第七款　各国之地方杂收入及各国地方收入之非常补充

一　杂收入为一种偶然收入，不但其性质与注重预定计划之财政格格不能相入，且其收入数额，在国家财政上亦甚微少，何况地方财政范围狭小，发生杂收入之机会甚少，其数之微更不待言，故兹不复列举各国地方财政上之实数，而但举其种类，各国地方财政上之杂收入，大抵为过料、过怠金、寄赠或遗赠金、拾得金及没收金等。

过料者，关于地方税、地方使用费或规费所定之罚金之谓也。过怠金者对于地方公吏所定之惩戒罚金也。寄赠指个人生前之一时的赠与，遗赠指个人遗言之一时的赠与。

二　地方财政自以收支相当出入恰能适合为最佳，然地方自治之政务日益扩张，从新创办之事业日加未已，欲依赖通常之收入以应付之，必有不足之患，故地方财政上往往不得不用非常的临时的补充之法以资补救。用此种非常的补充法而来之收入，谓之非常收入，亦谓为非常的收入补充。

非常的补充之法有三。

（一）公有财产之处分　公有财产之处分更可分为不动产之

处分与动产之处分二者。公有财产无论其为动产或不动产,平时必皆可发生一种公共收入,故处分公共财产,一方面虽可以救一时之穷,而一方面即不啻减损永久的通常收入,以故当处分公共财产之时,务必顾全将来财政上之均衡,若只顾目前,则饮鸩止渴,徒见其为财政上之自杀而已。

（二）基金之积存　此与第二款之基金收入有异,彼指基金利用之收入,此则指基金之积存。又与上述动产之处分即基金之处分有异,盖彼指特定目的之基金之处分,而此则指特定目的之基金之积存也。基金之积存者,对于在一定期间内必须更新需费之物,在平时按期先由人民征取租税,积存其将来更新需要之费之谓也。例如对于行政用建筑物、学校建筑物、医院、道路及运河设备等之从新改筑之基金之积存是也。此种基金之积,存在入积存之当时,或不觉其为非常的补充,而但觉其为通常的支出,然至动用积存金以达预定目的之时,则纯然为一种非常的收入也。此种基金之存积在小自治团体中甚为重要,盖小自治团体所有之通常财产,必不甚多,且往往系其重要的财源,颇难依第一种非常的收入法,以资补充。加以小自治团体信用必不甚大,欲依第三种非常的补充法,即兴举公债之法,亦往往有所不能,故小自治团体不得不用此种未雨绸缪之法,以应付非常的用费也。

（三）公债之兴举　公债者将来之租税负担之预征也。公债之兴举视其用途之如何而异其利弊,亦视其用途之如何而异其在财政上之性质。公债收入之用于公营造物或设备者,谓之公经济的投资,其用于公企业者谓之私经济的投资,其用以填补非常的需费者谓之非常的投资或填补。故兴举公债亦为补充非常法之一。关于地方公债,另有专章,兹不具论。

由以上三种方法而得之非常的收入,各国地方财政上因时因地各有不同,无从列举之。

第八款　各国地方收入之总览

以上各国皆系就各国地方收入中之各一种而言,兹更统而观之,以便通览。

一　英国(一九〇二年)

	数　　额	对于全收入之比
一　地方税	五〇、三二八、四一二磅	五四%
二　国家补助金	一二、七八二、八〇三	一三.六%
三　规费及使用料	五、一一五、三九六	五.五%
四　特别捐款	一、八五〇、八四五	二.〇%
五　公企业	一八、五五八、二二八	一九.〇%
六　公产收入	二、四一二、一四四	
七　公产处分	四七三、〇三五	
八　其他	二、四一四、五五四	
合计	九三、九三五、四一七	一〇〇%

二　法国(一九〇二年)

县	数　　额	对于全收入之比
一　租税	一九六、〇〇九、五四六	六九.〇%
二　补助金	七四、二七三、五四	二六.〇%
三　财产收入	二、六九六、五三九	〇.九%
四　寄赠及遗赠	一、四一六、一七四	
五　其他	七、七三一、六八九	
六　财产处分	一、〇八五、五七五	

(续表)

县	数　额	对于全收入之比
合计	二八三、二一〇、六三	一〇〇.〇%
市	数　额	
一　租税	六〇四、六〇〇、〇〇〇	
二　使用料及规费	一一〇、〇〇〇、〇〇〇	
合计	七一四、六〇〇、〇〇〇	
县及市合计	一、一四〇、五三九、二七〇	

三　普国(一九〇二年)

州	数　额	对于经常岁入之比
一　租税	二七、一八八、〇四七马克	四〇.四%
二　补助金	三五、六七〇、四六七	五三.一%
三　财产收入	三、一九八、九八六	四.七%
四　其他	一、三二五、八二五	一.九%
五　临时收入	九、六〇〇、〇〇〇	
合计	七六、九八三、三二五	
郡	数　额	对于总收入之百分比
一　租税	二四、八六八、三九八	四八%
二　其他	二六、三四一、六八一	五一.四%
合计	五一、二一〇、〇七九	一〇〇.〇%
市村邑(一九九一年)	数　额	对于普通岁入
一　租税	一二七、九〇四、六〇一	三七.二%
二　规费及使用料	五四、四三四、七一六	一五.八%
三　公企业	一二一、三六九、四六九	三五.三%
四　财产取入	二三、六三三、六七五	六.八%
五　其他普通收入	二三、九〇五、一一〇	四.〇%
六　临时收入	三七、八〇九、七八八	
合计	三八九、〇五七、三五九	
州郡及市村邑合计	五六七、二七七、五七九	

四　日本（一九〇九年）

	府县	郡	市	合计	对于总数之百分
一 租税及分赋金	五三,七三三	五,九七一	一八,三三六	七〇,四八四	一四,五二五 六一.一%
二 规费及使用费料			四,四八〇	七五八	五,二三九 二.二%
三 补助金及交付金	四,九三〇	九〇七	二,六四一	五,七八二	一四,二六二 五.一%
四 财产收入	五三	九〇	三,六八七	三,一二一	五,九五三 二.一%
五 个人寄赠金	四二〇	二八四	三,六四〇	三,八四四	四,八一四 二.一%
六 其他	八,六三六	七,八六	二,四〇一	一〇,四四八	四一,二五八 一.一%
合计	六七,七六六	八,〇三八	四九,八〇九	九四,四三七	一二〇,〇五一
七 公债	二四一	四二	八,九二一	三,四三二	一二,六四四 五.七%
总计	六八,〇〇二	八,〇七〇	五八,八七〇	九七,八五	二三二,六九五 一〇.〇%

第九款　各国地方收入之趋势

各国地方收入总以上各款观之，其一般趋势如左。

一　收入种类之趋势

（一）补助金之额甚多，各国皆然。

（二）公共营业之收入，在自治较为发达之英普二国，渐成大宗的收入。

（三）因以上二事之结果，公课收入即租税、特别捐款、使用料及规费等之收入对于总收入之比，渐有减少之势。

（四）各国地方收入除英国外，由土地而来之收入颇巨。

（五）地方税类多为直接税。

二　数额上之趋势

（一）自治益发达，则地方住民对于地方公课之负担愈重。观左表可知。

一九〇二年各国地方公课负担表

英	每人	一六.一〇_{日元}
法		九.三八
普		七.一七
日		三.〇〇

（二）各国地方公课之负担，大抵与国家公课之约半数相当，试以左表与右表对照观之，便知此语之不谬。

一九〇二年各国国家公课负担表

英	每人	三四.〇六二_{日元}
法		三〇.〇四〇
普		一四.〇〇七
日本		七.〇七九

三　性质上之趋势　依一所述,可知各国地方团体之大宗收入,皆逐渐变为带有社会政策的色彩,其纯然为收入的收入,乃有渐减之倾向也。

第十款　中国之地方收入

一　历年之统计　中国自民国开元以来,始有中央及地方之分,故地方收入之统计亦惟民国以后始有之,现今所可考据者,仅有民国二年、三年及五年之统计,然亦仅有载各地方之总收入而不及其种类,其学问之研究上,殊感不便,兹为参考计,姑列于左。

	二　年	三　年	五　年
京兆	一六、五三〇	——	——
直隶	一、〇九二、一五〇	三、八六四、六五一	一、九六二、七五一
奉天	——	五、二七一、四五九	一、〇三二、九七四
吉林	——	二、九七一、六五	四六三、八六五
黑龙江	一、四〇三、三一一	二、二三五、〇九二	一、一八六
山东	一、二六一、五〇八	一、七七八、六七五	一、七二二、五七五
河南	三、二九二、〇九一	二、三〇八、二五〇	一、八九五、七五三
山西	二、四〇一、二四一	一、四九二、七七四	六、四六五、七二一
江苏	四、一五五、七三九	三、一一五、二四六	二、七〇〇、一二九
安徽	一、二四六、九三三	一、二三九、八六四	一、二五二、四二四

（续表）

	二　　年	三　　年	五　　年
福建	八九一、二〇三	八九一、六二一	一、一二八、〇三九
江西	一、五四七、二八八	七〇八、三三九	一、二四三、九六五
浙江	二、〇五八、四五二	九三六、九一一	二、〇一五、八八一
陕西	一、三四四、五五〇	六九〇、一七六	八三七、九五三
湖北	二、一一五、六七七	七七七、六七〇	九七九、九七六
湖南	二四八、四九三	八四七、七九六	一、〇七〇、六五〇
甘肃	八〇八、一二二	六七九、三九五	六五四、六二四
新疆	一、〇〇四、三二三	一、〇五七、五八二	九六〇、八九八
四川	六、三〇六、三七九	一、〇七七、三九七	一、一〇五、六一五
广东	三、五八〇、六二五	四、六一七、八二七	四、九四〇、九五〇
广西	一、〇七七、二五一	一四一、〇二九	一八、二二三
云南	一、七三六、二一五	一、六四三、三二二	五一九、七三七
贵州	六一〇、一五九	一五三、五五四	二二一、〇三九
热河	二六〇、〇四七		
察哈尔	七九、四五七		
总计	三八、四四八、七四五	三八、四九九、三三二	一一七、三七六、五一六

民国五年以后，各地方武人专政，关于地方收支，大抵并无确实的报销，总数目若干，尚无从考察，遑论各项岁收之多寡。故我人研究学问者，于此几叹途穷，惟近年以来，中国自治风潮勃起，群主张极端的地方分权的自治，大势所趋，或有莫之能遏者。果尔，则中国现在之财政制度及租税制度，在一二年内，必有极大变动，今日中央在各地方所收之国家的收入，除少数种类外，恐皆将变为地方的收入。故我人于此，不妨将中央在地方所获收入之总数，列表于左以资对照，或亦足为将来地方财政考较之材料耶。

二　中央国家在各省所得收入之大概　关于此点，最近之统计为八年度预算表，惟八年度预算表中，有数省如西南五省之统计，纯系抄袭五年度之预算，而非实况，则与其用虚拟之八年度预算，宁用虽旧而比较近实之五年度预算表，故列五年度之统计于左。

民国五年度各省岁入分类表（以千元为单位）

	田赋	货物税	正杂各税	正杂各捐	官有产业收入	杂收入	共计
京兆	四三四	—	二二八	三,三〇	—	一五四	八,五八
直隶	六,〇七〇	六,一二〇	三,〇四〇	六,一九	二五三	六,一四	一一,二〇八
奉天	三,三三一	三,一二二	三,九三四	三,二二	三〇二	一,九四五	一,八五八
吉林	一,〇八四	一,八二六	三,五六〇	一七	—	三二九	五,八八八
黑龙江	一,二六八	一,〇九八	一,〇四四	九二	一,一九六	二三	四,八一五
山东	九,五〇二	一七七	一,三五九	二二二	七	二五三	二,五二四
河南	七,七〇〇	七,八三	一,九六六	九八	一四	三二二	一〇,七九六
山西	五,九四四九	七七六	五,二五	九三	—	六六	七,四一〇
陕西	五,九四八	一,〇九八	三,八〇	三九一	一〇	一五九	七,八三三
甘肃	一,四五七	七七	五,一五	八七九	一二四	六八	三,八一七
新疆	一,八八	二六三	七,四四五	二六一	四七	二〇一	三,三〇七
江苏	二,〇九二	五,九六〇二	三,九七	一〇九	六四	一七九	七,七五二
安徽	四,〇三五	一,六三五	一,〇三六	五八〇	三〇四	一	七,六五二
江西	五,二九七	二,八〇二	一,〇一九	四三	—	三四四	九,六〇九
湖北	三,二三三	四,七五四	一,五七二	一,五一四	一二	四四三	一一,三三二

（续表）

	田赋	货物税	正杂各税	正杂各捐	官有产业收入	杂收入	共计
湖南	三,三五五	二,六七四	五五九	四三六	一〇四	三三九	七,四三〇
四川	六,八六六	五,一九一	三,六八一	二一八	一,八二	九二	一一,五五一
浙江	七,七一二	一,九八四	四,八三〇	三,四三〇	—	三六〇	一三,九七二
福建	三,六六三	一,三〇二	七,〇二六	七,九六	一五	三九〇	六,四〇七,五
广东	四,四〇三	五,〇六六	四,三〇七	七,二六九	—	三九二	二一,四四〇
广西	一,二四八	一,九四五	四,二四	六,〇四	一,六	一,八	四,二二一
云南	一,〇九四	五,四四二	九,六一	—	—	六五	二,九一〇,三
贵州	七,四五六	四,六五一	二,二四	九,四	—	八〇	一,五六〇
热河	九,三	一,二八	六,七	一,六	—	三一	九,〇一,六
察哈尔	八,三	三七	四	二,五三	四	二〇	六一〇
绥远	八,六	—	九,四九	二,五五	—	三	四五二,八
川边	二,五六	—	二,五九	九	—	三	五,二五
总计	九七,五五二	九〇,二九〇	三二,三四	一八,五六三	二,六三七	七,〇六五	一九九,六五三

以上之数，虽可得各省收入之大概，惟各省收入对于中央总收入之关系，尚无从窥悉，故更揭中央国家五年度及八年度之收入总表于左，以资比较。盖中央国家收入中之大部分，以纯学理论，其性质上皆应归入地方收入，他日财政制度改良之时，地方财源大抵将取诸是也。

三　中央国家收入之内容　大概如左表（以千元为单位）。

	民国五年度	民国八年度
（一）收益税	一三二、〇六五	七八、八七六
田赋	一二〇、四三七	九〇、五四八
牙税	九、四三五	二、六五一
当税	七六八	六九三
烟酒牌照税	二、〇一二	二、六九二
矿税	一、四〇七	二、二九二
（二）行为税	二三、九二四	二三、三三四
契税	一五、三一五	一五、一七六
验契税	二、九三五	——
印花税	五、六七一	八、一五六
（三）所得税	二、二三五	——
（四）稍费税	一二三、七三二	一二二、五四三
盐税	八四、七七一	九八、八一五
茶税	二、一〇七	一、九四一
烟酒税	二五、八三一	一六、五一〇
糖税	七五九	七二五
牲畜及屠畜税	一〇、二六二	四、五五二
（五）货物税	四六、四〇〇	三九、二五〇
（六）关税	七二、三四六	九三、九六三
海关税	五九、一七一	八一、六六五
常关税	一三、一七五	一二、二九八
（七）杂税	三、七四四	三、四四〇
（八）杂捐	一五、一三二	八、二四三

（续表）

	民国五年度	民国八年度
（九）官有财产业收入	一九、六八九	二、四五九
官业	二、六三七	二、四四二
官产	一七、〇五一	一七
（十）杂收入	一〇、二六一	五、八七二
（十一）中央各机关收入官及产处分收入	——	四一、四九二
总计	四五、一二四	四三九、四七二

第四章　地方公债论

第一款　概论

一　地方公债之性质及种类　地方公债之性质有二：由经济上观之，地方公债为依公共信用而成之共同投资，由财政上观之，地方公债为一种公课之预征或公共收入之预取，此二性质者实为公债论出发之基点，不可不深味之也。

二　地方公债之种类，除上篇所述一般理论外，依其经济上之性质及其经济上之用途如何，又可分为三种。

（一）开发的公债　开发的公债者，等于公经济的投资之公债，盖因一般公益的设备而起者也。例如修筑或改良道路、学校、医院及其他公营造物时所起之公债，皆以裨益一般文化及幸福为目的者，是也。

（二）收益的公债　收益的公债者，等于私经济的投资之公债，盖因公共收益企业之创办或改良而起者也。例如建设或修改电灯、煤气、水管、铁路、运河等所起之公债是也。此等公债以办理收益事业为目的。故谓为收益的公债。

（三）非常的公债　非常的公债者，等于不生产的投资之公债，完全以填补公共团体普通政费之非常的不足为目的者也。例如财政救济公债及灾害复旧公债等,是也。

以上三种公债之中,第二种对于地方财政可以直接地发生收益,第一种因系用以培养地方住民之负担力,对于地方财政,亦大抵可以间接地发生利益,而第三种则几等于不生产的消费,不但对于地方财政,不能发生收益或利益,而且往往因租税预征过多之故,使地方住民之经济活动力受甚大的打击。三种公债利弊之不同有如此者,起债者不可不注意也。

三 地方公债之起债权与国家之监督　地方公债之利弊既如上述,故国家对于地方公债之兴举,不能不行严重之监督。通例地方之起债权,皆由国家以法律付与之,无此权者不能兴举地方公债,即获得此权者,于实际起债之时,亦须更得国家或上级地方团体之认可,关于发行之方法数额及利率等,亦须受国家或上级地方团体之监督。

四 地方公债之形式　地方公债之形式与普通公债相同,分无记名式及记名式二种。前者为货币及证券交易之目的物,须信用卓著之地方团体,始能为多额之发行,故大抵由上级地方团体或大都市发行之。后者系一种私法上之债权,不能为一般交易之目的物,故发行额往往不能甚多,然小地方团体因无广大的信用,不能发行无记名式之公债,故于不得已之时,往往用记名式之公债,以应急需也。

五 地方公债承受之制度　地方自治团体之信用,往往不甚昭著,而公债之兴举,又非有信用不可,于是各国地方自治团体当发行地方公债之时,往往苦于不能卖出,以致地方财政上之需用,往往无从充给,故近世各国为救济此种困难起见,概有地方公债承受机关之设备。此种制度,可分三种。

（一）特设特别公共信用机关，使其对于公法的团体之公债，行承受之职务，例如普通团之公共贷付金库是也。

（二）国家以法律或命令奖励适当的私立信用机关，使其参加地方的公债事务，例如法国使巴黎之不动产银行为对法国地方公债之承受机关是也。

（三）由国家直接立于贷付机关，即承受人之地方，例如英国之国立公共工事公债局制度是也。

以上三法，各有特色，当因时制宜以决定之。惟在第三法，国家之权限过重，颇与自治行政之精神相背，我人不能因其为自治最发达之英国之制度而盲从之也。

六　地方公债之利率　地方公债之利率，大抵须高于国债利率，盖地方团体之信用，本不如国家之稳固，若再以低利发行公债，则有资购债之人，必群趋于国家公债，而地方公债或将无人过问也。

七　各国地方公债，此种统计，甚不完备，兹就目前已知者言之。

（一）英国（一九〇二）公债及用途表

救贫事务	一二、二八四、〇二二镑
癫狂医院	九、一五一、七二一
学校制度	三五、二四五、三八九
图书馆及博物馆	一、一三四、八五〇
慈惠医院	六、〇一八、八二六
墓地设备	三、一〇六、〇八八
运河设备	三四、六二五、〇四八
浴场	二、六七六、三二六
道路及街路	四三、九一八、七八二

（续表）

津梁随道	六、二三七、二一二
公园	七、五八五、九一二
公共灯火	六二、三六二
电气事业	一八、五五〇、一二〇
煤气事业	二三、一一〇、九一九
给水事业	六三、一三〇、八五九
市场	七、六六三、七〇八
港湾码头	三九、七四三、八八一
市街铁路及小铁路	一七、四一三、七九七
防火制度	一、四〇九、五九五
排水设备	二、七六七、七八二
劳工住宅	七、二一五、四六四
小宅地分配	一一一、五七九
私益改良事业	一、五二五、四〇五
屠畜场	二五四、八〇九
满捷司特运河	五、〇八九、二二六
警察用房舍	一、七一八、九九四
公共行政用之建筑	六、七二六、二四九
其他	八、六四六、〇八四
合计	三七〇、六〇七、四九三

（二）法国（一九〇二）地方公债表

巴黎	二、二九七、六九八、八九一 法郎
其他自治体	一、五三六、四〇四、二九一
合计	三、八三四、一〇三、一八二

（三）普国地方公债在一九〇一年有一、六〇〇、〇〇〇、〇〇〇马克。其内容不详。

（四）日本地方公债（一九〇一年）用途表

教育费	一一、八四七、一四三日元
卫生费	二二、〇一〇、二五二
劝业费	八、四四二、七四二
土木费	五一、四五七、二五五
旧债偿还费	六九、一七六、三三八
共计	一六二、九三三、七三〇
每人口一人	三、一七六元

以上为用途表，若以地方自治体之种类分之，则得左表。

府县	一五、一六四、四五七
郡	一、四七〇、九五〇
市区	一二五、四三〇、八一三
町村	四、九七二、四二〇
水利合伙	四、〇一八、七四九
不要认可公债	二、八七六、三三四
合计	一五三、九三三、七二三

八　概观　以上所列系各国地方公债之绝对数，若考其对于人口之比例，及对于总岁入之比例，则得左表。

英国地方公债　每人口一人	一一二.三五	总岁入之	四倍
法国	四四.八〇		四倍
普国	二三.五〇		三.四倍
日本	三.一七		〇.七倍

若关于各国地方公债之用途能得详细之统计，学问上或有极大之用处，惜乎除英国及日本外，皆无从稽考也。今姑就此二国察之，可发见自治发达之英国，统地方公债多用于交通机关及收益企业，而自治幼稚之日本，则其公债多用于土木及旧债之偿还。即此亦可推知各国地方公债之趋势也。

九　中国地方公债　中国各地方之公债共有若干，现在苦于无从稽核，兹姑从略。若以常识推之，为数必极微少，盖公债以信用为基础，方今我国地方自治制度，尚未确立，地方信用，几等于无，则内国公债之微，概可想见。而地方外债，则因民国以来中央政府与各省人民，俱视为自杀之方，引为厉禁，其数之微，又可想而知也。

我国北政府县自治法，仅于第五十二条，规定得行短期借款，对于公债，则未有明文。究竟其用意在不授起债权与县自治团体，抑系欲另以单行法规定自治团体之起债权，我人无从推测。然从学理上言之，县自治团体应办之事，极其繁杂，所费必甚浩繁，万不能专依赖第四十七条及第四十八条之收入。征诸各国地方自治之前例，我国地方团体将来殆亦不能不出于兴举地方公债之一途，我人一方面甚望此后有明白的规定，一方面更希望国人对于外债，勿视为鸩毒，盖公债之利弊如前所述，全视其用途如何而决，吾人万不能因噎而废食，要在善为利用之而已。彼自治发达之诸国公债之额，实大于通常总收入三四倍，即其明证也。

附录一

中华民国现行会计法

民国三年十月三日法律第十三号公布,四年九月二十六日修正,五年恢复旧制

第一章 总则

第一条 政府会计年度以每年七月一日开始,次年六月三十日终止。

第二条 每年度岁入岁出之出纳事务,其整理完结之期不得逾次年十二月三十一日。

第三条 国家之租税及其他收入为岁入,一切经费为岁出,岁入岁出均应编入总预算。

第四条 各年度岁出定额不得移充他年度之经费。

第五条 各官署除法令有特别规定外不得另有储金。

第二章 预算

第六条 岁入岁出总预算应于上年度提交立法院(应改为国

会),除因必不可免之经费及在于法律或契约所必需之经费致生不足外,不得提出追加预算。

第七条 岁入岁出总预算分经常临时二门,每门须分款分项。总预算于提出立法院(应改为国会)时附送参照书类如左:

一 各官署所管岁入预计书区分为款项目;

二 各官署主管岁出预计书区分为款项目;

三 前会计年度之岁入岁出现计书截至上年六月二十日终止者。

第八条 预算中应设左列预备金:

第一预备金;

第二预备金。

预算内所生不足之数,系必不可免者,以第一预备金充之。遇有预算外必需之费用,以第二预备金充之。

第九条 支用预备金须于次年度立法院(应改为国会)开会时求其承诺。

第十条 政府于岁计必要时得发行短期国库证券。

第三章 收入

第十一条 国家之租税及其他收入依法令之规定征收或收纳之。

无法令上确定之,该管官吏资格者不得征收国家之租税或收纳其他之收入。

第十二条 各年度岁计有剩余时,应将剩余之款转入次年度岁入。

出纳完结年度之收入及其他预算外一切收入,均编入现年度岁入。

第十三条　因误付、透付及依法令预付、估付、垫付所缴过之款,在出纳期完结以前仍归入原经费定额内,在出纳期完结后编入现年度岁入。

第十四条　各官署所管一切岁入统由国库收入之。

第四章　支出

第十五条　每会计年度内政府应支一切经费之定额以该年度岁入充之。

第十六条　各官署长官不得于预算所定用途外使用定额或将各项定额彼此流用,但各官署因特别情事有流用各项定额之必要时,应声叙事由呈请大总统核办,经大总统认为必要准其流用者不在此限。

第十七条　预算定额之使用由财政部对于国库发支付饬书。财政部依法令之规定得委任相当之官署发支付饬书。

第十八条　支付饬书违背法令者国库不得支付。

第十九条　财政部及其所委任之官署非对于国家之正当债权人或其代理人不得发支付饬书。

第二十条　左列各款经费由财政部委任主务官署及政府指定之银行发给现款时得发预付之支付饬书:

一　国债之本利;

二　军队军舰或官有船舶经费;

三　在外各公署之经费;

四　前款以外凡在外国支付之经费；

五　交通不便地方及未设立国库地方所支付之经费；

六　各官署常用杂款每年不满五千元之经费；

七　无确定地点之办公处所需之经费；

八　各官署直接自办公工程上之经费但一主务官以付一万元为限。

第二十一条　凡经费定额为预算内许其展至次年度使用者及一年度内应完竣之工程制造因变故迟延在该年度内不能支讫者均得转入次年度使用。

第二十二条　工程制造及其他事业必须数年竣工定有继续费之总额者，每年度支出剩余之数得递次展用至完工年度为止。

第二十三条　各官署所管一切岁出统由国库支付之。

第五章　决算

第二十四条　总决算先经审计院审定后提交立法院（应改为国会），其分门及款项之次序与总预算同并须开具左列各事项之计算：

岁入部

　　岁入预算额

　　查定岁入额

　　已收讫岁入额

　　岁入亏短额

　　未收讫岁入额

岁出部

岁出预算额

预算决定后增加岁出额

支付饬书已发之岁出额

转入次年度岁出额

岁出剩余额

第二十五条　总决算提出立法院（应改为国会）时附送审计院之审计报告书并左列书类：

一　各官署所管岁入决算报告书；

二　各官署主管岁出决算报告书；

三　各官署主管特别会计决算报告书；

四　国债计算书。

第六章　期满免除

第二十六条　凡应纳于政府之款，经过本年度后五年以内不经政府通知令其完纳者，得免完纳之义务，但以特别法令规定期满免除之期限者不在此限。

第二十七条　政府应发之款，经过本年度后五年以内未经债权人请领支付饬书或已领支付饬书未经请发现款者，免除给发之义务，但以特别法令规定期满免除之期限者不在此限。

第七章　工程及买卖贷借

第二十八条　凡政府之工程及财产物品之买卖贷借，除法令别有规定外，均应公告招人投标，但左列事项不在此限：

一　购买及租借物品系一家专有或一公司专卖者；

二　政府于工程及财产物品之买卖贷借时应守秘密者；

三　凡工程及购买租借财产物品在非常紧急时不及用投标方法者；

四　特种之物质或特别之需用须经由生产地制造地或生产人制造人直接购买者；

五　非特别技术家不能制造之物品及器械；

六　购买租借土地房屋限于一定之位置或构造者；

七　订立工程及购买租借财产物品之合同其价格不满一千元者；

八　出售官有财产物品其估价不满五百元者；

九　购买军舰军马；

十　试验所需之工作制造及物品；

十一　直接买卖政府设立之农工业场罪犯习艺所或公立各慈善团体生产及制造物品。

第二十九条　凡政府之工程制造及购买财产物品不得预付价金,但军舰、军械、其他有特别情形者不在此限。

第八章　出纳官吏

第三十条　出纳官吏掌现款及物品之出纳,对于现款及物品应负一切责任,受审计院之审查。

第三十一条　出纳官吏如遇水火盗难及其他意外事故致所保管现款物品有遗失毁损时,非以必不可免之事实证明于审计院得有解除责任之允许者,不得免其责任。

第三十二条　出纳现款官吏不得兼任支付饬书之职务。

第三十三条　出纳官吏于其所掌收支事务有关系之工作物品不得包办。

第九章　附则

第三十四条　凡特别事项不能依据本法者,得设立特别会计,特别会计别以法律定之。

第三十五条　政府得指定银行命其管理金库出纳事务。

第三十六条　本法施行规则以教令定之。

第三十七条　本法自公布日施行。

附录二

审计法

民国三年十月三日改正,法律第十三号公布

第一条 审计院除法令规定之大总统、副总统岁费暨政府机密费外,应行审定者如左:

一 总决算;

二 各官署每月之收支计算;

三 特别会计之收支计算;

四 官有物之收支计算;

五 由政府发给补助费或特与保证之收支计算;

六 法令特定为应经审计院审定之收支计算。

第二条 审计院依法令审定各种决算应就左列事项编制审计报告书呈报大总统:

一 总决算及各主管官署决算报告书之金额与金库出纳之计算金额是否相符;

二 岁入之征收、岁出之支用、官有物之买卖让与及利用是否与法令之规定及预算相符;

三 有无超过预算及预算外之支出。

第三条　审计院应将每会计年度审计之成绩呈报大总统,其认为法令上或行政上应行改正事项得并呈其意见于大总统。

第四条　经管征税或他项收入之各官署,每月经过后应编造上月收入计算书送审计院审查,所有收入证据应由各该官署保存。

前项各官署保存之证据审计院得随时检查之。

第五条　各官署每月经过后应编造上月支出计算书,连同证凭单据送审计院审查。但因国家营业之便利及其他有特别情事者,其证凭单据得由各该官署保存。

前项各官署保存之证据审计院得随时检查之。

第六条　审计院审查各官署每月计算书,如有疑义得行文查询。

各官署遇有前项之查询,须于一定之期限内答复,其期限由审计院酌定。

第七条　审计院因审计上之必要,得向各官署调阅证据或该主管长官之证明书。

第八条　审计院之审查总会议或厅会议决定之。

审计院会议规则另定之。

第九条　审计院审查各官署之支出计算书及证明单据,议决为正当者,发给核准状,解除出纳官吏之责任,议决为不正当者,通知该主管长官执行处分,但出纳官吏得提出辩明书请求审计院再议。

第十条　审计院议决为应负赔偿之责者,应通知该主管长官限期追缴,除大总统特免外该主管长官不得为之减免前项赔偿。事件之重大者应由审计院呈报大总统行之。

第十一条　审计院得编定关于审计上之各种证明规则及

书式。

第十二条　各官署故意违背审计院所定计算书之送达期限及查询书之答复期限时,得通知该主管长官执行处分,其故意违背审计院所定各种证明之规则及书式者亦同。

第十三条　各官署现行会计章程应送审计院备案,其会计章程与审计法规抵触者应通知各官署修正之。

第十四条　各官署现用簿记审计院得派员检查,其有认为不合者,应通知各官署更正之。

第十五条　审计院对于审查完竣事项,自议决之日起五年内发见其中有错误、遗漏、重复等情事者,得为再审查。若发见诈伪之证据,虽经五年后亦得为再审查。

第十六条　审计院对于审查事项认为必要时得行委托审查,受委托之官署须报告其审查情形于审计院。

第十七条　关于国债用途之审计程序依特别规则行之。

第十八条　本法施行规则以教令定之。

第十九条　本法自公布日施行。

附录三

审计法施行规则

民国三年十二月七日公布

第一条 各官署应于每月五日以前依议决预算定额之范围编造次月支付预算书,送由财政部查核发款后,转送审计院备查。

其在各地方之官署应依前项规则将次月支付预算书送由财政厅查核发款后,详由财政部转送审计院备查。

第二条 各官署应于每月经过后十五日以内编成上月收入计算书、支出计算书送审计院审查;其有该管上级官署者,应于每月经过后十五日以内编成上月收入计算书、支出计算书送由该管上级官署核阅加具按语,转送审计院审查。

一官署所管事务有涉及数部主管者,其收入支出应按照性质分别编送计算书。

第三条 营业机关及其他有特别性质之收支计算,得依审计院指定特别期限编成收支计算书,送由主管官署核阅加具按语,转送审计院审查。

第四条 金库应于每月经过后十五日以内编成金库收支月计表,连同证据送由财政部或财政厅核定后,转送审计院审查。

财政厅为前项之核定详送审计院时应即详报财政部。

第五条　财政部应于年度经过后八个月以内编造全年度国库出纳计算书，送审计院审查。

第六条　中央各官署应于年度经过后三个月以内编成岁入岁出决算报告书，送主管部查核。国外各官署同。

第七条　各省各特别区域及蒙藏等处各官署应于年度经过后三个月以内编成岁入岁出决算报告书，送财政厅或财政分厅汇核；于年度经过后六个月以内编成全省或全区域岁入岁出决算报告书，送财政部全分，并分送主管部查核。

未设财政厅或财政分厅之处，由行政长官查核编送。

第八条　各部应于年度经过后八个月以内编成所管岁入决算报告书、主管岁出决算报告书及特别会计决算报告书，送财政部查核。但关于云贵甘新川桂六省之决算得展限一个月，蒙藏等处之决算得依特定期限另案编送。

第九条　财政部应于年度经过后十个月以内汇核各部及本部决算报告书并国债计算书编成总决算，连同附属书类送审计院审查。但关于蒙藏等处之决算得另案编送。

第十条　经管物品官吏应于年度经过后二个月以内编成全年度物品出纳计算书，送由主管长官核定后，转送审计院审查。

第十一条　审计院审查各官署书据认为必要时得派员实地调查。

第十二条　审计院审定各官署支出计算书应就核准之金额填发核准状。

第十三条　审计院议决出纳官吏所管事项有不当行为时应随时通知该管长官执行处分。

前项处分情形应由该管长官随时报告审计院。

第十四条　审计院议决各官署长官有违背法令情事时,应呈请大总统核办。

第十五条　各官署应将出纳官吏姓名、履历及保证金额录送审计院备查,遇有交代时亦同。

第十六条　出纳官吏交代时应将经管款项及物品详列交代清册点交接管人员,由该管长官报明交代情形于审计院。前项交代清册,审计院得随时调查之。

第十七条　审计院审查国债支出程序,除别规定外,仍依暂行审计国债用途规则办理。

第十八条　本规则自公布日施行。

附表一　各国国防费统计

A　重要各国历年国防费统计（据小川乡太郎转载 Nitti 之调查）

（1）英国（以千磅为单位）

年　度	陆　军	海　军	总　额
一七七五	——	——	三、八一〇
一八二三	——	——	一四、三五〇
一八四七	——	——	一八、五〇〇
一八五七—五八	——	——	二五、五五〇
一八六一—六二	一五、〇〇〇	一三、三〇〇	三一、三〇〇
一八七一—七二	一三、五〇〇	九、〇〇〇	二二、五〇〇
一八八一—八二	一四、七〇〇	一〇、五〇〇	二五、二〇〇
一八九一—九二	一七、九〇〇	一五、五〇〇	三三、五〇〇 英杜之战
一九〇一—〇二	九一、九〇〇	二九、五〇〇	一二一、四〇〇
一九〇四—〇五	二九、二〇〇	三六、八〇〇	六六、〇〇〇
一九〇九—一〇	二七、二〇〇	三五、八〇〇	六三、〇〇〇
一九一二—一三	二八、〇〇〇	四四、八〇〇	七二、三〇〇
一九一三—一四	二八、二二〇	四八、八〇九	七七、〇二九
一九一四—一五	二八、八四五	五一、五五〇	八〇、三九五

附表一　各国国防费统计

（2）法国（以千法郎为单位）

年　　度	陆　　军	海　　军	总　　额
一八六九	三九三、六〇〇	一五五、五〇〇	五五〇、一〇〇
一八七〇	四〇六、九〇〇	一九五、九〇〇	六〇二、五〇〇
一八七五	四八五、二〇〇	一五五、五〇〇	六四〇、七〇〇
一八八〇	五五八、五〇〇	一九三、六〇〇	七五二、六〇〇
一八八五	六〇〇、〇〇〇	三〇七、四〇〇	九〇七、四〇〇
一八九〇	五八〇、〇〇〇	二〇一、三〇〇	七八一、三〇〇
一八九五	六三七、〇〇〇	二六八、一〇〇	九〇五、四〇〇
一八九九	六六四、〇〇〇	三二二、四〇〇	九八六、四〇〇
一九一〇	八七二、〇〇〇	三七五、五〇〇	一、二四七、五〇〇
一九一三	九八三、二二四	四六七、一七六	一、四五〇、四〇〇
一九一四	一、二〇三、六六〇	六一〇、九一一	一、八一四、五七一

（3）俄国（以千卢布为单位）

年　　度	陆　　军	海　　军	临时费	总　　额
一八〇四	四一、九四二	一〇、七四二	——	八二、六八四
一八〇七	六三、四二〇	一七、一五五	——	八〇、五五七
一八一五	二一三、九六六	一六、八六八	——	二三〇、八三四
一八二五	一五五、二〇二	二四、二二二	——	一七九、四二七
一八三五	四〇一、四四九	四二、六九六	——	二四四、一四二
一八四五	七一、九六八	一四、四五七	——	八六、四二五
一八五五	二三九、八二三	三〇、二六三	——	二七〇、〇八六
一八六五	一四〇、〇一九	二三、二四七	——	一六三、二六五
一八七六	一九一、三一二	二七、一〇九	五〇、九九八	二六九、四一九
一八八一	二二五、六六四	三〇、四六七	二九、九八一	二八六、一一二

（续表）

年　度	陆　军	海　军	临时费	总　额
一八八六	二一一、九九五	四五、〇三八	——	二五七、〇三三
一八九一	二二六、一〇八	四五、四六八	二六、六五四	二九八、二三〇
一八九六	二九四、二五九	五九、五三一	——	三五三、八九〇
一九〇〇	三三三、五四一	八八、五六一	六一、八四三	四八三、九四五
一九〇八	四八〇、七一六	八九、二四七	五〇、〇〇〇	四四五、五五四
一九一二	五二七、八七八	一七六、〇八二		——
一九一三	五五一、二三八	二二八、一七二	九〇、〇〇〇	八六九、〇〇〇
一九一四	五九九、一三五	二五〇、三九七	一二五、〇〇〇	九七四、〇〇〇

（4）意国（以千利为单位）

年　度	陆　军	海　军	临时费	总　额
一八六二	一七二、三〇七	五一、七五四	——	二二四、〇六一
一八六七	一四四、二四六	三一、二四五	——	一七五、四九一
一八七二	一五一、九七七	二七、七六三	——	一七九、七四〇
一八七七	一七、九四九	四一、八一八	——	二二一、三〇九
一八八二	一九〇、〇七九	四六、〇六〇	——	二三六、一三九
一八七七—八八	二四〇、六二七	九〇、〇六三	——	三三〇、六九〇
一八九二—九三	二三三、二五三	九七、九一二	——	三三一、一六五
一八九七—九八	二四五、一六六	一〇一、三一五	——	三四六、四八一
一八九九—九〇〇	二二三、二三五	一一四、二七八	——	三三七、五一三
一九一〇—一一	三一四、〇一二	一八六、一七二	——	五〇〇、一八四
一九一三—一四	三六三、六五二	二二六、七〇七	九〇、九六五	六八一、二六四
一九一四—一五	三八〇、五九八	二五八、三九七	一〇九、六三一	七四八、六二六

（5）德国（以千马克为单位）

年　度	陆　军	海　军	恩　给	总　额
一八七一—七二	二○六、一七二	二四、五三一	——	二三○、七○三
一八七六—七七	四五六、○三八	四一、○○九	二五、○三二	五二二、○七九
一八八一—八二	三九六、○九二	三八、○○三	一八、三五六	四五二、四五一
一八八六—八七	三九六、○八一	五○、四六七	二二、七七五	四六九、三二三
一八九一—九二	五六六、五一四	八五、三九七	三八、七一○	六九○、六二一
一八九六—九七	五六五、八三三	九二、○七○	五三、八一五	七一一、七一八
一九○一—○二	六五六、三四九	一六七、一四五	六五、八二○	八八九、三一四
一九一○—一一	七○六、八○五	一五七、三三四	一一○、三四一	九七四、四八○
一九一三—一四	七七五、九一九	一九七、三九六	一四二、五四二	一、一一五、八五七
一九一四—一五	八七一、八○五	二二一、○六二	一四五、二七六	一、二三八、一四三

（6）美国（以千美金为单位）

年　度	陆　军	海　军	恩　给	总　额
一七九一	六二三	——	一七五	七九八
一八○一	一、六七二	二、一一一	七三	三、八五六
一八一一	二、○三二	一、九六五	七五	四、○七二
一八二一	四、四六四	三、三一九	二四二	八、○二五
一八三一	四、八四一	三、八五六	一、一七○	九、八六七
一八四一	八、八○一	六、○○一	二、三八八	一七、一九○
一八五一	一二、一六一	八、八八○	二、二九三	二三、三三四
一八六一	二三、○○一	一二、三八七	一、○三四	三六、四二二
一八七一	三五、三七二	二一、二四九	二八、五三三	八五、一五四
一八八一	四○、四六六	一五、六八六	五○、○五九	六一、二一一
一八九一	四八、七二八	二六、一一三	一二四、四一五	一九九、二五六
一八○一	一四四、六一五	六○、五○六	一三九、八九六	三四五、○一七

(续表)

年　　度	陆　　军	海　　军	恩　　给	总　　额
一九〇八—〇九	一六三、三四〇	一六、三一五	——	一七九、六五五
一九一三—一四	一六二、六〇〇	一三四、〇九二	一七五、〇八六	四七一、七七八
一九一四—一五	一七七、八八八	一四七、一六一	一六九、一五〇	四九一、一九九

（7）荷兰国（以千 guilder 为单位）

年　　度	陆　　军	海　　军	总　　额
一八五一	一〇、〇五七	五、〇六〇	一五、一一七
一八六一	一二、九一〇	六、二二六	一九、一三六
一八七一	一四、七四四	八、八三六	二三、五八〇
一八八一	一九、九四四	一一、九一六	三一、八六〇
一八九一	二二、一八〇	一三、八二九	三六、〇〇九
一九一一	二九、九三九	二〇、二一四	五〇、一五三
一九一三	三三、三六三	二〇、一二九	五三、四九二
一九一四	三四、九六五	二〇、八四七	五五、八一二

（8）瑞士国（以千法郎为单位）

年　　度	陆　　军	海　　军	总　　额
一八七〇			一六、三五九
一八八〇			二四、六〇四
一八九〇			三〇、〇〇三
一八九八			四一、七三八
一八九九			四四、二三六
一九一一			六九、三六八
一九一四			四五、七五二

B 重要各国国防费统计(以百万马克为单位)(据 Eheberg,17 Aufl., p.62)

经常经费	英		法		奥匈		德	
	一八七五	一九〇七/〇八	一八七三	一九〇八	一八七四	一九〇七/〇八	一八八一/八二	一九〇八
陆军费	三一一.六	五四二.三	四四八.一	六八五.三	一九五.三	三七五.五	三八六.〇	八九八.〇
海军费	二二一.三	六二二.八	一〇一.四	二八九.六	一七.二	四八.七	三〇.四	二七一.二
共计	五三二.九	一一六五.一	五四九.五	九七四.九	二一二.五	四二四.二	四一六.四	一一六九.二

人口每人负担(以马克为单位)

陆海军合计	一.六〇	二六.四二	一五.三	二四.八一	五.九二	八.四九	九.四三	一八.四二

对于总岁出之百分比

陆海军合计	三八.六	四八.六	二九.〇	三七.〇	一六.八	三二.八	二八.五	三八.三

C 重要各国国防费对于经费总额历年比较表（以日金千元为单位）〔此表据小川乡太郎之调查〕

国名	费目	一九○六 总额	一九○六 对总岁出百分比	一九○七 总额	一九○七 对总岁出百分比	一九○八 总额	一九○八 对总岁出百分比
日	总岁出	四六四,二七六		六二一,四○一		六三六,三六六	
日	海军费	六八,七七六	一三.三三	七八,二七一	一二.○○	七一,五七九	一一.二五
日	陆军费	六七,八七○	一四.六	一二六,○四三	二○.九二	一四八,八○五	二三.三八
英	总岁出	一,四六○,九一四		一,四八二,一四一		一,四八六,八三	
英	海军费	三○七,二九二	二一.○三	三○五,一○五	二○.五九	三四八,一八六	二三.四三
英	陆军费	二七八,二五九	一二.三六	二六四,九八四	一七.九○	二六二,二六七	一七.六六
美	总岁出	一,一四四,九八二		一,一六六,一八一		一,三二二,三六八	
美	海军费	二二三,○○六	一九.五四	一九六,三二一	一六.九一	二三八,一七二	一八.○二
美	陆军费	一八八,二三四	一六.四八	一八七,九一七	一六.一七	一八九,八二三	一四.三六
法	总岁出	一,四○九,七二八		一,五八○,一六七		一,五五五,九五五	
法	海军费	一一五,三八四	七.九五	一二八,二一七	八.一四	一二八,○一四	八.二二
法	陆军费	三三二,六四五	二三.二三	三三一,八○九,七	二一.一八	三三三,二四九	二○.○七

（续表）

国名	费目	一九〇六 总额	一九〇六 对总岁出百分比	一九〇七 总额	一九〇七 对总岁出百分比	一九〇八 总额	一九〇八 对总岁出百分比
德	总岁出	一,一四五,九二一		一,二四一,〇七五		一,二八二,三五五	
	海军费	一二六,八六二	一一.二四	一三八,七〇八	一一.一八	一六六,〇八〇	一二.九五
	陆军费	三五四,八九一	三〇.九八	三八八,八三三	三〇.七七	七六五,二〇四	二〇.八九
俄	总岁出	三,三四四,四一八		二,六八八,四九五		二,七六五,六〇七	
	海军费	一一六,二一九	三.四八	九一,三〇二	三.三九	九七,三二六	三.五二
	陆军费	四〇八,六四二	一二.二二	四二二,三三七	一五.七一	四八八,五一八	一七.六一
意	总岁出	七二四,五四九		七六七,三二七		七五四,四〇二	
	海军费	四九,二四五	六.八〇	五〇,八八一	七.〇三	五四,〇七三	七.六〇
	陆军费	一〇七,一五〇	一五.〇六	一〇七,二一四	一三.九八	一〇七,一二五	一四.二一

国名	费目	一九〇九 总额	一九〇九 对总岁出百分比	一九一〇 总额	一九一〇 对总岁出百分比	一九一一 总额	一九一一 对总岁出百分比
日	总岁出	五三二,八九四		五六九,一五四		五八五,三七五	
	海军费	七一,〇四六	一三.三三	八三,八四〇	一四.七三	一〇〇,四〇六	一七.一七
	陆军费	一〇六,一六六	一九.九二	一〇一,三二三	一七.八〇	一〇五,〇〇〇	一七.九四

(续表)

国名	费目	1909 总 额	1909 对总岁出百分比	1910 总 额	1910 对总岁出百分比	1911 总 额	1911 对总岁出百分比
英	总岁出	一,五四二,〇一三		一,六七九,一九四		一,七四三,一二六	
英	海军费	三四八,八七一	二二.六二	三四四,六一四	二〇.五二	四一四,〇九〇	二三.七六
英	陆军费	二六五,九八一	一七.二五	二六八,九六六	一六.〇二	二六九,九七〇	一五.四九
美	总岁出	一,三六一,六五〇		一,三九一,二三九		一,三八六,六五〇	
美	海军费	二三三,三二九	一六.七七	二四〇,八六九	一七.八八	二四二,一八二	一五.九九
美	陆军费	二二四,四一七	一六.二二	二二五,八七七	一六.二四	二二六,六七九	一七.四九
法	总岁出	一,六二〇,〇〇〇		一,六七二,五八三		一,七〇二,〇四三	
法	海军费	一三六,五七二	八.三六	一四〇,七二一	三四.一?	一六二,一〇八	九.二一
法	陆军费	三三七,一二七	二〇.八一	三五五,九五三	二一.一六	三九二,九七七	二三.一三
德	总岁出	一,五六一,三六六		一,四八四,五九五		一,三九八,〇五〇	
德	海军费	二〇〇,七二八	一二.八六	二〇七,一三二	一四.三六	二八一,九四〇	一六.五五
德	陆军费	四〇一,四四九,三	二六.五五	三九七,三三四	一七.四八	三八九,九二四	二七.八九
俄	总岁出	二,六七四,四六一		二,七六三,一二三		二,九六二,三二四	
俄	海军费	九六,〇〇五	三.五四	一一四,三五八	四.三四	一二五,九九四	四.二五
俄	陆军费	四九二,七八一	一八.一五	五〇四,七五五	一八.八二	五四八,一八四	一八.四九
意	总岁出	八〇七,三〇〇		八八六,〇二一		九三四,八八四	
意	海军费	六二,三〇〇	七.六〇	六一,七〇三	六.九四	六三,三三六	六.七七
意	陆军费	一一五,六八八	一四.三四	一一九,四四七	一三.四九	一四〇,九六七	一五.〇八

（续表）

国名	费目	一九一二 总额	一九一二 对总岁出百分比	一九一三 总额	一九一三 对总岁出百分比	一九一四 总额	一九一四 对总岁出百分比
日	总岁出	五九三,五九六		三九四,四一七		六四八,四二〇	
	海军费	九五,四九八	一六.〇九	九七,三五八	一六.三八	八二,二六〇	一二.八五
	陆军费	一〇四,一二五	一七.五四	九八,四九六	一七.六五	八七,六六九	一三.五二
英	总岁出	一,八四一,五一六		一,九二一,一二一		二,〇四二,四〇九	
	海军费	四三八,六八二	二三.八二	四五二,二一八	二三.五〇	五〇二,七九五	二四.六二
	陆军费	二七七,八五〇	一四.八四	二七六,〇〇八	一四.二九	二八二,〇〇四	一三.八一
美	总岁出	一,三八二,九〇二		一,四五三,三七六		一,四七四,五七三	
	海军费	二七三,五九八	一九.七一	二六八,九八八	一八.五一	二八一,九二九	一九.一二
	陆军费	一九四,六七五	一四.〇四	二〇四,九三〇	一四.一〇	二三五,〇七一	一五.九四
法	总岁出	一,七四〇,七一二		一,八三三,八四〇		四,八八八,七一七	
	海军费	一六,八〇九	九.四一	一八〇,七八四	九.八六	二九〇,六三九	
	陆军费	三五六,二二三	二〇.四七	三八〇,五〇八	二〇.七五	三,一四六,三四五	
德	总岁出	一,三四九,八六九		二,二九,五三二		一,六七二,〇一一	
	海军费	二二四,八六九	一六.三〇	二二七,五三二	一三.〇〇	二三一,七八三	一三.八四
	陆军费	四〇五,二四六	二九.三七	六三六,三三一	三七.〇五	五六一,七〇八	三四.五五
俄	总岁出	三,一二四,三〇二		三,三七八,五八四		三,五六一,八七三	
	海军费	一八一,三〇一	五.八六	二三七,五八八	七.〇二	二五六,一八一	六.六一
	陆军费	五四九,五二一	一七.五八	五七八,四四五	一六.九五	六四八,七〇三	一七.二〇

（续表）

国名	费目	一九一二 总额	一九一二 对总岁出百分比	一九一三 总额	一九一三 对总岁出百分比	一九一四 总额	一九一四 对总岁出百分比
意	总岁出	九六八,八五一		一,0一七,八七七		一,0四八,三0三	
	海军费	六七,六六七	六.九九	七四,0三五	七.二七	九一,七五0	九.0四
	陆军费	一五六,七九九	一六.一九	一六六,九三九	一六.四0	一六四,二六一	一六.一九

国名	费目	一九一五 总额	一九一五 对总岁出百分比	一九一六 总额	一九一六 对总岁出百分比	一九一七 总额	一九一七 对总岁出百分比
日	总岁出	五八三,二六九		六0二,一二三		七三二,二八八	
	海军费	八四,三七六	一四.四七	一0二,二四四	一六.九八	一0九,五七0	一五.三六
	陆军费	九七,七九一	一六.七七	九四,三二三	一五.六六	九九,一0六	一三.九
英	总岁出						
	海军费						
	陆军费						
美	总岁出	一,三八八,九五		一,四八一,八六九		一,八一七,二八五	
	海军费	二九,四0八	二一.八	三0三,九三六	二0.五	六三八,四二四	三五.二
	陆军费	一五,二五二	一.八六	二三七,一三四	二.0	四八八,七二七	二六.八
法	总岁出	八,八二五,三三六		二,三六二,八七六四		一五,九二九,五七八	
	陆军费	六,一0一,二四七		九,一六二,四七		一一,0四四,八0七	

(续表)

国名	费目	一九一五 总额	一九一五 对总岁出百分比	一九一六 总额	一九一六 对总岁出百分比	一九一七 总额	一九一七 对总岁出百分比
德	总岁出	三,三三三,七六五		三,七九六,〇九五		三,八三七,七七七	
	海军费	二〇八,〇五八	六.二四	一八九,〇〇八	五.〇	一八八,九九七	三.九
	陆军费	六一四,六四七	一八.四四	六三三,八七四	一六.二	五八三,五三七	一三.七
俄	总岁出	一,一四五,七三一		一,二九〇,六二五			
	海军费	一〇九,七六九	九.五	一〇四,二四〇	八.一		
	陆军费	一七二,八八二	一五.八七	一五四,四一八	一二.〇		
意							

国名	费目	一九一八 总额	一九一八 对总岁出百分比
日	总岁出	七一八,九三八	
	海军费	一四九,九六四	二〇.四六
	陆军费	一一四,六一四	一六.一八

(续表)

国名	费目	一九一八				
		总额	对总岁出百分比			
英	总岁出 海军费 陆军费					
美	总岁出 海军费 陆军费	三,二五四,〇〇〇 一,二二九,四六〇	三七.八			
法	总岁出 海军费 陆军费					
德	总岁出 海军费 陆军费					
俄	总岁出 海军费 陆军费					
意	总岁出 海军费 陆军费					

附表二 重要各国历年公债统计

A 重要各国历年国债统计（据小林丑三郎，第十三章）

（1）各国国债额增加表

国名	一九〇〇年	一九〇五年	一九一〇年	对人口之比例
英国	七〇六,〇〇〇,〇〇〇磅	七四三,〇〇〇,〇〇〇	六八五,二三二,四五九	一五〇日元
法国	三〇,〇五五,〇〇〇,〇〇〇法	三〇,四六〇,〇〇〇,〇〇〇	三一,五四四,九五七,五七六	三八元
全德	一二,九五〇,〇〇〇,〇〇〇马克	一五,三〇四,七〇〇,〇〇〇	一八,三九四,五〇八,六二五	一四三元
全奥	一三,四四二,〇〇〇,〇〇〇克	一四,一八二,〇〇〇,〇〇〇	一八,二〇四,三〇三,〇〇〇	一四八元
俄国	一九〇一年 六,二〇四,四〇〇,〇〇〇卢	七,〇六六,五〇〇,〇〇〇	九,〇一四,一四一,七九六	五五元
美国	二,一三六,九六一,〇〇〇美金	二,三七四,六五,〇〇〇	二,六五二,六六五,八三八	五八元
意国	一二,六四五,〇〇〇,〇〇〇利	一二,四四八,〇〇〇,〇〇〇	一三,〇七六,九〇一,八四五	一四九元
日本	五〇二,九六七,〇〇〇元	九九一,二八八,〇〇〇	二,六六四,三八五,八	五一元

(2) 各国国债费增加表

国名	一九〇〇年	一九一〇年	对于总岁出之百分率	对于人口之比例
英国	二〇,二一八,〇〇〇镑	二四,五〇〇,〇〇〇	一四	五 日元
法国	一,二四七,七八五,〇〇〇法	一,二七八,一一二,九六七	三〇	一三 元
全德	六二三,〇六八,〇〇〇马克	一九〇六年 六三九,二二二,〇〇〇	九	五 元
全奥	六六一,七七二,〇〇〇克	七六二,二〇〇,四〇二	一七	六 元
俄国	三〇二,一九八,〇〇〇卢	四〇九,〇〇一,九一二	一五	一 元
美国	四二,一七一,〇〇〇美金	五四,三〇二,六七二	七	一 元
意国	五七八,八三六,〇〇〇利	五〇八,四七一,六四九	二〇	五 元
日本	三二,二三二,〇〇〇元	一九三,九七七,八一七	三一	四 元

B 世界各国国债统计(据 Plehn, 4th ed., pp.340-1, pp.351-21.)

(1) 世界国债增加表

	总债数	增加数	增加数百分比
一八四八	七,六三七,六九二,一二五元		
一八六〇	一〇,三〇九,三四一,六八八	二,六七一,六四九,四七三元	三六.三四

（续表）

	总债数	增加数	增加数百分比
一八七〇	一七,一一七,六四〇,四二八	六,七一八,二九八,七四〇	六四.六〇
一八八〇	二七,四二一,〇三七,六四三	一〇,三〇三,三九七,二一五	六〇.一九
一八九〇	二七,五二四,九七六,九一五	一〇三,九三九,二七二	〇.三八
一九〇八	三六,五四八,四七五,四一八	九,〇二三,四七八,五〇三	三二.八〇

（2）重要各国在1904—1905年度国债负担表

	人口	国债	每人负担额
British Empire	三二五,五四〇,〇〇〇	七,一九〇,七四四,五六六元	二二元
Austria	二六,一五一,〇,七一〇	七八五,二四三,七九二	三〇
Hungary	一九,二五四,五六〇	一,〇八九,〇六七,八五四	五六
Austria-Hungary	四五,四〇五,二七〇	一,〇九五,六六六,八二五	二四
Belgium	七,〇七四,九一〇	六〇六,七〇二,六一七	八六
Bulgaria	三,七四四,二八〇	六六,一六二,八一〇	一八
Denmark	二,四六四,七七〇	六五,二二九,六四四	二六
France	三八,九六一,九五〇	五,九一二,三九五,六七一	一五二
Germany	六〇,六〇五,一八〇	八二一,二九〇,一三八	一四

(续表)

	人　口	国　　债	每人负担额
Greece	二,四三三,八〇〇	一六四,〇〇一,〇五〇	六七
Italy	三三,四七六,一二〇	二,四二四,四四八,九三五	七二
Netherlands	五,五四七,一二〇	四六四,二四六,八二四	八四
Norway	二,二四〇,一〇〇	七一,六五七,二一七	三二
Portugal	五,四二三,一三〇	八五五,一一四,六一四	一五八
Roumania	六,四〇〇,〇〇〇	二六四,七二三,四八七	四一
Russia	一二九,三〇九,三〇〇	三,七三一,三九四,六八八	二九
Servia	二,六七六,九四〇	八九,七三六,三一三	三四
Spain	一八,六八一,一〇〇	一,八八五,一九一,二六八	一〇〇
Sweden	五,二六〇,八一〇	一〇三,八〇三,四一八	二〇
Switzerland	三,四一五,三八〇	一九,七四八,三八二	六
Turkey	二四,〇二八,九〇〇	五三七,七六七,七一六	二二
United Kingdom	四三,二一八,〇〇〇	三,八七七,三一八,一三三	九〇
United States	八一,五二一,八一五	九八九,八六六,七七七	一二
China	四〇七,一二五,〇〇〇	五八七,六五四,二〇八	一
Japan	四六,七三二,二〇〇	四八三,九四二,九二二	一〇

(3) 欧战交战各国战前及战后公债表

甲　战　前

(a) 联合国

	人口以千为单位	Date		战　前			
				公债	公债费	每人负担公债(美金)	每人负担之公债费
United States	一〇六,六五三	Mar.	三一,一九一七	一,二〇八	一三	一一.三三	〇.一二
Great Britain	四六,〇八九	Aug.	一,一九一四	三,四五一八	一一九	七五.〇三	二.五八
Canada	八,三六一	Mar.	三一,一九一四	三三六	一三	四〇.一九	一.五五
Australia	四,〇七一	June	三〇,一九一四	九三	三	一八.七〇	〇.六〇
New Zealand	一,一六二	Mar.	三一,一九一四	四四六	一三	三八三.八二	一一.一九
France	三九,七〇〇	July	三一,一九一四	六,四五九八	二五二	一六六.二〇	六.三五
Italy	三六,七一七	June	三〇,一九一四	三,〇三一	一〇三	八二.五五	二.八一
Japan	五四,九四八	July	三一,一九一四	一,二六一	五四	二一.七四	〇.九三
Russia	一八二,一八三	Jan.	一,一九一四	五,〇九二	二一八	三七.九五	一.二〇
Belgium	七,六五八	Jan.	一,一九一四	七一二	二五	九四.二八	三.二六
Greece	一,六五〇	Dec.		一八八	八	三七.九八	一.六二
小计	四九六,四四三			二二,四八一三	八二二一	四五.一九	一.六七

(b) 同盟国

		Date		公债	公债费	每人负担之公债额	每人负担之公债费
Germany	六七,八一二	Oct.	一,一九一三	一,一六五	四二	一七.一八	〇.六二
Austria	三〇,九五八	Aug.	一,一九一四	二,六三一	一〇一	八四.九九	三.二六
Hungary	二一,四一〇	Aug.	一,一九一四	一,六〇二	五三	七四.八二	二.四八
Turkey	二二,二七四	Mar.	三一,一九一四	六六七	四四	三一.三五	二.一一
Bulgaria	五,五一八	July.	一,一九一四	一七一	八	三〇.九九	一.四五
小计	一四六,三七二			六,二三六	二四九	四二.四三	一.六九
合计	六四三,四一四			二八,六六九	一,〇八〇	四四.五六	一.六八

乙 战后

(a) 联合国

	Date		战后			
			公债	公债费	每人负担之公债额	每人负担之公债费
United States	Aug.	三一,一九一九	二六,五九七	八九四	二四九.三八	八.三八
Great Britain	July	一六,一九一九	二六,六六五七	一,四二一	八一七.〇四	三〇.八三
Canada	Mar	三一,一九一九	一,五八四	一五	一八九.四五	一三.七五
Australia	Dec.	三一,一九一八	一,六二九	五〇	三二五.六六	一〇.〇六
New Zealand	Mar.	三一,一九一八	七三一四	二二	六三二.六七	一八.九三
France	Mar.	三一,一九一九	三〇,四九四	一,九三〇	七六三.一一	四八.八六

（续表）

	Date	战后			
		公债	公债费	每人负担之公债额	每人负担之公债费
Italy	May	三〇,一九一九	一五,〇〇九	五七七	四〇八.七八	一五.七一
Japan	Mar.	三一,一九一八	一,二八四	五二	二二.一四	〇.九〇
Russia	Aug.	三一,一九一八	五四,四〇二	七六六	二九八.六一	四.二〇
Belgium	April	一,一九一九	一,八八九	八五	二四六.六七	一一.一〇
Greece	Mar.	三一,一九一八	五二一	一八	一〇五.二五	三.六四
小计			一七,七九〇	五,九三〇	三四六.〇四	一一.九五

（b）同盟国

	Date	公债	公债费	每人负担之公债额	每人负担之公债费
Germany	Sept.	三〇,一九一九	四〇,〇〇七	二,二〇一	五八九.九七	三二.四六
Austria	Oct.	三一,一九一八	一七,〇九一	六二二	五五五.四二	二〇.〇九
Hungary	Oct.	三一,一九一八	八,九〇九	三四七	四一六.二一	一六.二一
Turkey	Aug.	三一,一九一八	二,〇〇二	八八	九四.一一	四.一四
Bulgaria	Mar.	一,一九一八	一,一五八	一〇八	二〇九.八六	一九.七五
小计			六九,一四七	三,三六七	四七〇.〇四八	二二.九一
合计			二四〇,九三七	九,二〇七	三七四.四七	一四.四五

C 世界重要各国战前战中公债费与国家经费比较表

(1) 战前

国名	公债额	公债费	国费总额	公债费对国费总额百分比
日	二,六八一,五一四,一一六元	二三四,九一一,〇一四元	五七三,六三三,九二五元	三.五〇
英	七〇八,〇〇〇,〇〇〇磅	二四,五〇〇,〇〇〇磅	一九五,六四〇,七八〇,九三四磅	一.二五
美	二,九一二,四九九,二六九美金	二二,八六〇,〇〇〇美金	七二八,一六九,五五九美金	三.一
法	三三,八八一,四九五,八三七法	一,三一八,三三四,三二一法	五,三七七,三三九,四四四,九法	二六.四
意	一三,四二二,九三六一,五九七利	六五二,九九四,二一六利	二,八六三,二三九,四八六利	二二.八
德	五,一七七,二二五,三〇〇马克	二五,三九〇,二〇〇马克	三,四九七,七,九三〇,三〇马克	七.三
普	一〇,三三七,五四七,一四〇五马克	四五,三四,二六三,八八四马克	四,八四八,八八一,二二马克	九.五
俄	八,八四五,七七,七六八卢	四〇三,八一二,八〇四卢	三,五五八,一二六,四九九卢	一一.三

(2) 战中（一九一七）

国名	公债额	公债利息	战前之国费总额
英	四,〇六四,〇〇〇,〇〇〇磅	一二七,〇〇〇,〇〇〇磅	一九五,六四〇,〇〇〇磅
美	一六,六三二,三〇一,八六八,八〇黄金	四,八七九,二二一,八〇〇	七二八,六九二,五四八
法	一一五,一六六,〇五八,二六九法	四,八六三,三八四,四〇〇法	五,三七七,三二八,四九九法
意	三四,五〇九,一六三,八一四利	一,四六五,二八一,〇四三利	二,八六三,二二三,四九八利
德	九八,八四一,四九三,七九一马克	三,四九八,三〇〇,〇〇〇马克	三,四九七,九三〇,三五〇马克
俄	三六,八〇八,一二八,〇〇〇卢	六六九,四〇,〇〇五卢	三,五八八,一二六,四九九卢

D 欧战交战国公债表（据 Seligman, *Essays in Taxation*, 9th ed., p.781）

	战	前	战	后	
Great Britain	Aug. 4, 1914	£ 650 = $3,165	Mar. 31, 1919	£ 7,643 = $37,221	$34,056
Australia	June 30, "	19 = 93	Jan. "	336 = 1,634	1,541
Canada	Mar. 31, "	332	Aug. "	1,684	1,352
New Zealand	" " "	92 = 448	Mar. "	170 = 828	380
South Africa	" " "	126 = 614	" "	155 = 846	232
India	" " "	307 = 634	" "	1,968	493
British Empire		$6,117		$44,181	$37,034

(续表)

	战前		战后	
France	July 1914	fr. 32,594 = $6,291	Dec. 31, 1918	167,459 = $32,322	$26,031
Russia	" "	ru. 8,800 = $4,623	Sept. 1, 1917	49,288 = 25,383	20,760
Italy	May 1915	li. 13,636 = 2,621	May 31, 1919	77,763 = 15,009	12,388
Belgium	Aug. 2, 1914	fr. 3,743 = 722	Apr. 30, 1919	9,787 = 1,888	1,166
Rumania	Aug. 1916	292	Oct. 31, 1918	1,020	728
Servia	July 1914	271	" " "	730	459
Greece		238	May 31, 1919	601	363
Japan	July 1919	yen. 2,494 = 1,247	July 31, 1919	2,530 = 1,265	18
United States	Apr. 5, 1917	1,190	June 30, 1919	25,322	24,133
Entente Powers		$23,612		$147,701	$123,077
Germany	Aug. 1, 1914	mk. 4,732 = $1,126	Oct. 30, 1919	204,000 = $48,552	47,426
Austria-Hungary	" "	kr. 18,354 = 3,726	July 31, "	137,858 = 28,548	24,858
Turkey	Nov, "	LT. 112 = 485		455 = 2,002	1,517
Bulgaria	Oct. 4, 1915	219		974	755
Central Powers		$5,556		$80,112	$74,556
Total		$29,163		$227,813	$197,633

E 主要交战国国债对照表（据大内兵卫，三九页）（以千日金元为单位）

国名	战前国债	开战后募集额	最近现在额	战前国债每人所负担	最近国债负担额
英	六,五三三,000	六七,一五四,000	七三,六八七,000	一四二元	一,五九九元
澳洲	一八六,000	二,四四三,000	二,六二九,000	三一	四三六
加拿大	六七二,000	三,二七九,000	三,九五一,000	八六	四八九
法	一三,六七五,000	五二,四二七,000	六六,一〇二,000	三四四	一,六六五
意	五,四五四,四〇〇	一九,七八二,八〇〇	二五,二三七,二〇〇	一四九	六九〇
俄	九,八八八,000	三九,四〇〇,000	四九,二八八,000	五五	二七五
美	二,四一六,000	三七,五〇〇,000	三九,九一六,000	二三	三八〇
日	二,五六九,二一七	四三,二三六	二,五九三,四九二	四七	五五
德	二,三三〇,000	七三,二〇〇,000	七五,五三〇,000	三四	一,一一四
奥	五,二八〇,000	二八,三五六,八〇〇	三三,六三六,八〇〇	一七〇	一,〇八六
匈	二,六三九,0000	一四,八六六,四〇〇	一七,五〇五,四〇〇	一三六	八二〇

备考：（1）战前国债之日期　英　一九一四年八月一日　（2）战后国债之日期　一九一八年末
　　　　　　　　　　　　　澳洲　一九一四年六月末　　　　　　　　　　　　一九一八年六月末

加	一九一四年三月末	一九一八年三月末
法	一九一四年七月末	一九一八年十月末
意	一九一四年六月末	一九一八年十月
俄	一九一四年一月一日	一九一七年九月一日
美	一九一七年三月末日	一九一八年末
日	一九一三年七月一日	一九一八年末
德	一九一四年七月一日	一九一八年十月末
奧	一九一三年七月一日	一九一八年十月末
匈	一九一三年七月一日	

附表三 重要各国历年岁出统计（据宁都官鼎，第一编第十章）

A．历年比较表

(1) 英国岁出统计

年度岁出费目	一八九四—一八九八年之五年平均 千镑	一八九九—一九〇三年之五年平均 千镑	一九〇四—一九〇八年之五年平均 千镑	一九〇九 千镑	一九一〇 千镑
1. 宪法的岁出	六三二	六〇五	六二五	六四三	六七九
一 皇室费	五七九	五八三	五七六	五七六	六〇二
二 议院费	五三	一八	四九	六七	七七
2. 法权的岁出	五,二四九	九,八一二	六,三二一	六,五四七	六,七八五
一 司法费	一,四〇六	一,五二二	一,六〇一	一,七四七	一,八〇八
二 警务费	一,四九七	一,四九一	一,四八五	一,四八八	一,五九九
三 监狱费	一,一〇七	一,二五一	一,三〇八	一,三七二	一,三九三
四 外务殖民	一,二三九	四,五四八	一,九五八	一,九四六	一,九九五

（续表）

年度岁出费目	一八九四—一八九八年之五年平均(千镑)	一八九九—一九〇三年之五年平均(千镑)	一九〇四—一九〇八年之五年平均(千镑)	一九〇九(千镑)	一九一〇(千镑)
3. 国防的岁出					
一 陆军费	三九,六六三	九七,四八三	六〇,九三三	六三,〇四二	六七,八三五
二 海军费	一八,七六二	六六,七六四	二七,九五九	二七,二三五	二七,四四九
其他	二〇,八七一	三〇,六三九	三二,二九九	三五,八〇七	四〇,三八六
4. 内政的岁出					
一 内务费	一五,二八一	一七,八九八	二二,四三三	二四,三二八	二六,八八四
二 建筑费	二,一三九	二,三八八	二,六七一	二,九一八	三,二一八
三 文教费	一,八四四	二,一九三	二,六五九	三,一二三	四,五二九
四 其他	一〇,八三六	一三,〇九四	一六,七三九	一七,九〇三	一八,七四四
	四六二	二〇二	三七八	二七	三二
5. 财务的岁出					
一 国债费	五四,一二三	七九,九六八	二五,四六三	二〇,五三七	一五,八二九
二 贷与,补助,国债元金销却等	二五,〇〇〇	二三,八〇四	二八,二〇五	二一,七七八	二四,五五四
三 恩给,慈善等	二八,〇四五	五四,一二一	八〇,五一二	七九,一八〇	一〇六,六五二
四 爱苏交附金	九七一	八七六	一,四二〇	九,六六八	一〇,八二二
五 其他	二〇七	九二三	四,八九〇	九,八八二	九,五四二五
		一二三五	四三五	五三五	三二
1-5合计	一一五,〇五六	二〇五,八〇六	二〇五,七七七	二一五,〇八八	二五,八〇二
6. 作业征收费	一三,七九四	一六,九三五	一九,九五一	二二,〇三五	二三,五五四
总计	一二八,八五〇	二二二,七四一	二二五,七二一	二三七,一二二	二七八,六四二

（2）德国岁出统计

甲　德意志帝国（千马）

年度岁出费目	一八九五—一八九九年之五年平均	一九〇〇—一九〇四年之五年平均	一九〇五—一九〇九年之五年平均	一九一〇	一九一一
1. 宪法的岁出					
一　议院费	一,六三三	二,〇六九	三,二二六	三,八〇一	三,七二八
二　内阁费	六六九	七四五	一,五六七	二,一八七	二,一二一
三　会计检查院费	七七二	一,〇四一	一,二一八	一,三〇〇	一,二九三
2. 法权的岁出					
一　外务费	二二,七九六	三八,二一五	五四,二七六	四七,三八六	四四,五四九
二　殖民费	二〇,六二〇	三六,〇六〇	一七,五〇〇	一九,〇三八	一九,〇七二
三　司法费	一,〇八,一四九	二〇五,〇五五	三四,六七六	一五,六四九	二二,四九三
	二,一四九	二,一五五	二,四〇〇	二,六七五	二,九八〇
3. 国防的岁出					
一　陆军费	二九三,七九九	八六四,三五九	一,〇九五,九八八	一,二五〇,三五六	一,二七四,三三四
二　海军费	五八,八六〇	六五,八八,八二〇	七八,五三,七三四	八〇八,一八〇	八〇六,三〇〇
	一〇八,一四九	二〇五,〇五五	三一二,二三五	四八四二,二七六	四五六八〇,三四
4. 内务费	四一,一六六	四八,〇六六	九三,九二二	一〇七,六七七	一四〇,八四三
5. 财务的岁出					
一　国债费	五九,一,九六九	七六六,二七	六六六,〇三一	六五六,五九〇	六四四,八九〇
	七四,九五一	九五,一八八	一四一,二〇七	二三四,九七六	二八五,七四八
二　文武官恩给	五九,三三七	七六,三三五	一〇一,九七一	一八,三三三	一五三,七八八

(续表)

年度岁出费目	一八九五—一八九九年之五年平均	一九〇〇—一九〇四年之五年平均	一九〇五—一九〇九年之五年平均	一九一〇	一九一一
三 废兵基金	二四,二二八	三九,七五一	三七,六七三	三三,六七七	—
四 财政部岁出	四二一,六六三	四八四,九九八	二七七,六四七	二五二,五八四	二〇五,〇三一
五 其他	一一,八三〇	六九,九八〇	七五,六〇六	二七,〇〇六	—
1—5 合计	一,八五三,三四八	一,七三八,九八〇	一,八八一,三四七	二,〇六五,五〇六	二,〇八,三〇七
6. 作业费	三三九,七五六	四九九,三五〇	六八六,三四〇	七五七,八八八	八六六,四八八
一 邮政电信费	二七八,五六一	四〇八,八七二	五六三,九八八	六七五,二七五	六八四,五九八
二 铁路费	四六,三二四	八四,二二六	一一六,八〇一	一〇,七九一	一一二,九九一
三 印刷局费	四八,七一〇	六,三四八〇	六,七五〇	八八,二一	八,九四,〇〇
总计	一,六八一,一〇四	一,七三八,四八〇	二,五六八,八八七	二,八五,三九四	二,九五,七九五

乙　普国岁出统计（千马）

年度岁出费目	一八五五—一八九九年之五年平均	一九〇〇—一九〇四年之五年平均	一九〇五—一九〇九年之五年平均	一九一〇	一九一一
1. 宪法的岁出	二,四三三	一三,四二七	一四,六三一	一六,八七四	一七,二六七
一 王室费	八,〇〇〇	八,〇〇〇	八,〇〇〇	一〇,〇〇〇	一〇,〇〇〇
二 议会费	一,三四九	一,九〇六	二,〇〇〇	二,一〇六	二,二八五
三 内阁费	三,〇八四	三,五二一	四,六二一	四,七六八	四,九八二

（续表）

年度岁出费目	一八九五—一八九九年之五年平均	一九〇〇—一九〇四年之五年平均	一九〇五—一九〇九年之五年平均	一九一〇	一九一一
2. 法权的岁出	一五二,三六一	一八八,五九一	二一九,五八一	二三七,〇三〇	二六七,七六八
一 外务费	五,四三五	五五四	七,四八一	五九〇	五八八
二 司法费	一〇二,六〇四	一二〇,六八二	一三九,六四三	一五七,八〇〇	一六五,七七三
三 监狱费	一三,〇二一	一五,三二九	一八,八五九	二二,一二二	二二,四二二
四 警察费	二四,八〇二	三四,七六八	四五,四〇六	五四,一八九	六二,四六六
五 宪兵费	一一,〇四一	一四,五二〇	一四,七八〇	一七,二四八	一七,五一七
3. 内政的岁出	二四五,一九二	三二一,二三三	四一四,九四七	五〇七,三五九	五四一,六四〇
一 内务费	一四,〇九四	一九,〇九七	三〇,五六一	三三,二八九	四一,四八八
二 阁国殖民费	三,二七五	七,一一二	二一,九六〇	二八,八六六	二九,一一一
三 农务费	二六,六五〇	四三,六二九	五五,七八二	五五,八六二	七七,一二五
四 工商务费	九,五五一	一六,三四〇	二一,〇八二	二〇,七一二	二三,四二八
五 土木建筑费	四四,二九一	五三,五三五	五七,九三六	六一,八二一	六六,三六六五
六 教育宗教卫生	一三〇,三三三	一六九,四七五	二〇三,三三七	二二八,〇八二一	二八〇,一五一
七 地方官费	一六,一九八	二〇,三五六	二四,四四九	二六,二五九	二六,四九六
八 土地测量费	八〇〇	八〇〇			
4. 财务的岁出	六八六,六七七	七九二,六三三	七〇四,九三五	七二三,一二五	七八八,七七五
一 国债费	三七三,一八九	二七九,五六八	三二一,六六一	三九五,六四五	三九八,一九五
二 文官恩给补助等	五七,二一六	七五,一七九	八九,七五二	六六,〇六九	七二,〇四二

（续表）

年度岁出费目	一八九五—一八九九年之五年平均	一九〇〇—一九〇四年之五年平均	一九〇五—一九〇九年之五年平均	一九一〇	一九一一
三 国资运用基金	一六,〇二	一二,七三	五八,四五五	一七,六〇四	一八,一九六
四 帝国上纳金	二六六,七八二	三四三,五三八	一三,七五二	一四一,八七九	一三一,九〇八
五 补助金等	三,〇〇〇	七三,九四四	八八,〇三一	九七,八八九	一〇〇,一六九
六 陈列馆	一五一	一六八	一八二	一八八	一八二
七 其他	三,二四六	七,九六一	一,一五〇	三,九〇一	八,〇一五
1—4 合计	一,〇八六,六六三	一,三二一,〇四八	一,三八二,〇七五	一,五〇六,四〇八	一,五五五,五五五
5. 作业征收费	九八,五一九	一,三二四,一七八	一,八〇,二一八	一,二二,七〇八	一,四八〇,二七一
一 铁路费	七〇四,七六三	九八一,七五九	一,四〇八,五三六	一,七〇四,五五七	一,八四七,七四二
二 田野山林费	四二,九四四	四八一,〇九	五五,二八	六八,二九六	七〇,六四六
三 租税征收费等	一二〇,一二三	一三二,〇六九	一六九,八八	一九〇,六三四	二二二,三四四
四 矿业制盐费等	一一,五六,八五	一三,二三,一二	一二,九三,三三六	二五九,五五〇	二六一,五五,四六
总计	二,〇八〇,一八一	二,六四,三二二	三,二〇四,一四九	三,七三一,四四九	三,九六六,八三〇

（3）法国岁出统计

年度岁出费目	一八九五—一八九九年之五年平均	一九〇〇—一九〇四年之五年平均	一九〇五—一九〇九年之五年平均	一九一〇	一九一一
1. 宪法的岁出	一四,八五五	一五,六四	一八,七四	二一,六〇三	二一,六五六
一 大统领费	一,二〇〇	一,二〇〇	一,二〇〇	一,二〇〇	一,二〇〇

（续表）

年度岁出费目	一八九五—一八九九年之五年平均	一九〇〇—一九〇四年之五年平均	一九〇五—一九〇九年之五年平均	一九一〇	一九一一
二 议会费	一二,〇九一	一二,二九八	一六,〇一四	一八,八二七	一八,八二四
三 会计检查院费	一,五六四	一,五六六	一,五七〇	一,五七六	一,五七八
2. 法权的岁出					
一 司法费	一六,八九七	一九,三〇七	一九,三五五	二〇,五九三	二一,〇二二
二 外务费	三四,〇七四	三五,九三三	三三,三四二	三九,一二九	五七,一三五
三 警察费	一五,六八九	一六,五二六	一八,五一二	一九,六三〇	二〇,五一四
四 监狱费	一七,二一四	一八,六六八	二〇,二一六	二七,六三〇	二九,五〇六
五 殖民费	一七,一九五	一五,九〇三	一六,一一八	一八,八一四	二九,八八六
	八四,七七二	一一〇,三四七	一〇五,二三七	一〇二,〇三七	一〇三,五〇一
3. 国防的岁出					
一 陆军费	九一,七五一	一,〇〇一,一〇五	一,〇七四,九九七	一,二四七,七一五	一,三五四,五九一
二 海军费	六三,六六七,七一三	六八八,三九五	七五二,六五五	八七一,一五〇	九二八,一六二
	二七,七,〇三八	三七,八四七,七一二	三二一,二九四五	三三五,五七五	四一六,五四三〇
4. 内政的岁出					
一 内务费	四五,七,二二九	五〇二,八八六	五八八,四〇二一	六四六,五一〇	六九五,八八三
二 教育美术费	四〇,九一一	四四四,四二二	六七,九九一	一〇二,三九一	九五,〇〇七
三 宗教费	二一〇,二八八	二二八,一七九	二七六,二三八	三〇二,一七四	三二一,二〇八
四 商工务费	四三,四五〇	四二,七八六	二九,九三六	二八,二二八	二九,二二六
五 劳动社会政策费	二九,五七五	四二,三三六	五六,六四〇六	五七,一二八	五五,七〇六
			七九,八一	一,五,五八七	五〇,六〇八

（续表）

年度岁出费目	一八五〇—一八九九年之五年平均	一九〇〇—一九〇四年之五年平均	一九〇五—一九〇九年之五年平均	一九一〇	一九一一
六 农务费	二九,六三〇	三〇,七四四	三一,五八二	三四,八一九	三八,七八二
七 土木费	一〇三,三七三	一一四,二二一	一一三,八〇	一〇五,七八一	一一六,二七三
5. 财务的岁出	一,二九七,三九一	一,二八六,五〇三	一,三〇二,〇七一	一,三五五,一二七	一,三七七,八六〇
一 国债费	一,二三八,五二二	一,二二七,八〇六	一,二四二,六六七	一,二六,三九七	一,二七八,一二三
二 其他	五八,八八三	五八,六九七	五九,四〇三	八八,七六〇	九六,七四七
1—5 合计	二,八五二,九一四	三,〇〇二,九三九	三,一七,〇一四	三,四六七,九〇四	三,六五六,七一三
6. 作业征收费	四九六,八一四	五四二,四六三	六三九,二四七	七〇八,六九七	七二九,三三三
一 铁路费	一六,三三九	一〇,五四九	一二,五四六	一四,八七二	一五,八八三
二 邮政电信费	一七二,二三九	二〇六,七一七	二七二,七一	三〇二,五九二	三〇二,二七
三 作业征收费	二〇八,二四六	二二五,一八〇	二四〇,〇八六	二六,二三四	二二八,二二三
总计	三,三四九,〇二一	三,五四四,二九二	三,八八五,一二六	四,一八五,五八二	四,三六七,四六三

（4）俄国岁出统计（千卢）

年度岁出费目	一八五〇—一八九九年之五年平均	一九〇〇—一九〇四年之五年平均	一九〇五—一九〇九年之五年平均	一九一〇	一九一一
1. 宪法的岁出	二一,六〇	二五,八一七	三一,四二七	三五,四二三	三五,六八五
一 帝室费	一二,五五五	一四,六五二	一六,三五九	一六,三五九	一六,三六九

(续表)

年度岁出费目	一八九五—一八九九年之五年平均	一九〇〇—一九〇四年之五年平均	一九〇五—一九〇九年之五年平均	一九一〇	一九一一
一 内阁费	二,五七七	三,一九五	四,七〇四	五,四六七	六,一五五
二 议院费		一,八四二		二,八〇〇	三,九七四
三 会计检查院费	六,五五八	七,九五六	九,五六九	一〇,七〇七	一〇,一九七
四					
2. 法权的岁出	四一,八一六	五三,八三六	九九,九一九	一四九,三三五	一四六,二二七
一 外务费	四,八九三	五,七六五	六,〇一六	六,二七四	六,一七四
二 警察费	三六,九三三	四八,一二〇	三五,八八九	五九,九七五	五〇,五五三
三 司法费	三六,九二三	四八,一二〇	五八,五三四	七七,〇七六	八〇,五〇三
3. 国防的岁出	三三五,九一三	四三三,八九三	四九九,九四四	五九九,〇九四	五六九,九六一
一 陆军费	二九,三三二	三三二,三三三	四〇五,〇九一	四九八,二六九	四八〇,七一六
二 海军费	六四,八一	一〇一,五五九	九四,三九九	一〇八,二三九	八九,二四七
4. 内政的岁出	一六五,四五七	二〇四,五三〇	二四四,四六九	二七七,六一八	三二三,五六五
一 内务费	七一,一五七	八〇,五八八	六六,〇五二	三三,三三六	四一,二四八
二 工商务费	二五,八二二	三七,一八四	二八,二三四五	三八,六三九	四〇,七〇七
三 教育费	三三,六三三	四〇,〇八七	四九,六七〇七	七五,六九四	九五,六五八
四 交通费	三五,五四三	四六,五七八	四六,七八〇	三三,六九四	四〇,四二七
五 农务费			五三,七八五	八五,五一五	一〇三,五三一
5. 国教费	一八,四七七	二六,六〇三	二九,七五五	三四,一九五	三七,五五五

（续表）

年度岁出费目	一八九五—一八九九年之五年平均	一九○○—一九○四年之五年平均	一九○五—一九○九年之五年平均	一九一○	一九一一
6. 财务的岁出					
一　国债费	四七三,○八八	五五七,二七七	七六八,五九九	七一五,九五七	七四二,四三○
二　恩给费	二六六,六六六	二八三,二三七	三八二,二三九	四一一,五三六	四六五,四三○
三　预备费	二七八,八七一	四○二,二二三	六七,四一二	九二,五七○	九六六,九八四
四　财务费	一二,○○○	一二,○○○	一○,○○○	一○,○○○	一○,○○○
五　日俄战费	一四二,四三六	一七二,五三○	八八,二四五	一○二,八八四	一○三,二四七
六　陆海军临时费	—	—	一三二,四八○	二八一,四七九	二三○,一三
七　补助贷附奖励金	一九,二一五	四六,○五○	七三,五一○	二九,一四八	二八,八三二
1—6合计	一,○七六,一四四	一,三○一,九五三	一,六七四,八三一	一,七九七,○三二	一,八五二,四○五
7. 其他					
一　火酒专卖费	三二一,八七七	六二四,○九五	七六一,○四四	八○八,五○九	八六五,六六五
二　邮政电信费	一二,三六九	七二,九七三	二○○,二四七	一二,八八七	一一二,七○九
三　铁路费	三一○,五○八	一二,五四三	三二,五八八	五七,二○○	六二,一四三
总计	一,三九九,○二一	一,九四六,○五一	二,四三五,八七七	二,六○五,三二二	六二○,八二一

（5）奥匈国岁出统计

甲　奥匈国（千克）

年度岁出费目	一八九五—一八九九年之五年平均	一九〇〇—一九〇四年之五年平均	一九〇四—一九〇九年之五年平均	一九一〇	一九一一
1. 外务费	八,〇四〇	一一,〇五九	一三,二七四	一五,九〇九	一六,五〇六
2. 陆军费	二七六,七四八	三〇四,一五二	三二六,二二一	三四四,四〇三	三六三,五五六
3. 海军费	二八,八四四	四六,六〇二	五〇,〇三三	六七,〇九七	六八,六六七
4. 财务费	四,一六〇	四,二九六	四,五二六	四,七五七	四,八三三
5. 会计检查院费	一六二	三一八	三三五	三四〇	三四二
总计	三一八,〇五四	三六六,四三一	三九四,七七九	四三二,五〇六	四五三,九〇三

乙　奥国岁出统计（千克）

年度岁出费目	一八九五—一八九九年之五年平均	一九〇〇—一九〇四年之五年平均	一九〇五—一九〇九年之五年平均	一九一〇	一九一一
1. 宪法的岁出	一四,六三〇〇	一六,七〇二	一九,六四五	二一,六二	二一,六二
一　皇室费	九,三〇〇	一〇,一〇〇	一一,三〇〇	一一,三〇〇	一一,三〇〇
二　内阁费	一五四	一七	一八	一七九	一八九
三　议院费	二,二八〇	二,九五六	三,四九六	三,四九六	四,〇八三

(续表)

年度岁出费目	一八九五—九九年之五年平均	一九〇〇—〇四年之五年平均	一九〇五—〇九年之五年平均	一九一〇
四 大臣会议行政裁判所	二,五六〇	三,〇九五	四,〇七六	四,九〇三
五 会计检查院费	三五二	三七七	五九五	六八七
2. 法权的岁出				
一 警察费	六一,五四二	八九,四四一	九八,一五七	一一〇,五八四
二 监狱费	一〇,三八六	一四,四八五	一七,四〇二	二四,一二九
三 司法费	五,二一八	五,八九七	六,八四七	七,二七四
四 司法费	四四,八九八	六四,九七九	七四,二八六	九八,一八一
3. 国防的岁出	四六,三四八	五,七〇七	七二,七三五	九八,七〇一
4. 内政的岁出				
一 内务费	一四〇,五五六	一九〇,二八三	一二五,七九二	三三六,六四三
二 教育费	一六,六九四	二三,八〇二	二五,九〇二	二七,九二九
三 宗教费	四一,〇二一	五八,九五八	五九,八〇八	七三,八二八
四 商务费	一六,四八八	二〇,一〇三	二三,二八七	一二,一七七
五 农务费	六,九〇二	一一,八〇二	三四,四八五	四五,三三四
六 建筑费	三三,七七四	四五,八五二	五〇,一五一	一三三,六二七
七 建筑费	二二,六九八	三〇,四八八	五五,〇三七	六八,四四一
5. 财政的岁出				
一 国债费	四三七,四四八	四六〇,四四九	五三三,五五八	六八九,四四一
二 恩给费	三三八,一六二	三五三,四九九	三七五,八五九	四七八,三九四
三 其他	四三,四五四	六六,三八一	八〇,七六二	九九,〇二五
四	五五,七三二	四五,六一九	七六,九三七	一一二,〇三三

(续表)

年度岁出费目	一八五—一八九九年之五年平均	一九〇〇—一九〇四年之五年平均	一九〇五—一九〇九年之五年平均	一九一〇
6. 对于联合政府之上纳金	二三八,七八	二六六,四〇二	二八三,六四	三五〇,一八五
7. 作业费 1—6 合计	九三九,三二八	一,〇八三,三一九	一,二三七,〇七二	一,六三三,七,七六
一 邮政电信费	四五二,四八〇	五六四,三二三	七四八,三七九	一,四四四,七二三
二 铁路费	八八,二一八	一一,九四八	一四二,五九五	一,七八,一九四
三 仓库业费	一,八九,一七二	二四〇,八四九	三八〇,三九二	七三五,五六三
四 征收费	一,六七〇	一,二三四	二,六一〇	二,九四〇
总计	一,七六,四〇〇	三六,三八一	二二二,四〇八	二二七,九七一
	一,三九,一八〇〇	一,六六七,六四二	三,〇一五,四五四	三,七八,一四二九

丙 匈国岁出统计（千克）

年度岁出费	一八五—一八九九年之五年平均	一九〇〇—一九〇四年之五年平均	一九〇五—一九〇九年之五年平均	一九一〇
1. 宪法的岁出	一四,〇三〇	一五,八八六	一八,〇六二	一八,六一
一 王室费	九,三〇〇	九,八〇〇	一一,二六〇	一一,三〇〇
二 内阁费	一,一〇六	一,二四八	一,六八四	一,九四
三 议院费	二,八五八	三,六四八	四,〇八五	四,二〇三
四 行政裁判所费	四七〇	五六〇	六四四	七〇六

(续表)

年度岁出费目	一八九五-一八九九年之五年平均	一九〇〇-一九〇四年之五年平均	一九〇五-一九〇九年之五年平均	一九一〇年
五. 会计检查院费	二九六		三八七	四八一
2. 司法费	三一,九九二	三六,三二一	四二,三二一	四八,三九六
3. 国防费	三〇,五一六	三七,三二三	四二,二二四	四八,五四九
4. 内政的岁出				
一 内务费	二九,〇八〇	三四,三三八	四七,三八九	五七,八八八
二 教育宗教费	三三,四九六	四三,七三四	七四,五九五	八一,〇〇六
三 农务费	二三,五七七	三三,八六七	五五,三九五	七三,六六三
四 商务费	三五,六九六	四五,三三〇	五五,三七九	六三,九〇八
五 二州行政费	一八〇,八八六	一九四,〇六七	二六六,七七一	三三九,一六七
六 土地整理费	一六,四四四	一七,四四九	二一,六五八	三三,二一四
	—	八,八八一	—	—
5. 财务的岁出				
一 国债费	五一,六五二	五七〇,四四七	六八〇,一二三	七七三,五五三
二 恩给费	一五八,七〇二	一二五,〇九八	二八七,一四〇	二五〇,四五二
三 铁路补助	一四,〇三八	二〇,二二〇	二五,七三三	二九,二一一
四 事业费	六,三〇八	二六,七〇八	九,四五三	一,六〇〇
五 其他	四八,五三四	七,六〇八	一八,七五七	一六,〇六四
6. 对于联合政府之上纳	一八四,〇七〇	二〇〇,七九九	一九五,九二七	三八,三二六
总计	六四四,九四四	八八一,二一一	七八,八三六四六	八六,七六〇
	九四四,二一四	一,〇八七,二六八	一,二八三,六四六	一,五五五,七七七

（6）意国岁出统计（千利）

年度岁出费目	一八九五—一八九九年之五年平均	一九〇〇—一九〇四年之五年平均	一九〇五—一九〇九年之五年平均	一九一〇	一九一一
1. 宪法的岁出	一七,八〇〇	一八,二六六	一八,四八七	一八,七二一	一八,七二三
一 王室费	一五,六五〇	一六,〇五〇	一六,〇五〇	一六,〇五〇	一六,〇五〇
二 议院费	二,一五〇	二,二一二	二,四三七	二,六六二	二,六六三
2. 法权的岁出	九,一〇〇二	一〇,八六〇一	一三四,五一五	一六〇,五七七	一六五,七三二
三 外务费	一一,四八〇	一六,三七六	一七,八二三	二一,七二五	二四,一八三
四 司法费	三六,一四四	四二,五六三	四四,二三九	四五,八八五	五三,九四三
五 警察费	一五,三一九	一九,九〇九	三七,三五八	五二,二九八	五四,二一二
六 监狱费	二八,〇四七	二八,七〇四三	三三,一八九	三三,六六三	三三,三八六
3. 国防的岁出	三五九,六六八	四〇二,九一四	四三二,六八〇	五五〇,六八八	六〇〇,三八一
一 陆军费	二五五,四六〇	二七七,一七七	二八八,七五九	三六四,二一九	四〇五,一六六
二 海军费	一〇四,二〇八	一二五,七四七	一四六,九三一	一八六,四六〇	一九五,二一五
4. 内政的岁出	一四八,七一三	一七五,八七六	二二二,七六八	二七一,四八一	二五六,七一三
一 内务费	一六,四三二	一七,七五六	一一,〇四五	一三,四〇八	二六,〇九
二 土木费	七七,八六六	九二,九〇八	一〇〇,四〇九	一六,八四〇	九四,三六九
三 农工商务费	一一,〇一八	一四,〇七七	二二,四五八	二六,九五四	三〇,七四九
四 教育费	四三,三九八	五一,〇三一	七八,三八四	一〇二,二八一	一〇五,五七

（续表）

年度岁出费目	一八九五—一八九九年之五年平均	一九〇〇—一九〇四年之五年平均	一九〇五—一九〇九年之五年平均	一九一〇	一九一一
5. 财务的岁出					
一 国债费	八一三,八三八	七九四,七六五	八一九,三八〇	九〇八,〇〇〇	九三六,三四八
二 恩给费	七〇六,二四一	七六六,〇八一	六三八,三五一	六二五,二三八	六二七,六五一
三 赔偿费及其他	五八,九五七	二七,九〇五	三九,五八一	一〇一,八四〇	一〇三,五三九
1—5 合计	四八,六四〇	五〇,七七九	一四〇,九四八	二〇〇,八一七	二〇五,一三九
	一,四三二,〇二一	一,五〇〇,四二四	一,六二三,〇,八一八	一,九二九,四六〇	一,九七七,九三六
6. 作业征收费					
一 邮政电信费	二五七,七三四	三〇一,〇七五	四〇六,四八七	四八三,二八八	四二三,一二三
二 铁路费	五八九,六四四	七三三,一八一	一一〇,一七五	一一九,六五八	一四,三三七
三 租税征收费	一,四九一	一,五八二	一八,四〇二	五一五,五八七	四九,五三九
总计	一,九七五,四九九	二二六,一七五	二七九,八八五	三一五,〇九三	三一九,三三〇
	一,六二八,七五	一,八〇一,四九九	二,〇三〇,七三〇	二,四〇五,七四八	二,四七一,〇六九

（7）北美合众国（千$）

年度岁出费目	一八六六—一九〇〇年之五年平均	一九〇一—一九〇五年之五年平均	一九〇六—一九一〇年之五年平均
1. 立法机关	九,九一七	一一,七〇二	一二,八四一
2. 国务院费	二〇〇	一〇六	一八,七五七

(续表)

年度岁出费目	一八九六—一九〇〇年之五年平均	一九〇一—一九〇五年之五年平均	一九〇六—一九一〇年之五年平均
3. 外务费	六,五六五	三,三九	三,七五六
4. 财务费	八七,九四二	九六,八八二	八九,八三七
5. 陆军费	一一三,五四〇	一二五,一八一	一五〇,一五六
6. 海军费	四八,五〇二	八六,八三三	一一三,六二〇
7. 肉务费	一六二,五〇八	一六六,八〇四	一九〇,一八七
8. 邮务费	一〇一,五二五	一四一,一二二	二〇八,五八一
9. 衣务费	三,二四八	五,二〇六	一,二九六八
10. 商工务劳动政策费	一七二	四,四八〇八	一,三九八五
11. 司法费	三六四	五六七	八七四
12. 巴拉马运河	—	一〇,〇三八	一三,〇六六
13. 裁判所费	六六,六四九	七,〇六六	八,二九〇
14. Columbia 州	—	—	五,二八五
15. 国债费	—	—	二七,六八〇九
总计	五四一,一二二	六六〇,二一〇	八六九,七九二

(8) 日本岁出统计(千日元)

年度岁出费目	一八九五—九九年之五年平均	一九〇〇—〇四年之五年平均	一九〇五—〇九年之五年平均	一九一〇	一九一一	一九一二
1. 宪法的岁出	四,三四七	四,九二一	五,一三五	六,八七一	六,九七九	六,九四五
一 帝室费	三,一四六	三,〇〇〇	〇〇〇	四,五〇〇	四,五〇〇	四,五〇〇
二 内阁枢密顾问费	二九〇	三七二	四〇〇	五一九	五一九	五〇九
三 议院费	六九六	一,三二七	一,四九七	一,五六四	一,六四八	一,六一四
四 行政裁判所费	四〇	四五	五六	七五	七五	七五
五 会计检查院费	一八一	一七七	一八二	二一三	二三七	二三七
2. 法权的岁出	九,〇九八	一四,〇〇七	一八,六二九	二三,五三一	一七,七八〇	一八,七一五
一 外务拓殖费	三,九五六	三,三三四	六,八八七	八,五二七	四,八五七	五,四〇〇
二 警察费	二六八	二四四	二三六	二三六	二三六	二三六
三 监狱费	八〇〇	四,九一四	五,三九六	五,八九一	五,八九五	六,〇六八
四 司法费	四,〇七四	五,三五〇	六,一一九	八,七〇九	七,〇六二	七,〇六一
3. 国防的岁出	八六,七九四	八七,三八九	一五〇,三四三	一八三,二三〇	一八七,三三〇	一八七,九三〇
一 陆军费	四七,九七一	四八,三二七	九〇,三〇六	九九,四六一	一〇〇,三二四	九四,五一四
二 海军费	四〇,八二三	三九,〇六二	六〇,〇三七	八三,八四一	八七,〇〇六	九三,三四六
4. 内政的岁出	二九,九二三	四〇,二一八	七五,〇四三	六六,二四一	六七,一二九	七七,〇八九
一 内务土木费	一九,四六五	二三,六五〇	四六,六九四	三六,六七七	三三,三四三	三六,六六九

（续表）

年度岁出费目	一八九五—一八九九年之五年平均	一九〇〇—一九〇四年之五年平均	一九〇五—一九〇九年之五年平均	一九一〇	一九一一	一九一二
二 教育费	二,五〇〇	六,二六六	六,七六五	八,八二二	九,六四三	一〇,三三二
三 农工商务费	三,二八四	九,六五八	一四,七〇六	一四,六〇八	一五,四一一	一六,〇三八
四 邮电费	四,六七四	六,六五九	六,八七七	七,二二八	八,九〇一	九,〇四八
5. 财务的岁出	四一,五〇一	八四,五六一	一二五,九五八	一三六,三〇〇	一四六,〇九四	一四一,八四〇
一 国债费	二,三五二	三六,六九四	一四二,六五三	一七,三二八	一四九,八〇一	一四四,八〇六
二 恩给费	三,三四三	五,二七三	二三,八八〇	二八,二三〇	二九,〇二一	二九,〇二一
三 朝鲜台湾等本土以外地方之补助费	四,四七四	六,八八五	八,〇九一	九,七九〇	三,一二八	三,三八〇
四 银行海运业等补助费	五,一一一	九,三〇六	一〇,〇〇四	一四,四一〇	一五,五五〇	一三,八七〇
五 其他	七,二一八	二六,七四七	二九,三四〇	一二,三四九	二〇,四三四	一三,一一〇
1—5 合计	一七三,一八七	二三七,一〇六	四七五,一〇八	五二六,四一七	五二五,四八一	五二七,五七四
6. 作业租税征收费	一七,一七七	三七,九九一	四九,七二三	四三,〇四七	三六,二七四	三六,四〇二
一 租税征收费	二,六三三	四,一二三	六,五八八	七八,〇八八	九,三四六	八六,四三七
二 邮政电信费	九,七九三	一八,六三八	二三,一八一	二三,一八四	二六,九二一	二七,七〇五
三 铁路费	四,七四三	四,一三〇	九,九三四	六,一四五	—	—
总计	一九〇,三三五	二七五,〇九七	五二四,八二一	五五五,八四六	五六六,七五五	五六三,九七六

附表三　重要各国历年岁出统计（据宇都宫鼎第一编第十章）

B（1）重要诸国总岁出及纯岁出比较表

国名	年度	岁出额		每一人负担之岁出额
英	一九一〇	总	二、七二〇、三八一、八五〇日元	五九.七八日元
		纯	二、四八九、九七五、〇五〇	五四.七三
普	一九一一	总	二、八二二、五〇二、〇〇四	七〇.二九
		纯	一、四五七、九六〇、八〇〇	三六.三四
法	一九一一	总	一、六九七、二六〇、六九四	四二.八六
		纯	一、四一五、三〇八、九二三	三五.七四
俄	一九一一	总	二、八〇八、一四四、二四〇	一八.〇四
		纯	一、九一四、七七七、九六〇	一二.四七
奥匈	一九一〇	总	一、七五九、四一五、八〇〇	三三.七六
		纯	一、〇五三、三一四、〇〇〇	二〇.一四
意	一九一一	总	九五六、二〇四、〇〇〇	二七.四七
		纯	七六五、四六一、〇〇〇	二一.九九
美	一九一一	总	一、八八一、九一七、〇〇〇	二〇.〇八
		纯	一、三七五、五五〇、〇〇〇	一四.六八
日	一九一一	总	五六一、七五五、〇〇〇	一〇.八六
		纯	五二五、四八一、〇〇〇	一〇.一六

B（2）各国岁出增减比例表

（1）宪法上之岁出（所谓各期即指A表中之各五年平均）

国名	第一期	第二期	第三期	一九一〇年	一九一一年
				一九〇九年	一九一〇年
英	一〇〇	九六	九九	一〇二	一〇八
普	一〇〇	一〇九	一二三	一四三	一四五

473

(续表)

国名	第一期	第二期	第三期	一九一〇年	一九一一年
法	一〇〇	一〇二	一二七	一四五	一四五
俄	一〇〇	一一七	一四九	一六三	一六四
奥	一〇〇	一一四	一三四	一四四	
匈	一〇〇	一一一	一二八	一三九	
意	一〇〇	一〇二	一〇三	一〇五	一〇五
日	一〇〇	一一三	一一八	一五九	一六〇

（2）法权上之岁出

国名	第一期	第二期	第三期	一九一〇年	一九一一年
英	一〇〇	一八七	一二〇	一九〇九年 一二五	一九一〇年 一二九
普	一〇〇	一二三	一五二	一七三	一七七
法	一〇〇	一一七	一一七	一二二	一二四
俄	一〇〇	一二九	二三九	三四三	三四五
奥	一〇〇	一一四	一三四	一四四	
匈	一〇〇	一一六	一三七	一五七	
意	一〇〇	一一九	一四八	一七六	一八二
日	一〇〇	一五三	二〇五	二五九	一九五

（3）国防上之岁出

国名	第一期	第二期	第三期	一九一〇年	一九一一年
英	一〇〇	二四五	一五三	一九〇九年 一七一	一九一〇年 一七八
普	一〇〇	一二五	一五八	一八二	一八八
法	一〇〇	一〇九	一一七	一三六	一四八
俄	一〇〇	一二二	一四七	一六六	一六三
奥	一〇〇	一二六	一二八	一五三	

(续表)

国名	第一期	第二期	第三期	一九一〇年	一九一一年
匈	一〇〇	一〇九	一二三	一三三	
意	一〇〇	一一二	一二一	一五三	一六七
日	一〇〇	一〇一	一七三	二一一	二一六

（4）内政上之岁出

国名	第一期	第二期	第三期	一九一〇年	一九一一年
英	一〇〇	一一七	一四七	一九〇九年 一五九	一九一〇年 一七六
普	一〇〇	一三八	一七四	二一二	二三二
法	一〇〇	一一〇	一一七	一四一	一五〇
俄	一〇〇	一二四	一五四	一六八	一九六
奥	一〇〇	一三四	一八三	二六一	
匈	一〇〇	一一七	一二八	一九七	
意	一〇〇	一一九	一四九	一八二	一七二
日	一〇〇	一六一	二五七	二五一	二六一

（5）财务上之岁出

国名	第一期	第二期	第三期	一九一〇年	一九一一年
英	一〇〇	一四七	二一三	一九〇九年 二二二	一九一〇年 二八二
普	一〇〇	一一七	一二二	一二五	一二六
法	一〇〇	九九	一〇一	一二五	一〇六
俄	一〇〇	一一七	一六二	一四五	一五七
奥	一〇〇	一一四	一三五	一七三	
匈	一〇〇	一一一	一二四	一三九	
意	一〇〇	九八	一〇一	一一四	一一五
日	一〇〇	一九一	五三七	五五一	五七三

C 重要各国岁出统计详表（据松崎藏之助《最近列强之财政及金融》）*

（1）英国

经常岁出

人口百万单位	三三.一 一八七五—七六年(决算)			三七.七 一八九〇— 一九〇一年(决算)	四一.二 一九〇〇— 一九〇一年(决算)	四四.一 一九〇七—〇八年(决算)		
	一〇〇〇磅单位	对岁出之比例	每人应出之数	一〇〇〇磅单位	一〇〇〇磅单位	一〇〇〇磅单位	对于岁出之比	每人应出之数
御料地								
苏彝士运河								
货币铸造								
英兰银行								
邮政	}四八八八			}八六六	}一三四七	}一七五二七		
电信								
官业及官有财产支出合计	四八八八	六四	一.四七五	八六六	一三四七	一七五二七	一.五一	三.九七五

---

* 本表中数字过于紧密，故数字部分千分位不再分割。——编者注

(续表)

	一八七五—一七六年（决算）			一八九〇—一八九一年（决算）	一九〇〇—一九〇一年（决算）	一九〇七—一九〇八年（决算）		
	一〇〇〇磅单位	对岁出之比例	每人应出之数	一〇〇〇磅单位	一〇〇〇磅单位	一〇〇〇磅单位	对于岁出之比	每人应出之数
地租家屋税 财产及所得税 相续税 免许税 消费税	一七〇〇(二)			一七四六(二)	二〇一一(二)	二二七五(二)		
直接税	一七〇〇(二)			一七四六(二)	二〇一一(二)	二二七五(二)		
关税	九九四			八九七	八三三	九四七		
烧酒税 麦酒税	看直接税							
消费税合计	?			?	?	?		
印纸税 铁道切符税	?			?	?	?		
交通税合计	?			?	?	?		

(续表)

	一八七五—一七六年(决算)			一八九〇—一八九一年(决算)	一九〇〇—一〇一一年(决算)	一九〇七—一〇八年(决算)		
	一〇〇〇磅单位	对岁出之比例	每一人应出之数	一〇〇〇磅单位	一〇〇〇磅单位	一〇〇〇磅单位	对于岁出之比	每一人应出之数
间接税及关税合计								
关税及田租税合计	二六九四	三.五	〇.八五	二六四〇	二八三四	三一一一	二.四	〇.七二
作业费及征税费合计	七五八二	九.九	二.一九	一一三〇四	一六三〇五	二〇七四九	一三.九	四.七五
皇室费及确定租税费	一七五八	二.六		三四九七	一五六九	一九七二	一.六	
陆军费 } 包含恩给 海军费	一五七九	二二.六	四.七一	一七五六〇	九七一〇	二七一四二	二二.六	六.一五
外务及殖民费	一一〇六三	一.六〇	三.二四	一四一二〇	二九五二〇	三一一四	二.六	七.〇六
教育及美术费	六八八	〇.九	〇.二	八〇三	二一二五	二一七五	一.七	〇.四九
社会事业费	三〇一	四.四	〇.九〇	六〇五六	一二三二六	一七三九	一四.五	三.九三
其他行政费(1)	九四一六五	一三.七	三.三七五	九一八一	八七一九	一〇五〇三	〇.一	二.八三
国债费 {利息及管理费 偿还费}	二七一六四 二八〇	三九.四 〇.四	} 六.六九	三三九三五 一二七二	一九八八六	一一二三五 八三六五	一.七 七.〇	} 六.六九

(续表)

	一八五一七六年(决算)			一八九〇—九一年(决算)			一九〇〇—一〇一年(决算)			一九〇七—一〇八年(决算)		
	一〇〇〇磅单位	对岁出之比例	每一人应出之数	一〇〇〇磅单位	对岁出之比例	每一人应出之数	一〇〇〇磅单位	对岁出之比	每一人应出之数	一〇〇〇磅单位	对岁出之比	每一人应出之数
通计	六八九六三	九〇.一	一〇.八五	八七七三二+七〇七四			一六六二三五+九六三四	七.八		一一九〇八	七三	二.七九
一时的岁出						一五			七三	一五二		三四.一八
经常岁出总计	七六五四三	一〇〇.〇		九四八〇〇		一五.二六	一七五八六九		一〇〇.〇	一五一八一二		三四.四二

临时岁出

	一八五一七六年(决算)			一八九〇—九一年(决算)			一九〇〇—一〇一年(决算)			一九〇七—一〇八年(决算)		
	一〇〇〇磅单位	对岁出之比例	每一人应出之数	一〇〇〇磅单位	对岁出之比	每一人应出之数	一〇〇〇磅单位	对岁出之比	每一人应出之数	一〇〇〇磅单位	对岁出之比	每一人应出之数
陆军	二五〇			一〇二三			一二五六			三〇〇		
海军				六二八			二二三五			八七三		
植民												
苏彝士运河股票	四〇七一						一五二四			一五六		
其他	四三二七			一七一九			四九一五			二八三四		
临时岁出总计	八〇八七			九六五三二六			一九八一四一			一五四六四六		
岁出总计												

(2) 法国
经常岁出

人口百万单位	三六.一(一八七二)			三八三(一八九一)(决算)		三八.九(一九〇一)		三九.三(一九〇六)(预算)		
	一八七五(决算)			一八九〇(决算)				一九〇八(预算)		
	一〇〇〇法单位	对岁出之比例	每一人应出之数	一〇〇〇法单位		一〇〇〇法单位		一〇〇〇法单位	对于岁出之比	每一人应出之数
官有地										
山林	一一八三九	一四.六		一六六三七		一二六一九		一四二九九	四.七	
邮政及电信	六九〇八六	八五.四		一五〇九二八		二〇五一五		二八九六三九	九五.三	
其他								六六	〇.〇	
官业及官有财产合计	八〇九二六	三.〇	〇.八五	一六六九五		二一八七七		三〇四〇〇三	七.九	三.〇五
直接税征收费	一九二一	一.九		二一二三八		二七七五		三二一四六	一.三	
登录税收纳费										
印纸费	一六八三三	一〇.五		一九二五四		一八六六六		一九六六〇三	八.四	
关税费	三〇二二三	一.八八		三二三五八		三二五二		三四四八三	一.四九	

（续表）

	一八七五（决算）			一八九〇（决算）			一九〇八（预算）		
	一〇〇〇磅单位	对岁出之比例	每人应出之数	一〇〇〇磅单位	对岁出之比例	每人应出之数	一〇〇〇磅单位	对于岁出之比	每人应出之数
其他间接税管理费	一四七〇〇	二.六	—	一〇四一一六	—	—	四八一七八	二〇.九	二.三七五
专卖经营费	五九九四一	三七.二	—	（同上括）	—	—	九八三七四	四二.二	四.二二
租税征收及管理费合计	六〇九六八	—	—	一七六〇六六	六.〇	一.七〇五	一二三五三四	六.〇	二.三七五
作业及管理费	二四一八九四	九.一	二.六八〇	三四三〇五〇	一三.五	二.一〇四七	四一九八八八	一三.九	五.四〇
陆军费（除去恩给）	四九八八七六	二一.〇	五.五一五	五八一二三四六	二二.〇	四.〇九六	七四一一四三（一）	二二.五	七.五四
海军费	｝一五五〇七	六.五	一.四八〇五	二〇一二四六〇	六.〇	三.七二五三〇	三一九九三三	九.七	三.二二五
殖民费	三七一二三	一.六	〇.三一〇	五九四三〇	一.六	〇.三一〇	九八七〇	三.〇	一.〇〇〇
文部	—	一.六	〇.四一五	一八四六五	一.五	〇.四六五	二〇八四八	八.二	二.七六
社会事业费	—	—	—	—	—	—	一二〇九	〇.四	〇.一五
其他行政费	四九〇〇四二	二〇.六	五.四三〇	四九〇二六	二〇.六	五.四三〇	五八七〇七四	一八.一	五.九七五

（续表）

	一八七五（决算）			一八九〇（决算）			一九〇八（预算）		
	一〇〇〇磅单位	对岁出之比例	每一人应出之数	一〇〇〇磅单位	对岁出之比	每一人应出数	一〇〇〇磅单位	对岁出之比	每一人应出之数
永久国债利息	七四〇五六四	三一.三	⎫二三.二七五	七二七八六七		⎫二.二八〇	六九五五八六七	一九.八	⎫一.一八〇
年金及短期偿还国债	三三五七六二	一四.一	⎭	三五三六一	三一.九四九〇	⎭	三一七五九六	九.六	⎭
恩给费	一一六五三二	四.九	一.六三〇	一二五三六八	三一七六〇	一六.三六〇	二九六五六	八.七	三.五〇
行政费合计	二三七八七五	九〇.一	一.六二七〇	二四九六八〇	二四九六七〇五	一.二四〇八七〇	二三四〇七四	八五.〇	三.五〇
其他	二〇七二六	〇.八	〇.四三〇	三二三〇七	四〇八八〇	〇.九〇四	四〇八八〇	一.一	〇.四一五
经常岁出总计	二三六四一四〇五	一〇〇.〇	一.九二七〇	三三六五九四一五	三六五九五〇四	三一七〇四五	三九七〇二八	一〇〇.〇	〇.四四一五

临时岁出

	一八七五（决算）			一八九〇（决算）		一九〇八（预算）		
	一〇〇〇磅单位	对岁出之比例	每一人应出数	一〇〇〇磅单位	磅单位	一〇〇〇磅单位	对于岁出之比	每一人应出之数
陆军	⎫二五〇六			二〇四七二三		三八七二二		
海军	⎭							
殖民	三四一							
其他	二八四七			二〇四七二三	二七二〇四七	三八七二二		
临时岁出总计	二八四七			二〇四七二三	二七二〇四七	三八七二二		
Algeria费				七四八七	七四九五〇一			
岁出总计	二六九四四六			三三六五七三〇	三一九五〇一〇	三九七〇二八		

(3) 俄国

经常岁出

人口百万单位	九〇七(决算)			一二〇(决算)			一二五(决算)			一五一 / 一九八〇(预算)		
	一〇〇〇卢单位	对岁出之比	每人应出之数	一〇〇〇卢单位	对岁出之比	每人应出之数	一〇〇〇卢单位	对岁出之比	每人应出之数	一〇〇〇卢单位	对岁出之比	每人应出之数
山林				六二六			一〇三〇八			一九〇七六	三二	
货币铸造				一二〇二			六二九四			三九六九	〇.七	
矿山及制炼所				八七二五			一五六三七			一六九八四	二八	
官有地及军马养成所				五八〇七			九二〇〇					
邮政及电信				二五七〇			三四八九			四九一六九	八二	
铁路 { 经营费 / 改良及购物 / 资购入费				三三六九一 / 四四五三			三三六七四 / 四五九四〇			四四三七〇六 / 七〇〇七三	七五 / 一六	
国有财产管理费												
合计	?	?	?	一二三九八九			三五九二五二			六〇二九六九	二〇	四.三〇

（续表）

	一八七七（决算）			一八九〇（决算）	一九〇〇（决算）	一九〇八（预算）		
	一〇〇〇户单位	对岁出之比	每人应出之数	一〇〇〇户单位	一〇〇〇户单位	一〇〇〇户单位	对岁出之比	每人应出之数
直接税	⎱			一三七六	一三二〇九	一五八一五	六.一	
关税	⎰	?	?	一〇七四四	一九五一	九四四四四	三.六	
间接税				一四七六五	一二九一七	一二一二四	八.二	
烧酒专卖					一一二七五	二二三〇八四	八.二	
2. 租税及关税收纳费合计	?	?	?	二六八八五	一六七四二〇	二六〇四六七	一一.三	一.八六
陆军	一九〇〇八七	二一.八〇	二.一八〇	二一七九二	三三二五四一	四三三一四二	一九.八	三.〇九
海军	二八一〇二	〇.三二五	〇.三二五	四〇六六六	八八五六	八七〇九二	六.〇	〇.六〇
植民								
社会政策费								
文部	一五六六一	〇.七五	〇.七五	二六〇三一	三〇四九九	五三一四九	三.七	〇.三七五
其他民政费	三二八六六五	二.八六〇	二.八六〇	二一八九五〇	二九一八一〇	四四九四七五	三四.〇	三.五〇
国债 ⎰利息 ⎱偿还	一五八六八三	一.九〇五	一.九〇五	四二六五八	一二一二六九	一一六〇		

（续表）

	一八七七（决算）			一八九〇（决算）			一九〇〇（决算）			一九〇八（预算）		
	一〇〇〇卢单位	对岁出之比	每一人应出之数	一〇〇〇卢单位	对岁出之比	每一人应出之数	一〇〇〇卢单位	对岁出之比	每一人应出之数	一〇〇〇卢单位	对岁出之比	每一人应出之数
国债费合计	六三二一八			一五〇三一八			二六二八四八一			三八九六六	一六.五	二.七五
3.行政费合计	六三二一九八	?	?	七六三一.六			一〇二八八七四			一四五四一四	六二.七	一〇.三八
经常岁出合计	六三二一九八	一〇〇.〇	七.五六五	九一四一七〇			一五五四五二八			二三一七五〇	一〇〇.〇	一六.五五

临时岁出：

	一八七七（决算）			一八九〇（决算）			一九〇〇（决算）			一九〇八（预算）		
	一〇〇〇卢单位	对岁出之比	每一人应出之数	一〇〇〇卢单位	对岁出之比	每一人应出之数	一〇〇〇卢单位	对岁出之比	每一人应出之数	一〇〇〇卢单位	对岁出之比	每一人应出之数
铁路建设费等	｛四八四五四一			六四九五三五			一三一〇四三			五九一六六六		
陆军				一二九八八			六八八四三			｝六六三三八八		
海军												
植民				四六三七八			一四〇九〇二			四二三一一		
其他				一二三九〇一			三三三七八八			一九七六九六		
临时岁出合计	四八四五四一			一〇三八六九			一八八九二一六			一五一五八六		
岁出总计	一一一五七三九											

（4）日本

经常岁出

人口百万单位	三四.〇 一八七五—一八八八			四〇.五 一八九二—一九〇一			四四.八 一九〇〇—一〇一〇			四八.六 一九〇八—一九〇九		
	一〇〇〇元单位	对岁出之比	每一人应出数	一〇〇〇元单位	对岁出之比	每一人应出数	一〇〇〇元单位	对岁出之比	每一人应出数	一〇〇〇元单位	对岁出之比	每一人应出数
1. 官有财产及官业经营费	?			?			?			?		
2. 内国税及关税收纳税												
陆军	六九六〇	一二.三	〇.二二	一二四九八	一二.四八		三八七二一	三六.二四		六九五三六	一六.七	一.五〇五
海军	二八三〇	五.〇	〇.〇八五	五四三四七	一四九.四七		三四八八一	八.三	〇.七四五	七〇二一〇	一六.七	一.五〇五
殖民							一六九一一			三四八八一	八.三	〇.七四五
社会政废费												
文部	一七四〇	三.一	〇.〇五〇	九七一	九.七一		四四五七	四四五.七		四六二三八	一.六	〇.一〇〇
国际费	四五〇八	一七.六	一.三八	一八四五七	一八四五.七		三四四八四一			一七六八四〇	四二.一	三.八〇〇
其他之民政费				二四五三三	二四五三.三		五二九六一八			一三三七六〇	三一.八	二.八七〇
3. 行政费合计	五六六一	一〇〇.〇	一.七〇	六二八八八	六二八八.八		一四五二三六	一四五二.三六		四二〇二五九	九八.四	九.〇四〇
经常岁出合计				六三八八八	六三八八.八		一四九一三四	一四九一.三四		四二七一九五	一〇〇.〇	九.一八五

临时岁出

	一八五七八			一八九二一九三			一九〇〇一〇一			一九〇八一〇九		
	一〇〇〇元单位	对岁出之比	每一人应出数	一〇〇〇元单位	对岁出之比	每一人应出数	一〇〇〇元单位	对岁出之比	每一人应出数	一〇〇〇元单位	对岁出之比	每一人应出数
铁路	{ 一二五九〇			一二一一			三〇一五			五九三七〇		
陆军				二二七六			三八七一四			三七二〇七		
海军				三六八			四二六四			四九一五		
植民												
其他				三七八三			三三三八			四九八五		
临时岁出合计				一二九一七			一四三六六			一九二六〇三		
岁出总计				七六七七五			二九二七五〇			六一九七八		

(5) 意大利

经常岁出

人口百万单位	二七.五(一八七五)			三〇.二			三二.五			三三.六		
	一八七四(决算)			一八九〇一九一(预算)			一九〇〇一九〇一(预算)			一九〇七一〇八(预算)		
	一〇〇〇利拉单位	对岁出之比	每一人应出数	一〇〇〇利拉单位	对岁出之比	每一人应出数	一〇〇〇利拉单位	对岁出之比	每一人应出数	一〇〇〇利拉单位	对岁出之比	每一人应出数
官有地收入及贷下料等	一六〇八	一.六八		一八八九			二四四〇			二五五八	一.五〇	

（续表）

	一八七四（决算）			一八九〇一/九一（预算）	一九〇〇一/〇一（预算）	一九〇七/〇八（预算）		
	一〇〇〇利拉单位	对岁出之比	每人应出之数	一〇〇〇利拉单位	一〇〇〇利拉单位	一〇〇〇利拉单位	对岁出之比	每人应出之数
彩票	五〇二八〇	五.六		五二四二一	三九三八九	四二四六三	一五.四	
邮政及电信	二七九二九	二九.二		五三五六一	六五九二一	九九五八五	五九.六	
铁路	一三六七	一.四		一〇〇九	一〇一四	八	〇.〇	
1.官有财产及官业费合计	九五六七四	七.八	一.三九	一〇五三七〇	一三〇七六五	一六七一四	九.八	一.九九
直接税	四〇五三	〇.三	〇.〇六〇	一五八三六	一六八二九	二六〇六七	一.五	〇.三一
关税	一八八一二	一.六	〇.二七	一四六四八	六二二二	七八〇	〇.五	〇.〇九
入市税	五二一七	六.一		一一六一八	?	二四九〇五	八.三	
内国消费税	三四	〇.四		四九三〇	二八六三	五二三	一.三	
麦粉税	八一二六	九.三五						
消费税合计	八六八一七	〇.七	〇.一二	一六五八八	二八六三	三〇一一七	一.七	〇.三六
盐专卖	九五一四	九.九.四		一一一七四	四七六〇	五九七五	九七.四	〇.三六
烟草专卖	五六	〇.六				一六〇〇	二.六	
鸡纳专卖								

（续表）

	一八七四（决算）			一八九〇—九一（预算）	一九〇〇—〇一（预算）	一九〇七—〇八（预算）		
	一〇〇〇利拉单位	对岁出之比	每人应出之数	一〇〇〇利拉单位	一〇〇〇利拉单位	一〇〇〇利拉单位	对岁出之比	每人应出之数
专卖合计	一五〇六	〇.八	〇.一四〇	五六九〇九	四七六二〇	六二三二五	三.六	〇.七三〇
消费税及专卖	一八一五七	一.五	〇.二六	七三四九七	五〇四八三	九一四四二	五.三	一.〇九〇
关税及消费税	三七〇六六	三.一	〇.五四〇	八八一四八	五六六〇五	九九四二一	五.八	一.一八五
关税直接税及消费税	四一一二九	三.四	〇.六〇〇	一〇三九四八	七八四一二	一二五四八九	七.三	一.四九五
交通税	?	〇.二	?	?	一九六二〇	二四七一七	一.四	〇.二六六
一般经费	二四六一	〇.二	〇.〇三五	一〇九六八	九三〇四四	一五〇二〇六	八.七	一.七九
2. 关税及租税征收费合计	四三五八二	三.六	〇.六六	二四九四九	二六九八〇四(?)	二七六一三五	一九.九	三.三〇
陆军费	一七〇七二	一.六	二.五〇〇	二六〇九八六	一六九八四	二七六一三五	一九.九	三.三〇
海军费	三三〇九二〇	三.二	二.五一〇	一一二八六	一一四〇八	一二三四三	八.八	一.四七〇
文部费	一九一〇八	一.八	〇.二八〇	四一二七〇	四六五四一	七五八九	五.五	〇.九一五
国债利息及年金费	四四九一六五	四二.五		五九三四七	五八八八一七	四七一七九	三三.八	
铁道会社 ｛ 利息补给 ｝ 国债	四二一三三	三.九	｝八.九〇〇	一二六六 五〇〇四八	一五二二一 八八二六四	一七一七四 七五〇四〇	一.二 五.四	｝七.〇五五
国债偿还费	一一〇五七	一〇.二	⎰三.五三〇*	一四〇三二五	一九四一五	二八六八九	二.一	

---

*疑有误。——编者注

(续表)

	一八七四(决算)			一八九〇一(预算)			一九〇〇一(预算)			一九〇七一〇八(预算)		
	一〇〇〇利拉单位	对岁出之比	每人应出之数	一〇〇〇利拉单位	对岁出之比	每人应出之数	一〇〇〇利拉单位	对岁出之比	每人应出之数	一〇〇〇利拉单位	对岁出之比	每人应出之数
其他民政费	二四一九二	二一·四	三五·三〇	二三六二八	一二·三	三六·八五	二九〇六四九	一二·三	二五·七一八	三一·三	三八·七五
3.行政费	一〇八〇九	八八·六	一五·七五	一二六四八	七一·五	一四·五五	一四二四五七	八一·五	一三九五八六七	一六·六	二〇·三九
经常岁出合计	一二一〇七	一〇〇·〇	一七·七五〇	一六八〇四三八七	一〇〇·〇	一六四〇四二六六	七三二七	一〇〇·〇	二〇·三五			

临时岁出

	一八七四(决算)			一八九〇一(预算)			一九〇〇一(预算)			一九〇七一〇八(预算)		
	一〇〇〇利拉单位	对岁出之比	每人应出之数	一〇〇〇利拉单位	对岁出之比	每人应出之数	一〇〇〇利拉单位	对岁出之比	每人应出之数	一〇〇〇利拉单位	对岁出之比	每人应出之数
铁路及土木费	八〇二六六			一六五八八六			五一四六二六			七〇八〇五		
陆军	一九九三八			三一四六二			六二六六			三二一二		
海军	二一四二一			一二二〇〇			四九七六			一七一九二		
其他	七三一一五			六一三四一八			一九二四六八			一四一四六六三〇		
临时岁出合计	一七六五四一八			二六七六八一九			八一七八九一一			二三二七〇九		
岁出总计	一三九六七一四			一八七一二三三			一七三〇三三一			二九四五九二四		

（6）德国

经常岁出

人口百万单位	四五.二 1881—1882（决算）			四九.五 1891—1892（决算）			五六.六 一九〇〇（预算）			六三 一九〇八（预算）		
	1000马克单位	对岁出之比	每一人应出之数	1000马克单位	对岁出之比	每一人应出之数	1000马克单位	对岁出之比	每一人应出之数	1000马克单位	对岁出之比	每一人应出之数
官有地山林	七六四五八	九.二		九二〇三四			一六五〇			一三一六七九	四.〇	
矿山	一二五五八	一三.七		一八〇一二六			二〇五七五			三〇一四九七	九.二	
邮政及电信	一四六二六八	一七.七		二四八四一三			四四三八〇五			六三〇六四七	一九.三	
国有铁路（及帝国铁路）	四七六九一七	五三.三		八六七一一九			一二九二一八五			二〇〇八二四九	六一.五	
轮船航路益金	七六〇	〇.一		一三六二			一三三八五			二〇二四	〇.一	
其他	一六五五八	二.〇		二一〇二五						九三一九九	五.九	
1. 官有地及官有财产合计	八五七五二五	三五.一	九.一五五	一四一〇一八二			二一七一二六			三六三七一七	四四.三	二五.九三〇
直接税	一四五二〇			一六九〇〇			二一〇〇			三二八三八		
间接税	一三三一七			二二七七五			二五七六五			三五		
帝国之消费及交通税	一七五六二			三三一二六			三七五三三			四〇七八五		
联邦之间接税	四三〇〇			五六〇〇			七三〇〇			一〇〇〇		

（续表）

	一八八一—八二(决算)			一八九一—九二(决算)	一九〇〇(预算)	一九〇八(预算)		
	一〇〇〇马克单位	对岁出之比	每一人应出之数	一〇〇〇马克单位	一〇〇〇马克单位	一〇〇〇马克单位	对岁出之比	每一人应出之数
IIa 租税收纳费合计	九一四七七			七八四三六	九五八九八	一〇七一二三		
砂糖税	二四〇九〇			八八四九三	三〇七一七	六		
烧酒税	一七五三五			八八〇八	一五八七	二六〇〇		
其他之保证金	四二三			六〇八	六	一九七		
b.保证金合计	四二四〇八			九二六六二	四七一八七	三五六四三		
IIa 及 b 合计	九一四七七	三九	一.〇一〇	一六九八〇五	一三七五八	一四七九六	一.九	一.一二五
陆军[除恩给] 海军 }	四〇二六四四 三八〇二二 }	二八.〇 二.七 }	四.四五五 〇.四二〇 }	四七九五三三 六〇〇六六 }	六四九四二七 一五二四二	八〇四九二 二六二八四五	二〇.三 六.六	六.四〇〇 二.一〇五
植民				四〇七一	二二四七九	四一〇九五四	一.一	〇.三三五
社会政策				八九二七	三三九七八	一〇六二〇〇	二.七	〇.八四五
文部	七七四四一	五.四	〇.八五五	一四九九九		三五七七九	八.〇	二.五二〇
确定公债 { 利息 偿还 管理 }	二二六二一 三四五九五 〇.二一四 }	一.七〇 〇.二一 }	} 二.七六〇	四六三二一 三四五七九 }	四六六二一八 六六八八四 四六二七	六五八八四九 一四三三一〇 七三〇	一五.五 二.八 〇.二 }	五.八五五
国债费合计	二四九五七七	一.七	〇.三三四	三四六七〇七九	五三九七八四九	七三七四八	一.八	〇.二
养老基金	三〇三二六	二.一	〇.三三六	一五二二	三〇七三五	三六〇三九	〇.二	〇.二八五

（续表）

	一八八一/八二（决算）			一八九一/九二（决算）	一九〇〇（预算）			一九〇八（预算）		
	一〇〇〇马克单位	对岁出之比	每人应出之数	一〇〇〇马克单位	一〇〇〇马克单位	对岁出之比	每人应出之数	一〇〇〇马克单位	对岁出之比	每人应出之数
其他之民政费	六三八一八二	四四.四	七.〇六	八六八三六	一四二三一七	四一.八	一.三三六	一六五七八五	四一.八	一.三三六
III 行政费合计	一四二六一七	六二.〇	一五.三八五	二〇三八二一	二八五〇三三	四五.八	三.〇三一	三九六三五五	五三.八	三.一四五
I—III 合计	二三五二一七	一〇〇.〇	一六.〇五〇	三六二一〇〇	五四一六六四	一〇〇.〇	五.六五四	七三七六六四	一〇〇.〇	五.八五四
各联邦分担纳付金	一〇五二〇四	一.七	一.一七〇	三二五二一四	五五七五〇八	一四.二三	二.五二六	一九五七七六	一.九	一.五五八
交付金	六八〇二四		〇.七五〇	三八二三六七	五五七〇九三	一九.七〇九	一.五七六	一九一七七六		一.五五八
经常岁出合计	二五八二〇六		二七.九〇〇	四六二三二六七	六四四〇四〇七五		二.九〇四〇七	七一一四〇二二		六.〇二〇

临时岁出

	一八八一/八二（决算）			一八九一/九二（决算）	一九〇〇（预算）			一九〇八（预算）		
	一〇〇〇马克单位	对岁出之比	每人应出之数	一〇〇〇马克单位	一〇〇〇马克单位	对岁出之比	每人应出之数	一〇〇〇马克单位	对岁出之比	每人应出之数
铁路及邮政	六二一八六			二四〇九七七	一一三〇〇〇			二五四〇六八		
陆军	}			九五二二六	二八四七〇			九五四〇九五		
海军	}			二四六三九	五五二二三			八六一三五		
殖民	} 七四〇九〇			} 九六四九九	} 一二一八五			} 九六六〇七八		
其他	一二八七一〇			四六四〇五八九	三八一〇〇〇			五六二六九三		
临时岁出合计	二六七八〇六			四八七三〇六	六七四八五〇七五			八三一四〇一〇五		
岁出总计										

（7）奥匈国
经常岁出

人口百万单位	三五.九			四一.四		四五.四		四九.九		
	一八七三（决算）			一八九〇（决算）		一九〇〇（决算）		一九〇八（预算）		
	一〇〇〇克单位	对岁出之比	每人应出之数	一〇〇〇克单位	对岁出之比	一〇〇〇克单位	对岁出之比	一〇〇〇克单位	对岁出之比	每人应出之数
A 奥地利及匈牙利之共同财政										
陆军	二〇〇〇三八	八六.一	二.三六〇	二四九一三〇	一四.五一	三〇一四九四	八〇.八	三一九二二	八〇.九	二.七二五
海军	二〇一六六六	八.六	〇.二四〇	一四五八一	〇.八四	四四五八七	一四.四	五七一八五	一四.四	〇.四〇九
其他	一二六一九	五.三	〇.一五〇	一三九七〇	〇.八一	一五〇四〇	四.八	一八八五〇	四.八	〇.一六〇
合计	二三二八一四	一〇〇.〇	二.七五五	二八七六八	一六.一四	三六一一九〇	一〇〇.〇	三九六六六六	一〇〇.〇	三.三七五
B 在帝国参事院被代表之奥国及各州之财政	二〇.四			二三.九		二六.一		二七.七		
航路费						三八.七		四五〇	〇.一	
官有地及山林	七〇七六	九.〇		七〇一六		一四九八一		一三七三〇	二.二	
矿山	八七八八	一一.二		三〇八〇		一六〇〇九		一七六三〇	二.八	
货币铸造	五一八	〇.七		四七八		七九九		} 八二一六	} 一.三	
印刷局	六六五三四	三.四		五一五八八		五一八三〇				
彩票	二五六三〇	三二.二		六二八一六		一七八四九		一八四二四	三.〇	

(续表)

	一八七三(决算)			一八九〇(决算)		一九〇〇(决算)		一九〇八(预算)		
	一〇〇〇克单位	对岁出之比	每一人应出之数	一〇〇〇克单位	对岁出之比	一〇〇〇克单位	对岁出之比	一〇〇〇克单位	对岁出之比	每一人应出之数
铁路				一〇四五三〇	三〇	二四四二四六	五〇六	四一一二一三	六.六	
邮政收金	三四一五六	四三.五		三〇五六		五〇六			一.一	
邮政及电信	三四一五六			三四六〇二	一八.五	九八四四一		一四五〇九八	三.二	
1.官业及官有财产合计			一.六三九	二一四六八八	九.八	三九八七〇		六二二七三五	一五.六	八.四七
直接税	三二八	〇.四		一五三六		九八〇八		八七六三	五.一	
间接税	一六七九二	一.八五		四九五二		八五七七		九一〇〇	五.一	
消费税	九六〇八	一〇.五		三五四五四		四二八九〇		三九九八七	三.二	
盐专卖	六五四〇四	七.二		五〇九九		九〇五〇		一四〇五七	八.七	
烟草专卖	五〇三七〇	六.二		六〇三七八		七八〇七〇		九二七六七	五四.二	
专卖合计	六二三三四			六六三六八		八七二二八		一〇七六二三		
交通税	一九七四	二.一		二〇八〇		四二〇六		五七四五	三.四	
2.关税及租税收纳费合计	九一〇三六	一一.五	一.八九五	一一〇三九〇		一五二四〇九一		一七二一五八	八.〇	二.六三〇
国防费	一七〇二	三.六		三五三二		五〇八三		七八一七四	七.五	
文部	一五一八四	三.二		二六八四〇		四八八六五		八七一〇三	八.三	
社会政策费										

（续表）

	一八七三（决算）			一八九〇（决算）		一九〇〇（决算）		一九〇八（预算）	
	一〇〇〇克单位	对岁出之比	每一人应出之数	一〇〇〇克单位	对岁出之比	一〇〇〇克单位	对岁出之比	一〇〇〇克单位	每一人应出之数
国债 一般国债 利息年金	一五八七八			六八九九八		一六七三九		一五二〇三	
偿还	一六五〇			一二二一		一三五六五		二四八二一	
管理费	二四八四二			二一二二		一三八〇二			
国债	一一四〇四			一二〇四		一三五六		二〇二	
奥地利国债									
特别国债 利息偿还				九七九九八		一三九八七三		一九六〇七四	
国债				三一八八四		一〇九一九		八二一八〇	
国债费合计	一八六〇七四	三九.五		二九六二六		三四八二二	三八.二四	四六五〇五四〇	三八.三
其他之民政费	一五二七一六	五.三七		二四六二五		三四五五二七		四四五一五	四五.九
3. 行政费	四七一〇二六	五.三〇	九.八五	五九九三六八		八〇〇七〇六		一〇八六二〇	五三.二
关税	三〇二四八	一.九三		七二一〇二		一一二六八一		一二一二〇	四三.〇
分担纳付金共同	一二五八三〇	七.七		一二〇四九六		一三六九四六		一二六二〇	五.〇
其他事业用	一四七八〇	一.〇七							
合计	一五七一〇八	一九.八	三.二七	二〇一一八〇		二五〇二七		一八一二〇	一.二
经常岁出合计	七九七七〇二	一〇〇.〇	一六.六五	一〇九一九六		一六〇九一五		一二三八八二	一〇〇.〇

临时岁出

	一八七三（决算）			一八九〇（决算）		一九〇〇（决算）		一九〇八（预算）		
	一〇〇〇克单位	对岁出之比	每一人应出之数	一〇〇〇克单位	对岁出之比	一〇〇〇克单位	对岁出之比	一〇〇〇克单位	对岁出之比	每一人应出之数
陆军		三五九六六			?		一二五〇		?	
海军							四七九〇七			
铁路		三五九六六					五六〇八二			
临时岁出合计										
岁出总计	八三三六六四				?		一六六一二七七		?	

(8) 匈牙利

经常岁出

人口百万单位	一五.五			一七.五		一九.三		二0.五	
	一八七三(决算)			一八九0(决算)		一九00(决算)		一九0八(预算)	
	一000克单位	对岁出之比	每一人应出之数	一000克单位	一000克单位	一000克单位	对岁出之比	每一人应出之数
官有地及军马养成所	二九五四0	二九.八		四五四八	一四二0六			
山林	三七六八二	三.八一		四五三五	一四六三七			
矿山及货币铸造				六六五六	五六三二七		?	
制铁所及机械制造所	一八三八	一.八		四七六九	四0五			
印刷局其他	一二六九八	一.八		一0五九	三一四四			
邮政及电信				九二八九	三0九二一			
邮政贮金								
彩票	六.六	四.七		一五四四	五四			
铁路	一二六八二	一二.八		三0二七	一五九八八			
1. 官业及官有财产合计	九九一五六	二一.一	四.七五	七四二二八	一五九七七	三七五000	二八.八	七.七七0

（续表）

	一八七三（决算）			一八九〇（决算）	一九〇〇（决算）	一九〇八（预算）		
	一〇〇〇克单位	对岁出之比	每一人应出之数	一〇〇〇克单位	一〇〇〇克单位	一〇〇〇克单位	对岁出之比	每一人应出之数
直接税	二〇三〇	六.〇						一.三〇
关税	六七八	二.〇						
间接税	五四八	一.六						
盐专卖	三八三〇	一一.三		二四二六	一四二六			
烟草专卖	二六三七八	七九.一		一九三二九	五二八四八	?		
2. 租税征收费合计	三三八〇四	七.七	〇.九二五	二一七六五	五六九四八	六七〇〇〇	五.一	一.三〇
陆军	一六三六	五.五	〇.三五〇	一五三四	三九五四二	四三〇九〇	六.〇	〇.八八〇
海军								
植民								
社会政策费								
文部	七五一六	三.六	〇.二〇五	七四七九	四一四三九	六四四五五	九.〇	一.三四〇
国债 { 一般国债	六三六六七四	二.八〇	一.七四五		四六六二一	六〇六二一	八.四	一.二三五
特别国债 }	二〇七〇二	九.一	〇.五六五			二四四一七五	三三.九	五.〇六〇
国债合计	八四〇三七六	三七.一	二.三一〇	一一八六七九一	二八四八六五	三〇四四七六	四二.三	六.三一五

(续表)

	一八七三（决算）			一八九〇（决算）			一九〇〇（决算）			一九〇八（预算）		
	一〇〇〇克单位	对岁出之比	每一人应出之数	一〇〇〇克单位	对岁出之比	每一人应出之数	一〇〇〇克单位	对岁出之比	每一人应出之数	一〇〇〇克单位	对岁出之比	每一人应出之数
其他民政费	一二三〇九九	五四.一	三.二七五	一八九四九	八.二五	三.二七五	一四〇一九五四	一四.一五	三.二七五	三〇七七五	四二.七	六.二八五
3. 行政费合计	二二七六二一	五〇.四	六.二四	二二四六〇三	二四六〇三	六.二四	五一一〇五八	七.一八	一四.九三〇	七二〇五六	五五.三	一四.九三〇
共同事务费 {关税 分担赋课金	五五〇三六	一一.〇	一.四五	三二四二六	三.二六	一.四五	六三四〇九	六.三九	一.五八〇	七六二三四	五.九	一.五八〇
经常岁出合计	四四三八二	九.八	一.二六〇	一三二六七八	一三.三九	一.二六〇	九五七四七	九.五四	一二.一九六	一二一九六	九.五	一五.六七
一时的岁出	三六八七二	八.二	一.〇一五	三九七八九	三.九八	一.〇一五	四九七六六	四.七六	六.二四六	六〇四六	四.九	一.三三〇
通计	四九三五九	一〇〇.〇	一二.二七五	三六三五八八	三六五八八	一二.二七五	一〇〇七六二六	一〇〇.〇	三〇二四〇	三〇二四〇	一〇〇.〇	二七.〇〇〇

临时岁出

	一八七三（决算）			一八九〇（决算）			一九〇〇（决算）			一九〇八（预算）		
	一〇〇〇克单位	对岁出之比	每一人应出之数	一〇〇〇克单位	对岁出之比	每一人应出之数	一〇〇〇克单位	对岁出之比	每一人应出之数	一〇〇〇克单位	对岁出之比	每一人应出之数
?	七九一六六二			一八六三九			六四〇三二			九四四五三		
临时共同岁出	七〇〇二			四六六八八			一一二二三			?		
临时岁出合计	八六一八六六			一二三二八七			七六二五四			九四五九三		
岁出总计	五三三七五五七			三八六九〇二一			一〇八五二一一			一一九六九九九		

附表四 重要各国历年纯岁出中各费比例表（所谓各期指附表三A表中之各五年平均）

(1) 英国

第一期	政务费 一〇〇	国防费 三四	国债费 二二	行政费 四四
第二期	同上 一〇〇	同上 四七	同上 一二	同上 四一
第三期	同上 一〇〇	同上 三〇	同上 一六	同上 五四
一九〇九年	同上 一〇〇	同上 三〇	同上 一二	同上 五八
一九一〇年	同上 一〇〇	同上 六	同上 一〇	同上 六四

(2) 普国

第一期	政务费 一〇〇	国防费 二五	国债费 一九	行政费 五六
第二期	同上 一〇〇	同上 二五	同上 一七	同上 五八
第三期	同上 一〇〇	同上 二八	同上 一七	同上 五五
一九一〇年	同上 一〇〇	同上 二四	同上 一七	同上 五九
一九一一年	同上 一〇〇	同上 二九	同上 二一	同上 五〇

(3) 法国

第一期	政务费 一〇〇	国防费 三二	国债费 四三	行政费 二五
第二期	同上 一〇〇	同上 三三	同上 四一	同上 二六
第三期	同上 一〇〇	同上 三三	同上 三九	同上 二八
一九一〇年	同上 一〇〇	同上 三九	同上 三六	同上 二五
一九一一年	同上 一〇〇	同上 三七	同上 三五	同上 二八

附表四 重要各国历年纯岁出中各费比例表

（4）俄国

第一期	政务费 一〇〇	国防费 三三	国债费 二四	行政费 四三
第二期	同上 一〇〇	同上 三三	同上 二二	同上 四五
第三期	同上 一〇〇	同上 三四	同上 二五	同上 四一
一九一〇年	同上 一〇〇	同上 三一	同上 二四	同上 四五
一九一一年	同上 一〇〇	同上 三三	同上 二五	同上 四二

（5）奥国

第一期	政务费一〇〇	国防费二六	国债费三七	行政费三七
第二期	一〇〇	二八	三四	三八
第三期	一〇〇	二五	三一	四四
一九一〇年	一〇〇	二三	三〇	四七

（6）匈国

第一期	政务费一〇〇	国防费一四	国债费二六	行政费六〇
第二期	一〇〇	一四	二二	六四
第三期	一〇〇	一三	二二	六五
一九一〇年	一〇〇	一二	一六	七二

（7）意国

第一期	政务费一〇〇	国防费二五	国债费四九	行政费二六
第二期	一〇〇	二七	四八	二五
第三期	一〇〇	二六	三九	三五
一九一〇年	一〇〇	二八	三二	四〇
一九一一年	一〇〇	二九	三二	三九

（8）日本

第一期	政务费一〇〇	国防费五〇	国债费一七	行政费三三
第二期	一〇〇	三七	一五	四八
第三期	一〇〇	三二	三〇	三八
一九一〇年	一〇〇	三六	三三	三一
一九一一年	一〇〇	三六	二九	三五

附表五　重要各国历年财政趋势统计

A　英国

（1）战前（据堀江归一转载 Nitti 之调查）

一六九一年	三_{百万磅}	一八九二年	八八
一七四七	一一	一八九八	一〇二
一七九七	五八	一九〇〇	一一八
一八〇九	七九	一九〇二	一四二
一八一四	一一二	一九〇六	一四二
一八六六	六五	一九一一	一九九
一八七五	七四	一九一三	一八六
一八八二	八五	一九一四	一九九

（2）近年（据一九二一年 Statesman's Yearbook）

Year ended March 31	Revenue		
	Estimated in the Budgets	Actual Receipts into the Exchequer	More(+) or less(-) than estimates
	£	£	£
一九一四 (Pre-war)	一九四、八二五、〇〇〇	一九八、二四二、八九九	+三、四一七、八九七

附表五 重要各国历年财政趋势统计

（续表）

Year ended March 31	Revenue		
	Estimated in the Budgets	Actual Receipts into the Exchequer	More(+) or less(-) than estimates
	£	£	£
一九一八	六三八、六〇〇、〇〇〇	七〇七、二三四、五六五	+六八、六三四、五六五
一九一九	八四二、〇五〇、〇〇〇	八八九、〇二〇、八二五	+四六、九七〇、八二五
一九二〇	一、一六八、六五〇、〇〇〇	一、三三九、五七一、三八一	+一七〇、九二一、三八一
一九二一	一、四一八、三〇〇、〇〇〇	一、四二五、九八四、六六六	+七、六八四、六六六
一九二二	一、二一六、六五〇、〇〇〇		

甲 Budget Estimate Revised

Year ended March 31	Expenditure		
	Budget and Supplementary Estimates	Actual Payments out of the Exchequer	More(+) or less(-) than Estimates
	£	£	£
一九一四 (Pre-war)	一九九、〇一一、〇〇〇	一九七、四九二、九六九	-一、五一八、〇三一
一九一八	二、七六七、六三一、〇〇〇	二、六九六、二二一、四〇五	-七一、四〇九、五九五
一九一九	二、九七二、一九七、〇〇〇	二、五七九、三〇一、一八八	-三九二、八九五、八一二
一九二〇	一、六四二、二九五、〇〇〇	一、六六五、七七二、九二八	+二三、四七七、九二八
一九二一	一、二七一、一六八、〇〇〇	一、一九五、四二七、八七七	-七五、七四〇、一二三
一九二二	一、〇三九、七二八、〇〇〇		

B 法国

（1）战前（据 Nitti）

一二三四	三.七 百万法郎	一八一〇	一、〇〇七
一三〇〇	五.五	一八三〇	一、〇九五
一三六四	八.一	一八五〇	一、四七三
一四二二	一三.六	一八六〇	二、〇八四
一四九一	四四.八	一八七五	二、二〇九
一五一五	五二.八	一八八〇	二、七六〇
一六〇七	九〇.八	一八九二	三、三四三
一六四八	一八四.〇	一八九六	三、三〇〇
一六八三	二二六.〇	一九〇一	三、五五四
一七一五	二六六.〇	一九〇六	三、七〇〇
一七五六	二五三.〇	一九一一	四、二六八
一七八九	四七五	一九一三	四、六六四
一七九八	七五〇	一九一四	五、一九一

(2) 近年（据 Statesman's Yearbook）

甲

Years	Receipts	Expenditure	Surplus	Deficit
	Francs	Francs	Francs	Francs
一九一〇	四,二七三,八九〇,七八九	四,三二一,九一八,六〇九		四八,〇二七,八二〇
一九一一	四,八五七,四八一,一九三	四,七四二,七五五,〇九四	一一四,七二五,〇九九	
一九一二	五,〇九一,七四四,九五五	五,〇六六,九三一,二二〇	二四,八一三,七三五	
一九一三	四,四〇五,七〇八,一五〇	七,六六四,七二〇,五九〇		三,二四一,四九九,四二〇

乙

Year	Military and special expenditure	Expenditure on the debt	Other expenditure	Total
	Francs	Francs	Francs	Francs
一九一四	I 六,四〇〇,九二一,七五一	五,三三六,七六三	一,八八一,八八一,七五	六,五八八,四三四,二四
一九一五	一八,四五〇,四〇六,七〇	一,八九九,三九三,六七三	一,四四九,六六六,一〇二	二二,八〇四,四六六,五二五
一九一六	二七,二四〇,四〇四,二五九	三,二三三,〇五,八七九	二,三七,七二五,〇三	三二,九四五,一四五,一六一
一九一七	三四,〇六五,八〇五,二六	四,八六二,六六六,四〇〇	二,七五〇,一〇四,一〇三	四一,六七七,五七九,五六九
一九一八	四四,〇四六,七四八,〇四九	七,〇八七,六四七,八八八	三,四〇七,六二九,一二三	五四,五三六,七,一〇〇
一九一九	三五,八一一,三八一,六六二	七,九八六,八六二,一五一	五,二二八,三七四,三二七	四九,〇二六,五八七,一四〇
Total	一六六,〇一五,六六七,五七七	二五,一〇二,二二一,七五四	一六,三三〇,四五〇,四一一	二〇七,五四八,二三九,七四二

I. August to December. 疑下页表中标记为同一含义。——编者注

C 德国（据 Nitti）

（1）战前

一八七四	六七二.八	一九〇〇	一、九六〇.五
一八八一	五五〇.〇	一九〇一	二、一九七.三
一八八六	六三七.六	一九〇六	二、四〇六.二
一八八九	一、〇二〇.〇	一九一一	二、八五三.六
一八九四	一、二六九.〇	一九一三	三、五二〇.九
一八九七	一、二五五.〇	一九一四	三、六九六.〇

（2）近年

Years Ending March 31	Revenue		
	Ordinary	Extraord. (loans &c.)	Total
	£	£	£
一九一六—一七	一五三、一七一.九二〇	九八七、五九八.四〇〇	一、一四〇、七七〇.三二〇
一九一七—一八	I 四五三、八一三.〇九三	一、三〇六、九二七.四五五	一、七六〇、七四〇.五四五
一九一八—一九	I 三六六、六三四.九六五	二、〇三六、三〇三.四一五	二、四〇二、九三八.三八〇
一九一九—二〇	I 七九〇、四六六.〇六〇	二、三六一、七〇八.七四五	三、一五二、一八四.八〇五
一九二〇—二一	二、三四七、二六〇.一〇二	二、一八三、三五五.二一五	四、五三〇、六一五.三一七

Years Ending March 31	Expenditure		
	Ordinary (recurring and non-recurring)	Extraord.	Total
	£	£	£
一九一六—一七	二〇〇、三九二.九〇五	一、二三八、五八二.八九五	一、四三八、九七五.八〇〇
一九一七—一八	四〇六、九七二.三五五	二、二五六、〇九〇.〇三五	二、六六三、〇六七.三九〇
一九一八—一九	三六六、六三四.九六五	二、〇三六、三〇三.四一五	二、四〇二、九三八.三八〇
一九一九—二〇	七九〇、四六六.〇六〇	二、三六一、七〇八.七四五	三、一五二、一八四.八〇五
一九二〇—二一	二、三四七、二六〇.一〇二	五二七、八二三.四〇五	二、八七五、〇八三.五〇七

D 俄国

(1) 战前(据 Nitti)

一八〇三	一〇九.〇 百万卢布	一八九五	一、五二〇.八
一八四〇	一八七.〇	一九〇〇	一、八八九.二
一八六〇	四三八.〇	一九〇六	二、五一〇.九
一八八〇	七九三.〇	一九一一	二、六九三.三
一八八一	四四〇.二	一九一三	三、二〇八.四
一八九〇	一、〇九六.五	一九一四	三、五五八.七

(2) 近年

一九二〇年度(据 Statesman's Yearbook)

Supreme Economic Council and Committee for Public Works.			二一八.六 Milliard Roubles
Peples	Commissariat for	Food	一七五.一 " "
"	"	War	一二二.八 " "
"	"	Education	一一四.四 " "
"	"	Health	八〇.〇 " "
"	"	Labour and Social Welfare	七五.二 " "

E 意大利

(1) 战前(据 Nitti)

一八六三	九三〇.四 百万利拉	一九〇〇	一、六五四.二
一八七四	一、一四一.四	一九〇六	一、八七二.一
一八八五	一、四八一.五	一九一一	二、四一五.七
一八九六	一、七三一.五	一九一三	二、六三〇.一
一八九八	一、六四〇.八	一九一五	一二、七一一.〇

(2) 近年(据 Statesman's Yearbook)

Years Ending June 31	Total Revenue Lire	Total Expenditure Lire	Difference Lire
一九一六―一七	一七,二一五,八八六,七三二	二一,七七五,六七八,六四三	-四,五五九,七九一,九一一
一九一七―一八	二〇,五〇五,八一九,〇二七	二六,六六五,五六八,七四六	-六,一四九,七四九,七一九
一九一八―一九	二三,〇八〇,一八五,五二二	三三,四七〇,二〇四,〇六〇	-一一,三九〇,〇一八,五三八
一九一九―二〇	五,六八九,七六五,五八	六,二五九,四八二,八六〇	-五七九,七一七,三二二
一九二〇―二一	一二,三四九,〇八八,八一五	二四,九八八,九七八,八五九	-一二,六三九,七四四,〇四四

F 美国

(1) 战前(据 Nitti)

一七九一	三,〇〇〇,〇〇〇 美金	一八八〇	二六四,〇〇〇,〇〇〇
一八一〇	一〇,〇〇〇,〇〇〇	一八九〇	三九七,〇〇〇,〇〇〇
一八二〇	一八,〇〇〇,〇〇〇	一九〇〇	四八七,〇〇〇,〇〇〇
一八四〇	二四,〇〇〇,〇〇〇	一九一二	九三八,〇〇〇,〇〇〇
一八五〇	四〇,〇〇〇,〇〇〇	一九一三―一四	七二八,六九九,五九八
一八六〇	六三,〇〇〇,〇〇〇	一九一四―一五	七一四,九二六,九〇〇
一八七〇	一〇二,〇〇〇,〇〇〇		

(2) 近年

甲 （据 Statesman's Yearbook）

Year Ending June 30	Revenue Thousands of Dollars	Expenditure Thousands of Dollars	Year Ending June 30	Revenue Thousands of Dollars	Expenditure Thousands of Dollars
一九一五	六九二,四八四	七七六,五四四	一九二〇	六,七〇四,四一四	一七,〇三六,四四四
一九一八	四,一七二,六三五	八,九六六,五三二	一九二一	五,七九九,七五八	三,二二三,〇四二
一九一九	四,六五四,三八〇	一五,八八三七,五六六	一九二二	四,九一九,七三〇	四,〇六八,四四九

乙₁ （据 Seligman）

Receipts	一九一五	一九一六	一九一七	一九一八	一九一九
Customs	$二一二	$二二三	$二二六	$一八三	$一八二
Internal revenue	四一六	五一三	八〇九	三,六九九六	三,八一四〇
Miscellaneous	七一	五二	八一	二九三	六二四
Total ordinary receipts	六九八	七八〇	一,一一九	四,一七四	四,六四八
Panama Canal		三一	六	六	七
Excess of deposits to retire national banknotes	四				

(续表)

Year Ending June 30

Receipts	一九一五	一九一六	一九一七	一九一八	一九一九
Postal receipts	二八七	三一二	三三〇	三四四	三六五
Total (exclusive of principal of public debt)	九八九	一,一二六	一,四五五	四,七四五	五,〇二〇
Public debt receipts	一	一二	二,三七一	一六,六九五	二九,〇五三
Total Disbursements	九九〇	一,一三八	三,八四五	二一,四九〇	三四,〇七二
Ordinary (exclusive of Postal)	$七二五	$七一九	$二,〇六七	$一三,七六九	$一八,九三九
Including loans to Allies			(八八五)	(四,七三八)	(三,七九二)
Panama	二九	一八	一九	二一	二一
Postal	二九四	三一二	三二〇	三三七	三六二
Excess of national banknotes retired over deposits			三	一	一
Total (exclusive of principal of public debt)	一,〇四八	一,〇四八	二,四〇九	一四,一二七	一九,三〇二
Public debt disbursements	〇,〇五	〇,〇四	六三七	七,六八六	一五,八一四
Total	$一,〇四八	$一,〇四八	$三,〇四六	$二一,八一三	$三五,一三〇

乙₂ (据 Seligman)

	一九一九*	一九一八	一九一九	Total for Period Apr.5, 1917-June 30, 1919
Total disbursements[1]**	$三,○四六	$二一,八一三	$三五,一三○	$五九,九八九[5]**
Total expenditures exclusive of principal of the public debt	二,四○九	一四,一二七	一九,三○二	三五,八三八[5]**
War expenditures	一,三六一	一三,○七九	一八,二五四	三二,六九四
Loans to Allies	八八五	四,七三八	三,七九三	九,四一六
War expenditures exclusive of loans to Allies	四七六	八,三四一	一四,四六一	二三,二七八
Revenue exclusive of public debt[1]	一,四五五	四,七九五	五,○二○	一一,二七○
Tax revenues	一,○三五	三,八七九	四,○二三	八,九三七
War tax revenues	四,○九	三,二五三	三,三一七	七,○五九
Proportion of total expenditures from non-loan revenues	P.c. 六○.四	P.c. 三三.八	P.c. 二六.○○	P.c. 三一.一六
Proportion of total expenditures from taxes	四二.九	二七.四	二○.八三	二四.九一
Proportion of war expenditures from war taxes	三○	二四.八	一八.六一	二一.五九
Proportion of war expenditures exclusive of loans to Allies from war taxes	八五.七	三九	三三.六六	三○.三三

* 原书如此，疑为"一九一七"。——编者注 ** 原书无注解。——编者注

G 日本

(1) 战前（据小川乡太郎）

年　度	经费额	年　度	经费额
一八六八	二〇、一〇〇、〇〇〇	一九〇二	二八九、二二六、七三一
一八七七	六〇、九四〇、〇〇〇	一九〇三	二四九、五九六、一三一
一八八六	八三、二二四、〇〇〇	一九〇四	二七七、〇五五、六八二
一八八七	七九、四五三、〇〇〇	一九〇五	四二〇、七四一、二〇五
一八八八	八一、五〇四、〇〇〇	一九〇六	四六四、二七五、五八三
一八八九	七九、七一四、〇〇〇	一九〇七	六二、四〇〇、九五九
一八九〇	八二、一二五、〇〇〇	一九〇八	六三六、三六一、〇九三
一八九一	八三、五五六、〇〇〇	一九〇九	五三二、八九三、六三五
一八九二	七六、七三五、〇〇〇	一九一〇	五六九、一五四、〇二八
一八九三	八四、五八一、八七二	一九一一	五八五、三七四、六一三
一八九四	七八、一二八、六四三	一九一二	五九三、五九六、四四五
一八九五	六五、三一七、一八〇	一九一三	五七三、六三三、九二五
一八九六	一六八、八五六、五〇八	一九一四	六四八、四二〇、四〇九
一八九七	二二六、六七八、八四四	一九一五（现计）	五八三、二六九、八五三
一八九八	二一九、七五七、五六八	一九一六（预算）	六〇二、二六二、九七二
一八九九	二五四、一六五、五三八	一九一七（实行预算）	七一三、〇八四、九九八
一九〇〇	二九二、七五〇、〇五九	一九一八（预算）	八二三、二三八、四九二
一九〇一	二六六、八五六、八二四	一九一九（预算）	一、〇三四、九六一、五八一

（2）近年（据 Statesman's Yearbook）

	一九一七—一八	一九一八—一九
	Yen	Yen
Revenue	一、〇八四、九五八、三八八	一、四七九、一一五、八四七
Expenditure	七三五、〇二四、二五二	一、〇一七、〇三五、五九四
	一九一九—二〇[1]	一九二〇—二一
	Yen	Yen
Revenue	一、〇六四、一九〇、三四〇	一、三三五、三五五、三〇八
Expenditure	一、〇六四、一九〇、三四〇	一、三三五、三五五、三〇八
	一九二一—二二	
	Yen	
Revenue	一、五六二、〇〇〇、〇〇〇	
Expenditure	一、五六二、〇〇〇、〇〇〇	

H 比国

（1）战前（据 Nitti）

一八三五	八七.一 _{百万法郎}	一八九五	四一〇.三
一八四一	一一四.九	一八九九	五七〇.四
一八五一	一一八.六	一九〇六	五五七.八
一八六一	一六三.四	一九一一	六五八.一
一八七一	二二二.五	一九一二	七〇三.八
一八八一	四〇二.三	一九一三	七五五.五
一八九一	四〇二.一	一九一四	八〇六.九

（2）近年（据 Statesman's Yearbook）
Budget Estimates for Three Years

	一九一九	一九二〇	一九二一
	Francs	Francs	Francs
Revenue	八〇五、三四五、〇〇〇	一、八一九、一一三、〇〇〇	三、一一九、二二七、二二二
Expenditure	一、一〇五、四〇〇、三九五	二、七六三、〇九六、〇〇〇	三、七八〇、六三八、〇〇〇

I 瑞士

（1）战前（据 Nitti）

一八五〇	六.七 百万法郎	一八九九	九一.〇
一八六〇	二一.九	一九〇〇	一〇二.七
一八七〇	三〇.九	一九一一	九二.〇
一八七三	二三.六	一九一三	一〇三.一
一八七六	四三.四	一九一四	一〇五.四
一八八〇	四一.〇	一九一五	三、九六七 千磅
一八九〇	六六.六		
一八九六	七九.五		

（2）近年（据 Statesman's Yearbook）
Revenue and Expenditure for Six Years

Year	Revenue	Expenditure
	£	£
一九一六	七、〇六三、二八〇	七、七二九、〇二八
一九一七	七、四二六、二三六	九、四五六、一五〇
一九一八	八、八六八、二〇三	一一、三四三、九九〇

(续表)

Year	Revenue	Expenditure
	£	£
一九一九	一一、四七五、一七一	一五、三〇一、三九八
一九二〇	一三、七四二、二五四	一七、七二三、七二三
一九二一[1]*	一四、三三三、六〇〇	二〇、九三七、六〇〇

* 原书无注解。——编者注

J 荷兰

Estimates

（1）战前（据小川乡太郎）

一八五一	七三.〇 百万格	一九一一	一九四.〇
一八六一	九七.〇	一九一二	二二六.二
一八七一	九四.〇	一九一三	二三一.二
一八八一	一二三.〇	一九一四	二五三.三
一八九一	一三〇.〇	一九一五	三五三.五

（2）近年（据 Statesman's Yearbook）

Year	Revenue	Expenditure	Surplus or Deficit
	Guilders	Guilders	Guilders
一九一六	三二三、七六三、三四八	三六七、三一八、二二五	-四三、五五四、八七七
一九一七	三四六、一一一、六〇五	四〇四、三五七、一一七	-五八、二四五、五一二
一九一九	四七九、四二二、七二八	六三六、六五〇、八三〇	-一五七、二二八、一〇二
一九二〇	五二五、九二三、〇四二	七一八、五六一、八一二	-一九二、六三八、七七〇
一九二一	七一八、七九六、一五六	七八〇、二三九、三七三	-六一、四四三、二一七

K 奥匈（据 Statesman's Yearbook）

	Net Expenditure	关税收入	奥国上纳金	匈国上纳金	合计
			Revenue		
一九〇六	四一九.五(百万克)	一五四.五	一七七.三	八七.六	四一九.四
一九〇七	四三二.五	一六二.〇	一七八.一	九三.三	四三三.四
一九〇八	五一四.三	一六九.九	二一九.〇	一二五.三	五一四.二
一九〇九	六三二.六	一九七.九	二七五.八	一五七.八	六三二.五
一九一〇	五四〇三.五	二二八.四	二〇〇.三	一七.六	五四〇一.三
一九一一	五五三.五	二二二.七	二一〇.四	一二〇.四	五五三.五
一九一二	六八三.二	二三八.六	二八二.七	一六一.八	六八三.一
一九一三	四九三.四	一九七.七	二八八.〇	一〇七.六	五九三.三
一九一四[1]	二八一.一	二九.二	一二.四	七〇.六	一八〇.二
一九一四—一五	七〇.五	二一六.四	二三四.八	一三四.一	五八五.三

1 Sanctioned estimates.
2 The financial year commenced on January 1; from 1914 onwards it is to commence on July 1. 表中无2，疑有误。——编者注

附表六 各国最近财政统计（据 Statesman's Yearbook）

A 英国

Sources of Revenue	Net Receipts 1919—1920		Exchequer Receipts[1]* 1920—1921	Budget Estimate 1920—1922
	£	£	£	£
i. Customs—Imports:				
Cocoa Chocolate &c.	二,四七四,三一一			
Coffee	六二一,一六一			
Chiory	五七,四九二			
Currants	一九〇,七二三			
Raisins	五四九,八四二			
Other dried fruits	三四二,九七四			
Motor spirit	二,九九〇,六八七			

---

* 原书无注解，附表六中下同。——编者注

(续表)

Sources of Revenue	Net Receipts 1919—1920		Exchequer Receipts[1]* 1920—1921	Budget Estimate 1920—1922
	£	£	£	£
Rum	九,一八八,三〇一			
Brandy	四,八一一,三四二			
Other spirits	二,一六九,二一一			
Sugar, glucose &c.	四〇,八八七,五八五			
Tea	一七,七四七,〇六〇			
Tobacco	六〇,八五七,九一七			
Wine	二,二三五,四〇〇			
Cinematograph films	二〇九,三二三			
Clocks and watches	九一九,三八五			
Motor cars and motor cycles	一,九九五,七一五			
Musical instruments	二三七,四九一			
Matches and lighters	一,〇八五,八二九			
Other articles	一,八九〇			
		一四九,五五三,六七七	一三四,〇〇三,〇〇〇	一二六,八〇〇,〇〇〇
ii. Excise:				
Spirits	四二,六三三,七九八			
Beer	七一,二七六,二三〇			
Sugar, sacharine, glucose	一,五七,二〇〇			

(续表)

Sources of Revenue	Net Receipts 1919—1920 £	Exchequer Receipts[1]* 1920—1921 £	Budget Estimate 1920—1922 £
Tobacco(home grown)	一三,一四二		
Motor spirit	九,八〇〇		
Licence duties &c. :			
Liquor	一,四九八,〇六七		
Other	一,五八〇,一四一		
Railways	七,三九三		
Table waters and cider	一,四二一,四〇四		
Matches and lighters	二,三二一,七四一		
Entertainments	一〇,四七九,五一六		
Patent medicines	一,三三二,六六一		
Other sources	六〇,八六五		
	一三三,七八一,九五八	一九九,七八二,000	一九六,二00,000
iii. Motor vehicle duties		七,〇七三,000	九,000,000
iv. Estate &c. Duties estate Duty[2]*	三六,六三七,七〇八		
Temporary estate duty[3]*	一,〇四〇		
Probate and account duty[3]*	一三,二一〇		
Legacy duty	五,〇四四,五八二		

(续表)

Sources of Revenue	Net Receipts 1919—1920		Exchequer Receipts[1*] 1920—1921	Budget Estimate 1920—1922
		£	£	£
Succession duty	九七三,一一九			
Corporation duty	五〇,三一七			
v. Stamps(excluding fee &c., stamps)deeds		四二,七五九,九七六	四七,七一九,000	四八,000,000
Receipts, drafts &c.	一,六五八,七二一			
Bills of exchange	三,八三五,二三四			
Contract notes	一,五八九,三三九			
Companies' capital duty	一八八,九三二			
Bonds to bearer	三,六九四,四三三			
Bankers' notes, &c.	四五三,二五〇			
Licences and certificates	一八二,七三四			
Insurances	一六二,三〇五			
Other sources	八一四,一八七			
	一一二,三二一			
		三二,八九一,四六八	三六,五九一,000	三二,000,000
vi. Land tax		六七一,二〇一	六五0,000	二,五00,000
vii. House duty		一,九三五,四一三	一,九00,000	

(续表)

Sources of Revenue	Net Receipts 1919—1920 £	Exchequer Receipts[1]* 1920—1921 £	Budget Estimate 1920—1922 £
viii. Property and income tax and super-tax	三五九,四三四,0七一	三九四,一四六,000	四一0,五00,000
ix. Excess profits tax	二八九,二0八,0四六	二九,一八一,000	二0,000,000
x. Corporation profits-tax		六五0,000	三0,000,000
xi. Land value duties	六五0,五九六	二0,000	
Total Produce of Taxes	一,000,八八六,四0六	一,0三一,七二五,000	九六四,000,000
xii. Postal service	二一,一一0,七二八	三六,一00,000	}六0,000,000
xiii. Telegraph service	五,0二四,一四五	五,二00,000	
xiv. Telephone service	八,二六八,五五二	八,二00,000	
xv. Crown Lands	六七八,九三二	六六0,000	六五0,000
xvi. Interest on Suez Canal Shares &c.	一四五,九二二	三0,七七0,七二九	一二,000,000
xvii. Miscellaneous (including fee &c., stamps)	二八0,九六二,八八五	三二三,二三八,九三七	一八0,000,000
Total Non-tax Revenue	三四0,九六二,一四三	三九四,一二九,六六六	三五二,六五0,000
Total Revenue	二八0,九六二,八八五	一,四二五,九八四,六六六	一,三一六,六五0,000

Branches of Expenditure	Year ended March 31, 1920 £	Year ended March 31, 1921 £	Budget Estimate, 1921—1922 £
I. Consolidated fund:			
i. National debt services:			
Interest of funded debt	七,八九九,九〇一	二四,五〇〇,〇〇〇	二四,五〇〇,〇〇〇
Terminable Annuities	二,五八八,三三二		
Interest of unfunded debt	一一,三九七,七〇七		
Management of debt	八八七,一一二		
Interest &c. on war debt	三〇八,一二〇,六五六	三三五,〇九九,〇〇〇	三二〇,五〇〇,〇〇〇
	三三一,〇三三,七〇八	三四九,五九九,〇〇〇	三四五,〇〇〇,〇〇〇
ii. Road fund		八,九三七,〇〇〇	八,四〇〇,〇〇〇
iii. Payments to local taxation Acounts	一〇,七四六,一四二	一〇,七八五,〇〇〇	一一,一一五,〇〇〇
iv. Land settlement	三,四七七,四四七	六,九三〇,〇〇〇	五,〇〇〇,〇〇〇
v. Other consolidated fund services:			
civil list	四七〇,〇〇〇		
Annuities and pensions	三三九,五五五		
Salaries and allowances	五六,〇三八	一,七九六,〇〇〇	一,七五七,〇〇〇
Courts of justice	五二七,一五九		
Miscellaneous	五五四,八六九		
	一六,一七一,二二〇	二八,四九八,〇〇〇	二六,二七二,〇〇〇
Total Consolidated Fund Services	三四八,二〇四,九二八	三八八,〇四七,〇〇〇	三七一,二七二,〇〇〇

(续表)

Branches of Expenditure	Year ended March 31, 1920	Year ended March 31, 1921	Budget Estimate, 1921—1922
II. Supply:			
i. Army	三九五,〇〇〇,〇〇〇	一八一,五〇〇,〇〇〇	一〇六,六六五,〇〇〇
ii. Air force	五二,五〇〇,〇〇〇	二二,三〇〇,〇〇〇	一八,四一一,〇〇〇
iii. Navy	一五八,五二八,〇〇〇	八八,四二八,〇〇〇	八二,四七九,〇〇〇
iv. Civil services	五六九,〇五四,〇〇〇	四六〇,二一六,〇〇〇	三七九,〇三五,〇〇〇
v. Customs and excise	四,九九二,〇〇〇	一一,二五九,〇〇〇 }	一四,七〇一,〇〇〇
vi. Inland revenue	四,四三〇,〇〇〇		
vii. Post Office services	四八,〇六四,〇〇〇	五三,六七八,〇〇〇	六七,一六五,〇〇〇
viii. Votes of credit naval and military operations, etc.	八七,〇〇〇,〇〇〇		
Total Supply Services	一,三二七,五六八,〇〇〇	八七一,三八一,〇〇〇	六六八,四五六,〇〇〇
Total Expenditure Chargeable Against Revenue	一,六六五,七七二,九二八	一,一九五,四二八,〇〇〇	一,〇三九,七二一,〇〇〇

B 法国(一九二〇)

Revenue

	Millions of Francs
Direct and indirect taxes	三、四五七.六
Other taxes and receipts	一、八三三.〇
Tax on stock exchange transactions	一六.一
Levy on unearned income	三四一.二
Tax on bills	五一六.三
Tax on turnover	二、〇八四.三
Customs	一、七九一.四
Sugar tax	三六七.二
State monopolies	一、九九八.四
State domains	一四二.七
Miscellaneous revenues	七二五.二
Extraordinary revenues	八、四九六.八
Total	二一、七七〇.二

Expenditure

	Ordinary Budget	Extraordinary Budget	Total
	millions of Francs	millions of Francs	millions of Francs
Finance	一二、九六二.四	三七七.七	一三、三四〇.一
Justice	一一二.六	一二.七	一二五.三
Foreign affairs	六一.五	二四四.六	三〇六.一
Interior	一四九.七	一、二二九.七	一、三七九.四
War	二、五八六.八	一、六四九.八	四、二三六.六

附表六 各国最近财政统计(据 Statesman's Yearbook)

(续表)

	Ordinary Budget	Extraordinary Budget	Total
	millions of Francs	millions of Francs	millions of Francs
Marine	七五二.二	一一六.〇	八六八.二
Education	一、〇六七.四	一〇九.二	一、一七六.六
Commerce and industry	一四.四	〇.五	一四.九
Posts and telegraphs	一、三七〇.八	一〇五.一	一、四七五.九
Labour and social provision	一五一.一	二.〇	一五三.一
Colonies	二一六.五	三四.七	二五一.二
Agriculture	一四八.三	一四.六	一六二.九
Public works	一、六二八.〇	四八六.三	二、一一四.三
Maritime transport and mercantile marine	一五二.七	七六.三	二二八.〇
Total (including all items)	二一、七六一.一	五、四二〇.三	二七、一八一.四
Supplementary Budgets			
Railways			二、三八〇.六
Other services			三二〇.七
Total supplementary			二、七〇一.三
Grand Total			二九、八八二.七

C 德国

The budget estimates for 1920—1921 gives the principal items of ordinary revenue and expenditure as follows:

Revenue	Thousands of marks
Direct taxes	二三、三二〇、〇〇〇
Taxes levied once	四、五〇〇、〇〇〇
Customs and taxes on consumption	九、一四七、〇〇〇

附表六　各国最近财政统计（据 Statesman's Yearbook）

（续表）

Revenue	Thousands of marks
Taxes on coal, salt, and timber	七〇〇、〇〇〇
Monopoly of alcohol	六二、〇〇〇
Total (including all items)	三九、八九一、五六二
Expenditure	Thousands of marks
Debt	一二、六九三、三一六
Pensions	三、九六七、五四三
Ministry of Foreign Affairs	二九五、一九五
Ministry of Interior	一、四三二、八二六
Ministry of Labour	一、五九九、〇八四
Army	二、四九四、三三二
Nany	五一三、五三〇
Total (including all items)	三八、八九一、五六二

D　俄国（据阿部贤一论文）一九二二

支出总计	一八〇、〇〇〇千磅	
军事费	五〇、〇〇〇	二八
铁路欠损补填费	二七、〇〇〇—三六、〇〇〇	一五—二〇
教育费	一八、〇〇〇	一〇
保健费	一四、四〇〇	八
农业费	一八、〇〇〇	一〇
其他行政及司法费	二七、〇〇〇—三六、〇〇〇	一五—二〇
临时诸费	一八、〇〇〇	一〇
收入总计	一八〇、〇〇〇	
农业物税	七三、〇〇〇	四〇
间接税	二七、〇〇〇	一五
官业收入	二七、〇〇〇	一五
准备金支出	一八、〇〇〇	一〇
纸币发行	三六、〇〇〇	二〇

附表六　各国最近财政统计(据 Statesman's Yearbook)

E　意国

Estimates for Year Ending June 30, 1921.

Sources of Revenue	Lire
Ordinary	
State Property	
Real Property	一三、八三八、一七五
Railways	三六一、〇〇〇
Direct taxes	
Land tax	一二〇、〇〇〇、〇〇〇
Income tax(personally)	五四八、九〇〇、〇〇〇
House tax	一五六、〇〇〇、〇〇〇
Taxes on transactions	
Succession duties	一八五、〇〇〇、〇〇〇
Registration	四二〇、〇〇〇、〇〇〇
Stamps	三〇〇、〇〇〇、〇〇〇
Taxes on railway traffic	一一七、八〇〇、〇〇〇
Indirect taxes	
Excise	五八〇、六八〇、〇〇〇
Customs	二九一、八〇〇、〇〇〇
Monopolies	
Tobacco	一、六〇〇、八〇〇、〇〇〇
Salt	一二〇、〇〇〇、〇〇〇
Lotteries	一二五、〇〇〇、〇〇〇
Quinine	六、四八一、一六〇
Public services	
Post	二四〇、〇〇〇、〇〇〇
Telegraphs and telephones	一六一、三〇〇、〇〇〇

附表六　各国最近财政统计(据 Statesman's Yearbook)

（续表）

Sources of Revenue	Lire
Ordinary	
Repayments	一一八、一七五、五八四
Total（including various receipts）	八、四二八、二三八、六四〇
Virements	一三六、二四八、七八八
Total ordinary	八、五六四、四八七、四二九
Extraordinary	
Various receipts	一、三七〇、六六八、五二〇
Movement of capital	一、〇〇七、四〇七、九九七
Compensation and recoveries	三〇、五〇九、五五一
Loans	一、三六八、五一五、二一八
Total extraordinary（including various advances）	三、七八四、五三一、三八六
Grand total	一二、三四九、〇一八、八一五
Branches of Expenditure	Lire
Ordinary	
Treasury	五、二六四、三八四、七〇〇
Finance	一、三九〇、九二七、三七七
Justice	八六、九〇五、〇七四
Foreign affairs	二三、八〇七、八七〇
Instruction	五二八、二一四、九八九
Interior	三三九、一五一、九〇四
Public works	九三、九七一、五七四
Posts and telegraphs	三五一、八三九、一〇六
War	九〇三、九五八、二六八
Marine	三九二、三一五、九四三
Agriculture	三七、八七六、九三〇
Industry, commerce and labour	一五八、三九六、七三一
Colonies	七〇、八五二、五一〇
Liberated territories	二、四六〇、六〇〇

附表六 各国最近财政统计(据 Statesman's Yearbook)

(续表)

Branches of Expenditure	Lire
Ordinary	
Total of all ordinary	九、六五五、〇六三、五八二
Extraordinary	
Treasury	八、七四五、一五九、一二一
Finance	八二、一九〇、二八一
Justices	一二、五〇〇、四三二
Foreign affairs	一七、一七七、四〇〇
Instruction	一二三、六五六、七九三
Interior	一六一、七一六、八三一
Public works	三七五、三一五、〇〇〇
Posts and telegraphs	一一九、六七四、八〇三
War	二、八八八、八六四、六四六
Marine	八四一、四〇四、二〇〇
Agriculture	九、三二九、一八八
Colonies	一一一、七七一、四〇〇
Industry, commerce, and labour	一、三九七、九六九、一七七
Liberated territories	四四七、〇〇〇、〇〇〇
Total extraordinary	一五、三三三、七二九、二七六
Grand total	二四、九八八、七九二、八五九

In the Budget statement the revenue and expenditure are distributed over four categories summarised as follows:

1920—1921	1st Category (effective)	2nd Category (Construction of railways)	3rd Category (Movement of capital)
	Lire	Lire	Lire
Revenue	一〇、八〇六、三一五、一五九		一、四〇六、四五四、八六七
Expenditure	二二、九三七、二九〇、二三九		一、九〇五、二五三、八三一
Difference	-一二、一四〇、九七五、〇八〇		-四九八、七九八、九六四

附表六　各国最近财政统计(据 Statesman's Yearbook)

（续表）

1920—1921	4th Category(Virements)	Total
	Lire	Lire
Revenue	一三六、二四八、七八八	一二、三四九、〇一八、八一五
Expenditure	一三六、二四八、七八八	二四、九八八、七九二、八五九
Difference		-一二、六三九、七七四、〇四四

F　美国

Actual sources of revenue and branches of expenditure June 30, 1920, and estimates for 1921 and 1922.

Revenue 1920	Dollars
Customs	三二三、五三六、五五九
Internal revenue	五、三九九、一四九、二四四
Sales of public lands	一、九一〇、一四〇
Interest on obligations of foreign governments	三、七五一、四三三
Profits on coinage, bullion deposits &c.	一二、三六九、六一二
Payment of interest by Pacific railways	八、〇一六
Tax on circulation of national banks	四、四六八、七〇四
Interest on public deposits	一六、六五六、二七六
Premium on war-risks insurance	一〇、四二七、一二二
Customs fees, fines, penalties &c.	一、〇九五、七八六
Navy hospital and clothing funds, fines and forfeitures &c.	九四二、〇九九
Sales of ordinance material &c.	一、二三三、〇一三
Land fees	一、六〇九、三五一

附表六 各国最近财政统计(据 Statesman's Yearbook)

(续表)

Revenue1920	Dollars
Fees on letters patent	二、六〇五、七八〇
Forest reserve fund	四、八七一、八七七
Immigrant fund	二、九一九、二四五
Naturalisation fees	四九一、五三八
Proceeds of seal & fox skins	一、二四一、六四八
Alaska fund	二一三、一二一
Judicial fees, fines, penalties &c.	三、〇七七、九四五
Sales of Government property	一二、六四七、〇九二
District of Columbia, general receipts	一一、四四六、〇五〇
Trust Funds：	
Department of state	一〇、九七一
War Department	一、六三四、一一九
Navy Department	六二、〇六五
Interior Department	二四、六三三、八二八
District of Columbia	六七四、五四二
Total(with miscellaneous revenues)	六、七〇五、〇四四、六九〇
Deduct money covered by warrant in year subsequent to the deposit thereof	一、七三五、四九三
Add moneys received in fiscal year but not covered by warrant	一、一〇五、二四〇
Ordinary receipts	六、七〇四、四一四、四三七 (一、三四〇、八八二、八九〇一)
Panama Canal tolls &c.	九、〇三九、六七〇
Public debt receipts	一五、八五二、三四五、九四九
Total of receipts, exclusive of postal	二二、五五六、七六〇、三八七
Postal revenues	四三七、一五〇、二一二
Total receipts including postal	二二、九九三、九一〇、五九九 (四、五九八、七八二、一二〇一)

532

附表六　各国最近财政统计（据 Statesman's Yearbook）

（续表）

Expenditure 1920	Dollars
Civil Establishment	
Legislative	一九、七三九、七〇七
Executive	四四四、八三九、七五一
Dept. of State	一三、五九〇、二八八
Treasury Dept.	二六〇、四五一、九四七
War Dept.	八、七三四、二六九
Navy Dept.	二、七九七、一五二
Interior Dept.	二八、一九九、四九五
Post Office Dept.	三八、三七八、八七〇
Dept. of Agriculture	六六、六一一、〇六六
Dept. of Commerce	三五、七六五、〇四五
Dept. of Labour	六、一二五、二三一
Dept. of Justice	一八、六六七、二四五
Independent bureaus and offices	一、七〇六、五四七、五二七
District of Columbia	二〇、四一三、四二一
Total Civil	二、六八二、八七九、五七九 (五三六、五七五、九一六一)
Military Establishment	
Quartermaster Corps	三一四、四四六、八七九
Pay &c. of the Army	三六〇、二一〇、六三一
Ordinance Dept.	二八六、五〇六、六九七
Inproving rivers and harbours	四、八七三、九三〇
Aviation	二四、三五六、五九〇
Total War Dept.	一、〇九四、八三四、二〇二
Naval Establishment	
Increase of the Navy	二四三、三七〇、三三八
Pay of the Navy	一八九、三五三、三〇二
Aviation	三八、九三五、二九九
Total naval establishment	六二九、八九三、一一五
Indian service	四〇、五一六、八三一
Pensions	二一三、三四四、二〇四
Interest on public debt	一、〇二四、〇二四、四四〇
Total ordinary disbursements	六、一四一、七四五、二四〇 (一、二二八、三四九、〇四八一)
Panama Canal	六、〇三一、四六三
Total public debt disbursements	一七、〇三六、四四四、二七一
Total, exclusive of postal	二三、一七八、一八九、五一一
Postal service, payable from postal revenues	四一八、七二二、二九五
Total disbursements including postal	二三、五九六、九一一、八〇六 (四、七一九、三八二、三六一一)

附表六　各国最近财政统计（据 Statesman's Yearbook）

Estimates for the year ending June 30, 1921 and 1922.

Revenue	一九二一	一九二二
	Thousands of dollars	Thousands of dollars
From Customs	三五〇、〇〇〇	三五〇、〇〇〇
From Internal Revenue		
Miscellaneous	一、五〇〇、〇〇〇	一、三七五、〇〇〇
Income and profits tax	三、二〇〇、〇〇〇	二、六二五、〇〇〇
From sales of public land	二、〇〇〇	二、〇〇〇
From miscellaneous sources	六七六、〇〇〇	四九三、〇〇〇
Estimated		
Panama Canal receipts	一一、五六五	一四、五三〇
Estimated public debt receipts	六〇、一九三	六〇、二〇〇
Grand total estimated receipts	五、七九九、七五八	四、九一九、七三〇
Expenditure	一九二一	一九二二
	Thousands of dollars	Thousands of dollars
Legislative	一八、八六一	一八、四九四
Executive	二、一一〇	二、七六二
Dept. of State	一〇、二〇七	一二、六六四
Treasury Dept.		
Treasury Dept., exclusive of public bldgs.	一四五、五八七	二二三、五五九
Public buildings	一六、三〇〇	一八、九七一
War-risk Insurance	一九七、七六三	二〇七、一八四
War Department	五、七六〇	六、九六八
Military Establishment	七二五、七四二	八一〇、〇〇〇
Navy Dept.	二、八二四	三、〇五〇
Naval Establishment	四三〇、五三五	四八三、八九六
Navy Building program	二一八、一八七	一七二、〇〇〇
Dept. of the Interior		

附表六 各国最近财政统计(据 Statesman's Yearbook)

(续表)

Expenditure	一九二一	一九二二
	Thousands of dollars	Thousands of dollars
Dept. of the Interior exclusive of pensions and Indians	三二、八一六	六五、六五〇
Pensions	二七九、一五〇	二六五、一九〇
Indians	三三、八一四	三五、四六四
Dept. of Agriculture	一四四、七四八	五三、七三九
Dept. of Commerce	一九、九四二	二九、九七六
Dept. of Labour	四、九一二	一〇、八三五
Dept. of Justice	一五、二八八	一八、六〇六
Interstate Commerce Commission	四、六九三	五、五七四
District of Columbia	一九、四七八	二六、四一九
Interest on the public debt	九七五、〇〇〇	九二二、六五〇
Ordinary	三、二一三、〇四二	四、〇六八、四四九

G 日本

Summary of the budget estimates for the year ending March 31,1921.

Revenue 1920—1921	Yen
Ordinary	
Land tax	七三、七二〇、六四九
Income tax	一八一、五二二、一七九
Business tax	四三、二七七、二九四
Liquor tax	一三二、四四五、四八六
Sugar excise	三九、二八二、四二八
Tax on textile fabrics	三九、五三〇、九三〇

附表六　各国最近财政统计（据 Statesman's Yearbook）

（续表）

Revenue 1920—1921	Yen
Customs duties	六六、三二六、七二六
Total taxes	六一三、九八六、九七九
Stamps	六六、〇四七、〇七四
Public undertakings and state property	二八八、九五九、八九五
Posts and telegraphs	一六〇、五三七、七八七
Forests	二四、八〇七、七二一
Monoplies	八九、五二二、五七八
Total ordinary(including other receipts)	一、〇一二、六一四、一九七
Extraordinary revenue	三二二、七四一、一一一
Total revenue	一、三三五、三五五、三〇八 （一三三、五三五、五三〇二）
Expenditure 1920—1921	Yen
Ordinary	
Civil List	四、五〇〇、〇〇〇
Foreign affairs	一〇、八四七、一四七
Home affairs	三四、八〇四、六七〇
Finance	一九二、五〇五、二八九
Army	一五五、九四二、四一四
Navy	一〇八、九九九、七三八
Justice	二二、一五八、六七八
Instruction	二七、六一五、八八〇
Agriculture and Commerce	一五、三一一、六五一
Communications	一五二、一〇五、四一九
Total ordinary	七二四、七九〇、八八六
Extraordinary expenditure	六一〇、五六四、四二二
Total expenditure	一、三三五、三五五、三〇八 （一三三、五三五、五二〇二）

附表七 各国收入历年统计

A 各国岁入增加表（据小林丑三郎）

国名	一八九〇	一九〇〇	一九一〇	人口比例
日	一〇六,四六九,三〇四元	二九五,八〇〇,〇〇〇	五六八,九〇二,九〇六	一一(元)
英	八九,四九〇,〇〇〇磅	一〇八,三三〇,〇〇〇	二〇五,六〇六,五〇六	四五
法	二,八八五,〇〇,〇〇〇法	三,八一四,九〇〇,〇〇〇		四四
德	一,三〇四,八三二,七〇〇马	一,九三九,八八,〇六六,〇〇〇	四,三八六,六九〇,六〇九	一二
普	二,〇八六,二四三,五,〇〇〇	二,四九七,二二六,〇〇〇	三,八七三,〇四五,五〇〇	五一
俄	一,〇四七,三七〇,〇〇〇卢	一,七三六,七〇〇,〇〇〇	四,〇八五,三一四,七四九	一七
美	四〇三,一〇〇,〇〇〇美金	五六七,二〇〇,〇〇〇	二,八二九,五六七,一七五	一二
奥	一,六三四,六二八,〇〇〇克	一,六五四,二三二,〇〇〇	三,〇〇一,八三〇,〇五〇	四三
意	一,五三二,七〇〇,〇〇〇利	一,七四九,〇〇〇,〇〇〇	二,六八四,八七三,六八九	三〇

B 各国岁入类别增加表（据大内兵卫）

		一八九〇	一九〇〇	一九〇八		
				金额	对于总收入之比例	每人相当之数
英国（单位一,〇〇〇磅）	官有财产及官业收入	一三,〇九六	一九,六八二	二四,九一八	一五.九	一一.三〇
	直接税收入	二五,九七三	四二,六二三	五八,五一一	三七.四	二六.五五
	间接税及关税收入	四七,六〇五	六六,九三六	七一,七七九	四五.九	三二.五五
	手数料其他	二,八一五	一,一四一	一,二三九	〇.八	〇.五一
	合计	九六,五六三	一三〇,三八二	一五六,五三七	一〇〇.〇	七〇.九九
法国（单位一,〇〇〇法）	官有财产及官业收入	二四六,八三二	三四〇,五二八	四〇五,四二五	一一.〇	八.六六
	直接税收入	七二一,一七七	八二五,〇一一	九二七,三三四	二四.一	一八.九〇
	间接税及关税收入	二,〇二六,五九七	二,二四七,二二九	二,三二〇,四三七	六〇.三	四七.二二
	手数料其他	一九六,五六三	二五六,八九八	一六八,七六五	四.六	三.六六
	合计	三,二〇〇,一七三	三,六八〇,七四	三,八五〇,九六一	一〇〇.〇	七八.四〇

(续表)

		一八九〇	一九〇〇	一九〇八		
				金额	对于总收入之比例	每人相当之数
奥匈国共同财政（单位一,〇〇〇克）	特种收入	五,七九四	一三,〇三〇	九,二四三	一.三	〇.一三
	关税	八三,〇五四	一三一,〇四八	一三六,九九三	三三.九	一.二八
	分担纳付金	一九八,七六六	二一七,一一六	二五七,七一八	六三.八	四.三九
	合计	二八七,六六四	三六一,一九四	四〇三,九五四	一〇〇.〇	六.三九
奥国（单位一,〇〇〇克）	官有财产及官业收入	二五二,三二八	四四四,三〇八	七五一,九九八	三四.二	一二.七〇
	直接税收入	二一八,〇三二	二七九,七四〇	三九一,二三九	一六.四	一〇.七八
	间接税及关税收入	六一八,一六八	八五九,五七〇	九一八,三二九	四三.〇	二八.八七
	手数料其他	三七,五六六	七八,五六四	一一四,四〇九	六.四	〇.四九
	合计	一,一三三,六二八	一,六五二,三二二	二,一二五,七七五	一〇〇.〇	六五.四五
匈国（单位一,〇〇〇克）	官有财产及官业收入	九四,二一〇	三〇五,四七三	五二三,六二二	四一.七	二一.七一
	直接税收入	九四,七八五	二〇九,四四七	二一一,四一一	一六.八	八.一〇
	间接税及关税收入	一六四,五〇二	四〇二,一四二	五〇六,六三八	四〇.三	二一.〇一
	手数料其他	一四,七一一	一二三,九五九	一五,〇〇〇	一.一	〇.六六
	合计	三七三,二二三	一,〇四一,〇二一	一,二五六,七一四	一〇〇.〇	四四.一四

(续表)

		一八九〇	一九〇〇	一九〇八		
				金额	对于总收入之比例	每人相当之数
意国(单位一,〇〇〇利)	官有财产及官业收入	二四二,二四九	二六一,五一一	二六〇,四六三	一四.〇	五.八
	直接税收入	四六三,七九五	五三〇,四七六	四六三,七五一	一五.〇	一一.〇二
	间接税及关税收入	八二六,二七八	七八五,三九五	九七六,三八七	五二.九	二三.二三
	手数料其他	一二〇,一一一	一三二,六五四	一五〇,七六六	八.一	三.九八
	合计	一,六五二,三三四	一,七〇四,〇三六	一,八五三,八六七	一〇〇.〇	四四.一四
俄国(单位一,〇〇〇卢)	官有财产及官业收入	二七二,一七〇	六三二,二三八	七五五,九二一	三三.六	一〇.八一
	直接税收入	九〇,八七三	一三一,九一〇	一八一,五八七	七.八	二.五六
	间接税及关税收入	五一八,七一六	八三四,三三六	三二八七,六七九	五五.六	一八.四〇
	手数料其他	五三,五四七	六九,六五七	九三,六六一	四.〇	一.三三
	合计	九三五,三三九	一,七〇四,一四一	二,三二八,八八七	一〇〇.〇	三三.一三
美国(单位一,〇〇〇美金)	官有财产及官业收入	七七,四八〇	一一五,四〇四七	二〇一,〇二六	二三.八	九.八八
	直接税收入	七,五一〇	九,〇四八	五七八,〇〇〇	六八.五	二八.一八
	间接税及关税收入	三六六,〇六六	五二〇,四四七	六五,〇〇〇	七.七	三.一七
	手数料其他	一五,五三二	三三,六六二			
	合计	四六六,五九六	六六八,五九五	八四四,〇二六	一〇〇.〇	四一.二六

(续表)

		一八九〇	一九〇〇	一九〇八		
				金额	对于总收入之比例	每人相当之数
普国(单位一,〇〇〇马)	官有财产及官业收入	一,三二〇,五六二	二,一六,七一〇	三,〇八七,五九二	六八.六〇	七九.一七
	直接税收入	一七五,二九九	二二〇,九七三	三三四,一四五	七.四三	八.五二
	间接税及关税收入	四一九,六〇七	五六五,七〇二	七三五,八二九	一七.六四	二〇.三五
	手数料其他	一九〇,五二〇	二六八,〇五四	二八五,四四八	六.三三	七.三三
	合计	二,一〇五,九八八	三,一七,四四四七	四,五〇一,〇一四	一〇〇.〇〇	一一五.四〇
德国及各邦(单位一,〇〇〇马)	国有财产及官业收入	二,〇一九,三七二	三,一二三,八九九	四,四三二,九四三	六二.〇	七〇.六〇
	直接税收入	三三八,一九五	四二九,四三二	六五三,六,七五八	九.二	一〇.四七
	间接税及关税收入	九三三,六六二	一,一六三,七一四	一,五二〇,一九三	二一.〇	二四.一二
	手数料其他	二八二,三六五	四〇七,八八五	五三八,六五〇	七.五	八.五
	合计	三,五七三,五九四	五,〇三八,八六七	七,一四五,五五四	一〇〇.〇	一一三.四七

C 列国收入类别历年详计表（据松崎藏之助）*

（1）英国

经常岁入

人口百万单位

	一三.一 一八七五—七六年度（决算）			三七.七 一八九〇—九一（决算）		四一.三 一九〇〇—〇一（决算）		四四.一 一九〇七—〇八年度（决算）		
人口百万单位	一〇〇〇磅单位	对岁入之比例	每人应出之数 日元	一〇〇〇磅单位	对岁入之比例	一〇〇〇磅单位	对岁入之比例	一〇〇〇磅单位	对岁入之比例	每人应出之数 日元
御料地（纯计）	三九五	五.一		四三〇		五〇〇		五〇〇	二.一	
苏彝士运河	?			二四二		三八〇		一一八九	四.八	
货币铸造	一三九	一.八		?		九二四		七一二	三.九	
英兰银行益金	五五〇	七.〇		一六四		一七八		一一八	〇.七	
邮政	一二四五	一六.一		九八八〇		一三二〇〇		一七八八〇	七一.八	
电信	七二七.九	一〇.〇		二三八〇		三四六五八		一四四九二〇	一七.七	
官业及官有 合计	二八四一		二.二三五	一三〇九六		一九六八一		二四九一八	一五.九	
财产收入 纯计	二八四一		二.二三五	四四三五		六二一一				五.六五〇

---

*表中数字千分位不再标明；表中疑有错漏，不再一一注明。——编者注

(续表)

	一八七五—一七六年度(决算)			一八九0—九一(决算)	一九00—0一(决算)	一九0七—0八年度(决算)		
	一000磅单位	对岁入之比例	每一人应出之数	一000磅单位	一000磅单位	一000磅单位	对岁入之比例	每一人应出之数
地租	一0八0	八.五		一0三一	七五五	七三九一	一.二	
家屋税	一四0六	一一.二		一五七0	一七二0	七三0	三.四	
财产及所得税	四一0九	三二.五		一三二五	一六九二0	一九六七	五五.三	
相续税	三五三一	二八.0		九八九八+二一四+二0七	一二九八0+四一0九+一二八	三三八0+一0七0	三二.六+四.四	
免许税	一0二三	八.一		一一九九七	一三八六+二0	一二八二	三.一	
消费税	一四0五	一一.七		一八+一二五五		一八八		
直接税合计	一二六四四	一六.四	三.八二0	二五九七三	四二六二三	五八九五四	三七.四	一三.二七
关税	二00二0	二五.九	六.0五0	一九四九0+0六	二六二六+一二七	三二四0+三0六	二0.七	七.三五
砂糖税	五0七							
烧酒税	一五一五四			一四七0+七0四	一九二0六+九八一	一七0六	五七.二	

(续表)

	一八七五一七六年度(决算)			一八八〇一八九一一(决算)		一九〇〇一〇一(决算)		一九〇七一〇八年度(决算)		
	一〇〇〇磅单位	对岁入之比例	每一人应出之数	一〇〇〇磅单位	一〇〇〇磅单位	一〇〇〇磅单位	对岁入之比例	每一人应出之数
麦酒税	七六五五			九三九〇	一三四九〇	一三二一七	四二三	
其他	一八〇二			七七+七九	+四五六	一五一	〇.五	
消费税合计	二五一一八	三二.六二〇	七.五九〇	二四八二九	三八五〇一三六一三五一	三〇九七四	一九.八	七.〇二五
印纸税	七四七一	六〇.四		三五六二	七八五	七七七〇	九五.九	
铁路车票税		三〇.五七一		三二四	三二一	三四〇五	四.一	
交通税合计	七四七一	九.七	二.二五五	三八八六	八一五六	八三一五	五.四	一.八五五
间接税及关税合计	五二六二九	六八.二	一五.九〇五	四七六〇五	六六九三九	七七七七九	四五.五五	一六.二七五
关税及租税合计	六二五二三	六六.六	一八.七一五	七三五七八	一〇五三六	一〇三二〇	八五.三三	一六.五〇
手数料及行政收入	四〇五〇	五.四	一.二二〇	二八一五	一一四	一二〇九	〇.八	〇.二九五
一时的岁入				七〇七四	九六三四			
经常岁入总计	七七二三一	一〇〇.〇	二三.三〇	九六六六六	一二〇三三七	一五五五三七	一〇〇.〇	三五.四九五

临时岁入

	一八五一七六年度（决算）			一八九○一（决算）			一九○○一○一（决算）			一九○七一○八年度（决算）		
	一○○○磅单位	对岁入之比例	每一人应出之数 日元	一○○○磅单位	对岁入之比例	每一人应出之数	一○○○磅单位	对岁入之比例	每一人应出之数	一○○○磅单位	对岁入之比例	每一人应出之数
临时岁入	五七一○			三三○六			五七○一八			二九四○		
岁入合计	八二八二			九九八六九			一七四○一五			一五○五三一		

（2）法兰西

经常岁入

人口百万单位	三六、一八七五年(决算)			三八、三（一八八一）一八九○(决算)			三八、九（一九○○）一九○○(决算)			三九、三（一九○六）一九○八(预算)		
	一○○○法单位	对岁入之比例	每一人应出之数 日元	一○○○法单位	对岁入之比例	每一人应出之数	一○○○法单位	对岁入之比例	每一人应出之数	一○○○法单位	对岁入之比例	每一人应出之数 日元
官有地	四三○○	一二	?	三九七八	一○		五○一五			九一四四四	一二	
山林	三八四三一	一○.○		二九六二七			三三二三九			三三二二五	七.六	一八
铁路(纯计)				八二八五	○.○		一五五二九			一四七○○	三.五	
货币铸造(纯计)					○.○					七	一○.七	一.八
官报					○.三					九五三	一四四一	一三九
印刷局(纯计)					○.一					二六五	一六六	二三九
官有财产卖却等	一○四七四	五.五		一○六三	一四○五		一四○五六			一七四一二	四.一	
邮政及电信	一二七一四八	七二二		一九七五九	二六三六六		二六七三六六			三四九六五	八二一	

（续表）

科目	一八七五年（决算）			一八九〇（决算）	一九〇〇（决算）	一九〇八（预算）		
	一〇〇〇法单位	对岁入之比例	每人应出之数	一〇〇〇法单位	一〇〇〇法单位	一〇〇〇法单位	对岁入之比例	每人应出之数
其他营业	一九〇四三	?		三八二	六七	一九一	0.0	
官业及官有财产 合计	一〇九五七	七·一	二·一〇	三四六八三二	三四〇五二八	四二五四二五	一·〇	四·三三〇
纯计	一〇四五七			七八八二七	一一七五七	一二一四二		
地租	一七一一〇	三〇·〇		一〇八〇三	一〇三二二	九三九五五	一〇·一	
家屋税	五六八二一	九·九		六八四〇九	八五四〇七	一〇六四四七	一一·五	
动产税	四〇〇〇九	七·〇		八〇〇七五	九七五〇九	一〇四五四〇	一一·三	
门窗税	一一五四九六	一〇·三		一一二六六八	一二三六九〇	六七八五	七·三	
营业税	五八二	0.一		六八	一〇五九	一四九六〇	一·五	
报告手数料	三四〇六七	六·一		五〇三〇一	七九五六二	九一二九四	0.一	
资本利息税	五〇二一	0.九		六六二一四	七六三〇九	一二五〇一四	九·九	
法人税	二六九一	0.五		二六四二	四〇三四八	三〇五五	一·四	
矿山税						一五五二	0.四	
兵役税				三四四四		一五五二	0.一	

（续表）

	一八七五年(决算)			一八九〇(决算)	一九〇〇(决算)	一九〇八(预算)		
	一〇〇〇 法单位	对岁入 之比例	每一人 应出之数	一〇〇〇 法单位	一〇〇〇 法单位	一〇〇〇 法单位	对岁入 之比例	每一人 应出之数
使用(马车,乘马,球戏等)税	一二九六	二.二		一三九五八	一九六八	二五〇六	二.七	
相续税	一二三〇	二.一		九一一七	二五〇三九	三三七三八	五.八	
免许税	一四〇七	一.九		一三三八	一四〇三六	三六三六七	三.九	
直接税合计	五七一〇六八	二.二	六.三四〇	七三一一七	八三六〇一	九二一七三三四	二四.一	九.四五〇
关税(除盐及砂糖)	二四六六八一	九.二	二.七二〇	三四七三一	四二七四九〇	四四五〇四	一一.九	四.六二五
砂糖税及砂糖关税	一一七一二三	一九.七		三一四七〇一	一六八一八〇	一五〇九四	二.八	
葡萄酒税	一七三六六	二.二		三一四一〇	三二六四	三八九	一.六	
盐税及盐关税	三五〇一〇	五.九		三一六九	二六〇九	一四〇九九	一.二	
麦酒税	二〇八〇九	三.五		二七六〇七	三〇九五三〇	三四二九八四	一.二	
烧酒税	九五八四七	一六.一		二七六五〇七	三〇九五三〇	三四二九八四	五.二七	
Tax unique	九七五〇八	一六.四						
烛火税	六一四七	一.一		八四六七	八四八九一	六四八一	一.一	
兽油及植物油税	五八〇二	一.〇		一二六〇	一九五八	一八六九	〇.三	

(3) 俄国

经常岁入

人口百万单位	九〇			一二〇		一三五		一五一		
	一八七二(决算)			一八九〇(决算)		一九〇〇(决算)		一九〇八(预算)		
	一〇〇〇卢单位	对岁入之比例	每一人应出之数	一〇〇〇卢单位	对岁入之比例	一〇〇〇卢单位	对岁入之比例	一〇〇〇卢单位	对岁入之比例	每一人应出之数
			日元							日元
官有地	一〇一七二	一一.〇		一七八一	九.八	五九七		四八	〇.〇	
山林	四一一二八	四四.四		一〇三〇七一		五八四八三		五八四八三	七.七	
农民解放税及解放料	二四二四	二.六		二八五四		四六七四		五〇六	〇.一	
矿山及冶金所	一九二〇	二.一		八〇二		四一九九		一三五四〇	一.八	
货币铸造所	一五九六〇	一七.二		二五九六二		三二〇六二		五六三五	〇.八	
官业及营利国有资本(银行益金等、土地贷附料等)	一九五三二	二一.一		三〇七二五		五〇〇一四		五三五四六	七.一	
邮政及电信	一五二一	一.六		四〇九三一八		三六〇六七五〇		八三〇七五〇	-〇.九	
国有铁路	一五六四七			三八七四〇六		一二二八九		一〇三七	七〇.二	
私设铁路纳付金	九二六四七	一五.五	一.一〇	二七〇二〇四九		六三八二二八		七五五九二八	三二.六	
官业及官有财产 合计				一四六二六〇		二七九八六		一五二九九	五.四五	
纯计	?									

(续表)

	一八七七(决算)			一八九〇(决算)	一九〇〇(决算)	一九〇八(预算)		
	一〇〇〇户单位	对岁入之比例	每一人应出之数	一〇〇〇户单位	一〇〇〇户单位	一〇〇〇户单位	对岁入之比例	每一人应出之数
地租(包含帝国家屋税)	} 一一九〇〇〇	八八		四四二三七	四五九七〇	} 六五七七〇	三三.八	
市街地不动产税								
商业及工业税	一五〇〇〇	一.二		三四七五七	六九八四〇	九〇九七七	五〇.〇	
资本利息税				一一八七七	一六〇九一	二〇九一九	一一.六	
相续税(及让受税)						八〇〇〇	四.四	
矿业税						二〇	〇.三	
直接税合计	一三四〇〇〇	一一.四	一.六〇五	九八六七三	一二九一九〇	一八五四九一	一七.八	一.二九五
关税	五六〇〇〇	八.八	〇.六三〇	一二五六三一	二〇三九六七	二四四九四八	一〇.八	一.七八〇
饮料税 { 烧酒 麦酒 其他	} 一九〇〇〇〇	八七.一		} 二六八二七六	} 三三六八〇七	} 四六四九七四	一七.三	
烟草税	一六〇〇	五.七		二七七七	四一一九六	五一五六四	二一.四	
砂糖税	六八〇〇	三.一		一二一七九	六三二九六	九三二三六	三八.八	

(续表)

	一八七七(决算)			一八九〇(决算)	一九〇〇(决算)	一九〇八(预算)		
	一〇〇〇卢单位	对岁入之比例	每一人应出之数	一〇〇〇卢单位	一〇〇〇卢单位	一〇〇〇卢单位	对岁入之比例	每一人应出之数
煤油税				一〇五六八	二五〇三	三八〇五	一五.八	
火柴税	九一〇〇	四.一		四七二〇	七二六六	一六〇一四	六.七	
盐税	二一九四〇〇			三三三〇六八	四四四一六八	二四〇五四六		
消费税合计	二九四〇〇	三六.七	二.六三〇	三三三〇六八	一一七九二九	六九五二二五		
烧酒专卖	二六〇〇	一.五		四〇二三六	六三	九三六六七一	四〇.四	六.七〇〇
消费税及专卖合计	九六〇〇	四二.五		二四二三三	三三七九	五〇〇〇	五.一三	
旅行税	一〇三〇〇(一)	四五六		一四六七〇	二三四七二	一五五七五	一.五四	
印纸税等	一〇〇	〇.四		九一二七〇	一三七三三	一九〇〇〇	一八.七	
财产移转税				三八八〇	三八四七	四〇六〇〇	四.五	
铁路运搬税				三九三	九八二七	一〇二四〇四	一〇.一	
火灾保险税	二二六〇〇	三.八	〇.二七〇	六〇〇二九	八八二七五	一〇一四一九	四.四	〇.七二〇
杂种税	二九四六〇〇	四九.三	三.五三〇	五一八七七	八六八四三二六	二八七六七	五五.六	九.二〇〇
交通税合计								
关税及间接税合计								

（续表）

	一八七七（决算）			一八九〇（决算）			一九〇〇（决算）			一九〇八（预算）		
	一〇〇〇卢单位	对岁入之比例	每一人应出之数	一〇〇〇卢单位	对岁入之比例	每一人应出之数	一〇〇〇卢单位	对岁入之比例	每一人应出之数	一〇〇〇卢单位	对岁入之比例	每一人应出之数
关税及租税合计	四二一二〇〇	七一·七	五·一一五	六〇九五八八			九九八一二六			一四六二三六	六三·四	一〇·四九五
行政上之收入及手数料	七六九一〇	一二·八	0.九二〇	三五一二〇			五七一〇六			八一三三〇	四〇·〇	0.六五五
杂收入				一八四一九			一二五四八			一二二六六		
经常岁入合计	五九八一五七	一〇〇.〇	七·一六五	九三三三七九			七〇四二一			二三二八八八七	一〇〇.〇	一六·五六五

临时岁入

	一八七七（决算）			一八九〇（决算）			一九〇〇（决算）			一九〇八（预算）		
	一〇〇〇卢单位	对岁入之比例	每一人应出之数	一〇〇〇卢单位	对岁入之比例	每一人应出之数	一〇〇〇卢单位	对岁入之比例	每一人应出之数	一〇〇〇卢单位	对岁入之比例	每一人应出之数
国债	?						三六六二八			一八九六二九		
其他	?									七〇〇〇		
临时岁入合计	?						三六六二八			一九六六二九		
岁入总计							一七四〇七四八			二五二五五一六		

（4）日本

人口百万单位

	三四.〇 一八七五一七六			四〇.五 一八九二一九三			四四.八 一九〇〇一〇一			四八.六 一九〇八一〇九		
	一〇〇〇元单位	对岁入之比例	每一人应出之数 日元	一〇〇〇元单位	对岁入之比例	每一人应出之数	一〇〇〇元单位	对岁入之比例	每一人应出之数	一〇〇〇元单位	对岁入之比例	每一人应出之数 日元
山林				八七二			二一七			一二九六四	一三.二	
资本利息	五一八〇			九三二			二三八二			六五六六	六.七	
其他				一一〇九			一二五九			二六九九	二.八	
邮政及电信总计				五一五九			二〇六九九			三八五八八	三六.五	
铁路 纯计				二〇八五			八五〇七			三七〇五五	三七.八	
官业及官 合计	五一八〇	八.一	〇.一六〇	一〇五二八	三五二一一		九七八七二	三〇.六	二.一〇五			
有财产 纯计	?			?			?			五〇〇〇		
地租	五〇三五〇			三七九一二	四六七一八		八五七一八	六.九				
所得税				一二三二	六三六六		二七五七八	一九.九				
营业税					六三〇五		二一八四	一五.八				
矿业税				一三四	六二四		二〇四三	一.五				
相续税							一五三	一.一				
直接税合计	五〇三六〇	七九.〇	一.五四五	三九九一一	五九七六二		一三八七五	二九.二				
关税										二九八五		

（续表）

	一八七五—七六			一八九二—九三	一九〇〇—一〇	一九〇八—〇九		
	一〇〇〇元单位	对岁入之比例	每人应出之数	一〇〇〇元单位	一〇〇〇元单位	一〇〇〇元单位	对岁入之比例	每人应出之数
关税合计	一七〇二	二.七	〇.〇五五	四九二	一七〇一〇	四一四一	八.七	〇.八九〇
酒税 {烧酒税, 麦酒税}	二五六〇			一五八一三	五〇四五	七一八〇	六三.三	
酱油税				一二八	三一五四	四〇七〇	三.六	
砂糖税					一六二九四	一四.三		
荚荈税					二〇五	〇.二		
织物消费税					九四〇六二	一七.二		
煤油消费税					一五六三	一.四		
消费税合计	二五六〇	四.〇	〇.〇八〇	一七〇九一	五三六〇五	一一三四〇四	六三.八	
盐专卖 }纯计 烟草专卖	二一〇				七二〇四	五〇五七一	九五.五	二.四四五
樟脑专卖						一四〇七	四.五	
消费专卖合计	二一〇	〇.三	〇.〇〇五		七二四四	五一九七八	一一.一	一.二三五

(续表)

	一八七五—七六			一八九二—九三	一九〇〇—〇一	一九〇八—〇九		
	一〇〇〇元单位	对岁入之比例	每人应出之数	一〇〇〇元单位	一〇〇〇元单位	一〇〇〇元单位	对岁入之比例	每人应出之数
消费税及专卖合计	二一七〇	四二.三	0.0八五	一七〇九一	六〇八四九	一六六三八二	三四.九	三.〇八〇
运缴税	七〇〇				一二三五	二三三一	八.八	
印纸税及登录税				六六	一二八八	二〇三七五	七七.〇	
交易所税				二二四	一二八	二〇四二	七.八	
兑换银行券发行税	三四〇				一四〇五	一六八	四.四	
吨税					三三六	五二八	二.〇	
交通税合计	一〇四六	一.七	0.0三〇	八八四	一五二八八	二六九四五	五.六	0.五六五
其他之租税合计	二二五〇	三.五	0.0七〇	四九九一七	五一	三二四二四四	四九.二	五.〇三五
关税间接税合计	七四八〇	一二.二	0.二四〇	二二九六七	九三六九八	三二四二四四	四九.二	五.〇四四
关税及租税合计	三八一四〇	九二.二	一.七八五	六七〇七五	一五三四〇六	三七二九五九	七一.四	八.〇三〇
行政上之收入及手数料	四七〇	0.七	0.0一五	三二二五	三四〇九	四九〇七	四.四	0.一三〇
经常岁入合计	六三七一〇	一〇〇.〇	一.九六〇	八〇一〇七八	一九二二七〇	四七五七三八	一〇〇.〇	一〇.二三〇

临时岁入

	一八七五一七六			一八九二一九三			一九〇〇一〇一			一九〇八一〇九		
	一〇〇〇元单位	对岁入之比例	每人应出之数	一〇〇〇元单位	对岁入之比例	每人应出之数	一〇〇〇元单位	对岁入之比例	每人应出之数	一〇〇〇元单位	对岁入之比例	每人应出之数
国债	五六九六			二〇七三四		二〇九四	四〇〇〇三四〇	一〇〇〇三四	四一〇七	四一〇二八七	一〇二九八	
其他	五六九六			二〇七三四		二〇七三四	一四〇三六八	一四〇三六		一四〇四〇六	一四〇四〇	
临时岁入合计	六九四八三			一〇一四六二			三三三五八五			六九九七八		
岁入总计												

(5) 意大利

经常岁入

人口百万单位	三七.五(一八七五)			三〇.二			三二.五(二一九〇一)			三三.六		
	一八七四(决算)			一八〇一〇九(预算)			一九〇〇九一(预算)			一九〇七一〇八(预算)		
	一〇〇〇元单位	对岁入之比例	每人应出之数 日元	一〇〇〇元单位	对岁入之比例		一〇〇〇元单位	对岁入之比例		一〇〇〇元单位	对岁入之比例	每人应出之数 日元
官有地贷下料及	二七七五	一.六三		二四六二〇			二六八一七			二八四八六	—〇.九	
官有地所属资本之利息等		四.二.九		七六三〇〇			六七〇〇〇			七五〇〇	二七.六	
彩票	七二九五九											

（续表）

	一八七四(决算)			一八九〇— 九一(预算)	一九〇〇— 九一(预算)	一九〇七—〇八(预算)		
	一〇〇〇 单位	对岁入 之比例	每一人 应出之数	一〇〇〇 单位	一〇〇〇 单位	一〇〇〇 单位	对岁入 之比例	每一人 应出之数
邮政及电信	三一八二二	一八·七		六二九〇〇	七九〇〇〇	一〇六七〇〇	四一·〇	
铁路(纯计)	六七七八	四·〇		七四六〇三	八六五七六	四八七九四	一九·〇	
红利	三〇八六五	一八·一		四一〇一七	一五五一七	三九八〇〇	一·五	
官业及官 合计	一七〇二二一	一四·三	二·四七五	二四二一七〇	二六一五五一	二六〇四六三	一四·〇	三·九〇
有财产 纯计	七四五五八七			一三六八四〇	一三〇七四六	九三二六八		
地租	一二三四三六	三一·四		一〇六三一	一〇二三八〇	八三七五一	一八·一	
家屋税	五五四九七七	一三·六		七一七〇〇	八九四〇〇	九二六〇	二〇·〇	
动产所得税	一八八一九八	四五·七		三三四六五四	二八四二〇六	二二九四〇〇	四九·六	
法人财产税	五三一一	一·三		六四〇〇	六二〇〇	五五〇〇	一·二	
相续税	二三二七八〇	五·八		三七三〇〇	三七〇〇〇	三九〇〇〇	八·四	
免许税	四六二七七	一一·二		六四〇〇	八〇〇〇	一二五〇	二·七	
直接税合计	四一一四六八	三四·五	五·九八五	四六六三七五	五三〇四七	四六七七五	一二·〇	五·五一〇
关税	一〇〇五五五	八·五	一·四六〇	二七六〇〇〇	一二三〇〇〇	一五七五〇〇	一四·〇	三·〇六五

(续表)

税目	一八七四(决算) 1000单位	对岁入之比例	每一人应出之数	一八九〇一九一(预算) 1000单位	一九〇〇一九一(预算) 1000单位	一九〇七〇八(预算) 1000单位	对岁入之比例	每一人应出之数
麦麸税	六八八七九	五三.一						
入市税	五八三四三	四五.〇		八一八七七	五一八六五	五〇五〇二	二.六〇	
麦酒税	{二四六〇	一.九		{三四〇〇〇	{六〇一〇〇	{一四四〇〇〇	七四.〇	
烧酒税								
矿泉税								
火药税								
砂糖税								
树脂油税								
火柴税								
煤气电灯税								
消费税合计	一二九八六二	一〇.九	一.八八五	一一五八七〇	一一九六五	一九四五〇二	一〇.五	
盐专卖	七八九三四	五〇.六		六四〇〇〇	七四五〇〇	七五〇〇	二五.〇	
烟草专卖	七六一二四	四九.四		一〇〇〇〇〇	一九七〇〇〇	三三七〇〇〇	七四.〇	二.三二五

（续表）

	一八七四(决算)			一八九〇—九一(预算)	一九〇〇—一(预算)	一九〇七—〇八(预算)		
	一〇〇〇单位	对岁入之比例	每一人应出之数	一〇〇〇单位	一〇〇〇单位	一〇〇〇单位	对岁入之比例	每一人应出之数
金鸡纳专卖						一六〇〇	〇.五	
专卖合计	一五四〇六三	一二.九	二.二四〇	一五四〇〇〇	二七一五〇〇	三一八〇〇	七.一	三.七五
消费税及专卖合计	二八三七四五	二三.八	四.一二五	三六九八七七	三八一四六五	五一二六〇二	二七.六	六.〇〇
印纸税及登录税补充手数料	九四五三	八.八		九二九一	一二〇〇〇	二一五〇	一〇.七	
印纸税	三四六七六	三三.六		七五〇〇〇	六九九〇〇	七〇〇〇	三三.八	
登录税	五〇一二一	四七.〇		六九七〇〇	六七五〇〇	七〇〇〇	三六.七	
质券登录料	五〇五九	五.二		七〇〇〇	七五〇〇	八〇〇〇	三.八	
铁路车票税	六八一八	六.四		一八八一〇	二一〇三〇	三一二一八	一五.〇	
交通税合计	一〇六六五八	八.九	一.五〇	一八〇四〇一	一六八九三〇	二〇九七八七	一.三	二.五〇〇
关税及间接税合计	四九〇九〇六八	四〇.二	七.一二五	八二六三一七	七八五三九五	九九九八八七	五二.九	一一.六六五
关税及租税合计	九〇二四三六	七五.七	一三.一二〇	一二九〇〇七一二	一二五一五八七	一四四〇六三八	九七.九	一七.一七五

（续表）

	一八七四（决算）			一八九0—九一（预算）	一九00—九一（预算）	一九0七—0八（预算）		
	一000单位	对岁入之比例	每一人应出之数	一000单位	一000单位	一000单位	对岁入之比例	每一人应出之数
行政上之收入及手数料	〕一二0一四六	〕一0.0	〕一.七四五	六三五八三	七二三二一	九五八七	五.三	一.一九五
其他之收入				五六三二八	五九三二一	五一二九	二.八	0.八一五
经常收入总计	一一九二一四五	一00.0	一七.三四0	一六五二三四	一七0九0三六	一八五三一八七	一00.0	二.0七0

临时岁入

	一八七四（决算）			一八九0—九一（预算）	一九00—九一（预算）	一九0七—0八（预算）		
	一000单位	对岁入之比例	每一人应出之数	一000单位	一000单位	一000单位	对岁入之比例	每一人应出之数
国债	一0二0六			〕一九七八四	〕一七三八六	九六000		
其他	一0二0六			一四六五八	一四六五八	五0五八		
临时岁入合计				一七六八八	一七六八八	一四0六五八		
岁入总计	一二九四二0六			一八0二0四八	一七六六四二二	二000四0四五		

(6) 德国

经常岁入

人口百万单位

项目	四五.二 一八七五(决算)			四九.五 一八O一(决算)			五六.六 一九OO(决算)	六三 一九O八(预算)		
	一OOO马克单位	对岁入之比例	每一人应出之数 日元	一OOO马克单位	对岁入之比例	每一人应出之数 日元	一OOO马克单位	一OOO马克单位	对岁入之比例	每一人应出之数 日元
官有地	一三二七六九	四.六		五四四七一	一.六		一二四三二一	五九四一八	一.四	
山林	一一二四一O	九.六		一四O一八一	一.一		一四O六八八	二二八二三八	五.一	
矿山	一三五四三九	一一.六		二O七七二九	二.O		二O七六四四	三二二九六八	七.二	
邮政及电信	一六三八一四	一四.一		二六三四六O四	六.九		四八O八七八	七四七O七六	一六.九	
国有铁路(及帝国铁路)	六五九四八五	五六.八		一二五九六八三			二OO九四一一	二八O六五六	六.二	
汽船航路益金	一O九一	O.一		一O一四			一七六四五	一九八一	O.O	
其他	三七O五四四	三二.三		五O三九四O六				一六六三二O	六.O	
官业及官产 合计	一六三四三九八	五.一四		二O一九八三三			三二三八四八九	四四四二九四三	六.二O	三五.一八O
纯计	三三三五九六一		一二.八七O	六O九一七一九			一五二六三三	一五六六六六		
地租	八九二三O	二.一三		八五三五八			四二七一O	四二二八五	六.四	
家屋税	三O九四O五	一O.九		四O一六六			一七二一六	九五四一	一.四	

（续表）

	一八七五(决算)			一八九〇-九一(决算)	一九〇〇(决算)	一九〇八(预算)		
	一〇〇〇马克单位	对岁入之比例	每一人应出之数	一〇〇〇马克单位	一〇〇〇马克单位	一〇〇〇马克单位	对岁入之比例	每一人应出之数
营业税	二五八〇九	九.一		三七五六九	一九七三五	二三二七	三.四	
行商营业税	八六三	〇.三		七〇五	四一〇〇	四二四二	〇.六	
补完税(资产税)					三三三五	六三四二五	九.五	
资本利息税	八二五	二.九		一〇五一	一四〇二	一四〇八八	二.一	
一般所得税	一〇三六九五	三六.四		一三二七六	二七〇三二	四〇七五四七	六一.一	
特别所得税	二八五八	一.〇		四四八八九	六七七五	八五五四	一.三	
住居税	三五八二	一.三		五二六四	一二〇	一〇六五五	一.六	
农业税	五二五	〇.二		五二一	七四一	七九九	〇.一	
铁路税	三四五	一.一		三九一	七一五	五九四	〇.一	
矿业税	二七三	〇.一		三七二	五四二	九六五	〇.一	
其他之人税(人头税)	一二七六	〇.四		九一	七九	一〇八二	〇.二	
相续税	一二九八	四.三		二六九九四	一二一〇二	六〇六六八	九.二	
?						六〇〇〇	〇.九	
使用税	二〇四〇	〇.七		二七五八	三九二一	四〇〇八	〇.六	

(续表)

	一八七五(决算)			一八九0-九一(决算)	一九00(决算)	一九0八(预算)		
	一000马克单位	对岁入之比例	每一人应出之数	一000马克单位	一000马克单位	一000马克单位	对岁入之比例	每一人应出之数
自动车税						二000	0.三	
直接税合计	二八五三二	一二.六	三一.五	三三一八九三	四三九四三	六五六七三六	九.二	五.二一0
关税(总计)	一八一八七0	八.七	二一.九0	四00五0三四	五0五0二0	七四五六一六九	一0.四	五.九00
烧酒税	四五九九七	一.0		一五一一八0	一六八七二一	一六一000	二.九	
麦酒税 联邦	四四六八一	一六.四		五三一八四五	六二二六九	六二七六二	一.四	
麦酒税 帝国	一三0一	七.一		一二九一八0	三六七四八0	七0一八二	二.七	
葡萄酒税(联邦)	一九八一	一.八		四七00	五五六八	六二00一	一.一	
三鞭酒税						六00一	一.一	
屠畜税	四五一七0	一.七		五六五三	六七六四	六七九二	一.二	
砂糖税	九九九五六	三六.八		一五二0七六	一四0八0五一	一四八0一0六	一六.九	
盐税	三七七八二	一三.九		四三三四二	四九八四0三	五四八00六	一0.五	
烟草税	六九五七0	二.六		一二一二七	一二六三六	一二00二	二.三	
纸卷烟草税						一五002	二.七	
其他消费税	七三二四	二.七		一五九四	一八七四	一九六	0.四	

(续表)

	一八七五(决算)			一八一九一(决算)	一九〇〇(决算)	一九〇八(预算)		
	一〇〇〇马克单位	对岁入之比例	每人应出之数	一〇〇〇马克单位	一〇〇〇马克单位	一〇〇〇马克单位	对岁入之比例	每人应出之数
消费税合计	二七六二一	二.〇	三.〇〇五	四五二八八	四九二五〇八	五〇九一七〇	七.七	四.三七〇
印纸税	二一四九七	四六.一		三一四五七	四三四三二	六五三二八	二八.九	
骨牌印纸税	一〇八〇	一.三		一三〇八	一四九〇	一八五〇	〇.八	
汇票印纸税	六七二一	一四.四		八一七六	一一二七〇	一六二〇九	七.三	
交易所税等	六二〇二	一三.三		二二九八	} 一〇〇一七〇	八二〇八八	三三.三	
运送书类等						一六〇〇〇	七.一	
不动产买卖税	一一一三四	二三.九		一二八九四	一四六三〇	二〇三〇九	九.〇	-〇.六
交通税合计	四六六六六	二.一	〇.五一〇	七八二三八	一七〇一〇二	二〇三〇五〇	三.三	一.七一五
关税及间接税合计	五一六四四八	二一.八	五.八七〇	九三六二六一	一六〇七四三	一五二〇一九	二一.三	一.一〇六五
关税及租税合计	八〇一五〇	三五.四	八.八六〇	一二六九八五六	一六〇四六〇	一七八〇六九	三〇.五	一七.二七七
养老基金	三〇三一六	一.三	〇.三三五	一三一二二	三〇四五〇	三六八五三	〇.五	〇.二九〇
行政上之收入及手数料	二九六二一〇	一.九	二.九八〇	二五七一三四	} 三二七四〇二	五〇一七九七	七.〇	三.九九〇
手数料	?	?	?	?				

（续表）

	一八七五（决算）			一八九一（决算）	一九〇〇（决算）	一九〇八（预算）		
	一〇〇〇马克单位	对岁入之比例	每一人应出之数	一〇〇〇马克单位	一〇〇〇马克单位	一〇〇〇马克单位	对岁入之比例	每一人应出之数
以上之诸岁入合计	一二六四六七五	一〇〇.〇	二五.〇五〇	三五七一五九四	五〇三八八六七	七一四八五四	一〇〇.〇	
联邦之赋课金	一〇三二八九			三二六七三四	五五七〇九三三	三四六〇二八		
交付金	六三一〇二			三七九一一八	五五七〇〇〇	二二三七九		
对于联邦之保证金	二一八一二九			五五一八一	六三四〇〇〇	八五六七五		
经常岁入合计	二六二七一八九			四六七〇一八五	六六六〇八一五五	七二〇七八		五六.七三五

临时岁入

	一八七五（决算）			一八九一（决算）	一九〇〇（决算）	一九〇八（预算）		
	一〇〇〇马克单位	对岁入之比例	每一人应出之数	一〇〇〇马克单位	一〇〇〇马克单位	一〇〇〇马克单位	对岁入之比例	每一人应出之数
国债	一八〇一二五			五三六六七七	三二八〇〇〇	四七〇八四		
其他	三七五〇八			一六三三	一八〇〇〇	二四五三七		
临时岁入合计	二一七六三三			五八二二二六	三四七〇〇〇	四九六五二一		
岁入总计	二八四五四七二			五二二二二六	六六六八〇八五	八二一七四〇三		

(7) 奥匈国

经常岁入

人口百万单位	三五·九			四一·四			四五·四			四九·九		
	一八七三(决算)			一九〇（决算）			一九〇〇（决算）			一九〇八（预算）		
	一〇〇〇单位	对岁入之比例	每一人应出之数 日元	一〇〇〇单位	对岁入之比例	每一人应出之数 日元	一〇〇〇单位	对岁入之比例	每一人应出之数 日元	一〇〇〇单位	对岁入之比例	每一人应出之数 日元
A 奥地利及匈牙利之共同产财												
固有收入	一一七四	五·一	0.一四〇	五七九四			一三〇三〇			九二四三	二·三	0.0七五
关税	三五〇七一	一五·〇	0.四一五	八三〇五八			一三二〇四八			一三六九五	三三·九	一·六六
分相赋课金	一八五九六八	七二·九	二·二〇〇	一九八七六			二一七一六			一五七六八	六三·八	二·一九
合计	二三二八一四	一〇〇.〇	二·七五五	二八七六三四			三六一一九四	二六·一		四〇三九五四	一〇〇.〇	三·四五三
B 奥国各州财政												
官有地 山林	九〇八〇	九·五	二〇·四	七六二六	二·九		一二六四一			一六七五八	二·二	
矿山	一〇五〇六	一〇·九		一五六二八			一六四九五			二一二七	三·〇	
货币铸造	七六〇	0.八		五七六			七二八					
印刷	二五一四	二·六		四三二四			六六六〇			六六二	一·一	

（续表）

	一八七三(决算)			一八八O(决算)	一九OO(决算)	一九O八(预算)		
	一OOO单位	对岁入之比例	每一人应出之数	一OOO单位	一OOO单位	一OOO单位	对岁入之比例	每一人应出之数
彩票	三八六六O	四O.三		四二九五八	三O三九七	三O五四O	四.一	
银行益金	?			?	?	四五OO	O.六	
邮政盈金	三四O五六	三五.四		三O五六				
邮政及电信					五O七二八	一四三八一	一.九	
铁路	五一四	O.五		六二一九	一O七一八	一六二O四O	二一.三	
汽船航路	?			一六四二O	二三四一四七	四九四二O五	六五.七	
官业及官有财产 合计	九六O九O	一二.O	二.OOO	二五二一八	四四四三O八	七五四九八	三四.二	一一.三五
纯计	一七五六八			三七六三O	四二八五八	一二八一六二	一.二	
地租	七三三二一	四O.O		七O四七二	五六三O四三	五六OO	一.三	
家屋税	四二五八四	三.二		六二二一六	三四六三六	三五四六O七	一.五	
一般营业税 公司税	一九一O二	一O.四		｛二二九五四	｛五二三六五 五六三四OO	三五四六O七 五六三四OO	一.O 一.六	
利息税	四七六二O	二六.O		｛五九五七八	八O六八O 四六四二五五	九二一八O 六O九OO	二.六 一.四	
人的所得税					一七三七	二四O六	O.七	
行商税								

（续表）

	一八七三（决算）			一八九0（决算）	一九00（决算）	一九0八（预算）		
	一000单位	对岁入之比例	每人应出之数	一000单位	一000单位	一000单位	对岁入之比例	每人应出之数
免许税				二三五六	三0三	一九八	0.0	
兵役税				二六二	一七四五	二三二	0.七	
矿业税	六八	0.四		四六四	二四五	二五00	0.七	
相续税	五0					二五五0	0.二	
直接税合计	一八三八六	二三.0	三.八二0	二一八0三	二七九七四	三一一三九	一六.四	五.三0
关税	四九六二一	六二.二	一0.三五	八三六二0	九三0七一	一三0四一0	六.一	二.000
烧酒税	一六二0八	一二.三		六八四九一	七三五五	八九五八0	一五.一	
葡萄酒及林檎酒税	八八七二	七.一		九八二0	一一二九0	一五二00	三.五	
麦酒税	五二四六八	四三.二		五七0八二	七八四六九	七九四五0	三一.八	
肉及屠畜税	九一二八四	七.五		一五九二一	一五六九一	一六一00	四.五	
砂糖税	一二一七六	一九.六		四0九八二	一0八七一	一三0四五0	三六.七	
煤油税	一三一七六			八八二六	一九六二八	二0四00	五.七	

_____

* 疑有误。——编者注

（续表）

	一八七三(决算)			一八九〇(决算)	一九〇〇(决算)	一九〇八(预算)		
	一〇〇〇单位	对岁入之比例	每人应出之数	一〇〇〇单位	一〇〇〇单位	一〇〇〇单位	对岁入之比例	每人应出之数
一般消费税	一〇五	〇·一		一二五·六	七八一三	九八〇七	} 二·七	五·四六六
其他	二一四	〇·三		七六	一〇二			
消费税合计	一二一四〇四	一五·二	二·五〇	二一四七六	三一五七二四	三五六三〇七	一六·七	
盐专卖	三一八七八〇	二四·〇		四一二九八	四五〇八六	四七三五五	一六·四	
烟草专卖	一二一七四六	七·〇		六一四一〇六	二〇六八六五	二四三九五八	八·三·六	
专卖合计	一六二五二六	二〇·三	三·三三五	一〇五四〇四	二五一九五一	二九一五一〇	一三·六	四·四九〇
消费税及专卖合计	二八一五九三〇	三五·五	五·八九五	四〇二〇一三〇	五六六八四四九	六四八七八一七	三〇·三	九·九四五
交通税 印纸税等 通行税	} 一一一四六	一一·四六		} 一一四四一八	} 一六四〇五〇	} 一二〇一九七	八五·八	
有价证券卖买税	一一四〇六	一四·〇	一二三〇	一四四一八	一六四〇五〇	一八五〇一	一三三	二一一〇
交通税合计	一一四〇六	一四·〇	一二三〇	一四四一八	一六四〇五七	一四〇〇〇二	一·〇	
关税及间接税合计	四四一四三九五八	五五·七	九·二五〇	六一八一六八	八五四五〇七	一〇六〇三五三	三〇·三	二一·一五〇
						九一八二一九	四三·〇	一四·〇八五

(续表)

项目	一八七三(决算)			一八九〇(决算)			一九〇〇(决算)			一九〇八(预算)		
	一〇〇〇单位	对岁入之比例	每一人应出之数	一〇〇〇单位	对岁入之比例	每一人应出之数	一〇〇〇单位	对岁入之比例	每一人应出之数	一〇〇〇单位	对岁入之比例	每一人应出之数
关税及租税合计	六二七二四四	七八.七	一三.〇七	八三六二〇〇			一三二三〇			一六二九三六	五〇.四	一九.四五
行政上之收入及手数料其他之收入	七四一六八	九.三	} 一.五四五	三七五六五		} 一.五四五	七六一四		} 一.六六五	一一四〇九	六.四	} 二.四〇
经常岁入合计	七〇一七〇二	一〇〇.〇	一六.六五	一六六六二八	一〇〇.〇		一六五四二二	一〇〇.〇		二一五七五	一〇〇.〇	三二.七〇

临时岁入

项目	一八七三(决算)			一八九〇(决算)			一九〇〇(决算)			一九〇八(预算)		
	一〇〇〇单位	对岁入之比例	每一人应出之数	一〇〇〇单位	对岁入之比例	每一人应出之数	一〇〇〇单位	对岁入之比例	每一人应出之数	一〇〇〇单位	对岁入之比例	每一人应出之数
国债	二五四一四			四〇〇六六						?		
其他	四〇六五〇			二八〇八			二七四七			?		
临时岁入合计	三〇〇六四			四二八七四			二七四七			?		
岁入总计	八二七六六六			二〇六五二			一六五六六九八					

（8）匈牙利

经常岁入

人口百万单位

项目	1871.5（决算） 1000单位	对岁入之比例	每人应出之数（日元）	1890（决算） 1000单位	对岁入之比例	每人应出之数	1900（决算） 1000单位	对岁入之比例	每人应出之数	1908（预算） 1000单位	对岁入之比例	每人应出之数（日元）
官有地及军马养成所	三八一二一	三五.七		三六三			一六四一			一七九五	二.二	
山林	（合并）			五六九六			一七五四〇			一二〇二五	四.一	
矿山及货师铸造	二八六四〇	二六.三		一六五一四			五四四〇六			五〇四一九	九.六	
制铁所及机械制造所		一.四		八五六三			四〇七八一			四〇九一五六	九.四	
印刷局及其他		一三.三		一五七三			三六五〇			二八六七	〇.六	
邮政电信				一九二二			四七一〇三			六九九一一四	一三.四	
邮政贮金				二九一〇						七二五七	一.四	
彩票	六〇一七	五.五		四〇七七七			二四八一			三〇二一	〇.六	
铁路	一九三四〇	一七.八		四九九二一四			二九一三八二			三〇六三〇六	五八.五	
官有及官 合计	一〇八八一八	二四.八	二.九五	九九二一四			三六四七四			五二三六二五	四.七	
有财产 纯计	九六六二一		二.八五	二一七六			六九四九四			一四八二三		一.三五

（续表）

	1873(决算)			1890(决算)	1900(决算)	1908(预算)		
	1000单位	对岁入之比例	每一人应出之数	1000单位	1000单位	1000单位	对岁入之比例	每一人应出之数
地租	七二三八八	五二·一		三四七八〇	六八五八八	六七八三〇	三二·一	
家屋税	一五二七	一〇·九		一〇六七一	二五七六	二七四三九	一三·〇	
营业税	七三八一	三·〇		一九六六七	四八二六四	四七〇〇〇	二二·二	
营利公司税				三四六六	九一六六	八八二一	四·一	
资本及利息税				四五三三	一一六二三	一二六六三	六·〇	
所得税	二四二九	一七·四		一六八二一	三四四五九	三四五三九	一六·三	
兵役税				二四五一	三四〇九	三六七七	一·七	
矿山税				一四二	五四二	} 四九六三	二·三	
酒类贩卖营业税				?	三五三六			
相续税				?	?	?	?	
其他	六五〇	六·六		一二三一	二八七一	四五四二	二·一	
直接税合计	一三〇三一	三二·三	三·八〇	九四七八五	二〇九四四七	一二一四一一	六·八	四·三六
关税	八九一	〇·二一	〇·〇二五	?	一六〇六	一六〇六	〇·一	〇·〇三五
麦酒税	三九〇	一一·〇		二七四五	一六五七	一五一五七	一·四	

（续表）

	一八七三（决算）			一八九〇（决算）	一九〇〇（决算）	一九〇八（预算）		
	一〇〇〇单位	对岁入之比例	每一人应出之数	一〇〇〇单位	一〇〇〇单位	一〇〇〇单位	对岁入之比例	每一人应出之数
烧酒税	一三四〇〇	四六.〇		四三〇八一（三）	八五九〇七	九一七九五	四五.六	
葡萄酒及林檎酒税	五四〇〇	一八.六		六.五五	一六二四〇	二〇八五七	一〇.二	
兽肉消费税	四〇〇〇	一三.七		三二九四	八二八〇	八八一〇	四.二	
砂糖税	三一〇八	一〇.七		三三七〇九	二七二五〇	四三五〇〇	二一.五	
煤油税				五三二〇	九四九六五	一二一六二	六.〇	
杂种税					九二			
消费税合计	二九〇九八	六.五	〇.七九五	六六一〇四	一七一四〇四	二〇三四八一	一六.二	四.二〇
盐专卖	二九三四三	三五.二		一五三六九	三二二二八	三四二二八	一九.八	
烟草专卖	五三九五三	六四.八		四七六五八	一一四三一二	一二九二五〇	八〇.二	
专卖合计	八三二九六	一八.八	二.二八〇	六三七二七	一四六五四〇	一七二五三〇	一.三八	三.五九五
消费税及专卖合计	一一二三九四	二五.五	三.〇八〇	一二八八四一	三一九九四九	三七六〇一一	三〇.〇	七.八五
司法手数料	一五六八二	六.八		一八七六	五〇三四〇	六〇七五〇	四七.四	
印纸税	一一六五〇	三.二		一〇七〇	三二八八〇	三九一三一	三〇.六	
运粮税				五三二二	一二九〇四一	二八一二七	三〇.〇	
交通税合计	三七三三二	八.四	一.〇二五	三五三六六	一〇二一四八	一八〇一八	一〇.二	二.六五五

(续表)

	一八七三(决算)			一八九〇(决算)			一九〇〇(决算)			一九〇八(预算)		
	一〇〇〇单位	对岁入之比例	每人应出之数	一〇〇〇单位	对岁入之比例	每人应出之数	一〇〇〇单位	对岁入之比例	每人应出之数	一〇〇〇单位	对岁入之比例	每人应出之数
关税及间接税合计	一五〇六三七	三三.九	四.一三〇	一六四五〇二			四二一二二			〇六六三八	四〇.三	一〇.五〇五
关税及租税合计	二八九六四八	六五.二	七.九四四	二五九二八七			六三二五八九			七一八〇四九	五七.一	一四.八八五
行政上之收入及手数料杂收入	}八四七	一.九	〇.二二五	}八.二			}一三九五九			}一五〇〇〇	一.一	〇.三一〇
经常岁入合计	四〇六三七	九.六	一一.一五	三七二一二一			一〇四〇一二			一二五六七四	一〇〇.〇	二六.〇五〇
一时的收入	三七〇三九	八.四	一.〇.五	?			?			?		
通计	四四四三七六	一〇〇.〇	一二.一七〇	三七三二一二			一〇四〇一三			一二五六七一四	一〇〇.〇	二六.〇五〇

临时岁入

	一八七三(决算)			一八九〇(决算)			一九〇〇(决算)			一九〇八(预算)		
	一〇〇〇单位	对岁入之比例	每人应出之数	一〇〇〇单位	对岁入之比例	每人应出之数	一〇〇〇单位	对岁入之比例	每人应出之数	一〇〇〇单位	对岁入之比例	每人应出之数
国债	三五八二			三六二一〇			一〇六五四九五			}一四〇八六八六		
其他	一八一五七			一〇八一四〇			四八八四九八					
临时岁入合计	五四一三九			四六二〇五			一五四〇一三			一四〇八六八(四)		
岁入总计	四九八一一五			四二一〇七一			一九七〇六六			三一七〇一〇		

附表八　最近各国租税收入表

（1）英国各年度租税收入表

年　度	一九一三决算(千磅)	一九一四决算	一九一五决算	一九一六决算	一九一七预算	一九一八预算
直接税	八四,〇二九	一〇六,五一四	一六七,五一三	三八三,八一五	四五八,八一四	
地租	七〇〇	六三〇	六六〇	六四〇	六五〇	
家屋税	二,〇〇〇	一,九三〇	一,九九〇	一,九四〇	一,九五〇	
所得税	四七,二四九	六九,三九九	一二八,三二〇	二〇五,〇三三	二二四,〇〇〇	
地价税	七一五	四一二	三六三	五二一	四〇〇	
免许税	五,七一七	五,五〇二	四,七四六	四,三〇〇	二,六六六	
相续税	二七,三五九	二八,三八二	三一,〇三五	三一,二三二	一九,〇〇〇	
铁路税	二八八	二五九	二五九	二三九	一四八	

（续表）

年　度	一九一三决算	一九一四决算	一九一五决算	一九一六决算	一九一七预算	一九一八预算
战时利得税			一四〇	一三九,九二〇	二〇〇,〇〇〇	
间接税	七九,〇〇〇	八二,七一一	一二,五七〇	一三〇,二八〇	一一〇,八八六	
关税	三五,四〇五	三八,六六二	五九,六六六	七〇,五六一	七〇,七五〇	
消费税	三三,五八〇	三六,五五二	五六,二〇五	五一,八四一	三一,一三六	
印纸税	九,九六六	七,五七七	六,七六四	七,八七八	八,〇〇〇	
合计	一六三,〇二九	一八九,三〇五	二九〇,〇八八	五一四,一〇五	五六九,七〇〇	

年　度	一九一三决算	一九一四决算	一九一五决算	一九一六决算	一九一七决算	一九一八预算
直接税	五一.五四	五六.二六	五七.七五	七四.六五	八〇.五三	
间接税	四八.四六	四三.七四	四二.二六	二五.三五	一九.四七	
合计	一〇〇.〇〇	一〇〇.〇〇	一〇〇.〇〇	一〇〇.〇〇	一〇〇.〇〇	

年　度	一九一三决算	一九一四决算	一九一五决算	一九一六决算	一九一七决算	一九一八预算
直接税	一〇〇.〇〇	一二六.七一	一九五.三三	四五六.七八	五四六.〇二	
间接税	一〇〇.〇〇	一〇四.七九	一五五.一六	一六四.九一	一四〇.三六	
合计	一〇〇.〇〇	一一五.七七	一七七.二三	三一〇.八四	三四三.一九	

(2) 美国各年度租税收入表

年　度	一九一三―一四决算	一九一四―一五决算	一九一五―一六决算	一九一六―一七决算	一九一七―一八决算	一九一八―一九预算
直接税	七一,三八一	八〇,二〇二	一二四,九三七	三九三,四七〇	二,四八九,〇〇〇	
内法人税	一〇,六七一					
法人所得税	三二,四五七	三九,一五六	五六,九九四	一七九,五七二	五三五,〇〇〇	
个人所得税	二八,二五四	四一,〇四六	六七,九四四	一八〇,一〇八	六六六,〇〇〇	
嗣续税				六,〇七七	一一,〇〇〇	
超过利得税战时				三七,六六四	一,一二六,〇〇〇	
军需品税				二七,六六四	五三,〇〇〇	
间接税	六〇〇,九七七	五四五,二五五	六〇〇,九五一	六四四,一八七〇	一,一二九,〇〇〇	
关税	二九二,三二〇	二〇九,七八七	二一三,一八六	二二五,九六二	二二〇,〇〇〇	
内国消费税	三〇八,六五七	二八三,三九九	三〇三,四六六	三〇,六六〇	九〇九,〇〇〇	
战时特别税		五二,〇六九	八四,二七八	九五,二九八		
租税收入合计	六七二,三五八	六二五,四五六	七二五,八八八	一,〇五五,三三九	三,六一〇,〇〇〇	

年　度	一九一四决算	一九一五决算	一九一六决算	一九一七决算	一九一八决算	一九一九预算
直接税	一〇.六	一二.八	一七.二	三八.〇〇	六八.八一	
间接税	八九.三八	八六.一八	八二.七九	六二.〇〇	三一.一九	
合计	一〇〇.〇〇	一〇〇.〇〇	一〇〇.〇〇	一〇〇.〇〇	一〇〇.〇〇	

（3）日本

	一八九三年元	百分比	一九〇三	百分比	一九一三	百分比	一九一七	百分比	一九一九	百分比
1. 直接税	四〇,一二七	五七.五	六三,八七五	四〇.〇	一三九,七二一	三三.四	一四四,九一一	三五.一	一五六,一四四	四二.〇
地租	三八,八〇九	五五.〇	四六,八二三	二八.九	七五,三三五	一八.〇	七一,八八一	一七.七	七五,八四〇	二一.二
所得税	一,二三九	一.七	八,二四七	五.一	二八,五〇四	六.八	三六,八八一	八.九	一二一,〇四四	二一.八
営業税			七,〇四九		二三,〇五九	五.〇	二二,一三九	五.四	三三,七四六	五.五
鉱業税	一,七九		八〇二		二,一八八	〇.五	三,一五五	〇.八	五,〇八五	〇.五
取引所営業税			一,三〇		二三五	〇.一	一,三三二	〇.二	一,三六八	
登録税					三,〇五七	〇.七	三,八六七	〇.八	三,九四四	〇.六
通行税					四,一一四	一.〇	四,八八八	一.二	六,六六五	一.一
狩猟免許					四四二	〇.一	三七四	〇.一		
兑换銀行券発行税			八,二四		八,六一		九,六一	〇.二	八,六六	
2. 間接税	二九,七七七	四二.七	九七,一八八	六〇.〇	二九七,二三六	六六.六	二六七,四六三	六四.九	三四八,二三一	五八.〇
酒税	一六,一八八	二三.二	九五,一二八	五八.八	八八,〇四七	二一.二	八九,八七五	二一.八	一〇九,三三八	一八.五
醬油税	一,三三三	一.三	三,五四八		四,七九九	一.〇	四,九一三	一.二	五,二一四	〇.八
砂糖消費税	五,九四		六,九四三		一六,〇二七	三.八	二五,六一一	六.二	三一,一一四	五.二

(续表)

税种	一八九五	百分比	一九〇三	百分比	一九一三	百分比	一九一七	百分比	一九一九	百分比
织物消费税					一九,一八〇	四.六	一七,四五九	四.二	二,八九五	三.五
石油消费税					二,〇一五	0.五	一,三八五	0.三	一,0一三	
卖约印纸税	六,三六				二,一二四	0.五	二,三四七	0.六	三,0八四	0.五
交易所得税	一,五八		八,一二		四,0二一	一.0	四,八六五	一.二	八,五一	一.四
啤税			四三〇		六三〇一	0.一	五七〇	0.一	五,九三四	一0.0
关税	五,一二五		一七,三七八		五六,三四〇	一三.四	三〇,八四七	七.五	五九,六八	四.八
登录税					一八,四一四	四.四	一七,五四八	四.三	二九,六九八	四.八
印纸税					二,七一五	0.六	四,一二七	一.0	五,六四0	0.八
骨牌印纸税					-00		-00		一五七	
专卖局益金			一四,八九		六三,八五一	一五.二	六七,八0三	一六.四	七八,一0八	一二.0
其他	五,二三八		五,二							
总计	七0,00四	-00.0	一六,0六一	-00.0	四一,八六七	-00.0	四一,二三七四	-00.0	六四,五0五	-00.0

附表九　各国民租税负担统计

A　战前

国　名	年　度	每一人负担额
英国	一九〇七	四三.五九元
德国	一九〇八	二四.四七
法国	一九〇八	四〇.〇二
俄国	一九〇八	九.九六
奥国	一九〇八	二七.〇九
匈国	一九〇八	二〇.七五
意大利	一九〇七	二二.五一
美国	一九〇七	三五.五二
日本	一九〇八	九.五六

B 战争开始后

	Year Ending	Taxation Per Head			Converted into Sterling					
					At Par.			At Current Rate		
		£	s.	d.	£	s.	d.	£	s.	d.
United Kingdom	三一、三、一九一四	三	一〇	一〇						
	三一、三、一九二〇	一一	六	四						
	三一、三、一九二一	一一	〇	六						
		Dallars								
U.S.A.	三〇、六、一九一四	六.七九			一	八	〇	一	一四	〇
	三〇、六、一九一九	三七.九三			七	一五	八	九	九	七
	三〇、六、一九二〇¹	四九.四一			一〇	三	〇	一二	七	〇
		Francs								
France	三一、一二、一九一三	一〇三.四			四	二	〇	二	四	〇
	三一、一二、一九一九	二〇九.六			八	六	四	四	九	三
	三一、一二、一九二〇¹*	四五〇.〇²*			一七	一六	一〇	九	一	六

(续表)

Year Ending	Taxation Per Head	Converted into Sterling					
		At Par.			At Current Rate		
		£	s.	d.	£	s.	d.
Italy { 三〇、六、一九一四	Lire 三三.九	一	六	四	〇	一〇	四
三〇、六、一九一九	一三四.三	五	六	六	一	一一	〇
Germany { 三一、三、一九一四	Marks 三一.三	一	一〇	八	〇	四	四
三一、三、一九二一[1*]	四四四.二[3*]	二一	一五	八	三	一	〇

* 原书无注。——编者注

C 各国一般负担(大抵系一九一八、一九)之统计

Country	Population	Revenue				Debt				Special Trade			
		Total £	Per Head £	s.	d.	Total £	Per Head £	s.	d.	Total £	Per Head £	s.	d.
U. Kingdom	四五,000	一,二00,000	六	一三	四	八,000,000	一七	一五	六	二,000,000	四	八	一〇
India	三一五,000	八五,000	〇	一〇	九	一三六,000	一	〇	〇	二五0,000	〇	一五	九

（续表）

Country	Population	Revenue				Debt				Special Trade			
		Total £	Per Head £	s.	d.	Total £	Per Head £	s.	d.	Total £	Per Head £	s.	d.
Canada	七,三〇〇	六〇,〇〇〇	八	四	四	二八〇,〇〇〇	三八	七	一	五六〇,〇〇〇	七六	一四	一一
Newfoundland	二五〇	一,六六〇	七	一三	一	七,二〇〇	二九	一二	七	一,五〇〇	六	一四	七
Australia	五,五〇〇									一五,〇〇〇	二	一五	四
New Zealand	一,二〇〇					一六〇,〇〇〇	一三三	六	八	六〇,〇〇〇	五〇	〇	〇
South Africa	六,〇〇〇	二〇,〇〇〇	三	六	八	一五〇,〇〇〇	二五	〇	〇	一〇二,〇〇〇	一七	一三	四
Egypt	一二,六〇〇	一五,〇〇〇	一	一九	八					五〇,〇〇〇	三	一七	〇
United States	一〇五,〇〇〇	一,〇五〇,〇〇〇	一〇	〇	〇	一五〇〇,〇〇〇	二二	一六	二	一,四〇〇,〇〇〇	一三	一一	一
Argentina	八,〇〇〇	三五,〇〇〇	四	七	六	一二〇,〇〇〇	一五	〇	〇	一六〇,〇〇〇	三	一〇	〇
Austria	七,一四〇					一二八〇,〇〇〇	一三九	六	六				
Belgium	七,七〇〇	三二,〇〇〇	四	三	一一	七二〇,〇〇〇	九三	一〇	一	三〇八,〇〇〇	四〇	〇	〇
Bolivia	一,八〇〇	一,八〇〇	一	〇	〇	五,六〇〇	三	一六	一	二〇,〇〇〇	七	一一	一〇
Brazil	二四,〇〇〇	三八,〇〇〇	一	一一	一〇	一八〇,〇〇〇	七	一六	一	三〇八,〇〇〇	八	一一	七
Bulgaria	五,〇〇〇	一〇,〇〇〇	四	〇	〇	一四〇,〇〇〇	二二	一六	〇	*一五,〇〇〇	三	〇	〇
Chile	四,二〇〇	一四,〇〇〇	五	一四	三	五六,〇〇〇	一三	六	八	*九四,〇〇〇	二二	七	七
China	四一〇,〇〇〇	六五,〇〇〇	〇	三	〇	一五,〇〇〇	〇	〇	一一	一五〇,〇〇〇	〇	一一	一〇
Colombia	五,五〇〇	三,四〇〇	〇	一二	四	五,三〇〇	一	〇	〇	*二一,〇〇〇	二	一三	七
Costa Rica	四六〇	八〇〇	一	一四	九								
Cuba	二,六〇〇	一三,〇〇〇	五	〇	〇	一五,五〇〇	五	一九	二	*一八六,〇〇〇	七一	一〇	九
Czecho-Slovakia	一三,〇〇〇												
Denmark	三,〇〇〇	一九,五〇〇	六	一〇	〇	三〇,〇〇〇	一〇	〇	〇	一五〇,〇〇〇	五〇	〇	〇

（续表）

Country	Population	Revenue Total £	Revenue Per Head £	Revenue Per Head s.	Revenue Per Head d.	Debt Total £	Debt Per Head £	Debt Per Head s.	Debt Per Head d.	Special Trade Total £	Special Trade Per Head £	Special Trade Per Head s.	Special Trade Per Head d.
Dominica	七00	一,四00	一	一0	0	三,五00	五	0	0	*一四,000	一0	0	0
Ecuador	一,000	一,七00	一	一七	0	五,三00	一一	二三	一一	一,000	五	一0	0
Finland	二,三00	三,一000	三	一一	八	七,七00	一一	一六	一一一				
France	四二,000	八四0,000	一0	0	0	六三00,000	一五0	0	0	一,五00,000	三五	一四	一一
Germany	六0,000	六五0,000	一0	一六	八	八二00,000	一三二	二六	八				
Greece	二六,000	四六00,000	七	一一	六	一0,000	一0	0	0	一,三000	一	一一	四
Guatemala	一,二00									*三,五00	一	一	九
Haiti	一,000	八00	0	八	0	五,000	一一	一0	0	一,三00	三	一0	九
Honduras	六0,000	五四00	0	一六	八								
Hungary	七,五00												
Italy	三八,000	二0四,000	五	七	四	三三六,000	八八	八	五	三一0,000	八	三	一一
Japan	七七,000	八四,000	一	一0	一一	三三0,000	四	一五	八	四00,000	五	四	0
Liberia	一,000	五四0	0	一0	六	四00	0	四	一	四00	0	四	0
Luxemburg	二六0	一七五,000	六	一四	七	一,八四0†	七	一三	六				
Mexico	一六,000	一六,000	一	0	0	0七0,000†	四	三	九	五0,000	三	一五	0
§Montenegro	四00												
Netherlands	六,八四0	五0,000	七	六	0	一六八,000	一四	一0	六	四五四,000	六六	五	六
Nicaragua	八00	四00	0	一0	一五	三,000	三	一五	0	一,四00	三	0	0
Norway	一,六00	三五,000	三三	一	一六	五五,000	三三	一一	一一	一三一,000	五一	三	0
Panama	四00	六00	一	一0	0					*一,000	五	0	0

† 原书疑缺。——编者注

（续表）

Country	Population	Revenue				Debt				Special Trade			
		Total	Per Head			Total	Per Head			Total	Per Head		
		£	£	s.	d.	£	£	s.	d.	£	£	s.	d.
Paraguay	八〇〇	五〇〇	〇	一二	六	一,〇〇〇	一	五	〇	二,〇〇〇	二	一〇	〇
Persia	一〇,〇〇〇	一,五〇〇	〇	三	〇	七,〇〇〇	〇	一四	〇	*一七,〇〇〇	一	一四	〇
Peru	三,五〇〇	五,〇〇〇	一	八	七	六,〇〇〇	一	一四	三	*三一,五〇〇	九	〇	〇
Poland	三〇,〇〇〇												
Portugal	六,〇〇〇	一三,〇〇〇	二	三	四	一六〇,〇〇〇	二五	一六	八	三〇,〇〇〇	五	一二	四
Rumania	一七,〇〇〇	一六,〇〇〇	一	一〇	〇	三六〇,〇〇〇	二一	一三	六	四五,〇〇〇	二	一二	一〇
Russia	一〇八,〇〇〇												
Salvador	一,三〇〇	一,〇〇〇	〇	一五	四	二,六〇〇	二	〇	〇	三六,〇〇〇	一	一五	四
Servia	四,〇〇〇												
Siam	八,〇〇〇	六,〇〇〇	〇	一五	〇	七,〇〇〇	〇	一七	六	*一二,〇〇〇	一	一〇	〇
Spain	二一,〇〇〇	七三,〇〇〇	三	九	六	四〇六,〇〇〇	一九	三	四	*九五,〇〇〇	四	一〇	五
Sweden	六,〇〇〇	三三,〇〇〇	五	一〇	〇	八五,〇〇〇	一四	三	四	+一二八,〇〇〇	二一	三	四
Switzerland	四,〇〇〇	九,〇〇〇	二	五	〇	五七,〇〇〇	一四	五	〇	*九二,〇〇〇	二三	〇	〇
Turkey	九,三〇〇	三二,〇〇〇	三	八	九	四三七,一〇〇	四七	〇	〇	*七〇,〇〇〇	七	一二	九
Uruguay	一,四〇〇	七,〇〇〇	五	〇	〇	二四,〇〇〇	一四	五	八	*三〇,〇〇〇	二一	八	六
Venezuela	三,〇〇〇	三,〇〇〇	一	〇	〇	六,〇〇〇	二	〇	〇	*一五,〇〇〇	五	〇	〇
Yugo-Slavia	一一,〇〇〇												
The World (1918)	一,七〇〇,〇〇〇	八,〇〇〇,〇〇〇	四	一〇	四	二六,〇〇〇,〇〇〇	一五	一〇	一〇	九,四〇〇,〇〇〇	五	一〇	七

备考：Special Trade 系指国内消费国之输入及国内生产品之输出，但 * 记者则系一般贸易总额。

附表十　中国财政统计

A

（1）民国八年度岁出入预算表（政府提出案）

岁　　入	八年预计数
岁入　经常门	
Ⅰ. 田赋	八七、〇八五、二九四元
1. 地丁	六五、八一二、三六三
2. 漕粮	一七、六五八、〇七六
3. 租课	一、九一七、三五七
4. 杂赋	一、六四三、四九九
Ⅱ. 关税	七五、六一二、九〇七
1. 海关税	五八、七九八、一七九
2. 税司经收常税	五、六九〇、二八八
3. 税司收入	一、四一三、一八二
4. 常关税	九、五九三、二二八
5. 监督公署收入	一五八、〇三〇
Ⅲ. 盐款	九一、六八六、〇二六
1. 盐税	八五、一八九、〇九〇
2. 官运余利	五、四六五、六六一
3. 杂款	一、〇三一、二七五
Ⅳ. 货物税	三九、〇三七、七〇六
1. 货物税	二一、八七六、〇八一
2. 厘金	一一、四〇二、五七四

(续表)

岁　　入	八年预计数
3. 百货捐	五、七五九、〇五一
V. 正杂各税	二四、八三二、三九四
1. 契税	一一、二九二、七六五
2. 牙税	一、三六〇、七四九
3. 当税	六九三、七三八
4. 牲畜税	一、〇七一、五二七
5. 屠宰税	三、〇四一、一八六
6. 矿税	一、二六四、三五六
7. 茶税	一、九四一、四六二
8. 糖税	七二五、八三四
9. 渔业税	一九七、一九三
10. 木税	二二二、一六四
11. 包裹税	一九、〇〇〇
12. 杂税	三〇二、四二四
VI. 正杂各捐	四、三三二、五四一
1. 货捐	二八五、二七九
2. 茶捐	四三二、九八七
3. 船捐	四六、〇六九
4. 杂捐	三、五六八、二〇六
VII. 官业收入	二、四一一、三六八
1. 官股收入	八四一、二三五
2. 官办局厂收入	一、五五二、一三六
3. 官有房地租	一七、九九七
VIII. 各省杂收入	六、一六七、一七二
1. 内务	二二三、二九〇
2. 财政	二、四〇四、九〇二
3. 司法	一、六五三、八七三
4. 教育	一四七、七九〇
5. 实业收入	八四〇
6. 官款	八四九、四二五
7. 杂款	八八七、〇四六

(续表)

岁　　入	八年预计数
IX. 中央各机关收入	一、九〇四、〇九四
1. 外交部	七〇、九一五
2. 内务部	八七、三四六
3. 财政部	八二二、三八三
4. 海军部	七、四一六
5. 司法部	六二、五〇〇
6. 教育部	二八六、三七八
7. 农商部	二二七、四六〇
8. 交通部	八一、六九六
9. 印铸局	一〇〇、八〇〇
10. 侨工事务局	一五〇、〇〇〇
X. 中央直接收入	四二、七三七、六五二
1. 印花税	六、一三二、〇〇〇
2. 烟酒公卖税	一四、五一四、九九二
3. 烟酒税	一三、七五八、七八四
4. 烟酒牌照税	二、二四四、〇七七
5. 契税	三、六二八、〇八〇
6. 牙税	一、二九〇、六九二
7. 矿税	七二九、〇二七
8. 屠宰税	三九〇、〇〇〇
9. 牲畜税	五〇、〇〇〇
岁入　经常门共计	三七五、八〇七、一五四
岁入　临时门	
I. 田赋	六、一二一、一〇三
1. 杂赋	一、二八五、六九四
2. 附加税	四、八三五、四〇九
II. 关税	六九五、七四九
1. 海关税	五八七、五五九
2. 税司经收常税	五九、二九五
3. 常关税	二二、九二七
4. 监督公署收入	二五、九六八

(续表)

岁　　入	八年预计数
III. 货物税	二六、六八五
1. 罚款	二六、六八五
IV. 正杂各捐	三、九一一、四一〇
1. 饷捐	三、九一一、四一〇
V. 官业收入	三一、五二二
1. 官业局厂收入	三一、五二二
VI. 各省杂收入	二九三、〇二七
1. 财政收入	四、一〇一
2. 教育收入	二、五〇〇
3. 实业	三七、二〇四
4. 官款	一二、六三一
5. 罚款	一八五、二三七
6. 杂款	五一、三六〇
VII. 中央各机关收入	四四、六三八
1. 教育部	四、六〇〇
2. 交通部	三、九三八
3. 印铸局	三六、一〇〇
VIII. 中央直接收入	一八、二二九、四一一
1. 各省区官产	一二、一二九、四一一
2. 清理沙田	六、〇〇〇、〇〇〇
3. 杂项	一〇〇、〇〇〇
IX. 债款	二〇一、五八〇、三九二
1. 退还赔款	一、五八〇、三九二
2. 内债	二〇〇、〇〇〇、〇〇〇
X. 岁入借款	三八、七一〇、六八七
1. 银行借款	三八、七一〇、六八七
XI. 增加警察收入	二、二四〇、〇〇〇
1. 各省	二、二四〇、〇〇〇
岁入临时门共计	二七一、八八四、六三三
岁入经常临时总计	六四七、六九一、七八七

附表十　中国财政统计

岁　　出	八年预计数
岁出　经常门	
I. 各机关经费	二四、二二八、五九九元
1. 中央各机关经费	二四、二二八、五九九
II. 外交经费	四、八九五、六五〇
1. 中央	四、一〇二、四二八
2. 各省	七九二、二二八
III. 内务经费	四四、五五六、八〇四
1. 中央	四、八〇六、八一二
2. 各省	三九、七四九、九二二
IV. 财政经费	四一、四〇〇、一三七
1. 中央	三一、二八四、二〇七
2. 各省	一〇、一一五、九三〇
V. 陆军经费	一五一、〇六六、三八一
1. 中央	六三、七六五、三三六
2. 各省	八七、三〇一、〇四五
VI. 海军经费	一〇、六〇二、四七四
1. 中央	一〇、〇五一、二八八
2. 各省	五五一、一八六
VII. 司法经费	一〇、三四七、一二四
1. 中央	一、八四一、一九一
2. 各省	八、五〇五、九三三
VIII. 教育经费	六、二〇二、〇六五
1. 中央	三、三八八、六一二
2. 各省	二、八一三、四五三
IX. 实业经费	三、三七五、一七〇
1. 中央	一、六〇三、九二〇
2. 各省	一、七七一、二五〇
X. 交通经费	一、九四九、〇七五
1. 中央	一、三七三、七四七
2. 各省	五七五、三二八
XI. 蒙藏经费	一、三一八、七四二
1. 中央	一、一〇九、九一五
2. 各省	二〇八、八二七
岁出　经常门共计	二九九、九五二、二二七

附表十 中国财政统计

（续表）

岁　　出	八年预计数
岁出　临时门	
I. 各机关经费	二、〇四四、〇一二
1. 中央	二、〇四四、〇一二
II. 外交经费	一、三二四、五五五
1. 中央	一、二八〇、一〇六
2. 各省	四四、四四九
III. 内务经费	三、四三四、五五七
1. 中央	一、三六五、六四二
2. 各省	二、〇六八、九一五
IV. 财政经费	一五、三八二、二九七
1. 中央	一四、〇一九、五一一
2. 各省	一、三六二、七八六
V. 陆军经费	四、九一七、〇二七
1. 中央	一、九八四、四八五
2. 各省	二、九三二、五四二
VI. 海军经费	六五、〇二四
1. 各省	六五、〇二四
VII. 司法经费	六九、三五〇
1. 中央	六二、五〇〇
2. 各省	六、八五二
VIII. 教育经费	五六二、四三三
1. 中央	三八二、二八一
2. 各省	一七九、一七二
IX. 实业经费	三八二、二四七
1. 中央	三八〇、三二七
2. 各省	一、九二〇
X. 交通经费	一八一、一八四
1. 中央	一七九、八九四
2. 各省	一四、二九〇
XI. 蒙藏经费	五〇、〇〇〇
1. 中央	五〇、〇〇〇
XII. 债款经费	二一四、六三一、一七六

(续表)

岁　　出	八年预计数
1.债款支出	二一四、六三一、一七六
岁出临时门共计	二四三、○五○、八八四
岁出经常临时总计	五四三、○○三、一一一
岁出　特别门	
I.特别军费	一○二、四四八、六七六
1.中央	七四、四三七、七四三
2.各省	二八、○一○、九三三
II.增加警察经费	二、二四○、○○○
1.各省	二、二四○、○○○
岁出特别门共计	一○四、六八八、六七六
岁出总计	六四七、六九一、七八七

（2）民国八年度预算（国会议决案）

岁　　入	数　　额
岁入　经常门	
I.田赋	八六、八四五、三八八元
1.地丁	六五、八一二、三六二
2.漕粮	一七、四一八、一七○
3.租课	一、九七一、三五七
4.杂赋	一、六四三、四九九
II.关税	九三、二六八、九○七
1.海关税	七三、四五四、一七九
2.税司经收常税	六、一五○、二八八
3.税司收入	一、四一三、一八二
4.常关税	一二、○九三、二二八
5.监督公署收入	一五八、○三○
III.盐款	九八、八一五、○七一
1.盐税	九二、三一八、一三五
2.官运余利	五、四六五、六六一
3.杂款	一、○三一、二七五
IV.货物税	三九、二二四、八三七
1.货物税	二一、八七六、六八一

附表十　中国财政统计

(续表)

岁　　入	数　　额
2. 厘金	一一、五八九、七〇五
3. 百货捐	五、七五九、〇五一
V. 正杂各税	二九、一八二、六九三
1. 契税	一五、一七六、七二四
2. 牙税	二、六五一、四四一
3. 当税	六九三、七三八
4. 牲畜税	一、一二一、五二七
5. 屠宰税	三、四三一、一八六
6. 茶税	一、九四一、四六二
7. 糖税	七二五、八三四
8. 渔业税	一九七、一九三
9. 木税	二二二、一六四
10. 包裹税	一九、〇〇〇
11. 杂税	三〇二、四二四
VI. 正杂各捐	四、三三二、五四一
1. 货捐	二八五、二七九
2. 茶捐	四三二、九八七
3. 船捐	四六、〇六九
4. 杂捐	三、五六八、二〇六
VII. 官业收入	二、四一一、三六八
1. 官股收入	八四一、二三五
2. 官办局厂收入	一、五五二、一三六
3. 官有房地租收入	一七、九九七
VIII. 各省杂收入	五、五七九、二六三
1. 内务收入	二二三、二九六
2. 财政收入	二、四〇四、九〇二
3. 司法收入	一、六五三、八七三
4. 教育收入	一四七、七九〇
5. 实业收入	八四〇
6. 官款收入	八四九、四二五
7. 杂款收入	二九九、一三七

（续表）

岁　　入	数　　额
IX.中央直接收入	四七、〇七二、〇六四
1.印花税	四、一五八、四〇〇
2.烟酒公卖税	一七、四一七、九九〇
3.烟酒税	一六、五一〇、五四〇
4.烟酒牌照税	二、六九二、八九二
5.矿税	二、二九二、二四二
X.中央各机关收入	三、一〇五、八六九
1.外交部收入	七〇、九一五
2.内务部收入	八七、三四六
3.财政部收入	一、八五二、四八二
4.海军部收入	七、四一六
5.司法部收入	六二、五〇〇
6.教育部收入	二八六、三七八
7.农商部收入	三九九、一三六
8.交通部收入	八一、九一六
9.印铸局收入	一〇八、〇〇〇
10.侨工事务局收入	一五〇、〇〇〇
岁出经常门总计	四〇九、八三八、〇〇一
岁入　临时门	
I.田赋	三、七〇三、三九九
1.杂赋	一、二八五、六九四
2.附加税	二、四一七、七〇五
II.关税	六九五、七四九
1.海关税	五八七、五五九
2.税司经收常税	五九、二九五
3.常关税	二二、九二七
4.监督公署收入	二五、九六八
III.货物税	二六、六八五
1.罚款	二六、六八五
IV.正杂各捐	三、九一一、四一〇
1.饷捐	三、九一一、四一〇

(续表)

岁　　入	数　　额
V. 官业收入	三一、五二二
1. 官办局厂收入	三一、五二二
VI. 各省杂收入	二九三、〇三七
1. 财政收入	四、一〇五
2. 教育收入	二、五〇〇
3. 实业收入	三七、二〇四
4. 官款收入	一二、六三一
5. 罚款收入	一八五、二三七
6. 杂款收入	五一、三六〇
VII. 中央直接收入	一七、四五一、九一九
1. 各省区官产收入	一一、三二四、四一〇
2. 清理沙田收入	六、〇〇〇、〇〇〇
3. 杂项收入	一二七、五〇〇
VIII. 中央各机关收入	三、五一九、八三八
1. 财政部收入	三、四三一、二〇〇
2. 教育部收入	四、六〇〇
3. 交通部收入	三、九三八
4. 印铸局收入	八〇、一〇〇
IX. 债款	五〇、九四八、二三五
1. 退还赔款	九四八、二三五
2. 内债	五〇、〇〇〇、〇〇〇
岁入临时门总计	八〇、五八一、七八五
岁入经常临时总计	四九〇、四一九、七八六

岁　　出	数　　额
岁出　经常门	
I. 各机关经费	二二、四四一、三五〇
1. 中央各机关经费	二二、四四一、三五〇
II. 外交经费	四、八〇七、三三六
1. 中央	四、〇四八、四二八
2. 各省	七五八、九〇八
III. 内务经费	四三、二七九、五三九
1. 中央	三、四四六、九三二

(续表)

岁　　出	数　　额
2.各省	三九、八三二、六〇七
IV.财政经费	三九、一五四、四四六
1.中央	二九、五一九、三〇二
2.各省	九、六三五、一四四
V.陆军经费	一二九、五八八、八二九
1.中央	五二、八一四、七四四
2.各省	七六、七七四、〇八五
VI.海军经费	九、一九四、四八二
1.中央	八、六四三、二九六
2.各省	五五一、一八六
VII.司法经费	一〇、三二三、一二四
1.中央	一、八一七、一九二
2.各省	八、五〇五、九三三
VIII.教育经费	六、〇五八、七二三
1.中央	三、二五五、二七〇
2.各省	二、八〇三、四五三
IX.实业经费	三、二五七、〇五〇
1.中央	一、五四一、八〇〇
2.各省	一、七一五、二五〇
X.交通经费	一、八六五、五八六
1.中央	一、三二三、七四七
2.各省	五四一、八三九
XI.蒙藏经费	一、三一八、七四二
1.中央	一、一〇九、九一五
2.各省	二〇八、八二七
岁出经常门总计	二七一、二八九、二〇七
岁出　临时门	
I.各机关经费	二、七四八、一九二
1.中央各机关经费	二、七四八、一九二
II.外交经费	一、一六八、五五五
1.中央	一、一三〇、一〇六
2.各省	三八、四四九

附表十 中国财政统计

(续表)

岁　　出	数　　额
III. 内务经费	四、八九一、一八三
1. 中央	二、二八二、四六六
2. 各省	二、六〇八、七一七
IV. 财政经费	八、一四九、六〇九
1. 中央	六、八七八、四五〇
2. 各省	一、二七一、一五四
V. 陆军经费	七八、二四三、六五三
1. 中央	五三、五一二、二四五
2. 各省	二四、七三一、四〇八
VI. 海军经费	一八五、〇二四
1. 中央	一二〇、〇〇〇
2. 各省	六五、〇二四
VII. 司法经费	六、八五二
1. 各省	六、八五二
VIII. 教育经费	四六一、九一二
1. 中央	三〇一、七四〇
2. 各省	一六〇、一七二
IX. 实业经费	四四二、三六七
1. 中央	四一〇、四四七
2. 各省	三一、九〇
X. 交通经费	一六三、五〇八
1. 中央	一四九、二一八
2. 各省	一四、二九〇
XI. 蒙藏经费	五〇、〇〇〇
1. 中央	五〇、〇〇〇
XII. 债款经费	一二七、九六二、八二六
债款支出	一二七、九六二、八二六
岁出临时门总计	二二四、四七三、六八一
岁出经常临时总计	四九五、七六二、八八八

备考：国会议决案较政府提出案减削一万万五千万余元，将二万万新募公债变为五千万元。在表面上似对于预算非常注重，实则其议决不过纸上空谈，事实上之支出仍另为一问题也。

B 交通部邮电路航特别预算统计

(1) 历年

年　度	岁　入	岁　出	岁入不足
宣统四年	五一,一二三五,九三〇元	六一,五〇五,四〇〇元	一〇,二六九,四七〇元
民国二年	五五,六四七,七五五	四五,二四六,九二八	一四,五八一,九六八
民国三年	二〇二,三七二,一八	二〇二,三七二,一八	三〇,一〇〇,〇〇〇
民国五年	一四四,三四〇,三九九	一四四,三四〇,三九九	四七,三一四,九七九
民国八年(照政府案)	一四六,〇七七,七二七	三〇九,五八二,一六〇	一三一,五七九,五八八

(2) 八年度预算

岁　入	政府原案	国会修正案	增减数
交通部直接收入	一,九六三,〇七九元	二,一四三,〇七九元	增 一八〇,〇〇〇元
营业收入	一〇一,三六七,七〇五	一〇三,六七七,八五〇	增 二,三〇九,〇四五
资本收入(借款收入)	三〇,〇七五,一五五	一,七九〇,一九一	减 三六,二八四,五六三
政府资金利息	四九,六七一,七八八	四九,六七一,七八八	
岁入合计	一〇六,〇七七,七二七	一二二,二八二,九〇九	减 三三,七九四,八一八

（续表）

岁　出	政府原案	国会修正案	增减数
交通部特别经费及借款支出	五,九五二,〇二六	五,〇八七,五〇一	减 八六五,五〇五
营业经费	七八,二九一,五九一	七〇,〇五〇,四七〇	减 七,七四一,五二一
资本支出	一〇七,八三三,六一七	四五,三三二,四〇二五	减 六二,四〇一,五一六
盈余项下拨出	三,四七七,四八九六	三,四四七,四九六	
本年度借入款利息及扣用	一,二七四,二五二	四,一七二,〇一二	减 八,六二,三一四〇
岁出合计	三二九,五八二,一六〇	一四一,四六二,六七〇	减 九八,一一九,五五三

C 最近财政统计（据张英华）

（1）民国八、九、十各年度关税出入统计（以元为单位）

款　目	八年	九年	十年	三年合计每年平均数
上年旧管	六,六七〇,〇〇〇	三,七三〇,〇〇〇	九,二九九,〇〇〇	六,五六六,〇〇〇
全年新收	七三,七七〇,〇〇〇	七八,八二〇,〇〇〇	九三,一四〇,〇〇〇	八一,九〇七,〇〇〇
旧管新收合计	八〇,四三〇,〇〇〇	八二,五五〇,〇〇〇	一〇二,四三九,〇〇〇	八八,四七三,〇〇〇
全年开除	七六,七〇〇,〇〇〇	七三,二五〇,〇〇〇	九二,六六四,〇〇〇	八二,五四五,〇〇〇
余存各关	三,七三〇,〇〇〇	九,二八〇,〇〇〇	四,七七五,〇〇〇	五,九二八,〇〇〇

备考：开除项下包含海常两关经费、拨付赔款债务等项支出在内。

(2) 八、九、十各年盐款出入统计

款目	八年	九年	十年	三年合计每年平均数
旧管	一六,二七0,000	九,三九0,000	一一,一六0,000	一二,四五0,000
新收	八0,八二0,000	七九,二二0,000	七八,二二0,000	七九,四四三,000
旧管新收合计	九七,0九0,000	八八,六一0,000	八九,三八0,000	九一,八九三,000
开除	八七,一六0,000	七八,一0五,000	七六,二00,000	八0,四七0,000
余存	九,九三0,000	一一,一六0,000	一三,一八0,000	一一,四二三,000

(3) 八、九、十各年度烟酒税费出入统计

款目	八年	九年	十年	三年合计每年平均数
税费收入	一四,三八一,000	一四,九五0,000	一四,六六0,000	一四,六六四,000
经费支出	一,九三八,000	一,九三八,000	一,九三八,000	一,六八八,000
各省拨款	六,二四九,000	六,二四八,000	七,二八,000	六,六六九,000
各省解款	五,八五三,000	六,七六四,000	五,四六九四,000	六,0三六,002

(4) 八、九、十各年印花税出入统计

款　目	八年	九年	十年	三年合计每年平均数
税票收入	二,七二七,〇〇〇	二,九九五,〇〇〇	三,一四四,〇〇〇	二,九五五,〇〇〇
经费支出	三四二,〇〇〇	三四三,〇〇〇	四九七,〇〇〇	三九四,〇〇〇
各省拨款				一,八八一,〇〇〇
各省解款				六八〇,〇〇〇

(5) 八、九、十各年田赋出入统计

款　目	八年	九年	十年	三年合计平均数
全国每年约收数	八〇,〇九〇,〇〇〇	八〇,〇九〇,〇〇〇	八〇,〇九〇,〇〇〇	八〇,〇九〇,〇〇〇
各省因灾缓免数				一,四八〇,〇〇〇
西南各省不计				一六,九九〇,〇〇〇
每年约余数				六一,六二〇,〇〇〇

(6) 财政部截至十一年九月底止所欠有无抵押内外债款总计统计 (详情见张英华《财政刍议》及《北京银行月刊》第二卷第十一及十二号)

款　目	分　计	总　计
（有抵押类）关税担保之外债	一,四一〇,〇〇〇,〇〇〇	一,六六五,〇〇〇,〇〇〇
关税担保之内债	二五〇,二七〇,〇〇〇	

(续表)

款　目	分　计	总　计
（无抵押类）外债债款	二六,〇四三,〇〇〇	四九四,五二五,〇〇〇
内债债款	二二八,四八二,〇〇〇	
息金		八二,四五〇,〇〇〇
有无抵押内外债本息总合计		二,二四一,九七五,〇〇〇

D 交通部截至十一年十二月止所负债务统计（详见银行月刊二卷十号）

(1) 铁路外国债借款总计合银元：　　　　五一一,四九三,五九七,五九

英金	三一,一八五,三二六,一〇	按十元折合银元	三六八,一五三,二六五,二一
法金	一六八,八二六,六九一,七七	按四角四分四厘折合银元	七四,二七九,三四四,三八
日金	八五,〇三七,七七七,七九	按一元一角一分折合银元	九三,五四一,五五五,五七
美金	一,二一〇,〇〇〇,〇〇	按二元折合银元	二,四二〇,〇〇〇,〇〇
荷金	一,六六六,六六七,〇〇〇,〇〇	按一元折合银元	一,六六六,六六七,〇〇〇,〇〇
银元			一,一〇〇,〇〇〇,〇〇
关平	二,〇〇〇,〇〇〇,〇〇	按一元五折合银元	三,〇〇〇,〇〇〇,〇〇
规元	九八六,〇〇〇,〇〇	按七钱四分四折合银元	一,三三二,四三二,四三

(2) 电线外国借款总计合银元： 五七,二四二,五九六,三〇

		按十元折合银元	七,七四二,五九六,三〇
英金	七七四,二五九,三六磅		
日金	四五,〇〇〇,〇〇〇元	按一元一角折合银元	四九,五〇〇,〇〇〇,〇〇

(3) 交部内国银行借款总计约合银元： 一三,〇〇〇,〇〇〇.〇〇

(4) 各银行透支（利息在外）： 七〇六,九三八.〇三

(5) 各路内国公债： 一六,一九三,五五〇.〇〇

(6) 交部赓路内债： 三九,〇〇七,九八〇,六八

以上六项共计约合 七〇〇,〇〇〇,〇〇〇.〇〇

以平均六厘利计算约年利 四二,〇〇〇,〇〇〇.〇〇

陈启修先生学术年表*†

1886 年

生于四川省中江县回龙镇夏家沟。后更名为陈豹隐,字惺农,笔名勺水、罗江等。

1900 年

入广州丕崇书院学习。

1905 年

东渡日本。

1908 年

考入东京第一高等学校预科。

1909 年

正式就读东京第一高等学校。

1913 年

入东京帝国大学法科大学政治科学习。

1914 年

译著《财政学提要》(小林丑三郎著)由科学会编译部出版。

---

* 本年表的编制主要参考西南财经大学马克思主义经济学研究院、西南财经大学经济学院编《陈豹隐全集》(西南财经大学出版社,2013 年),并参考了其他资料。

† 本年表由杨志勇撰写。

1916 年

在东京发起成立丙辰学社,并当选首任执行部理事。

1917 年

任国立北京大学法科教授兼政治门研究所主任。

1922 年

论文"我理想中之中国国宪及省宪"发表于《东方杂志》第 19 卷第 21 期,第 1—29 页。

被聘为北京大学马克思学说研究会《资本论》研究组导师。

1924 年

著作《财政学总论》由商务印书馆出版。

1925 年

文章"关税会议与国民经济"发表于《现代评论》1925 年特别增刊第一号,第 12—14 页。

论文"中国人口的总数"发表于《国立北京大学社会科学季刊》第 3 卷第 4 期,第 539—555 页。

1926 年

任国立北京中俄大学教务长。

1927 年

大革命失败后,流亡日本,易名陈豹隐。

1929 年

著作《经济现象的体系》、《新政治学》由上海乐群书店出版。

译著《经济学大纲》(河上肇著)由上海乐群书店出版。

1930 年

重返北京大学,任教授。

译著《资本论》第一卷第一分册由上海昆仑书店出版。该书是

《资本论》的第一个中译本。

1931 年

著作《经济学原理十讲》(上册)由北平好望书店出版。

1932 年

著作《社会科学研究方法论》由北平好望书店出版。

论文"马克司经济学在一般经济学史上的地位"发表于《对抗》1932 年第 1 期,第 10—21 页。

论文"产业合理化"发表于《对抗》1932 年第 2 期,第 8—48 页。

1933 年

论文"商品的价值"刊于《国立北平大学学报》1933 年 4 月第一卷第二期,第 11—133 页。作者附言,该文为尚未发表的《经济学原理十讲(下册)》的一段。

著作《经济学讲话》由北平好望书店出版。

1935 年

著作《现代国际政治讲话》由北平好望书店出版。

1937 年

"日本经济的危机"一文收入陈豹隐等著《经济恐慌下的日本》(战时出版社"战时小丛刊之六三")。

1941 年

合著《战时财政新论》(陈豹隐等著)由上饶战地图书出版社出版。

1943 年

论文"民生主义经济学之特质及体系"发表于《四川经济季刊》第 1 卷第 1 期,第 8—16 页。

《实业计划综合研究总论》(陈豹隐、黄元斌讲)由重庆中央训练团党政高级训练班编印。

《各国现代经济学说及组织》(邵力子、赵兰坪、许德珩、陈豹隐、朱偰讲)由重庆中央训练团党政高级训练班编印。陈执笔"一、现代经济学说及组织"和"六、中国现代经济学说及组织(日本附)"。

1947 年

论文"川康在今后中国国民经济上的地位"发表于《四川经济季刊》第 4 卷第 1 期,第 10—17 页。

任国立重庆大学商学院院长

1951 年

任重庆财经学院院长。

1952 年

任四川财经学院临时院务工作委员会教务组组长

1956 年

被评为经济学一级教授。

1959 年

当选第三届全国政协常委。

论文"我对社会主义制度下的商品生产和价值规律的看法"发表于《财经科学》1959 年第 4 期,第 36—38 页。

1960 年

因病去世。

为什么要阅读这部近百年前撰写的财政学教材?[①]

——陈启修《财政学总论》:介绍与评价

杨志勇

陈启修(1886—1960),四川中江人,后更名陈豹隐,字惺农。1917年,毕业于东京帝国大学,历任国立北京大学法科教授兼政治门研究所主任、国立重庆大学商学院院长、四川财经学院临时院务工作委员会教务组组长等职。1956年被评为经济学一级教授。他在经济学、政治学、哲学等多个领域著述颇丰,如《财政学总论》、《经济学原理十讲(上册)》、《新政治学》等。此外,他还致力于文学创作,撰写了一些剧本和小说。

上:为什么我们要读这部近百年前撰写的财政学教材?

从1902年严复翻译的《原富》(《国富论》)出版算起,财政学在中国的落地生根的历史也就是一百多年。在这一百多年里,中国财政学从无到有,并不断地得到传播和发展。大学财政学课程的开设,促进了财政学专业知识的传播。财政学教材也推陈出新,

---

[①] 《财政学总论》初版1924年由商务印书馆出版发行。

经历了编译教材、英文原版教材、自编教材的演变。授课内容也与时俱进,形成了财政学课程体系。

陈启修先生1917年任北京大学教授,曾担任北京大学法律、政治、经济系①二年级财政学总论课程的教学工作。教学离不开教材。陈启修在"自序"中述及讲义盗版错漏可能误人子弟的理由,并着重强调当时英德文财政学著作中,能兼顾理论及事实两方面材料、排列妥当、适合教学的,并不多见;也没有这样的财政学中文著述,同事也感叹没有好的财政学教材。因此,他的这本书,在财政学史上,虽然"属于未成品",但在教材一类书中,"则不欲妄自菲薄,故敢付印以自荐于全国之讲授财政学者"。一般认为,陈启修的《财政学总论》是中国人撰写的第一本财政学教科书②,多次印行,并为众多大学列为教科书,在当时的中国有较大影响力。要了解当年的财政学发展状况,我们有必要阅读这部教材。

早在1903年,商科大学各门学科中就有国家财政学、关税论、各国税章等财政学类课程。③ 1919—1920年度国立北京大学经济学系课程表中列有财政学(1)总论(授课教师:徐宝璜)、财政学(2)各论(授课教师:陈兆焜)、财政史(中外)(授课教师:罗鼎)等

---

① 当时法律、政治、经济三系均在法学院内。
② 国立上海商学院教授姚庆三基于欧洲留学收集的理论资料和复旦大学、上海法学院授课讲义,对陈启修的《财政学总论》有一个评价:"第一部出版的是陈启修教授的《财政学总论》(商务出版)。该书大部取材于日人小川乡太郎的著作,所以严格说来也不能算作独立的著作;不过编法尚称适宜,条理也还清晰,不能不说是差强人意,所以出版以后,颇能风行一时,但是现在究嫌陈旧一些了。"(姚庆三:《财政学原论》,大学书店1934年版,第26页。)黄可权1907年的《财政学》(天津丙午社)是"政法讲义第一集第六册",标明是"选辑"。
③ 参见北京大学经济学院编:《北京大学经济学院(系)百年图史》,北京大学出版社2012年版,第11页。

财政学类课程。① 在20世纪30年代,国立清华大学经济学系分理论门、财政门、银行门、会计门、统计门和国际经济门,1936学年度财政学类课程包括财政学、都市财政学、租税问题、关税问题、中国财政史、官厅会计学等。其中关于财政学课程的说明是:"研究财政学原理,及人民对于政府财政上之关系,推论人民纳税之用意,公共经费之目的,公共收支之种类,公营事业之设施,公共信用之运用,财务管理之制度,并述最近各国财政之变迁及中央与地方财政之划分。"② 由北京大学、清华大学和南开大学组成的国立西南联合大学,开设的财政学课程有:财政学(授课教师:陈岱孙和秦瓒),高级财政学(授课教师:秦瓒),政府会计(授课教师:徐维嵘和周绍溁)和中国财政问题(授课教师:秦瓒)。③

20世纪上半叶,中国财政学群星璀璨。这一时期,不少中国留学生选择财政学作为主攻专业。学有所成者包括马寅初(1882—1982)④、陈岱孙(1900—1997)⑤、何廉(1895—1975)⑥、陈启修

---

① 北京大学经济学院编:《北京大学经济学院(系)百年图史》,北京大学出版社2012年版,第28页。
② 白重恩主编:《清华经济系八十五年》,清华大学出版社2011年版,第21页。
③ 北京大学、清华大学、南开大学、云南师范大学编:《国立西南联合大学史料(三):教学科研卷》,1998年。
④ 美国哥伦比亚大学博士(1914),博士论文为《纽约市财政》。1948年出版的《财政学与中国财政》至今仍有广泛的影响。
⑤ 哈佛大学博士(1927),博士论文为《麻省地方政府开支与人口密度的关系》。陈岱孙回国后长期担任财政学教学工作,并曾收集各国预算制度资料以撰写专著,因战火不断而未成。
⑥ 哥伦比亚大学博士(1926),博士论文为《所得税征管机制与程序:英国与美国的比较研究》。1935年,他和李锐(1898—1978)合著的《财政学》,是一本结合中国财政实践的财政学教科书,在中国财政史有着特殊地位。

(1886—1960)①、寿景伟(1891—1959)②、朱偰(1907—1968)③、尹文敬(1900—1992)④等。⑤ 这些财政学者中的许多人,又将相当部分的精力用于财政学教学并编撰财政学教科书。《财政学总论》显然是其中较为有特色的一部。当时北京大学的财政学总论与财政学分论课程有所分工。总论偏基础,讲解财政学原理,一般不面面俱到,而具体内容在分论中讲述。《财政学总论》实际上仍有某些部分内容叙述特别具体。

陈启修在撰写《财政学总论》之前,曾翻译了日本小林丑三郎(1866—1930)的《财政学提要》。《财政学提要》的译本于1914年3月20日在日本东京印刷,当年4月23日由上海科学会编译部发行。⑥ 小林丑三郎的教材对陈启修《财政学总论》的直接影响不言而喻。当然,《财政学总论》所参考的文献,不仅是这本书,还有国内论著,也大量引用德国、英国、意大利、法国以及其他日本学者的论著。联想到19世纪末直至20世纪50年代英美财政学与欧洲大陆财政学在一定程度上隔离的事实,陈启修《财政学总论》同时吸纳英语财政学和欧陆财政学的成果,视野相当开阔。当然,这其中

---

① 即本书作者。
② 寿景伟(寿毅成),哥伦比亚大学博士(1926年),博士论文为《中国的民主政治与财政》。
③ 德国柏林菲尔大学博士(1931年),博士论文为《中国财政的主要问题》,财政学著述颇丰。
④ 法国巴黎大学博士(1929年),博士论文为《中国税制》。20世纪30年代所撰的《财政学》有较大影响。
⑤ 杨志勇:《关于中国财政学发展方向的思考》,《地方财政研究》2013年第2期。
⑥ 本文对该书的相关介绍根据《陈豹隐全集》(第二卷3 财政学)收录的《财政学提要》译本(西南财经大学出版社2013年版)。

也有一定的缺憾。例如,欧洲大陆发展起来的公共产品理论并未得到吸收。但是不管怎么说,这是一部体现了当时中国财政学发展水平的著作,值得一读。

与中国财政现实较好结合

大学教科书不仅仅是流行理论和现实的简单罗列。一部好的财政学基础教科书应该做到理论与现实有机结合。陈启修的《财政学总论》基本上做到了这一点。在当时的中国,财政学教学有直接用英文教材的,有直接用编译教本的,但这么做的教学效果有限。财政学教学是在中国进行的,如果教科书不能充分吸收中国财政现实,那么教学肯定与现实脱节,教学效果也不可能太好。从全书的各个部分来看,无论是财务行政秩序论、公共经费论、公共收入论、收支适合论,还是地方财政论,无一不结合中国现实进行阐述。无疑,这是一部本土化特色明显的教科书。这不禁令人想起当下的中国——英文财政学原版教材又在回潮。放眼世界的方向是对的,但是财政学教学必须给中国财政现实以合理的定位。前人本土化探索的经验和教训应该为当今中国财政学界所充分理解,以免绕路或走歧路。

结构安排考虑中国现实

《财政学总论》的结构安排特色明显。现代财政学通常分为经费论、收入论、收支适合论和财务行政论,但立论顺序及对于四者之着墨的轻重,则各有不同。有先论支出的,也有先论收入的;重视民权的法国学者,大抵注重财务行政秩序,而深通经济学的英德学者,则无不注重收入论。《财政学总论》受日德财政学影响较大,但是,在结构上选择了财务行政论先述的做法。理由是,"中国财政之困竭,由于其形式的内容之不良者,或反较由于其实质的不良者为多"。又因财政监督制度,"本非国人所习惯",故从输入财政思想及救治不良财政两方面来说,都应该先讲述形式的财政学。而公共经费论排在公共收入论之前,是因为财政活动是量出制入的。这也说明《财政学总论》是一部在结构安排上考虑中国现实较多的著作。

多种方法综合运用

"科学的"财政学自然要用科学的研究方法。财政学包括理论及其应用两方面,并用演绎法和归纳法。财政学原理通常离不开归纳法。财政史和财政统计为此归纳材料,财政史为文字材料,财政统计为数字材料。财政学原则,通常也必须用演绎法。财政本来是公共团体的行为,所以,在运用上,除财政学原理外,还采用其他凡以公共的行为为研究对象的科学如经济学、政治学及社会学等研究所得的原理;在具体应用时,必然用到演绎法。总之,历史的、统计的、比较研究方法都在《财政学总论》中得到了充分的综合运用,体现了财政学作为一门科学的内在要求。在那个计量经济学尚未兴起的年代,《财政学总论》能有这样的科学分析,已经实属不易。

大量数据支持

财政学既是政治学的分支,也是经济学的分支。许多事实,必须有翔实的数据支撑。《财政学总论》提供了大量数据,不仅仅有中国的,还有其他众多国家的。在那个数据生产和传播还极为传统的年代,政府数据或不足,或不公开,或传播途径受限,总之,财政数据的收集难度很大。《财政学总论》的数据来源较为复杂,就体现了这一点。这虽有缺憾,但那些不太完整的数据,权威性或有待进一步论证的数据,还是给财政理论提供了较有力的支撑。"上穷碧落下黄泉,动手动脚找资料。"不仅仅史学界如此,财政学界也不例外。

强调公共经费论的重要性

公共支出理论(即公共经费论)是现代财政学中较为重要的内容之一。在陈启修撰写财政学的年代,公共支出理论的重要性尚未被充分认识。特别是在英语财政学界,传统财政学的重点更侧重公共收入。兼收并蓄的陈启修认识到公共经费论的重要性。他将公共经费论在财政学上的地位与消费论在经济学上的地位相提并论,指出公共经费论虽非最重要的部分,但始终不失为重要的部分之一。理由是,财政学上其他部分的研究如收入论等,是因为公共支出而存在的。他列举了公共经费论值得重视的六个理由:第一,经费用途的决定必须根据经费理论上所发现的原则。公共财政本来就是量出制入,且支出效果往往是无形的,经费易流于浮滥之弊,欲救其弊,只有采用政治的补救法,使一切经费受预算制度约束。约束如何进行取决于相关原则的发现。第二,公共团体职分方针的决定,必须依靠公共经费论所得的材料。公共职分决定时,不能不兼顾所用经费的经验事实,这是政治学、经济学、社会学等研究所不能知悉的。公共经费的历史和统计的材料,公共经费论不可忽视。第三,收入计划须视经费种类如何而后定。第四,收入的选择"须视经费性质而异"。经费使用之后产生收入的,等于生产的投资之经费;不产生收入的,等于不生产的投资之经费。前者以公债等信用手段取得收入为宜;后者除急剧不可避之时外,须以普通租税等收入满足,而不能靠公债,以免未来债台高筑。第五,负担轻重须依经费效果而定。财政学要实现收入论完整的目标,就不可不深究公共经费论。第六,财政之良否须视经费之能否节约或活用以为断。

私经济收入得到充分阐述

公共部门的私经济收入是一个很有意思的话题。私经济收入,是公共团体以私法人之资格对于其他经济主体行平等的经济行为而获得的收入。从纯理来看,行政的公有财产或行政的公营企业收入称为准私经济的收入更为稳妥,但实际上,以财政目的为主的公有产业及以行政的目的为主的公有产业,往往视其时其地之情形而有变迁,难以确定界限,所以,准私经济的收入的名称,似乎也没多大实用性。

官公产业利弊的思想,除社会主义否认私有财产制及私人营利事业的极端说①不成问题外,可分为三说:第一是公有产业有利说;第二是公有产业有害说;第三是利害折中说。《财政学总论》指出第三说较好,但何种产业应归公共团体经营,理论上应有一定界限。书中特别指出,公共产业经营的弊端,如从事者不热心、监督之流于形式及会计检查之困难等导致:事业发展迟缓;公营产业增加,官权随之而增;经营不善致贩卖价格特别增高,发生国民经济损失。联系当今社会关于国有经济分布范围及国有企业改革所遇到的问题,这部分内容还是可以给出部分启示的。

公共财产利用收入包括土地利用收入、森林收入及动产收入。关于森林收入的论述与当今社会的环保理念不谋而合。《财政学总论》认为,公共团体经营森林的原因似不在财政,而在一般经济需要;由国民经济一般的公益观察,由于治水、卫生、养鱼等关系,国内不可不有一定的森林面积。森林公有公营一般经济理由最大,接着才是财政。这多少有点生态环保观的意味在其中。

关于公营事业收入,《财政学总论》指出,公共团体可作地主或资本家取得公产利用收入,也可作为企业家获得公营事业之收入。书中注意到,当时此种事业收入有取代租税收入之势。书中提到,近世工商企业,以大规模组织为获利条件,资本愈大则获利愈多,按此,国家公业资本最大,故最有利,地方公业资本次大,故次有利。民间股份组织之事业,资本甚属微小,最不利。但组织规模大,独占的弊端越明显。公共企业有不同类型,有专以收入为主的,有专以公益为主的,有兼以收益及公益为主的。

《财政学总论》结合当时的情况,指出商事企业最不适于为公

---

① 这只是当时对社会主义的理解。

共营业,银行业和彩票业属于特殊例外。但《财政学总论》也注意到银行业公营的理由,往往被学者反对。理由有很多。例如,这类企业难以独立于国家财政,往往因财政便利而牺牲市场要求。彩票从性质上说是一种赌博,不宜由公共团体经营,但仍有由国家经营彩票业的。与其徒有禁止虚名,不如让国家公然独占。国家经营彩票,实际上只是为了获得巨额收入。文化企业收入是公共团体经营文化事业时所获的私经济的收入,通常为公共储蓄银行业和公共保险业。

可以说,这是一部受当时的社会主义思潮影响的教材。其中不乏时代特征,也与作者个人经历不无关系。陈启修是第一个将《资本论》翻译成汉语的人。他对社会潮流的关注不仅限于此,他还注意到财政事务公开监督的必要性,注意到一些国家通过立宪约束财政行为的举措。

强调财政原则(税收原则)

《财政学总论》认为,财政运用原则的确定要注意趋利避害。财政对于私经济害多而利少,对于国民经济则利害参半,对于世界经济则利害尚不彰著。财政内容包括实质的(即经济的)和形式的(即行政的)两方面。实质内容同为收支,但变动较大,原因包括文化状况、社会状况、政治组织、经济状况、公共团体之外的条件(地形、人口、气候)。现代国家对社会有正义要求,国际经济竞争激烈,国政范围扩大,经费膨胀趋势,庶民思想坚强,公营事业盛行。相应地,现代财政原则应包括:第一,运用财政时不可忘其与社会的道义之关系。财政只是手段,而不是目的。第二,财政运用应与国民经济原则调和。第三,财政运用当守经济主义。第四,财政运用当立一定的计划。第五,财政运用应采公开的手段。第六,财政当使特别的机关依特别的法规监督之。

由财政原则所衍生的公共经费原则、税收原则等,无一不体现了财政行为的内在约束机制。这一点与外在的公开监督相映成趣,也让财政的现代化有了另一种依据。

多种观点兼容并蓄

教科书多强调成型知识。但是,对于大学教科书来说,这不见得合适。特别是,某些知识的争论可能无休止,且很难取得共识。最好的做法就是给出各种代表性意见,让读者自己去思考去评判。这么做不会让作者的武断替代读者的独立思考,相反,给读者留出了更多的思索空间。

《财政学总论》多种观点兼容并蓄,相关事例不胜枚举,如:国家目的的争论;公共经费有害说与有益说;公有有利说、有害说与利害折衷说;直接税与间接税的不同看法;中央国家与地方自治团体区别的七种学说;等等。这有利于当时的财政学教学,而且对财政专业知识的传播来说,这种处理方式的好处更是显而易见。陈启修写作所处的年代是一个大变动的年代。清季以来,财政改制,变动频繁。中国财政制度从传统到现代的过程,是西式财政制度的移植过程。[①] 移植难免出现排斥效应。是国情因素所致,还是未

---

① 参见刘增合:《"财"与"政":清季财政改制研究》,生活·读书·新知三联书店2014年版。

准确把握制度精髓？这都有赖于知识存量的积累。不同观点的传播，对于知识的接受者来说，多了选择项，也多了进一步探索的空间。

财政学无疑要反映财政现实的变动。在变动频繁的时代，最好的处理方法莫过于罗列各种可能，以供选择。对于教科书来说，政策选择也许不是最重要的，但这种思维习惯的养成将随着学生学业的完成，产生持续的影响力。

这里，仅就近些年关于"公共财政"的争论作一说明。

关于"公共财政"，有人一直强调，这是一个不伦不类的词语，因为"finance"加上"public"就是"财政"，在"财政"之前再加上"公共"就是重复，实属多余。而且，他们强调"公共财政"是个新创造出来的词语。对此，我们还是对"finance"本意的演变作一番考察。

《财政学总论》指出："finanz"源于拉丁语"finis"，原为"支付期限"之意，后转为"finare"，有"支款"及"裁判上确定的款项之支付或罚金之支付"之意，后又传于法语而变为"finances"，始兼有"公共收入"之意；17世纪后，通指国家之一般的理财；到19世纪，通指一切公共团体之经济经理，但必用于复数，作"finances"。单数指一般的货币出入事项。英语国家中，此语的私经济用法仍然存在，因此指公共团体的财政时，必加上"public"以区别于"corporate finance"、"trust finance"、"private finance"等。如果只就上述理解来看，那么"public finance"就足以代表"财政"。但历史的吊诡就在于一个词语延伸出新意之后，原意仍可能在一定范围内保留，而不会将历史的印记一味地抹去。实际上，我们只要翻开《财政学总论》，就会发现"公共财政"的提法在书中何止一处。这就排除了作者误用的可能。历史无声胜有声。

关于"公共财政"，也许我们还可以沿着语言的发展轨迹再作进一步探索。"公共财政"一词有多种用法。第一种用法是：公共财政等同于财政。早在1949年之前，中国已有"公共财政"的提法。20个世纪20年代，哥伦比亚大学经济学博士寿景伟（寿毅成）所著的《财政学》（寿景伟，1926）和本书都明确使用了"公共财政"概念。但在当时的背景下，公共财政的用法与政府财政没有太多差异。1949年之后直至改革开放前，"公共财政"一词仍然使用，但机会不多。经常遇到的情形是将"finance"作为财政的对称。① "public finance"的对称才是公共财政。

第二种用法是："公共财政"等于资本主义财政。1949年后至1992年，在比较、批判与借鉴时，中国财政学界将资本主义财政称为"公共财政"，将资产阶级财政学称为"公共财政学"。之所以将资本主义财政称为公共财政并强调其非生产性，是因为其与当时的社会主义财政所强调的生产建设性明显不同。

第三种用法是将"公共财政"等于市场经济条件下的财政模式（类型），或将"公共财政"作为中国财政改革的目标模式。张馨界定了"公共财政"的基本特征：弥补市场失效，为各市场主体提供"一视同仁"的公共服务，非市场赢利性的财政，法治化的财政。现实中，财政活动范围不仅限于此。② 叶振鹏和张馨构建了"双元结构财政"理论。他们认为，与社会主义市场经济相适应的财政模式应该是公共财政与国有资本财政的混合体，即双元结构财政模式。③

---

① 有意思的是，关于"finance"，各界过去遇到就翻译成"财政"，而今见到就翻译为"金融"。
② 张馨：《公共财政论纲》，经济科学出版社1999年版。
③ 叶振鹏、张馨：《双元结构财政——中国财政模式研究》第二版，经济科学出版社1999年版。

为什么要阅读这部近百年前撰写的财政学教材？

对"公共财政"基本特征梳理的意义在于它同时也是对中国财政改革目标模式之一的界定，为未来财政改革的走向提供了参照系。中国所致力于的公共财政建设是在探索一种新的财政模式（类型），仅就"finance"一词的本意而言，"财政"并不等于"public finance"。在很长一段时间内，甚至当今许多场合下，"finance"仍等同于"财政"。既然"finance"之前可以加"public"来限定，那么"财政"之前自然也可以添上"公共"以限定其范围。

马寅初 1914 年在美国哥伦比亚大学提交的博士论文 *The Finances of the City of New York*（《纽约市财政》）用"finance"一词来指代"财政"。该论文于 1914 年出版，其主要内容是纽约市预算的编制、债务以及收支控制等标准的财政学问题。纽约市财政局至今仍然名为"The City of New York Department of Finance"。马寅初在后来所写作的文章中，仍然用"finance"指代"财政"。1925 年 8 月所发表的演讲《中国财政之紊乱》，其中仍然用"Science of Finance"来指代"财政学"。

巴斯塔布尔（C. F. Bastable）的《公共财政学》（*Public Finance*）（Mcmillan，1892 年初版，1917 年第三版）是英语世界第一本用"public finance"命名的财政学教科书。他注意到"finance"一词的多义，指出 finance 起初与支付罚款联系在一起［The original idea is that of paying a fine（finare）］，但在英国，该词所指广泛，包括货币的甚至工业事实，内容涉及面极广的有杰文斯（Jevons）的《货币与财政探究》（*Investigation in Currency and Finance*）、帕特森（Patterson）的《财政科学》（*Science of Finance*）、吉芬（R. Giffen）的《财政文集》（*Essays in Finance*）等作品。他认为，为了避免误解，英语作家因此被迫在书中限制该词，而德国人使用 Finanswissenschaft，法国使用 Science des Finances 没有什么不便。法语中单数和复数有明显的区别,单数是一般意义的,如 La haute finance,复数留给了"public finance"。亚当斯(Adams)教授用"science of finance"来描述"公共支出与公共收入"的研究,普兰(Plehn)教授与丹尼斯(Daniels)教授紧随其后。这说明,用"public finance"还是用"finance"来指代"财政"的争议由来已久。由此,我们不能得出财政就是"public finance"的结论。需要注意的是,巴斯塔布尔用"public finance"来避免"finance"所带来的歧义,他的财政学教科书书名虽为"public finance",但在书中,用"finance"指代"财政"之处比比皆是。他 1903 年为该书所写的"序"中提到法国的遗产税,奥地利的直接税改革,美国的临时关税等"financial policy"(财政政策)的变化,所提到的 Spanish finance(西班牙财政),其中"finance"均指财政。该书论及地方财政,所用的是"local finance"。书中回顾"financial theories",所指的也是财政理论。

下:《财政学总论》的主要内容

《财政学总论》除绪论外,共分五篇。另有三个附录,十个附表。绪论分三章,分别是财政、财政学、财政思想发达史略。全书的五篇分别是财务行政秩序论、公共经费论、公共收入论、收支适合论(公债论)和地方财政论。三个附录分别是会计法、审计法、审计法施行规则。该书的十个附表内容包括:各国国防费统计、重要各国历年公债统计、重要各国历年岁出统计、重要各国历年纯岁出中各费比例表、重要各国历年财政趋势统计、各国最近财政统计、各国收入历年统计、最近各国租税收入表、各国民租税负担统计、中国财政统计。

兹简要介绍如下。

绪论

《财政学总论》的绪论分三章，包括财政、财政学和财政思想发达史略。

财政

财政学首先要说清什么是财政。"财政"是近代从日本传来的一个新词。"财政者公共团体之经济或经济经理（Wirtschaftsführung）也；易词言之，即国家及其他强制团体当其欲满足其共同需要时关于所需经济的财货之取得管理及使用等各种行为之总称也。"（第5页）公共团体是团体①的一种。团体依其组织强弱，可分为公共团体、共同团体和综合团体。（第8页）公共团体最为强大，是有强制权力的团体组织。因经济主体之不同，经济可分为五大种类：个人经济、企业经济、公共经济、国民经济和世界经济。公共经济是强制的公共团体之经济，以维持公共团体之生活，满足公共团体之需求为目的，如国家经济及地方团体经济。国民经济是个体、共同团体及公共团体三者综合而成的经济主体之经济，以维持个体、共同团体及公共团体三者的相互生活，满足三者共通之需求，增进三者共通之利益为目的。（第9—10页）经济一词本意是家计管理。从词源上看，经济与经济经理似无区别。通常各国除

---

① 《辞海》对"团体"的解释特别简单，团体即集体。

英美外,都称公共团体之经济经理为财政(Finanz),而对于其他经济经理,无特别名称。(第10—11页)

财政属于公经济①范畴。了解财政与私经济的区别,无疑有助于深入把握财政的真义。财政与私经济的区别有六方面:第一,财政自身无目的,而仅为实现公共团体其他目的的手段,与私经济之自身即为目的者有异。第二,财政奉行量出为入原则,个人及企业经济则遵循量入为出原则。第三,财政支出效果多属无形,不能附以价格,而个人及企业经济之支出以实现有形的利益为主要目的。第四,财政收入系依一般报偿原则,以强制获得为主,而私经济收入之依殊别的报偿原则,以任意的获得为主。第五,财政主体,生命悠久,故其规模亦甚远大,与个人及企业经济有异。第六,财政事务皆由与事务之成绩无直接利害关系之吏员担任,与个人及企业经济事务担任有异。(第15—20页)

财政学

财政学是研究财政的科学,是关于此种问题,施行细密的研究之科学。财政学是科学,还是策术？财政学是科学,理由是:关于财政的学问,有一定有限的研究范围;有特殊的系统的事实、原则及一般进展之法则;可得适用科学研究法;于说明特定的现象之外,兼可预断其将来。更进一步地,财政学是关于公共经济经理之学,在科学系统上,是行为之学。行为之学兼为实是的(Sein)学及当为的(Solen)学。财政学亦有这两方面。实是的方面是就各时各地财政现象,详加观察,比较研究,以发现存于其间之共通的原则、一般的原理及普遍的法则。在此,财政学为理论科学。当为的方

---

① 按照现在流行的说法,"公经济"是公共经济,私经济就是私人经济。

面,当参照公共团体之一般公认的理想,建设关于财政施设方针上之特殊的原则。在此,财政学为应用的科学。(第30—31页)

关于财政学的学科属性,一直争论不休。财政学是政治学或行政学的分支,理由是:"财政为公共团体之经济经理,当然为一种政务,其运用完全与其他政务如内务外务等相同,为政治学上之重要问题,故财政应属于政治学。"财政学又是经济学的分支,理由是:财政为经济经理之一种,不但其经理之原则,大部分与一般经济经理之原则同趣,且财政运用之良否亦大足影响其他经济之盛衰,则其运用时不得不有赖于一般经济学之原理,乃属当然之事。(第31页)

财政学在发展演变中,经济学属性增强。"认财政学为国法学或政治学之一部者,现今学者中殆已绝迹,而认财政学为经济学之一部者,则自 Adam Smith 以后,以迄于今,殊不乏人。或以财政学与纯正经济学及应用经济学对峙,或以财政学置于应用经济学之中,乃至或以置于纯正经济学之中,种种见解,极不一致。"(第31—32页)这是因为当今财政学在发展中,经济学贡献大,研究方法和研究对象都和经济学没有太大差异。《财政学总论》认为,这类看法有偏。财政学有其特殊问题,且有特殊的研究,而因财政对于公共团体以外之经济的生活关系甚重之故,又有特别注重之要,故财政之应为独立的科学。

财政学虽然是独立科学,但财政学与其他学科不无关系。研究岁出,不能不依据经济学上之消费论;研究租税转嫁,不能不用经济学上之分配论;批判租税制度之是非,则不能不利用国民经济学原理;研究公债,不能不依一般信用之原理;探讨公有事业之利弊,不能不深通经济政策学;分析中央和地方财政关系,不能不明宪法和行政法之原理;达财政运用之目的,不得不通会计学;明租税公平之原则及公共经费之当否,不得不引用政治学及国家学。此外,统计学、社会学、社会政策学、历史学等,都与财政学有密切关系,这些都是财政学的"补助学科"。(第32页)

财政有实质及形式两种内容,财政学研究范围自然包括实质与形式二方面。实质的内容分为经费论、收入论及收支适合论。财务行政论属于形式的内容。

财政思想发达史略

《财政学总论》关于财政思想发达史略(发展简史)的介绍,主要直接引自日本人小川乡太郎《财政学·财政学总论》(该书又根据德国Max v. Heckel 的《财政学教科书》(*Lehrbuch der Finanzwissenschaft*)以及 Otto Gerlach 的"财政学史"(载于 Die Entwicklung《19世纪德国经济学》的第二部分),少部分来自德国 Eheberg 的《财政学》[①]和日本宇都宫鼎的《财政学》)。从源头上看,这部分内容基本上来自德国,可见德国财政学的间接影响。本书不仅仅引用日本和德国的相关资料,而且还阐述了陈启修对财政思想发展的理解。"人类思想一面是人类文化发达的结果,一面又为其原因,思想与事实,互为因果,故二者能日益发达而不知其所止。"(第36页)这是学术进化的一般原理。作为社会科学的财政学也遵循这一原理。今日财政学必有一特定的事实为发生的基础,而事实必有特定的思想,以为产出之源泉。经济进步民权发达的事实,发生君主财产和国家财产分离的思想;这种思想又产生租税制度的事实;这种事实不能

---

① 该书译自意大利人 Cossa 的《财政学大纲》(*Primi Elemente di Scienza delle Finanze*),第三版才加上自己的意见而成为独立的著作。(尹文敬:《财政学》,商务印书馆1935年版,第34页)

公平,又已发生以公业收入代租税收入的思想;其结果或将由此思想更产生集体主义的公共团体之事实。这种例证,在财政学史上,为数尚多。因此,要明识今日财政的由来及意义,非同时研究财政思想发展史不可。(第36页)

思想的构成,必以以前时代的思想为基础。今日财政学也不能摆脱过去的财政学影响。财政史研究,要做到精深淹博,最为困难。财政学与政治学、经济学及行政法学等关系密切。要研究财政思想发展史,就要对这些科学有精深和淹博的研究。财政本为政治的反映,财政思想随时随地皆有变迁。《财政学总论》主要介绍前人著述,概述了古代及中世、近世(16—18世纪初)、最近世(18世纪后半—20世纪初)的财政学发展情况。古代和中世的财政思想不够系统,对近世财政学影响甚少。中世纪末,财政实况发生变化,收入种类增加,财政研究也逐步得到重视。

近世的政治、经济和财政变化极大,公私经济区分,财政特色渐著,国家费用大增,特权收入经济增加,新增收入难以应对新增支出需要,故新财政思想应运而生,租税和公债也逐渐成为财政研究对象。从政治学的角度,让·博丹(Jean Bodin,1530—1596)在《共和六书》中论及财政,认为财政是国家的神经,不可滥费滥收以损害之。重商主义者为图国家富强,不得不讨论财政理论,研究征课租税方法。德国官房学派继之研究财政理论。今日财政学不同于官房学,但形式来自官房学。

书中对"最近世财政学"分为三期进行介绍:一是财政学草创时代;二是财政学确立时代;三是财政学大成时代。草创时代最重要的财政思想是重农学派及正统学派的财政思想。19世纪中叶,经济自由主义的财政学(正统学派财政学)传入德国,与德国原有的官房学配合,进入财政学确立时代。自19世纪末开始,财政学大成时代到来。这时的财政学特色有六:财政与社会的关系;注重社会政策;偏重历史和比较研究方法;兼论地方团体的财政;注重非营利的公营事业;重视财务行政方法研究。这样的时代注重社会政策观察,是财政学史上之国家学的社会政策的时代。最重要的学者是斯泰因(Lorenz von Stein,1815—1890)和瓦格纳(Adolf Wagner,1835—1917)。

《财政学总论》认为,"今日之财政学"仍处于"新财政学时代"。财政思想,本当随种种事实及思想而时时变迁,故今日之财政学公认之原理原则,决非长远不变者。书中举例说,租税收入制度是否尚能继续存在,而不为公共营业收入所取代及公债之理论是否不因信用经济制度之变迁而生动摇等,皆足令学者注意者。20世纪社会主义实践中,"非税论"流行,与陈启修的"租税制度能否存在"遥相呼应。

"不识庐山真面目,只缘身在此山中。"思想史可以让读者更好地定位,更深刻理解理论所处的位置。可是,从教学接受规律来看,思想史的内容要真正消化,还得等到主体内容学完之后才有可能。开山见山,这还不够,回望才是最重要的。

第一编　财务行政秩序论

本编除绪说外,分五章,即会计通论、预算论、现计论、决算论和财务法论。财务行政秩序论即财政管理论。财务行政秩序论,是关于财政上收支及保管之形式及程序的研究。财政内容有实质和形式之分。形式的内容,不外乎施行实质的内容之方法及程序,统称之为财务行政秩序论。当代财政学深受经济学影响,英文教科书不论是以"财政学"命名,还是以"公共经济学"或"公共部门经济学"命名,都很少涉及这方面的内容。这是学科分工的结果,相关内容体现在财政管理学、政府会计学或政府预算管理等其他学科的教科书中。《财政学总论》的这部分内容是学科细分之前所作,留下了财政学跨越经济学和公共管理学不同学科的轨迹。

财务行政秩序论始于德国官房学派。在斯泰因之前,财政研究家大多关注财政的经济方面,而忽视法律方面。斯泰因则反其道而行之,注重法律方面,忽视经济方面。斯泰因之后的学者大多承认财务行政秩序论是财政学的范围,但往往只给较小篇幅,述其大概或一部分于著书之末。《财政学总论》则给这部分内容以较多篇幅,详细阐述相关内容。

会计通论

会计年度(财政年度)选择是财政管理的一个重要基础问题。《财政学总论》给出了各国做法,区分了两类会计年度,即一年制度和两年以上的制度,并分析二者的优缺点。会计年度以一年为期,是各国大势,但各国处理方法不同,有历年制(与公历年度一致)的,有从4月1日开始的,也有从7月1日开始的,等等。当时,中国实行的是从7月1日开始的会计年度,但财政部1914年已呈请改为历年制。之所以有修改的提议,是因为会计年度模仿外国,不利于实际。改为历年制,一则不背数千年之旧例,二则符合实际,三则与立法院议决预算期衔接。当今中国实行历年制,全国人大开会多在三月份,每年至少有两个多月的支出安排缺少新的预算支持,只能采取临时措施,故修改历年制的提议一直不断。会计年度的选择看似简单,实则牵一发而动全身。当时的讨论对今天也不无启示。

会计机关,有广义和狭义之分。前者包含会计立法机关、会计实行机关及会计司法机关即议会、财务行政机关和审计院。后者仅指财务行政机关。会计机关设置有三种类型：一是英国式,二是美国式,三是欧洲大陆式。

第一,英国式。财政总长编制预算,提至国会,国会加以审议并议定。议定之后,收入由征收机关依法征收而纳入英格兰银行。支出由财政总长根据预算发一经费要求书与审计及检查长(Controller and Auditor General),才能支取现金以充公用；支用之后,更将其簿记送交审计及检查长审查,后由其制成报告,送交议会,为最后之决定。第二,美国式。财政总长将"预算报告"(Book of Estimate,译为"概算书"更准确)送交国会,国会编制预算而议定。第三,欧洲大陆式。由财政总长根据各部之经费要求书及收入现计书合编预算,向国会提出,国会得加以增减而议定。现实中,预算应该由谁编制,也一直争论不休。行政部门、财政部门和议会编制各有优缺点。最终制度的选择必然是多方面权衡取舍的结果。

会计法规问题的重要性在于,近代政治上一切行为都以法律为准绳,各国故有关于会计的特定法规。财政公开与责任,是立宪政治的最大特色。英国最早实行立宪政治,会计法规的存在也最早。

预算论

预算一词语源有二：一是"budget",源出于拉丁语"bulga"(转为法语,则为"bouge"和"bougette")。"budget"本有革囊(皮包)之意。二是法语"etat",源出于拉丁语"begius",本有详明计算书之意,在17世纪指法国国王之收支概算。在法国旧制度下,"etat"为横征暴敛之别名,大革命后的1803年,"budget"取而代之。

现代预算应有四种特殊性质:详尽(包含会计年度内一切岁出和收入)、公开(公布让国人悉知)、标准(行政机关必以预算为收入支出标准)、定期(依会计年度定期编制)。这些性质的归纳对当今社会而言,仍有重要价值。"详尽"与全口径预算的要求一致。财政透明度的提高建立在"公开"的基础之上。没有预算不能支出,这是现代国家的基本要求,与"标准"是相符的。预算按年度编制,或中长期预算按要求编制,无不体现"定期"。

预算分类,根据岁入性质,可分为总额预算与纯额预算(净预算)。现代国家都实行总额预算,是因为纯额预算有三大缺点。这也符合预算性质"详尽"的要求。预算还有其他多种分类,根据时期前后为标准,可分为临时预算、本预算和追加预算;以预算范围之广狭,可分为总预算和特别预算,等等。各种分类均给出理由,并尽可能结合现实给出来龙去脉。

分析了不同的预算编制模式后,《财政学总论》支持英国式,因为:执行机关富有行政经验,编成的预算较适用;决意机关编制预算,则监督作用变为执行作用,与普通决意机关存立之本旨相悖,且议员常为局部利益所左右。预算所涉内容很多:预算周期怎么确定?预算算定方法(支出和收入的确定方法)如何选择?预算分类等到什么程度?这都是预算编制需要解决的问题。《财政学总论》均给出答案和理由。

预算议定(voting,投票)怎么进行?预算议定应该就全部岁出,还是只就一部分进行?《财政学总论》在参考各国做法之后,提出当时中国预算一定范围别无明文,有重新规定之必要。预算议定方法,是选择总额议定法,还是分科议定法?预算议定权是否应该包含岁出增加权?预算未议定或不成立应该怎么办?《财政学总论》给出了各国做法,但当时的中国毫无规定。

现计论

现计(actual account),包含出纳金库(receipts, disbursements and treasury)等,即预算执行(execution of budget)。预算经议会投票之后,会计年度一开始就生效,进入执行阶段。现计论涉及收支机关及金库、金库制度、出纳官吏、收支方法及原则、预算定额不足及有余时的处置、收支之终结和财政收支之簿记。

收入机关分为命令机关和收受机关,二者宜分开。支出机关分为命令机关和支付机关。文明国家采用独立金库制度,国家一切收入,都由金库收受。

各国金库制度,根据形式约可分为三种:第一,合一金库。国家一切出纳,都由同一金库负责,不许各官厅各自为政。第二,行政局部金库或复合金库。就是在合一金库之外,专为处理关于特种行政事项之收支,而设一独立金库。第三,官厅金库或复杂金库。各官厅自置金库以保管其出纳款项。合一金库最佳,官厅金库弊处较多,已为文明各国所废弃。中国当时的金库介于二者之间。根据作用,金库可分为:第一,国家金库制。国家自设金库保管公款,不让银行代理其事。第二,委托保管金库制。中央银行受托代理国库。第三,银行存款制。一切收入,以存款之名义,交于中央银行,运用生息。政府支出款项时,再发支票,向银行支取存款。古代各国都采用国家金库制,但因为缺点明显,现多转为委托保管金库制。《财政学总论》指出,委托保管制似不如银行存款制,因后者可得相当利息,银行可作运用之资金,财政与经济双方均受益。关于中国国库制度的现代化,是近20年的流行话题。中国实行国库集中收付制度以来,国库管理效率大幅提高,但国库是实行代理制还是经理制争论不休。现实制度似兼有委托保管和银行存款制特征。从全世界范围来看，国库现金管理也只是最近几十年才有的事。如何运用国库现金管理，提高财政资金效率，是国库制度选择的重要依据。不管采取什么样的制度，都应有助于不同政府部门之间的分工合作，有助于公共服务水平的提高。

关于财政收支簿记制度，《财政学总论》介绍了法国制和英国制。法国式财政簿记，系以所增之资产（accrued assets）及所增之负债（accrued liabilities）为记账基础，视每一会计年度为一种人格者（personality）而行登记。所记者不仅实际收支，而实为在现行法上所生之一切收入及支出，而不问其收入实际上在该年度内是否已入国库，或其支出实际上在该年度内是否已被支付。这种方式使一定年度内的出纳，不能在该年度内终结，不能不有出纳整理时间。英国式以现金收入及现金支出（cash receipts and cash expenditure）为记账基础，仅记一定会计年度内之实际收支，而不问其收支在现行法上的联系。法国式能明确地表明各年度真实收支，能明晰地指示财政生活之损益状况，在学理上胜于英美式，但一定年度收支结果，不能在短时间内决定，内容繁复，不易让一般国民了解，在人民了解财政实况上似又不如英国式。《财政学总论》认为中国会计法系从法国会计法转译，认为中国财政簿记应采法国式，但现实中用的更像是英美式。

政府会计基础应该选择权责发生制，还是现收现付制，众说纷纭。不争的事实是，权责发生制更有利于评价政府行为绩效。正因为如此，当今世界，政府会计制度改革也越来越重视权责发生制在政府会计中的运用。虽然在全面引入权责发生制上有技术难度，但是不少国家选择了修正的现收现付制，兼取二者之利。

决算论

既有预算制,就必定有决算制。决算对于预算收支之预定,含有使其确定之意,故决算又称预算之监督。决算论内容包括行政监督论、司法监督论和立法监督论。

财务法论

财务法论,就是财务行政之法律的秩序论。研究财务行政秩序在法律上的意义及效力。财务法论应该研究的题目,依性质可分为财产管理法论、租税征收法论、公共债务法论、预算法论、审计法论和决算法论。

官房学派

财务行政秩序研究,始于德国官房学者。为此,我们有必要理解官房学派概况。"官房学"是为了解决经济社会问题,帮助国家实现强盛目标而生的,是研究国家经济事务的经济科学,是一种集经济政策、立法、行政管理和财政等为一体的社会经济思想。持有这种观点的人就是官房学派的成员。该学派把财政视为公共事务的重要分支,公共经济论最早即由该学派提出。他们从国家管理者的角度探讨财政问题,努力开发财源;将国王的财务问题变成官房学,包括适当地管理国王事务所需要的各种支出。这是一种广义的官房学。狭义的官房学等同于国王的理财学。[1]

官房学派始于16世纪末的德国、奥地利等国,可追溯到萨克森选帝侯奥古斯都(Elector August of Saxony, 1553—1586)和

---

[1] 张馨、杨志勇、郝联峰、袁东:《当代财政与财政学主流》,东北财经大学出版社2000年版。

Landgrave Philipp of Hesse（1518—1567）。① 三十年战争（1618—1648年）之后,一度在欧洲强盛的德奥实力大减,社会问题丛生。这进一步推动了"官房学"的发展。19世纪后,官房学逐渐衰落。

"官房学"在发展初期,曾以培养政府官吏的必修课程的形式存在,这是一些大学教授和政府官员在研究财政问题时形成的。1727年,普鲁士国王为了追赶先进的英法等国,曾从各方延聘人才,设立讲座,始有官房名称。这些人在君主账房里工作,这一套技术和方法就被称之为官房学。

Kammer（官房）是拉丁文Camera的同义词,源于希腊文Καηάρα,原指贮藏贵重物品之所。大约15世纪末,官房一词引入奥地利,指管理财政的机关。官房原为王家储藏收入和金银的场所,后引申为王家财产。官房学原指保持、增加和管理王家收入的学问。一些权威学者又将官房学解释为与人们的财产和收入有关的一切学问。②

"官房学"的发展以1727年在哈雷大学和奥德大学设立官房学讲座为界限,分为旧官房学派和新官房学派。官房学在第一阶段以增加国库收入为主旨;第二阶段在强调增加国库收入的同时,也注意到增加国民财富,即将财政与国民经济的发展联系起来。后期的官房学思想与重商主义有不少相似之处:都着眼于贵金属这种永恒的财富,希望用以充实君主的国库;都认为金银能否取得,关键在于君主所实行的政策。③ 官房学派注重解决现实问题,

---

① Albion W. Small, *The Cameralists: The Pioneers of German Social Polity*, Kitchener: Batoche Books, 2001.
② 胡寄窗主编:《西方经济学说史》,立信会计出版社1991年版,第34页。
③ 王传纶:《西方财政金融思想发展》,西南财经大学出版社1991年版。

在很大程度上忽略了理论。"官房学"最初以法学的一部分存在,后从法学中分离出来,而成为具有经济科学属性的学派。官房学派的国家观是有机体的国家观。这种国家观认为国家利益高于一切,个人利益从属于国家利益。国家经济活动是财政学的主要研究对象,因此,官房学派的思想对后来的财政学有着重要的影响。官房学派的代表人物之一尤斯蒂(Von Justice 1702—1771)本身就是财政学家。他的《财政学》建立了财政学体系,对捐税原则作了较为深入的论述。官房学对德国后来的历史学派,特别是对德国财政学产生了重要影响。官房学派的影响不仅仅限于过去,甚至影响了当今德国的社会市场经济思想。

在20世纪前50年,官房学派的思想或直接,或间接地通过日本,对中国财政学界产生了影响。除了《财政学总论》之外,一些著名的财政学教科书如尹文敬的《财政学》(其中"官房学派"被译为"计臣学派")、何廉和李锐的《财政学》等都对官房学派作了介绍。官房学派的代表人物还有奥布雷希特(George Obrecht,1575年担任法学教授,第一位真正的官房学者)、塞肯道夫(Seckendorff)、宋南菲尔斯(Sonnenfels)等。

第二编 公共经费论

"公共经费论"分五章,即概论、公共经费之性质、公共经费之原则、公共经费之种类、公共经济之现状趋势及膨胀之法则。公共经费(public expenditure)就是通常所说的公共支出。公共团体行使职能需要财货及劳役。随着货币经济盛行,人民纳税或提供劳役的义务,大抵可以换算为货币。公共团体的实物需要和劳役需要,都可以货币代之。因此,公共经费为货币数额表示的公共需要。公共经费论相当重要,所用材料多半为关于经费的历史的及统计的事实,故其研究方法,多趋重于归纳法。

《财政学总论》重视历史和统计方法,并借助于各种统计资料,说明各国公共经费增加之倾向,谓之经费膨胀之法则。自罗雪尔(Wilhelm Georg Friedrich Roscher, 1817—1894)以来,各国财政学者,大抵都承认这个法则。这一法则通常称为瓦格纳法则。公共经费增加原因的解释多达九种:军事费的增加、公债费的增加、富力之增加(人民富裕、共同需要增加)、庶民政治之发达、人口增加、货币价值下降、近世殖民地经营费之发达、公营事业之增加、社会防卫及社会救济的行政事业之发达。关于公共经费膨胀趋势,《财政学总论》指出了法国与德国学者态度的差异,即法国学者认为可悲,德国学者则认可可喜。

关于财政支出变化趋势,概括起来,有从需求、供给以及需求和供给综合视角的研究。这些研究给财政支出变化提供了理论依据。自20世纪80年代以来,政府改革导致财政支出相对增长趋势开始发生变化。财政支出占GDP比例不再稳步增长,财政支出趋势进入整理状态。

不无遗憾的是,19世纪80年代就在欧洲大陆发展起来的公共产品理论在本书中没有得到体现,虽然《财政学总论》已关注到欧洲大陆财政学的发展。当然,这有点苛求。即使是同时代的英美财政学教科书,也同样忽略了这一点。

第三编　公共收入论

"公共收入论"包括十一章,分别是:公共收入概论,私经济收入概论,公共财产利用收入,公营事业之收入,规费、使用料及特别捐款,租税通论,收入课税论,利得课税论,支出课税论,公共补助及让税以及公共杂收入。"公共收入论"是全书篇幅最重的部分,内容非常庞杂。

公共收入是公共团体因要满足其经济需要,所收入的货币总额,即充给公共经费之经济的手段。公共收入根据不同标准可作多种分类:经常收入和临时收入;独自收入及寄赠收入;公法上的收入和私法上的收入;普通收入、偶然收入及非常收入;公经济的收入和私经济的收入。根据公共收入发达之顺序,公共收入历史约可分为四期,依次为官有地收入时代、特权收入时代、租税收入时代和公共企业收入时代。《财政学总论》指出:社会主义盛行,公共企业之范围,日益扩张,不但从社会政策上必须承认,而且从财政上也渐有依赖之势。《财政学总论》还对公共团体的私经济收入作了较为具体的阐述。

规费、使用料(使用费)及特别捐款是公共收入的一个组成部分,是公共团体对于因公共团体之行为,或设备而特受利益之人,作为特别的报偿,而强制征收的收入。规费是公共团体之行为之特别报偿,而由请求其行为之人征收而得的收入。使用料(使用费),因个人使用公共团体之营造物(建筑物),而由公共团体令其交纳之特别补偿的收入。特别捐款(特别赋捐)是公共团体为公益起见新设营造物或改良旧有营造物需用巨款时,对于因营造物之创设或改良而受利益的人,视其所受益之程度而征收的特别分担金。规费、使用料及特别捐款制度设计,既有公正理由,也有财政理由。

租税通论

租税收入占当时多数国家总收入的60%以上,是财政学最重要的问题,而且租税论最为复杂广泛、材料多,几可占全财政学的二分之一,通常设一编专门研究。《财政学总论》基于学理上的认识,即租税与其他公经济收入平等,而不能独立于公共收入论之外。租税论分为租税通论及特殊课税论。前者研究租税意义、沿革种类、系统及原则等,后者则研究租税系统中诸种租税之大体的意义及内容等。

"租税者,公共团体在原则上为充公共团体所需一般的政费之故,依一般的标准强制地分赋于其所统治者之强制负担且恒以各负担者之各自经济能力为限度而以货币额表示之者也。"(第199页)按此定义,租税是公共团体所征,用于公共团体所需一般的政费。国家可为课税权之主体,其他公共团体也都得为课税权之主体。非公共团体不得为课税权之主体。租税是强制征收的。关于租税本质如何,有不同看法,如租税交换说、租税保险说、租税分担说、租税牺牲说。租税是公共团体依一般的标准,分赋于其所统治者的强制负担(以货币额表示)。这些解释,无疑说的还是现代租税的概念。

与租税意义相关的,还有租税的经济性质问题。有主张租税为不生产的消费者,也有主张租税生产说的,还有主张租税再生产说的,这些和公共经费的经济性质的理解相似。

当今租税经历不同时代而来。根据租税赋课的形式不同,可分为：人民捐赠时代；政府恳求人民援助，人民承诺租税时代；专制的赋课时代；立法的赋课时代。根据租税负担的实质，可分为：劳役的租税时代（与原始共产主义时代对应）；实物的租税时代（与实物经济对应）；货币的租税时代（与货币经济对应）；货币的兼信用的租税时代（与信用经济对应）。根据租税的内容，可分为：实物献纳时代；佃租交纳时代；间接税时代；间接税兼不动产税时代，一般财产税、一般所得税及一般消费税并重而成租税系统之时代。不同分类最后所对应的时代就是现代国家租税时代。

租税术语

研究租税论，不能不了解租税术语及种类。租税主要术语约可分为五种：被课之人（解决对谁征税问题）及所课之物体（对什么物体征税，解决征税对象问题）；租税负担之基本；课税之单位；课税之方法；课税之用具。租税之主体，有个人、法人、法律主体和经济主体之分。法律主体，不一定就是经济上的负担人，前者为纳税人，后者为担税人（负税人）。租税之客体（税基），就是课税的目的物体，由课税物件及课税标准而成。租税之源泉（税源），是个人经济所有资金之根源。税本和税源不同。税源由税本而生之个人经济之收益所得及因偶然之机会而生之利得等一切收入。租税由税源征取，而税源又依赖税本。

租税之单位，以一定数量表示课税物件，即课税标准之各一定量。租税单位的用处是依此以算出关于各税之纳税额。课税者对于此单位所赋课之金额，称为税额。对于租税单位之税额，若以百分法指称之，是狭义的税率；广义税率是税额和税率的合称。

《财政学总论》中指出赋课法（method of assessment），即租税分赋之方法,大体分两种:定率法(预以法律确定课税标准及税率,直接地查定各纳税人之课税物件而赋税之,课税总额在向各纳税人征收之前是不能确定的,但各纳税人可提前计算自己税金)和配赋法(预以法律及预算,确定课税物件及收入总额,依平均的标准率,而分配之于各下级公共团体而止)。

课税用具最重要者有二:租税底册(tax roll cadastres,登录收税程序上之必要的事实,如租税主体、租税客体及课税标准等事实之官簿)和税则(tax tariff,记载各种课税客体之租税单位及税率之官簿)。

由于时代的变迁,民国时期的租税术语与当代税收术语已有一定差异。但为了解民国税制,就不能不明了当时的术语。

租税种类

租税可依不同标准分类。《财政学总论》给出了11种分类:经常税与临时税,实物税与货币税,配赋税与定率税,国内税与国境税(或关税或外国税),一般税与目的税(普通税与特别税),从价税与从量税,国税与地方税,人税与物税,比例税与累进税,直接税与间接税,收益税、流通税及消费税(收入税、交通税及支出税)。各种分类各有其存在理由,有许多分类现在仍然流行。

租税原则

租税原则为税制建设及批判之标准。租税原则研究,不仅是学理上的重要问题,而且是现实的必然要求。《财政学总论》介绍了亚当·斯密的租税四原则:平等、确实、便利、最少征收费。这是流行至今的最经典的税收原则的表述。在亚当·斯密撰写《国富论》的时代,经济和政治自由主义盛行,故其所主张的原则多倾向于消极方面。租税原则不断演变。德国财政学家瓦格纳是集大成者。他将租税原则综合为四大原则：财政原则（国库原则）、国民经济原则（税本利用原则）、社会原则（分配原则或公正原则）和财务行政原则（课税技术之原则）。这四大原则对现代税制有很深的影响。征税的最直接目的是提供财政收入。这可谓税收存在的"初心"。国民经济原则对应的是经济效率问题。税收与经济的密切关系，决定了超越经济承受能力的课税，只会是竭泽而渔。社会原则对应的是社会公平问题。社会的平稳运行，离不开公平，否则社会难免动荡，税收应该在力所能及的范围内促进社会公平目标的实现。不同时期不同国家对"公平"的理解不同，这样，从"公平"目标出发，也可能衍生出不同的税制。财务行政原则对应的是征管问题。无论是什么样的税制，都不可能不考虑征管问题。征管可行与否，在很大程度上决定着税制的成败。

租税原则之适用顺序及适用上之一般理论

本章认为租税四原则有不兼容之处，依次序应为财政原则、国民经济原则、社会原则和财务行政原则。各原则的适用，还必须有一种对于各种原则都有关系的一般理论，作为补充。此一般理论甚为复杂深奥，大体上可分为租税系统（税收制度，tax system）和租税归著（税收归宿，tax incidence）来研究。[1]

租税系统

单一税制不可行，要让各种原则适用，就不得不研究租税系统。

---

[1] 当代税收理论对此的发展是"最优税收理论"。最优税收理论试图将不同的税收原则统一在一个分析框架内进行分析。埃奇沃斯（1897）、拉姆齐（1927）等就开始了这方面的探索。或因这些探索多属数理经济分析，或因理论传播原因，最优税收理论对早期中国财政学的发展几乎没有影响。事实上，最优税收理论成为英语财政学界的研究热点也要等到20世纪70年代。

一切租税源泉都在个人负担能力。财政学通常以一家经济视为负担力完全主体。故一切租税之税源,不外乎其一家经济之收入。

现代税制是复合税制。《财政学总论》介绍了三大租税系统:收入课税、利得课税和支出课税。根据税源,收入分别来自于资产、企业和勤劳,收入课税可依据其性质,分别其负担力之轻重。只就收入课税而涉及其他,会带来不公平。课税于个人经济临时利得之部分,以矫正此不公平,就是利得课税的作用。个人经济上临时增益之利得,可分为行为上之利得者和不行为上之利得。课税的实际技术,尚未完全发达,事实上有潜在税源。这些税源会体现在一家人消费上。支出课税,作用就在于此。所课之税包括消费税和使用税。需要注意的是,各种具体税制因时代而变化,一些新税种的出现,带来了不同的租税系统(税收制度)。增值税的创设和流行就是一例。

租税归著(incidence of tax,税收归宿)

名义上的纳税人,往往可依交换关系,将所负担的租税,转嫁给他人。因此,要恰当地使用租税原则,还需要研究租税归著及转嫁理论(税负转嫁和归宿理论)。

英美学者用租税归著之术语;德国学者则用租税转嫁之术语,包含前转、后转、消转。实际上,租税归著包括直接归著、前转、后转、消转四种。直接归著意味着法律上的纳税义务人,实际上也直接是经济上的租税负担人。

《财政学总论》将各种租税的各种归著关系概括为:人税大抵不能转嫁;消费税大抵易于转嫁;收益税大抵易成租税之还原(capitalization of tax,税收资本化);嗣续税(inheritance tax,继承税)决不能转嫁;交通税之转嫁与否甚难一定;财政关税,大抵转嫁于本国住的人，保护关税则不一定。税负转嫁问题十分复杂。不同的市场结构会产生不同的税负转嫁条件。市场结构把握不准，往往就很难对税负转嫁与归宿问题有准确深入的分析。税负不容易转嫁不等于不能转嫁，这是理解税负转嫁与归宿理论时应特别加以注意的。

直接税与间接税

《财政学总论》在直接税与间接税上着墨较多。关于直接税与间接税的区别标准，分歧较多。一种方法是着重考虑行政上之便宜（征管便利），依立法者之预期，区别直接税和间接税："谓凡立法者之预期，在直接使纳税义务人为负担租税之人，则谓其税为直接税；若立法者之预期，在使纳税义务人为第一次纳税人，于其既完纳之后，更使转嫁于立法者所指定之负担租税人，则谓其税为间接税。"（第248页）问题是，立法者预期，如何可确知？这种主观论，恰恰让它成为不方便恰当地使用的空谈。

书中提到，征管最便利的标准，莫过于租税总册（底册）的有无。以依照事物常有的状态，预先查定之租税总册为准而课税者，为直接税；以依照事物之动的状态，随时可依适用之定率表为准而课税者，为间接税。

以经济的性质区分直接税和间接税，依租税归著原理，以事实结果论断。直接归著于负担人之租税为直接税，间接归著于负担人的租税为间接税。直接税，是直接地赋课于税源所有人的税类；间接税，以非税源所有者之人，或不定的人，为纳税义务人，而赋课之税类。即使到了现在，直接税与间接税区分问题也没有真正解决。理论上可以将不易转嫁的税种列为直接税，容易转嫁的税种归类为间接税。现实中，哪种税算直接税，哪种算间接税，也多采用列举法。更有影响的是一些国际组织例如 OECD 的税种分类。

收入课税论、利息课税论与支出课税论

收入课税是以个人一家收入经济上之经常的收入为税源的税类。依经济原理,收入由资产、企业、勤劳三生产要素组织而成。各个收入税与总和收入税不同。各个收入税,"就每个人经济之各收益及各所得,特定查定之,且各定税率以征收"。总和收入税,"以个人之一家经济为纳税之主体,先由属此主体之一切收入中,减除各个取得上及维持上所必要之负担,然后和各所得而算出一家之全部所得,再从全部所得中,减除一般的及人身的负担,视其所余之多寡,以课应能主义的税率。"所得课税是当下一个热点话题。个人所得税的综合征收可以更多地考虑家庭因素,更加公平,但对税收征管有着不小的挑战。

利得课税,对于依财产及财产的价值之移转或变化而偶尔发生之利得所赋课之租税。支出课税,是当个人经济上消费或使用一般消费的物件及劳力时,准其事实及分量,所课租税之总称。书中认为支出课税的方法包括:生产课税法、流通课税法、预约课税法、专卖课税(法)和准许课税法;支出课税可分为消费税、使用税和关税三种。消费税,系"以日用物品之消费为课税物件之租税,其征收大抵非由消费人直接征收,而用间接的方法",也称为间接消费税,分为饮料品税和日用品税。使用税,"凡物件之不因一回之使用而消费至尽者",也可认为是消费税的一种。该税有直接税性质,"概由纳税人于支出其自己所得之时自纳之,而自负担之,无转嫁他人机会",也称直接消费税或直接支出税。住家税和奢侈税都属于此类。关于关税,《财政学总论》用了 12 页的篇幅,这应该与当时中国关税自主之争有着密切的关系。

公共补助及让税

公共团体之间的财源融通,不仅是临时现象,而且时常出现。地方自治①体财政较多见。国家补助资金给一定的自治团体,或由上级自治团体出让资金给下级自治团体,即公共补助金(或称让税)。高级团体②出让资金给下级团体包括救助补助和预防补助两种。前者是下级团体因公共需要,确实缺乏现实财源而生。后者只是用于预防收入不足。《财政学总论》认为各自治团体的财政收入不足的原因各不相同有应由上级团体补助救济的,也有不应救济的:要注意避免下级团体有恃无恐,临时补助当经常补助。这实际上指出了不当的补助可能带来预算的软约束。下级自治团体为了公共利益,承担了上级团体委以的过重职分,导致财力不足。上级团体应给与正当义务负担的经常补助,包括特定补助(特定目的要求,即专项转移支付)和一般补助(赠资,对于一定的职分没有直接关系,即一般性转移支付)。不同补助各有利弊。

这部分实际上属于中央和地方财政关系的内容。第五编"地方财政论"也有相关内容。

本编还介绍了公共杂收入(其他收入),是公共团体除普通财政收入之外的附随其他政治及行政而生的各种收入,即政治上及行政上的偶然收入。

---

① 自治,是指"民族、团体、地区等除了受所隶属的国家、政府或上级单位领导外,对自己的事务行使一定的权力"。(中国社会科学院语言研究所词典编辑室编:《现代汉语词典》第六版,商务印书馆2012年版,第1729页)这里的"自治"与时下所说的"自治区"、"自治州"、"自治旗"、"自治县"、"自治乡"等在政治制度上所使用的"自治"有一定差别,而只是强调某些方面可以独立行使权力。

② 高级团体,即上级团体。相应地,高级政府可以理解为上级政府。

第四编　收支适合论

"收支适合论"共五章,即:概论、公债之意义、公债之种类、公债之募集及发行、公债之借换及偿还。本编在全书中,篇幅最少,和其他各编相比,也未提及其他文献。

本编除第一章概论外,几乎是陈启修同学丁性存教授之作。陈启修在书中交待"对公债论有一种意见,他日当发表之"。[①] 他认为,从纯理论来看,本编称收支适合论(relation of expenditure and receipts,收支关系)较适当,但实际上除公债论外,无值得研究的,故称为公债论,也无不当。"收支适合论"则兼顾理论与实践。

本编认为公债是公共团体依起债行为对于经济社会所负之债务。债务必须偿还,依债务取得的公共收入,性质上与其他公共收入不同,实质上不是真正的收入,或者称为特别公共收入。这是值得注意的。公债成立的条件是金融市场的存在以及人民对于国家财政之信用。公债和私债的债务人不同,性质大不相同。公债投资较私债安全,但其保护较私债为弱。

本编还介绍了公债的不同标准分类、公债的募集与发行方法、公债之借换及偿还制度。总体上看,本编主要介绍当时的公债管理制度。当代财政学所涉及的公债代际核算问题以及公债对宏观经济的影响,或因当时缺乏实践基础(过去的公债规模和现在相比,是小巫见大巫),或因理论发展(世代交替模型研究是后来的事;巴罗—李嘉图等价定理是重新发掘古典经济学的产物),均未

---

① 1931年版仍维持了初版的情况,未见陈之个人新见解。

涉及。

第五编　地方财政论

"地方财政论"包括四章,即:概论、地方经费论、地方收入论和地方公债论。

地方财政学是研究地方自治团体的财政学问。地方财政学与国家财政学原理相同者多,但也有差异。从一般理论上说,财政学应该二者都包括才完整;从特殊问题看,仅说国家财政事实,不能说明财政问题的全部真相。

书中认为地方财政学研究的目的有五:第一,阐明国家与地方团体在国民经济上的关系(即中央和地方的经济关系);第二,研究地方财政学理;第三,通达地方财政技术;第四,通达现今各国地方财政之状况及趋势,以谋地方财政之改良进步;第五,知悉本国各地方之经济的及财政的事实。地方财政学的研究范围包括:地方团体与国家之区别及关系;地方财政与国家财政的性质;地方财务行政制度;地方经费论;地方收入论;地方公债论;各国地方财政之状况;中国各地方财政之状况及趋势。

本编还对地方自治团体进行了分类,介绍了一般地方自治团体之职分组织及各国之地方制度,涉及英国、法国、普国、日本、俄国(旧制)、中国等国家。本编从地方财政与国家财政比较的视角,介绍了地方财务行政制度,还介绍了地方经费论、地方收入论和地方公债论。

"地方财政论"和当今财政学教科书最大的差异莫过于理论框架的差异。当今财政学教科书多数会涉及蒂布模型,从地方公共产品理论说起，分析资源配置、收入分配和经济稳定功能在不同级别政府之间的划分，从而引出中央和地方公共支出的划分、公共收入的划分、政府间转移支付等内容。

历史总是在重复。当我们不断强调创新的时候，我们也总是发现，自己成为某个时代思想家的奴隶。争论总是不断地在持续。当我们咬牙切齿狠狠表达自己立场的时候，我们仍然有必要回首过去，思考问题的由来。许多争论的出现，在很大程度上只是因为我们对历史的忽视。《财政学总论》不仅是一部在财政学发展史上留下很深印记的著作，而且对当下众多财政热点问题的思考，仍能给出历史注解，推动财政问题的解决。